本书为国家社科基金青年项目"民国时期民营报业经营研究"（项目编号：12CXW009）的最终成果，项目结题获评优秀。

中国现代民营报业
经营研究

陶喜红——著

中国社会科学出版社

图书在版编目(CIP)数据

中国现代民营报业经营研究/陶喜红著. —北京：中国社会科学出版社，2023.12
ISBN 978-7-5227-2776-9

Ⅰ.①中… Ⅱ.①陶… Ⅲ.①报业—民营企业—经营管理—研究—中国—民国 Ⅳ.①G219.296

中国国家版本馆 CIP 数据核字(2023)第 235604 号

出 版 人	赵剑英
责任编辑	郭晓鸿
特约编辑	杜若佳
责任校对	师敏革
责任印制	戴 宽

出　　版	中国社会科学出版社
社　　址	北京鼓楼西大街甲 158 号
邮　　编	100720
网　　址	http://www.csspw.cn
发 行 部	010-84083685
门 市 部	010-84029450
经　　销	新华书店及其他书店

印　　刷	北京明恒达印务有限公司
装　　订	廊坊市广阳区广增装订厂
版　　次	2023 年 12 月第 1 版
印　　次	2023 年 12 月第 1 次印刷

开　　本	710×1000 1/16
印　　张	30
插　　页	2
字　　数	449 千字
定　　价	169.00 元

凡购买中国社会科学出版社图书，如有质量问题请与本社营销中心联系调换
电话：010-84083683
版权所有　侵权必究

目 录

绪 论 …………………………………………………………… (1)

第一章 民营资本进入报业市场的历史考察 …………………… (31)
 第一节 曲折渗透期:禁令与惩罚双重管制 ………………… (31)
  一 民营资本逐渐渗透到报纸行业 ………………………… (32)
  二 民营资本进入报纸行业的特点 ………………………… (34)
  三 民营资本进入报纸行业的影响 ………………………… (36)
 第二节 蓬勃发展期:壁垒与规模双重突破 ………………… (38)
  一 民营资本进入壁垒降低 ………………………………… (39)
  二 民营资本进入领域变宽 ………………………………… (43)
  三 民营资本的来源与使用 ………………………………… (47)
 第三节 资源整合期:结构与功能双重拓展 ………………… (49)
  一 民营资本的广泛介入 …………………………………… (49)
  二 民营资本形式的拓展 …………………………………… (51)
  三 民营资本功能的延伸 …………………………………… (57)

第二章 中国现代民营报业的经营结构 ………………………… (60)
 第一节 报业种群结构:水平与垂直并存 …………………… (61)
  一 中国现代报业的种群结构 ……………………………… (62)
  二 中国现代报业种群结构的演变 ………………………… (67)
  三 民营报业种群在现代报业生态系统中的地位 ………… (69)
 第二节 报业市场结构:竞争与垄断并存 …………………… (70)

· 1 ·

一　不同生命周期背景下民营报业的市场结构 …………… (73)
　　二　民营报纸市场结构的特点 ……………………………… (83)
　　三　民营报业市场结构的主要影响因素 …………………… (87)
 第三节　报业区域布局：聚集与分散并存 ……………………… (92)
　　一　产业区域聚集及其测度方法 …………………………… (93)
　　二　20世纪20年代中国报业区域聚集度的测度 ………… (94)
　　三　20世纪30年代报业区域聚集度的测度 ……………… (97)
　　四　20世纪40年代报业区域聚集度的测度 ……………… (99)
 第四节　报馆组织结构：简单与复杂并存 ……………………… (104)
　　一　简单的组织结构 ………………………………………… (105)
　　二　升级版组织结构 ………………………………………… (107)
　　三　成熟的组织结构 ………………………………………… (109)

第三章　中国现代民营报业的经营战略 …………………………… (116)
 第一节　民营报业的战略规划 …………………………………… (117)
　　一　民营报纸的战略定位 …………………………………… (117)
　　二　民营报纸的形象传播 …………………………………… (122)
　　三　民营报纸的成本控制 …………………………………… (126)
 第二节　民营报业的战略合作 …………………………………… (127)
　　一　实施战略联盟：民营报纸之间的广泛合作 …………… (128)
　　二　开展联合办报：民营报纸与其他报纸合作 …………… (132)
　　三　建立公会组织：为报业员工争取合法利益 …………… (146)
　　四　谋求短期合作：为解决暂时困难携手共进 …………… (151)
 第三节　民营报业的战略整合 …………………………………… (153)
　　一　民营报业集团化建设的历时扫描 ……………………… (154)
　　二　民营报业集团化建设的基本特点 ……………………… (170)
　　三　民营报业集团化建设的力量博弈 ……………………… (174)

第四章　中国现代民营报业的经营策略 …………………………… (182)
 第一节　民营报纸的人才竞争 …………………………………… (183)

一　多种手段争夺人才 …………………………………… (184)
　　二　加大力度培养人才 …………………………………… (188)
　　三　提高待遇留住人才 …………………………………… (205)
　第二节　民营报纸的发行经营 ……………………………… (215)
　　一　民营报纸发行网络建设 ……………………………… (216)
　　二　采用多种营销手段促销 ……………………………… (219)
　　三　改进报纸发行服务质量 ……………………………… (225)
　第三节　民营报纸的广告经营 ……………………………… (226)
　　一　在头版刊登广告：利用首因效应，吸引读者注意 ……… (227)
　　二　变换字体与图片：利用版面美感，强化视觉冲击 ……… (228)
　　三　广告推广与兜揽：利用多种手段，拓展广告业务 ……… (230)
　　四　广告管理与策划：成立管理部门，提高服务效率 ……… (231)
　第四节　经营性业务外包 …………………………………… (232)
　　一　民营报纸经营性业务外包的必备条件 ……………… (233)
　　二　民营报纸经营性业务外包的实现途径 ……………… (235)
　　三　民营报纸经营性业务外包的双重影响 ……………… (257)

第五章　中国现代民营报业的经营绩效 ……………………… (261)
　第一节　民营报业的发行经营绩效 ………………………… (262)
　　一　民营报纸的发行量 …………………………………… (262)
　　二　民营报纸销售价格 …………………………………… (281)
　　三　民营报纸发行收入 …………………………………… (288)
　第二节　民营报业的广告经营绩效 ………………………… (292)
　　一　民营报纸的广告刊登情况 …………………………… (293)
　　二　民营报纸的广告收入状况 …………………………… (301)
　　三　民营报纸广告经营的反差 …………………………… (306)
　第三节　民营报业的收支及其改善 ………………………… (311)
　　一　民营报纸的收支状况 ………………………………… (311)
　　二　民营报纸经营业务链的拓展 ………………………… (314)
　　三　民营大报的盈利结构的改善 ………………………… (317)

第四节 民营报业经营的社会效益 ………………………… (320)
  一 民营报纸的公益性 ……………………………………… (320)
  二 民营报纸对文化事业的推动作用 ……………………… (322)
  三 民营报纸对经济发展的推动作用 ……………………… (324)

第六章 中国现代民营报业经营的反思与评价 ……………… (327)
 第一节 民营报业的结构、行为和绩效之间的互动关系 …… (327)
  一 民营报业的结构性因素对经营行为的深远影响 ……… (328)
  二 民营报业经营行为对经营绩效的直接影响 …………… (332)
  三 民营报业经营绩效的反作用 …………………………… (336)
 第二节 中国现代民营报业经营的力量博弈与因子互动 …… (338)
  一 民营报业管制严格，政治力量多方干预 ……………… (339)
  二 报业营收维持生存，经济发展提供动力 ……………… (350)
  三 经营方式持续创新，科技进步助力转型 ……………… (368)
  四 后勤供给限制发展，军事动荡放大危机 ……………… (378)
 第三节 民营报业经营的问题反思 …………………………… (380)
  一 不良广告泛滥，降低报纸声誉 ………………………… (381)
  二 报纸格调低下，影响媒介形象 ………………………… (385)
  三 报社过度竞争，扰乱市场秩序 ………………………… (387)
  四 缺乏科学管理，制约报业升级 ………………………… (390)
  五 劳资冲突凸显，激化内部矛盾 ………………………… (392)
  六 牺牲报纸公益，罔顾社会责任 ………………………… (393)
 第四节 中国现代民营报业经营对当今传媒经营的启示 …… (398)
  一 双重镜鉴：结构调整成效显著，报业活力提升迅速 …… (398)
  二 双重经验：报业集团初具雏形，大众倾向成为先声 …… (400)
  三 双重属性：公益性为立报之基，盈利性为生存之源 …… (403)

附 录 ………………………………………………………………… (406)
 附表1 1935年全国各省市报纸发行一览 ………………… (406)
 附表2 1935年全国各省市报纸发行总量所占比例 ……… (407)

附表3　1947年全国各省市报纸、杂志出版概况 …………… (408)
附表4　《大公报》广告刊登情况(1927—1937) …………… (410)
附表5　《新闻报》广告刊登情况(1927—1937) …………… (431)
附表6　《申报》广告刊登情况(1927—1937) ……………… (441)
附录7　天津市报社经营概况一览(1936) ………………… (445)
附录8　北平市报社概况一览(1936) ……………………… (447)

参考文献 ………………………………………………………… (450)

绪　　论

在中国报业发展史上，官方报纸自始至终占据主导舆论的地位。早期的官报发行量小、受众少、新闻少，以刊登公文为主。官报依靠官方拨款维持生存，管理者无须考虑报纸的经营事宜。当近代外报已经走上市场化发展道路的时候，中国的报纸依然保持官方主导的一元化办报格局，报业经营仍未提上议事日程。1815年，《察世俗每月统记传》的创刊拉开了近代中文报刊发展的序幕，也为近现代民营报刊的发展积累了经验。

如果从资本的性质来判断的话，用民营资本创办的报纸属于民营报纸，那么，中国的民营报纸最早可以追溯到北宋时期的小报。但是，小报没有得到官方的认可，其经营水平和社会地位均比较低，受众规模很小。明清时期，报业经营水平有了一定程度的提升。尤其是清末，外国人在华办报的数量不断增多，其经营理念、办报策略、新闻业务等对中国报业发展起到一定的推动作用。一些中国人在外国人的报馆里参与办报，从事翻译、撰稿、排版、印刷等工作，学到了不少新闻业务和经营管理的方法，掌握了先进的办报技术与理念，为后来民营报纸的发展奠定了基础。近代以来的知名报人，如梁发、王韬、钱昕伯、蔡尔康、何桂笙、高太痴等，都曾经在外国人创办的报馆里工作，借机掌握了近代报刊采编工作的基本流程和注意事项，为以后民营报业的运转积累了宝贵的经验。早期的《申报》《新闻报》等报纸，最先为外国人所创办，中国人参与经营管理。后来，中国人将这些报纸购买下来，成为名副其实的华商掌控的民营报纸。

晚清以来，尤其是民国以后，民营报纸的数量不断增加，报业的资本运作、组织结构、经营理念、经营策略等均有较大的突破，改变了中国历史上官报独霸报纸行业的格局。同官报、党报以及社会团体所创办的报纸相比，民营报纸更注重经营管理，其盈利情况明显更好。一些民营大报的经营管理方式、盈利模式等与外报类似，部分报馆负责人亲赴西方国家考察学习，不断创新报业经营模式，提升了民营报业经营管理水平，使其成为晚清至现代报业经营水平最高的报业种群。近现代以来，民营报纸成为政党报纸之外重要的舆论引导力量。在关键时期，民营报纸的"中间人身份"在一定程度上增加了其言论的公信力。一部分与中国共产党关系密切的民营报纸得益于其"中间人身份"，很好地传达了公平正义的声音。不同于政党报纸，民营报纸依靠发行和广告经营维持生存，使报纸的商业属性变得更加明显。民营报纸尤其重视发行推广和广告经营工作，并在这方面积累了丰富的经验。近现代民营报纸的经营水平远远高于同一时期的政党报纸，深入探讨近现代以来民营报纸经营的理念与实践，有助于从深层次把握中国报业经营史的发展脉络，为当今传媒经营提供一定的参考。

　　报业经营早就引起学界的重视。20 世纪 30 年代，有学者对报纸经营的必要性做了阐释。郑瑞梅认为："欲报社之独立，须先谋经济之独立，而经济之独立，乃不得不求营业之发展。"[1] 1936 年，有学者就发表新闻学论文阐述报纸经营的重要性，认为："报纸之命脉在于经营管理之方针。总之，报纸欲贯彻理想，必先求本身之维持发展，欲求维持发展，必求经营管理之得宜，故一报纸根本问题，在于经营之是否得宜也。"[2] 一般来说，报纸的新闻业务是报社最主要的工作，但为了保证报纸的正常运行，报馆必须加强经营管理，为报纸新闻业务的开展提供必要的物质保障。中国近代新闻出版历史大体上可以分为三个前后相继的发展阶段，1840—1860 年为教会主导时期，1860 年至 19 世纪末是政府主导时期，维新运动之后是民间主导时期。[3] 民营报刊走出了与宗教报刊、外报和政党报刊不一样的发展道路。从经营

---

[1] 郑瑞梅：《报纸营业之方针》，《新闻学期刊》1934 年，无刊期。
[2] 甘家馨：《中国各大报经营实况》，《苏衡》1936 年第 17—18 期。
[3] 张曼玲、肖东发：《近代出版发展脉络之比较研究》，《北京印刷学院学报》2006 年第 1 期。

管理的角度来讲，民营报纸的运行机制显然更加灵活，其经营理念和管理方略对后来的报业改革具有深远的影响，值得认真总结与反思。

一 文献综述与理论溯源

（一）民营报纸的相关研究

在中国历史上，北宋的小报可以说是民营报纸的滥觞。不过，北宋及以后几个朝代小报的规模很小，经常受到政治力量的打压，其发展受到严重的限制，断断续续，没有形成稳定的行业。19世纪，民营报业大规模出现并在人们的生活中产生较大影响[①]。戈公振先生认为："我国民报之产生，当以同治十二年在汉口出版之《昭文新报》为最早。"[②] 从1873年《昭文新报》创刊到1953年最后一批民营报纸走上"公私合营"为止，近现代民营报纸在中国大陆的产生、发展与消失总共经过80年的历程。民营报业的发展引起了学术界的关注，近年来，国内学者对民营报业的研究主要集中于以下几个方面。

1. 民营报史与民营报人研究

在中国近代史上，部分民营报纸存在时间较长、影响力较大，学术界关注较多。有学者认为，研究近代中国报刊史，不能不研究七十多年的《申报》史[③]。《申报》《大公报》记录了中国近代社会发展的方方面面，各行各业均有学者从不同角度加以研究。徐载平、徐瑞芳对清末四十年《申报》的创立、人事、竞争、改革、内容以及其附属事业等史料进行搜集、整理和阐述，成为后续研究《申报》的重要参考资料[④]。宋军从报纸的创办、新闻业务发展、报纸转型、新闻文化、政治倾向等多角度分析了《申报》的兴衰，较为全面地呈现了近现代《申报》发展的轨迹[⑤]。

张友鸾等围绕着《世界日报》的发展及其变迁，回忆了报人成舍

[①] 陶喜红：《不同生命周期状态下民营报业经营的特点》，《湖北社会科学》2015年第1期。
[②] 戈公振：《中国报学史》，岳麓书社2011年版，第98页。
[③] 陆诒：《我所接触的史量才》，《新闻研究资料》1982年第6期。
[④] 徐载平、徐瑞芳：《清末四十年申报史料》，新华出版社1988年版。
[⑤] 宋军：《申报的兴衰》，上海社会科学院出版社1996年版。

我的报刊活动，记录民营报业面临的办报环境及其经营转型。① 吴廷俊教授研究了新记《大公报》史，从新记《大公报》的创业经历、发展过程、鼎盛时期、转折变迁等几个方面对该报的发展史进行了详尽的研究。吴廷俊教授认为，新记《大公报》是一张文人办的报纸，该报"论政而不参政，经营不为营利……既非政治阶梯，亦非营利企业，是为文人论政的场所"。② 吴廷俊教授还围绕新记《大公报》做了一系列研究，认为《大公报·摩登》周刊开报纸社会服务版的先河，考订了《报人张季鸾先生传》③ 中53处史实差错。④ 分析了重庆谈判期间《大公报》的立场，认为当时《大公报》表现出了明显的矛盾：既真诚地期待和平、避免内战，又鲜明地提出拥蒋立场。⑤ 由于拥有深厚的文化底蕴，《大公报》能够保持与发扬"敢言"的传统，这为该报实现"以言论报国，代民众说话"这一愿望奠定了基础。⑥

曾宪明教授长期研究中国民营报业发展史，取得了一系列有分量的研究成果。曾宪明将旧中国的民营报纸办报人的身份总结为文人、商人和官人三类，认为由于职业身份、出发点、经营理念等方面的差异，使得办报人的最终归属存在较大的差异：商人大多继续经商逐利，官人继续为官，而文人才是支撑民营报业发展的主要力量。⑦ 在旧中国新闻史上，部分以民营形式创办经营的报纸实为官报或者党派控制的报纸，这种"伪民营报纸"为政治所利用，表现出强烈的政治色彩。⑧ 中国大陆的民营报纸在中华人民共和国成立后逐渐消亡，其原因不能简单地归结为中国共产党的"弹压""禁止""命令""关闭或

---

① 张友鸾等：《世界日报兴衰史》，重庆出版社1982年版。
② 吴廷俊：《新记〈大公报〉史稿》，武汉出版社2002年版，第2页。
③ 《报人张季鸾先生传》是徐铸成先生的著作，生活·读书·新知三联书店1986年版。
④ 吴廷俊：《〈报人张季鸾先生传〉史实考订》，《华中理工大学学报》（社会科学版）1994年第3期。
⑤ 吴廷俊：《评重庆谈判期间〈大公报〉的立场》，《华中理工大学学报》（社会科学版）1996年第4期。
⑥ 吴廷俊、范龙：《〈大公报〉"敢言"传统的思想基础与文化底蕴》，《新闻与传播研究》2002年第3期。
⑦ 曾宪明：《旧中国民营报人同途殊归现象分析》，《新闻与传播研究》2003年第2期。
⑧ 曾宪明：《论伪民营报纸》，《新闻与传播研究》2005年第4期。

归并",大陆民营报纸的消亡,既有社会制度更迭的原因,也有历史的原因以及民营报纸自身发展的原因。① 曾宪明还对近现代以来的民营报人进行了深入研究,如对新记《大公报》的"三驾马车"吴鼎昌、胡政之、张季鸾的研究,对成舍我、胡文虎、邵飘萍、林白水、史量才以及部分民营汉奸报人的研究,提出了较多具有创新性的观点。② 这些成果既有个案分析,又有总体规律的把握,能够做到点面结合,纵横结合,对继续开展民营报业研究具有很大的启发。

相对于民营大报的研究来说,过去关于民营小报的研究较少,有很多民营小报至今无人论及。近年来,有一些学者从不同的角度对民营小报进行较为深入的研究。孟兆臣对南北小报、小报报人和小说家等进行了详细的研究,勾勒了中国近代小报的发展脉络,并记录了小报所刊载的数千种小说。③ 李楠翻阅了100多种晚清、民国时期的上海小报,从文化和文学的视角对上海小报进行深入的考察,厘清了"小报""上海小报""小报文学""小报文人"等基本概念,分析了小报在"平民公共领域"建设中的作用,并对小报小说、小报散文做了较深入的研究。④ 洪煜研究了1897—1937年间上海小报的历史由来、生存环境、产权经营、发行营销、风格品味及其反映的社会文化内涵等,对小报的规模、产权、经营策略、受众群体等方面进行了深入的解析,并分析了上海小报与市民文化的互动关系。⑤ 也有学者重点关注某一份民营报纸,如李时新对《立报》的内容特色、采访与编辑原则、经营与管理、重大新闻报道等进行了深入的研究,在发掘大量史料的基础上提出了不少有价值的观点。⑥ 小报并非都为民营报纸,但是,大部分小报是民营报纸。因此,关于小报的文献对本书有重要的参考价值。王伊洛研究了《新新新闻》报史,认为《新新新闻》报馆

---

① 曾宪明:《解放初期大陆私营报业消亡过程的历史考察》,《新闻与传播研究》2002年第2期。
② 曾宪明:《中国近现代报人与报业》,武汉出版社2008年版。
③ 孟兆臣:《中国近代小报史》,社会科学文献出版社2005年版。
④ 李楠:《晚清民国时期上海小报》,人民文学出版社2006年版。
⑤ 洪煜:《近代上海小报与市民文化研究(1897—1937)》,上海书店出版社2007年版。
⑥ 李时新:《上海〈立报〉史研究(1935—1937)》,暨南大学出版社2012年版。

已经初步具备报业集团的实力，大有向集团化方向发展的趋势。① 彤新春从时代变迁的角度分析《大公报》的转型，其研究跨越了时代，体现了媒体作为时代的产物，随着时代变化而发生转型的过程②。周立华分析了媒介生态，重点探讨了"孤岛"时期的《文汇报》的发展历程、版面、广告、内容与编排等，并阐述了《文汇报》的抗日救亡宣传及其社会历史意义。③

对民营报人的研究，有综合研究、分类研究和单一人物研究等多种方式。王敏对清末民国上海报人群体的来源、规模、工资、收入、衣食住行、社会交往等报人的社会生活进行深入的剖析。该书以报人群体的日常生活为切入点，从而折射当时报人生存的社会环境，是少有的关于报人社会生活史的研究著作。④ 李磊提出了成舍我的"二元一体化"的办报模式，认为成舍我办报兼具"文人办报"和"企业家办报"的双重属性，追求前者的办报救国、服务社会和不为私利的终极价值取向，又重视后者的企业化经营和获取利益的经济价值取向，形成了一种独特的双向度"二元一体化"的办报模式。⑤ 陈志强从新闻职业性质观、功能观、媒介经营观、职业伦理观、新闻人才观等角度分析了胡政之的新闻职业观，认为胡政之对中国现代新闻职业自主意识的发展起到了承上启下的连接作用。⑥ 张忠认为，中国现代自由报人的商业和经济独立性超越了前人，但是由于社会经济的限制导致民营报业发展的根基不足，自由报人的独立性是有限的。很显然，张忠论及的自由报人绝大多数是民营报人，他们所追求的自由民主与当时的社会制度之间存在无法调和的矛盾，他们"文章报国""舆论救国"的梦想注定只是昙花一现的结局。⑦ 这类成果聚焦于报纸或报人，

---

① 王伊洛：《〈新新新闻〉报史研究》，四川出版集团、巴蜀书社 2008 年版，第 156 页。
② 彤新春：《时代变迁与媒体转型：大公报 1902—1966 年》，社会科学文献出版社 2013 年版。
③ 周立华：《"孤岛"时期的〈文汇报〉研究》，江西人民出版社 2009 年版。
④ 王敏：《上海报人社会生活（1872—1949）》，上海辞书出版社 2008 年版。
⑤ 李磊：《报人成舍我研究》，中国传媒大学出版社 2011 年版。
⑥ 陈志强：《胡政之新闻职业观及其实践研究》，江西人民出版社 2011 年版，第 266 页。
⑦ 张忠：《民国自由报人的社会角色探析》，《云南社会科学》2010 年第 2 期。

分析较为透彻。

2. 民营报纸的功能研究

马光仁研究了《申报》的抗日救亡宣传活动①，并分析了该报揭露袁世凯丑行，反对其钳制舆论的行为。② 陈廷湘研究了《大公报》等报刊在1928—1937年间对中苏关系的认识与评价，认为报刊在中国处理国际事务中具有较为重要的作用。③ 王维江研究了《申报》在政府官员中的传播，探讨了官员读者群阅读《申报》的目的。④ 这些研究对于我们评估私营报刊政治功能起到一定的作用。贾晓慧研究了《大公报》在现代化进程中的功能，认为《大公报》把国家现代化与拥护国民政府连在一起，但是不具备领导现代化的政治条件，其主张的现代化必然有其局限性。⑤ 汪前军深入探讨了《大公报》（1902—1916）与中国广告近代化的演变轨迹和转型特征，认为《大公报》的广告经营推动了中国广告思想、广告营销、广告创作和广告产业的近代化。⑥ 许纪霖等通过个案分析了民营报纸的文化功能⑦。王儒年探讨了《申报》在构建上海市民消费主义意识形态过程中的功能，《申报》的广告推动了上海市民消费主义意识形态的形成，从一个角度印证了上海市民意识形态转型的世俗化过程。⑧ 方平认为，晚清民营报刊改变了传统的官方文化格局，在文化层面上加剧了国家与民间社会的疏离与对峙。民间报刊的兴起对于晚清公共舆论的形成与表达具有重要的作用，民间报纸的兴起则是传媒民间化的必然结果。⑨ 孙会以《大

---

① 马光仁：《抗战时期的〈申报〉》，《抗日战争研究》1995年第2期。
② 马光仁：《民初〈申报〉反对袁世凯政府的策略》，《新闻大学》1996年第2期。
③ 陈廷湘：《1928—1937年〈大公报〉等报刊对中苏关系认识的演变》，《近代史研究》2006年第3期。
④ 王维江：《"清流"与〈申报〉》，《近代史研究》2007年第6期。
⑤ 贾晓慧：《〈大公报〉新论：20世纪30年代〈大公报〉与中国现代化》，天津人民出版社2002年版。
⑥ 汪前军：《〈大公报〉（1902—1916）与中国广告近代化》，中国社会科学出版社2014年版。
⑦ 许纪霖、王儒年：《近代上海消费主义意识形态之建构——20世纪20—30年代〈申报〉广告研究》，《学术月刊》2005年第4期。
⑧ 王儒年：《欲望的想象：1920—1930年代〈申报〉广告的文化史研究》，上海人民出版社2007年版，第330页。
⑨ 方平：《晚清上海的公共领域（1895—1911）》，上海人民出版社2007年版。

公报》为个案，梳理了近代报纸广告发展的脉络与特色，分析了报纸广告对社会变迁所产生的深刻影响，认为《大公报》广告反映了近代的社会变迁，同时也推动了近代的社会变迁。① 郭恩强考察了《大公报》在中国"新闻社群"建构中如何重塑自己和新闻界的"职业权威"。②《新闻报》的广告在空间、身份与性别等与休闲生活相关的维度上，形塑了20世纪30年代上海的休闲文化，经由休闲生活影响到上海市民的价值观念和道德判断。③ 上述可见，学者们运用政治学、社会学等多学科理论探讨民营报纸的功能，考察了民营报纸对公众政治观念、价值体系和道德标准等方面的影响，研究视野开阔，涉及面较宽。

3. 民营报纸的新闻业务与舆论导向研究

曾建雄研究了《循环日报》言论的特色，认为该报的言论内容广泛，思想深邃，形式多样。④ 方汉奇认为，应该摘去压在新记《大公报》头上的"小骂大帮忙"的帽子，给这份报纸一个更加公允的评价。⑤ 唐小兵以《申报》《大公报》为个案，讨论了20世纪30年代报刊公共舆论与权力网络之间的复杂关系，报纸通过对国共两党的报道间接地呈现其价值立场，而公共舆论与权力网络之间错综复杂的关系也隐形于媒体的报道之中。⑥ 徐有威、吴乐杨选取了1912—1934年之间《申报》《大公报》上关于匪患的时评与报道，分析了媒体的公共舆论对社会问题治理的关注，提出了相应的解决办法。但是，由于军阀割据、政局复杂，报刊舆论及其建议不可能被当局采纳，只能沦为

---

① 孙会：《〈大公报〉广告与近代社会（1902—1936）》，中国传媒大学出版社2011年版，第277页。
② 郭恩强：《重构新闻社群：新记〈大公报〉与中国新闻业》，上海人民出版社2013年版。
③ 杨朕宇：《〈新闻报〉广告与近代上海休闲生活（1927—1937）》，复旦大学出版社2011年版。
④ 曾建雄：《〈循环日报〉的言论特色——读部分原报（缩微胶卷）札记》，《新闻大学》1994年第2期。
⑤ 方汉奇：《为〈大公报〉辨诬——应该摘掉〈大公报〉"小骂大帮忙"的帽子》，《新闻大学》2002年第3期。
⑥ 唐小兵：《公共舆论与权力网络——以1930年代前期〈大公报〉、〈申报〉为例的考察》，《浙江学刊》2010年第1期。

空想，表明了民营报纸通过舆论来干预社会治理的力量是有限的。①张继木从传播环境、主体、内容、渠道、对象及效果等角度分析了张季鸾的抗战言论，提出了一些有见地的观点。②任桐研究了《大公报》对和平裁兵的观点，认为该报带有民本主义倾向。③沈毅分析了国货质量所存在的问题及原因，凸显了《申报》对振兴民族经济的期盼。④上述表明，在重大时事问题上，民营报纸往往会表明态度，对社会舆论产生一定的影响。

4. 民营报业经营与管理研究

吴廷俊认为，早期的民报可以分为非法民报和合法民报，非法民报即为产生于北宋后期的小报，其编发者以谋利为目的，因而是"中国最早具备商品性格的报纸"。合法民报有独立的编印和发行机构"报房"，自主经营，自办发行。⑤王润泽运用现代化这一视角来审视北洋政府时期的新闻业发展，从物质基础、组织结构、媒体经营、业务和理论观念五个方面来界定中国新闻媒体现代化，分析了北洋政府时期报业现代化的进程。王润泽认为，在北洋军阀时期，少数民营报纸如《申报》《新闻报》等在报业现代化方面走在前列，大多数报纸在现代化道路上还有很长的路要走。那一时期，只有少数报纸在经济上独立，能够自给自足，大部分报纸要接受津贴，中国报业经营管理的现代化程度不明显。⑥张立勤以《申报》和《新闻报》为个案，对1927—1937年民营报业经营概貌和经营特性进行研究，从经营体制、组织管理、广告经营和发行经营等方面阐释民营报业的体制转型与组织变革。张立勤认为，20世纪二三十年代，民营报业的经营体制逐渐从"个人时代"向"股份公司时代"过渡，而其组织变革则从"能人

---

① 徐有威、吴乐杨：《民国社会舆论对匪患之反应——以〈申报〉和〈大公报〉为例（1912—1934）》，《江海学刊》2012年第5期。

② 张继木：《张季鸾抗战言论研究》，华中师范大学出版社2014年版，第118页。

③ 任桐：《论〈大公报〉和平裁兵言论的民本主义倾向》，《史学月刊》2002年第6期。

④ 沈毅：《74年前〈申报〉国货质量讨论评析》，《中国社会科学院研究生院学报》2007年第6期。

⑤ 吴廷俊：《中国新闻史新修》，复旦大学出版社2008年版，第19—23页。

⑥ 王润泽：《北洋政府时期的新闻业及其现代化（1916—1928）》，中国人民大学出版社2010年版，第296页。

时代"向"制度化时代"转型，这些变革对民营报业经营产生深远的影响。①张洁围绕史量才对《申报》的改革、新记《大公报》的现代企业制度以及成舍我的"办学促商"的经营模式等方面，分析了近代民营报业的经营方略，认为这些经营手法对当今报业竞争有较大的启示。②胡太春的著作《中国报业经营管理史》研究了200多年来中国报业经营管理的历史嬗变，在该书中，胡太春教授对《申报》《新闻报》《大公报》《新民报》《世界日报》等民营大报的企业化经营模式、组织结构和经营理念的变革进行了较为深入的剖析，是一部系统阐述中国报业经营管理史的著作。③高山冰考察了南京临时政府的新闻管理体制，认为南京临时政府的新闻管理体制存在先天的缺陷：南京临时政府试图参照清末新闻法规，建立自由的新闻管理体制，在实施中又无法把握自由的尺度，导致新闻事业发展出现过度自由的倾向。④黄鑫宇考察了中国近现代报业组织结构变化的过程，认为报业组织结构的演变规律是：报社管理层级逐渐增多，从扁平结构向高耸结构过渡；报业组织结构变化带来权力关系的转变，报社决断权逐渐从个人决断逐渐转移到集体决断；报社的经营管理逐渐受到重视。⑤

现代民营报业托拉斯的探索与实践受到学者们的关注。早在20世纪80年代，谢国明就以《申报》《新闻报》股权风波为个案，分析了中国现代民营报业托拉斯的建设所遇到的体制上的困难和管理权的纷争。⑥秦绍德认为，在20世纪20年代末，中国报业经营呈分散状态，力量非常弱小，适度的兼并与集中，有助于民族新闻事业的发展，但国民党当局站在封建和买办势力的角度，担心以史量才为代表的民族

---

① 张立勤：《1927—1937年民营报业经营研究——以〈申报〉〈新闻报〉为考察中心》，浙江工商大学出版社2014年版，第58—124页。
② 张洁：《中国近代民营报业经营方略（上）》，《新闻与写作》2005年第6期；张洁：《中国近代民营报业经营方略（下）》，《新闻与写作》2005年第7期。
③ 胡太春：《中国报业经营管理史》，山西教育出版社1998年版。
④ 高山冰：《妥协的自由：民国南京临时政府新闻事业管理体制研究》，《现代传播》2016年第5期。
⑤ 黄鑫宇：《中国近现代报业组织结构变迁的历史轨迹及其基本规律》，《中国出版》2013年第5期。
⑥ 谢国明：《汪氏兄弟反对报业托拉斯事件》，《新闻研究资料》1986年第2期。

资产阶级控制新闻舆论，极力反对成立报业托拉斯。① 其后，姚福申认为，张竹平所推动的申时电讯社、《时事新报》、《大陆报》和《大晚报》（简称"四社"）等联合经营模式是旧中国报业集团化建设的有益尝试，其新闻稿件、办公场所、印刷设备、生产物资等可以相互调剂使用，产生合成效应。但是，该报业联合体缺乏资产经营一体化的强有力的核心层，加上国民党当局的独裁统治，"四社"这种松散型联合组织最终必然走向解体。② 刘小燕认为，中国大陆民营报业托拉斯最终走向瓦解是必然的，因为民营报业托拉斯缺乏稳定的社会基础，在政治上受到制约，经济上不具备发达的工商业经济基础，并处于夹缝中生存，缺乏独立发展的天地。③

5. 其他综合研究和交叉研究

有一些学者在新闻史研究中关注了民营报业的发展，对其做了综合研究。倪延年教授主持的国家社科基金重大项目"中华民国新闻史"（项目编号：13&ZD154），全面研究中华民国新闻发展史，民营报业发展是该项研究不可回避的问题。该项目组每年组织高层论坛研讨中华民国新闻史，并出版了《民国新闻史研究》集刊，其中不少文章涉及民营报纸的方方面面，也有一些文章论及民营报业的经营问题。

有学者对民营报业当时所处的政治、社会环境进行分析，认为民营报纸的生存发展受到政治势力的控制尤为明显。陈昌凤的研究表明，国民党的新闻法制是以封建言论统治为基础的，并参考了东、西方法西斯国家的新闻管制模式。因此，其新闻管制更具有欺骗性，也更严厉。民营报业在这种管理体制下的自由幻想以及"超然"理念都是不切实际的。④ 张继木、曾宪明认为，外国租界给中国造成了极大的危害，但对民营报业的发展有一定的促进作用：它是民营报刊重要的生存与发展的地方，在客观上为进步民营报刊提供了一定的庇护，同时

---

① 秦绍德：《上海〈新闻报〉股权风波》，《新闻大学》1988年第1期。
② 姚福申：《"四社"——旧中国报业集团化经营的一次尝试》，《新闻大学》1997年第4期。
③ 刘小燕：《中国民营报业托拉斯道路的破灭》，《新闻大学》2003年第4期。
④ 陈昌凤：《从〈民生报〉停刊看国民党南京政府控制下的民营报业》，《新闻研究资料》1993年第1期。

也给民营报业带来了近代报业文明。① 叶俊、何村研究了抗战时期民营报纸《新民报》和中国共产党机关报《新华日报》在人员、新闻业务和管理方面的协调与合作,并分析了其政治影响。② 政府机构采取多种方式加强对政党报刊、社会团体报刊以及民营报刊的管理。不管哪一级政府机构,都非常重视对报纸舆论的管理,这些管理措施最终也会在报业经营方面得到体现。民国初期,民国北京政府、民国南京政府制定了各种类型的报业管理条例、法规等,与当时的各种综合法、专门法一起,对共产党报刊和其他进步人士所创办的报刊采取了种种限制,对民营报刊的发展形成了重重障碍。③ 曾来海对晚清以来学术界关于传媒经济学的研究文献做了梳理,对于研究民营报业经营具有较大的参考价值。④

(二)对现有研究的评价

上述可见,学术界关于中国现代民营报纸的研究取得了丰富的成果,既有对单份民营报纸的深入挖掘,又有对整个报业的宏观研究。尤其是不少学者能够沉下来"打深井",从新闻舆论、新闻实务、报业功能等方面探讨民营报纸的发展,为后续深入研究民营报业提供了很好的参考。目前对于民营报业经营方面的研究存在以下问题。第一,研究成果缺乏持续性,对于民营报业经营方面的研究还不够深入。现有的关于民营报业的成果,多集中于民营报纸的新闻业务、社会功能、报史、报人等方面,关于民营报业经营的研究成果不多,且比较分散,缺乏对整个民营报业市场结构、规模变化、综合绩效的归纳与分析,个案研究不足以从整体上把握民营报业的经营与发展水平。第二,较少采用科学的理论框架研究民营报业经济,忽视了报业经营各环节的内在关联。对民营报业经营史料的搜集、整理与分析有重要的价值,在史料的基础上进行理论阐释也有其必要性。现代以来,国外产业组

---

① 张继木、曾宪明:《租界对中国民营报业影响论析》,《当代传播》2008年第3期。
② 叶俊、何村:《抗战时期统一战线策略下〈新华日报〉与重庆〈新民报〉的交往与合作》,《新闻大学》2015年第6期。
③ 倪延年:《中国报刊法制发展史》(现代卷),南京师范大学出版社2006年版,第183页。
④ 曾来海:《晚清民国时期传媒经济(管理)学研究的历史考察》,《国际新闻界》2013年第3期。

织理论已经取得了一定的进展，对于分析民营报业发展有一定的借鉴意义，但是，很少有学者采用产业组织相关理论来解释民营报业经济，这为后续研究留下较大的空间。第三，多数研究成果以微观个案分析为主，且研究多集中于部分民营大报，较少从中观或者宏观层面来研究。现有的成果较少探讨民营报业结构性因素与民营报业经营行为、经营绩效之间的关系，缺乏对民营报业经营整体规律的把握。在产业组织领域，产业的市场结构、组织结构、区域结构等结构性因素对产业经营行为产生至关重要的影响，进而对其经营绩效产生一定的影响。产业组织的相关理论能否解释中国现代民营报业发展的问题呢？相关研究对于当下传媒变革是否有借鉴意义？这些都是值得关注的话题。第四，现有的成果对民营报业经营的外部条件关注得不够，外部的政治、经济、科技等条件对民营报业转型起到显著的作用，只有综合考虑多种因素，才能够更深入地解释民营报业的经营过程。究其原因，一方面，过去学界多以阶级史观为指导，非常重视民营报纸新闻采编业务及其功能研究，占据了大多数学术资源，对民营报业经营重视不够；另一方面，民营报业经营方面的史料比较分散，数据难以查找，导致研究深度不够。

国外部分专著和论文论及民营报纸，如美国学者帕特森（Don D. Patterson, 1922）[①]、白瑞华（Rosewell S. Britton, 1931）[②] 等对中国近代报纸的研究，德国学者鲁道尔夫·瓦格纳（Rudolf G. Wagner）[③] 及其团队对《申报》的系列研究等。与国内相比，国外学者对中国民营报业的研究数量不多，且多限于政治与文化研究，部分成果存在认知上的偏差，观点公正性和客观性值得商榷，更谈不上全面系统。

综上所述，国内外学术界对于中国现代民营报业经营管理方面的研究已经取得了一定的进展，但是，研究成果在系统性、整体性和连

[①] Patterson, Don D., "Journalism of China", *The University of Missouri Bulletin*, Vol. 23, No. 34, 1922.

[②] 白瑞华：《中国近代报刊史：The Chinese Periodical Press：1800—1912》，苏世军译，中央编译出版社2013年版。

[③] Rudolf G. Wagner, *The Free Flow of Communication Between High and Low: The Shenbao as Platform for Yangwu Discussions on Political Reform 1872—1895*, T'oung Pao, 2018, 104-1-3: 116-118.

续性方面还存在一些不足，对于民营报业结构的总体把握不够，也较少进一步思考报业结构与经营行为、经营绩效之间的内在关联，这为今后继续深入研究该话题提供了较大的空间。基于此，本书拟借鉴产业组织相关理论探讨中国现代民营报业经营，以便从不同的视角认识民营报业经营的规律。

（三）本书的理论来源

1. 产业组织理论

产业组织理论是现代经济理论的重要组成部分，该理论以微观经济学为基础，研究产业内部企业间的组织关系或市场关系。具体来说，主要研究产业内不同企业之间的竞争和垄断关系，并讨论规模经济的效率与活力问题。[①] 通俗地讲，产业组织理论主要研究产业内企业之间如何竞争，如何争夺资源，大型企业对市场的控制力量如何，整个产业发展的活力如何，企业之间的竞争和垄断关系对市场行为和绩效产生什么样的影响，等等。早在19世纪末，阿尔弗雷德·马歇尔（Alfred Marshall, 1890）在劳动、资本和土地这三个生产要素之外，提出了"组织"这个要素，认为企业的组织形态以及企业之间的组织形态对生产的效率带来较大影响。[②] 同时，马歇尔又发现规模经济和垄断的矛盾，被称为"马歇尔冲突"，成为现代产业组织理论讨论的核心话题。20世纪20年代，垄断资本主义不断发展，产业集中趋势加剧，影响了产业的资源配置。琼·罗宾逊（Joan Robinson）对"马歇尔冲突"做了总结。[③] 张伯伦（Edward Chamberlin）出版了《垄断竞争理论》，按照垄断程度的大小，将市场结构区分为4种类型，探讨了市场结构的不同对厂商经营行为的影响。[④] 两者共同建立了不完全竞争理论。

---

① 臧旭恒、徐向艺、杨蕙馨：《产业经济学》（第二版），经济科学出版社2004年版，第74页。

② [英] 阿尔弗雷德·马歇尔：《经济学原理》，文思编译，北京联合出版有限责任公司2015年版。

③ Robinson, Joan, *The Economics of Imperfect Competition*, London: Macmillan Porter, 1933.

④ Chamberlin, Edward H., *The Theory of Monopolistition*, Cambridge: Harvard University Press, 1933.

绪 论

对产业组织理论体系起到巨大推动作用的是哈佛大学经济系主任梅森（E. Mason）和其弟子乔·贝恩（Joe S. Bain）。梅森发表了大量的论文，并创立了产业组织研究的结构主义学派。1959年，结构主义学派的代表人物贝恩出版了《产业组织》一书，该书对市场结构的研究具有开创性。贝恩认为，市场结构指的是"市场的组织特点，即那些能够决定市场中卖者的相互关系、买者的相互关系、卖者和买者之间的关系、已存在于市场中的卖者和其他现实的或潜在的新厂商之间关系的特性。在现实中，市场结构指的是那些从战略方面能够影响市场中的竞争特点和价格的市场组织特性"。[①] 尤其值得注意的是，贝恩开创性地提出了产业组织的SCP分析框架。贝恩认为，"（a）市场的结构形式，（b）买者和卖者的市场行为形式，（c）最终的市场绩效。市场结构、市场行为、市场绩效之间存在一定的联系"。[②] 贝恩认为市场结构（structure）决定市场行为（conduct），市场行为决定市场绩效（performance），这就是结构主义学派经典的SCP框架。此后，结构主义学派的代表人物谢勒和罗斯（Scherer, F. M. and Ross David）进一步阐释了结构、行为、绩效之间的关系，形成了现代结构主义学派的SCP框架。[③] 新产业组织理论在批判哈佛学派SCP单向和静态框架的基础上，提出了双向和动态的分析框架。该理论认为，市场结构对企业行为和绩效产生较大的影响，并且，结构、行为、绩效三者之间存在反向互动的关系。

本书汲取了产业组织SCP框架（即结构—行为—绩效）的思想，力图弄清楚中国现代民营报业结构的状况，并思考这些结构性因素对民营报业经营到底产生怎样的影响，最终会呈现怎样的经营绩效。本书对产业组织结构主义学派的SCP框架做了一些调整，我们的主要思路是，探讨民营报业经营的结构—行为—绩效及其相互关系，并分析民营报业内外部环境（environment）对其经营的影响（即SCPE框

[①] Bain, Joe S., *Industrial Organization*, John Wiley & Sons, Inc., 7, 1959.
[②] Bain, Joe S., *Industrial Organization*, John Wiley & Sons, Inc., Viii, 1959.
[③] Scherer, F. M. and Ross David, *Industrial Market Structure and Economic Performance*, Houghton Mifftin, 5, 1990.

架),从而阐释民营报业经营的驱动机制和综合效应。本书所探讨的民营报业的结构性因素主要包括民营报业的市场结构、民营报纸的组织结构以及民营报业的区域结构等;民营报业的经营行为主要包括报业竞争行为、报业竞争的协调行为以及经营性业务的外包行为等;民营报业的经营绩效主要包括民营报纸发行、广告绩效、民营报业经营对经济的推动作用以及民营报纸的社会效益等;民营报业的外部环境主要包括民营报纸生存与发展的制度环境、经济环境、人文环境和科技条件等。需要说明的是,在产业组织结构主义学派的研究中,其SCP框架中的S(structure)主要指的是市场结构,本书拓展了研究视角,这里的结构(structure)不仅仅包括民营报业的市场结构,还包括民营报业的区域结构和组织结构等。本书在该框架的基础上进行了补充。我们认为,仅仅从SCP的角度来研究民营报业经营,有两点不足。一是没有将民营报业放在大的时代背景下来研究,容易产生脱离大环境的弊端;二是简单的SCP不能将"人"的因素放进去,显得比较机械。民营报业经营要体现报人的思想和意识,体现外部环境对民营报业经营所产生的影响,这是当时民营报业发达的重要因素,不能遗漏。

2. 产业生态理论

产业生态理论是产业经济学与生态学交叉所形成的理论,是产业经济研究的新动向。生态学与产业经济之间原本没有什么直接的联系,属于完全不同的学科门类。但两者之间存在明显的相似之处,于是学者们借鉴生态学的一些理论框架来阐释产业经济发展现象,形成了一种新的研究视角和理论体系。产业生态学的概念于20世纪90年代开始盛行。汉南和弗里曼(Hannan & Freeman)发表的论文《组织种群生态学》[1]被公认为组织生态学研究的起源。该文认为,在一定的边界内,具有共同形式的组织构成了种群。这一理论观点后来被不断地阐释与延伸,先后出版了《组织的生态模型》《组织演化:新方向》

---

[1] Michael T. Hannan & John Freeman, "The Population Ecology of Organizations", *Social Science Electronic Publishing*, 1977, 82 (5): 929-964.

《组织的演化动力》等著作①，为产业生态理论的发展奠定了基础。产业生态学主要关注产业的个体、种群、群落和生态系统等四个层次，民营报业的发展也面临类似的层次。民营报馆是构成民营报业的基本单位，属于个体层面的报纸；民营报业则可以用种群来类比，可以借鉴生态理论分析民营报业的空间分布、发展模式、竞争与合作等问题。群落生态的理论为产业集群与产业演替提供了理论支撑，产业群落与环境的互动形成了产业生态系统，这些理论为我们分析民营报业发展及其外部环境提供了很好的理论支撑。

产业生态学研究有两种路径，即环境科学路径和产业经济学路径，本书主要以后者为研究依据。从个体层面来看，中国现代报业组织的个体为报馆，而生态组织的个体为生物体，两者具有一定的相似性，生物体可以作为报馆组织的隐喻模型；从产业层面来看，中国现代报业种群已经较为丰富，各个种群之间的区别与联系值得关注。从一定程度上讲，中国现代报业的区域聚集体现了报纸的群落特征，而报业内部的能量互换以及报业与外部环境的因子互动则丰富了整个报业生态系统。上述表明，借鉴生态学的相关理论来研究中国现代民营报业发展，具有一定的合理性和可行性。

3. 产业生命周期理论

任何一个产业都有其兴起、发展演变与衰落的过程，传媒产业也不例外。在产业经济研究中，产业生命周期指的是"产业从出生到衰亡具有阶段性和共同规律性的厂商行为（特别是进入和退出行为）的改变过程"。② 20 世纪 60 年代，美国学者雷蒙德·弗农（R. Vernon）发表了《产品周期中的国际贸易与投资》③ 一文，开启了产品生命周期的相关研究。此后，这一理论引起众多学者的关注。戈特和克莱珀（Gort and Klepper）对 46 种产品长达 73 年的相关指标（包括销售、价格、产量等时间序列数据）进行分析，在此基础上将产品生命周期划

---

① 梁磊：《中外组织生态学研究的比较分析》，《管理评论》2004 年第 3 期。
② 李靖华、郭耀煌：《国外产业生命周期理论的演变》，《人文杂志》2001 年第 6 期。
③ Raymond Vernon, "International Investment and International Trade in the Product Cycle", *Quarterly Journal of Economics*, 1966 (5): 190-207.

分为引入、大量进入、稳定、大量退出和成熟五个阶段，建立了产品生命周期模型。① 在后续的研究中，部分学者将研究视角从产品生命周期转到企业生命周期和产业生命周期。当企业组织生存发展中遇到困难，可以通过调整组织结构、寻找相应的解决措施帮助企业渡过难关。相关研究表明，在欧洲和日本，企业的平均寿命为 12.5 年，而美国 62% 的企业平均寿命在 5 年以下，企业生命周期在 20 年以上的不到 10%，只有 2% 的企业生命周期达到 50 年。② 上述表明，一般的企业生命周期不长。中国现代民营报纸的生命周期状况如何？民营报纸生命周期受到那些因素的影响？这些问题值得关注。

产业也有其生命周期。可以将产品生命周期和企业生命周期加以延伸，用于分析一个特定的产业。任何一个产业都会经历萌芽期或形成期、成长期、成熟期以及衰退期等产业兴衰过程。③ 在产业发展的不同阶段，其市场进入壁垒、市场竞争环境、市场规模等存在较大的差异，其市场结构的特点也相差甚远。报纸产业与其他产业既具有相似的成长特征，又具有独特的产业属性。中国现代报纸产业生命周期与当时的经济、政治、文化、军事等密切相关，报业经营受上述因素的影响尤为明显。因此，本书拟借助产业生命周期理论来分析中国现代不同阶段民营报业市场结构的特点，探讨民营报纸市场结构、区域结构、组织结构的演变过程，分析这些结构性因素的变化对民营报业经营行为和经营绩效的影响。

二　研究框架与研究内容

1. 研究思路

本书沿着结构—行为—绩效—环境（SCPE）的框架展开研究，深入剖析一些结构性因素对民营报业经营行为的影响，进而研究经营行为对经营绩效的影响。本书关注的并非单向、线性的结构，而是探讨

---

① Gort, Michael and Klepper, Steven, "Time Paths in the Diffusion of Product Innovations", *The Economic Journal*, 1982, 92: 630-653.
② 周德孚、殷建平、蔡桂其：《学习型组织》，上海财经大学出版社 1998 年版。
③ 周新生等：《产业分析与产业策划：方法与应用》，经济管理出版社 2005 年版。

绪 论

民营报业经营中所面临的复杂社会环境，努力分析结构、行为与绩效等三者之间的联动关系，运用多个指标对民营报业经营的各个环节进行测量与分析。在具体分析的时候，主要以报业市场、报馆组织、民营报人等为抓手，研究民营报业经营所取得的成绩及存在的问题，探讨这些结构性因素的内在联系。

2. 研究框架

本书首先梳理民营资本进入报业市场的历程，然后从结构、行为、绩效等方面分析民营报业经营的过程，并结合民营报业的内外部生态环境分析其成长的动力机制。有两点需要说明：一是民营报业经营行为涉及的内容较多，分为第三、四两章内容，主要从战略层面和战术层面分析民营报业的经营行为；二是民营报业经营的环境放在最后一章，但没有单独成章，而是作为反思与评价内容的一部分。具体的研究框架如图 0-1 所示：

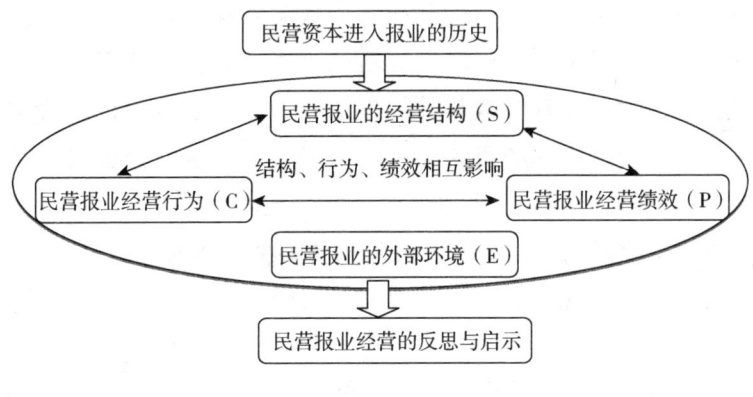

图 0-1 本书的框架

3. 研究内容

本书除了绪论外，还有六章内容。绪论部分主要包括如下内容：首先，梳理了民营报纸相关的研究文献，并介绍了将要运用的理论；其次，概括介绍了本书的研究框架和各章节的基本内容；最后，介绍本书涉及的基本概念、研究意义和创新之处。

第一章为民营资本进入报业市场的历史考察。将民营资本进入中国报业市场的过程划分为曲折渗透期、蓬勃发展期和资源整合期等。

具体内容包括：民营资本渗透到报纸行业所遭遇的禁止与惩罚；民营资本进入报纸行业的特点；民营资本进入报纸行业所产生的影响；民营资本进入壁垒降低的过程，资本进入领域拓展的方式；民营资本功能的延伸；等等。

第二章为中国现代民营报业的经营结构。主要从报业种群结构、报业市场结构、报业区域布局和报馆组织结构等方面分析民营报业的内外部结构。具体内容包括：民营报纸的种群规模、种群密度、层次结构等；民营报业种群结构的演变；不同生命周期背景下民营报业市场结构的特点；民营小报市场结构的基本状态；影响民营报业市场结构的主要因素；20世纪20—40年代中国报业区域聚集状况及其对民营报业经营的影响；民营报馆从简单的组织结构演变为成熟的有限公司组织结构的过程；等等。

第三章为中国现代民营报业的经营战略。主要从战略规划、战略合作和战略整合等方面分析民营报业的战略性经营行为。具体内容包括：民营报纸的战略定位、形象传播和成本控制；民营报纸之间开展的战略联盟行为；民营报纸与其他报纸合作创办联合版，以典型个案为代表，分析联合版的经营状况；民营报纸参与报业公会组织及其对报业员工的影响；民营报纸为了解决暂时的困难而开展的短期合作；民营报业集团化建设的过程、特点和力量博弈；等等。

第四章为中国现代民营报业的经营策略。主要从人才竞争、发行经营、广告经营和经营性业务外包等几个方面分析民营报业经营行为。具体内容包括：民营报业争夺人才、培养人才、留住人才的策略；民营报业发行网络的建设、营销手段和服务质量的改进策略；民营报业在广告设计、推广与管理方面的策略；民营报业经营性业务外包的手段及其双重意义；等等。

第五章为中国现代民营报业的经营绩效。主要从发行、广告、报纸的收支情况和社会效益等方面来考察民营报业的经营绩效。具体内容包括：从发行量、销售价格和发行收入等方面分析民营报纸的发行经营绩效；从广告刊登情况、广告收入状况和广告经营的差异等方面分析民营报纸的广告经营绩效；从报纸的收支状况、经营业务链、盈利结构等方面分析民营报纸的广告经营绩效；从报纸对文化、经济发展等方面的贡献分析民营报纸的社会效益；等等。

第六章为中国现代民营报业经营的反思与评价。主要包括四个方面内容：一是民营报业的结构、行为和绩效之间的关系；二是民营报业经营所面临的外部环境，探讨政治力量、经济力量、科技力量和国内战事对民营报业经营的影响；三是反思民营报业经营中存在的问题，主要包括民营报业经营的失范行为、经营管理方式不当、劳资冲突、经济绩效和社会绩效之间的矛盾等问题；四是民营报业经营对当今传媒经营的启示，主要是民营报业的结构性调整、创造性经营行为对当今传媒经营理念等方面的借鉴意义，并分析民营报纸在处理盈利性和公益性过程中的经验教训，为当今传媒改革提供一定的参考。

三 基本概念、研究意义及创新点

（一）基本概念

1. 现代

中国现代历史开始于1919年五四运动，一直到1949年10月1日中华人民共和国成立这一段时期。在此之后，则被称为当代。当然，由于报业发展有一定的持续性，不可能直接从1919年五四运动展开论述，有的报纸会追溯到晚清时期。这样就能够更清楚地厘清民营报业发展的来龙去脉，为我们理解民营报业经营提供更为丰富的史料。1911年10月10日，武昌起义爆发，起义军一举攻占总督衙门，光复汉口和汉阳，掀起了推翻清王朝封建统治的革命运动。新军协统黎元洪、立宪派的首领汤化龙等均参与了具有号召力的革命事业。1911年12月25日，孙中山从海外归来，被17个省的代表推选为临时大总统。1912年元旦，孙中山宣誓就职，定国号为中华民国，改用公历，并将1912年定为民国元年。民国的成立，在一定程度上激励了民营报业的发展，为现代民营报业的繁荣提供了契机。

本书主要选择中国现代民营报业作为研究对象，探讨该时间段民营报业经营与发展过程。因此，本书的主要内容阐述的是清朝灭亡之后，尤其是五四运动之后到中华人民共和国成立这一时间段内民营报业经营转型与发展。之所以选择这一时期，主要是因为民营报业在清末处于萌芽与早期发展阶段，报馆的规模结构、经营管理水平处于不断提升的过程，整个民营报业发育程度较低。清朝灭亡以后，由于国内政策格局发生了较为明显的变化，民营报纸获得了一定的生长空间，加上国人办报理念和办报策略日臻成熟，不断从国外学习先进的办报经验，民营报业呈现出蓬勃发展的态势。对中国现代民营报业经营进行纵向与横向分析，有助于厘清民营报业发展的内在规律与外部生态环境，为今后传媒产业的发展提供些许借鉴。

2. 民营报业

（1）何谓民营

早在抗日战争时期，关于民营经济已经有不少讨论。1944年，国民党当局发布的《工业建设纲领及实施细则》中，规定工矿交通事业经营方式有以下几种："（一）国营（政府经营）；（二）民营（人民经营）；（三）政府与人民合营；（四）中外合营（政府或人民与外国人合营）；（五）特许外资独营等。"[①] 这些规定是针对工矿业和交通业而言的，只说民营是人民经营，并没有具体说明其判断标准。

1944年，彭瑞夫在《论企业的国营与民营问题》中认为："民营企业，则与国营完全不同。它的含义，即是由人民私人经营经济的意思，其经营的主体，是以私人自由经济为主体，经营的范围，在自由竞争与放任制度之下，任何企业，可由民间一人独资经营，或由多数人合伙经营，成为股份公司，而其目的，单纯只为赚钱，追求私人的利润。"[②] 由彭瑞夫的观点可以看出，民营是与国营相对的一个概念，其主体为私人，经营方式可以是一人独资经营，也可以是多人合作经营，成立股份公司，其经营的目的是追求利润。成舍我认为："我想将来报纸的趋势，在组织方面，定不外两种方式：一种是报纸国有，另一种是虽然许可私人经营，但其资本惟以在报馆任有工作者为限。自社长以至工人，均有主权者。"[③]

---

① 森禹：《国营与民营》，《中国建设月刊》1945年第1卷第5期。
② 彭瑞夫：《论企业的国营与民营问题》，《财政评论》1944年第12卷第4期。
③ 成舍我：《中国报纸之将来》，《文化》（合订本）1934年第1卷第1—6期。

在解放区，人民当家做主的思想深入人心。党中央对于过去"民营""民办"等提法予以纠正，认为"过去习惯所称'民营''民办'，大部分是从旧社会遗留下来的，起初是反映旧统治阶级中在野与在朝两部分更换的区别，后来主要是反映自由资产阶级与封建买办统治集团的区别"。党中央认为，这种称呼在解放区已经不适用了，因此，今后"凡'民营资本''民间报纸'等名称均不应继续沿用，而应改称为私人资本私营报纸等"。① 从党中央的这一规定下发之后，报刊上关于民营资本、民营企业、民营报纸的提法就基本没有了。因此，20世纪50年代，中国报刊中使用"民营"作为标题的文章寥寥无几，整个六七十年代，民营的提法更是鲜见，代之而起的是"私营"的提法。

改革开放以后，民营经济的发展取得合法性，关于民营经济发展讨论与研究也日益增多。什么是民营经济，成为学术界的热点话题。其中，有代表性的观点认为，民营经济这一概念的属性体现在经营权方面。因此，从经营权的角度来看，民营经济既包含民有民营的部分，又包括国有民营的部分，这部分企业的所有权归国家，而经营权则归经营者。②

（2）何谓报业

按照现代的理解，报业有三种字面意义：报纸事业、报纸行业和报纸产业。这三个概念的外延基本一致，都是指"从事报纸编辑出版活动的组织或机构之全体"。③ 从广义上讲，报纸事业主要指人们从事编辑出版报纸的活动；从狭义上讲，报纸事业是指由国家在财政上支持的编辑出版报纸的事业单位。因此，报纸事业具有一定的政治含义，其意识形态属性比较强。行业是指社会活动的类别，与事业相比，行业并没有多少政治色彩。报纸行业指的是从事报纸编辑出版的社会活动。④ 所谓的产业，是指由国民经济中具有同一性质、承担一定社会

---

① 《中央关于所谓"民营"、"民办"问题的指示》，《宣教工作通讯》1949年第3期。
② 单东：《民营经济不是一个模糊概念》，《经济学家》2005年第1期。
③ 唐绪军：《报业经济与报业经营》，新华出版社1999年版，第123页。
④ 唐绪军：《报业经济与报业经营》，新华出版社1999年版，第124页。

经济功能的生产或其他经济社会活动单元构成的具有相当规模和社会影响的组织结构体系。① 可见，产业指的是具有同类属性的经济活动的系统，探讨的是介于宏观经济和微观经济之间的中观经济问题。中国的产业可以分为三个大类：第一产业、第二产业和第三产业。报纸产业是指编辑出版报纸的报社组织及其相关活动所构成的具有一定规模和社会影响的组织结构体系，该产业属于第三产业。

现代以来，民营报纸的经济成分在整个国民经济中所占的比例极小，从经济规模的角度来讲，中国现代民营报纸与当今的报纸产业无法相提并论。但是，在当时的情况下，许多民营报纸已经按照企业化的方式来经营，成立了股份有限公司。在民营报纸的鼎盛时期，全国共有民营报纸超过1000种，加上大量的期刊，报刊的种数众多，形成了有一定特色的经营模式，在社会上产生较大影响。因此，本书从产业的视角探讨民营报纸的经营与发展过程。同时，也会从微观经济学和管理学的视角来分析民营报纸内部的经营与管理机制。

(3) 何谓民营报纸

民营报纸是相对于官报、党报、团体报等报纸而言的。关于民营报纸，不同学者的称呼不尽相同，如民间报纸、私营报纸、私人报纸、商业报纸、民报等，不一而足。方汉奇认为："私营报业，相对于国营报业、政党报刊、公众团体办的报刊而言，是指产权归私人所有的那一类报业。从形式上看，有私人独资创办，也有以股份公司的形式合办。"② 胡雄飞根据报纸的性质，将其分为两类："一为营业化，一为党派化。营业化者，以发展其本身为唯一目标，党派化者，即所谓'办报销'，其目的在得某方某人之津贴，而为之作传声筒。"③ 曾宪明教授将民营报纸分为"民有民营"和"官有民营"两个类别，认为可以从广义和狭义两个方面去界定民营报纸，"广义概念应是，凡以民营形式经营的报纸都是民营报纸。狭义的概念，应是专指既为民有也

---

① 周新生等：《产业分析与产业策划：方法与应用》，经济管理出版社2005年版，第13页。
② 方汉奇：《中国新闻事业通史》（第二卷），中国人民大学出版社1996年版，第412页。
③ 胡雄飞：《本报三年来的总报告》，《社会日报纪念专刊》1931年。

为民营的报纸"。① 吴廷俊认为,所谓的"民报",指的是"由民间人士出资创办并经营的报纸",究其资本来源,包括民间资本联营和个人独资的形式,但革命的、在野的党派报纸不属于此列。②

中国现代很多小报属于民营报纸。李楠对小报的界定是:"小报是休闲性的小型报纸。版面是小报的物质形态,休闲性是小报的精神实质,判断一份报纸是否小报须同时考虑篇幅和内容两个方面的特点。"③ 小报虽然诞生于戊戌维新运动时期,但它不能算是政论性质的民报,因为小报是"兼具同人性质的商业报纸",其特点是:依据近代工商业社会环境和文化市场机制而产生,以营利为目的。④ 从上述的界定可以看出,李楠没有明确地说明小报的创办人身份以及办报资金的来源等这些比较关键的因素。即便如此,按照李楠的界定,小报大部分是民营报纸,因为这一界定方法将政治性质的小张报纸排除在小报之外。祝均宙将小报分为黄色小报、社团小报、党派小报、娱乐型专业小报、家庭常识与医药小报、行业小报与同乡会小报等几种类型。⑤ 按照祝均宙的分类,除了党派小报和少数社团小报外,其他的小报均属于民营报纸。当然,民营性质的小报只是民营报纸的一个类别,民营报纸的范畴显然更大,更丰富。

综上所述,学者们对民营报纸的界定有共性也有差异。总体来说,学者们主要从办报人的身份、办报资金的来源、报纸维持运营所需资金的解决办法等方面来判断一张报纸是不是民营报纸。笔者比较赞同曾宪明对狭义的民营报纸的界定,在内涵和外延上比较科学,也很简洁,有助于研究者辨别报纸是否为民营。从严格意义来讲,民营报纸具有如下特点:一是报纸的所有权在民间,即报纸所有者的身份为民间人士;二是办报的资本来源于民间资本;三是报纸的经营权为民间人士所有;四是报纸经营不依靠政府和党派,而是自主经营,自

---

① 曾宪明:《论伪民营报纸》,《新闻与传播研究》2005年第4期。
② 吴廷俊:《民报主流发展与职业报业启程:北洋政府时期新闻史重考》,《国际新闻界》2012年第8期。
③ 李楠:《晚清民国时期上海小报》,人民文学出版社2006年版,第22页。
④ 李楠:《晚清民国时期上海小报》,人民文学出版社2006年版,第35—36页。
⑤ 祝均宙:《上海小报的历史沿革》(中),《新闻研究资料》1988年第3期。

负盈亏。

尽管明确了民营报业的内涵，在研究中，要想准确地判断一份报纸是民营报纸、政府机关报，还是党报和团体报等，还是有一定困难的。主要原因在于以下两个方面：一是中国现代缺乏科学有效、具有权威性的统计与调查，现有的文献中很少专门就报业资金来源进行全面统计的，这给课题研究带来较大的困难；二是很多报纸的背景非常复杂，从表面上看，报纸属于民营，但实际上这些报纸接受官方、政党与社会团体的资助或者津贴。有一些政党、军阀为了宣传自己的主张，往往私下投资创办报纸，以民营形式示人，以期取信于人。所以，想从总量上区分私营报业和其他报业，存在较大难度。[①] 不过，中国现代民营报纸所占的比重较大，这是不争的事实。因为，除了党政机关报、社会团体报纸、宗教报纸以及外报等类型的报纸外，大量的民营报纸存在于各大城市。尽管很多报纸的寿命不长，但是，其社会综合影响较大，经营管理也值得探讨。

（4）本书主要关注的民营报纸

中国现代是一个动态的变革时期，民营报纸的数量浩如烟海，更新较快。本书并不能穷尽所有民营报纸的经营状况，只能选择其中具有代表性的民营报纸作为样本，分析其经营状况。本书涉及的民营报纸主要包括《申报》《新闻报》、新记《大公报》、世界报系、《新民报》《立报》《文汇报》等民营报纸。在研究过程中，大量的民营小报也作为整体进入我们的视野。同时，一些比较典型的民营小报也会作为我们研究的个案。

3. 民营报业经营

现代以来，不管是民营报纸，还是其他类型的报纸，都或多或少地开展一些经营活动。对于报纸的性质，国民党社会部曾经在一个指令中将其定位为商业性质。社会部的文件明确指出："查报业仍属商业性质，该会（报业公会——笔者注）应改称为上海市报馆商业同业

[①] 方汉奇：《中国新闻事业通史》（第二卷），中国人民大学出版社1996年版，第412页。

公会。"① 由此可见，当时报纸的商业属性在社会上已经深入人心，当局对于报纸性质的认识也比较统一，基本上把报纸归为商业属性。

报业经营涉及的内容很多，从狭义上讲，民营报业经营主要指民营报纸根据报馆所处的外部环境以及报馆所具有的资源状况，对报馆长期发展进行规划，在此基础上制定相关的发展目标和措施维持报馆的运转。例如，报纸的广告经营、发行营销、印刷业务、组织管理、人事管理、财务管理、物流管理等。因此，民营报业经营具有一定的全局性和长远性。从广义上讲，民营报业经营不仅仅指单份报纸的经营方略，还包括报纸所处的外部环境对报业经营的影响、报纸之间的竞争与合作、报业结构及报纸的经营绩效等。报纸的经营是在一定的社会环境和制度条件下展开的，因此，在探讨民营报纸经营时，一方面，要关注民营报纸所处的时代条件，包括政治、经济、文化环境等；另一方面，要关注整个民营报业市场的总体结构、经营行为和经营绩效。除此之外，还应该充分体现民营报纸经营中"人"的因素和作用。基于此，本书关于民营报业经营主要涉及的对象包括：一是中观层面的报业市场；二是微观层面的民营报馆；三是具有经营意识的报人及其行为；四是宏观层面的外部环境。

（二）研究意义

1. 本书有助于拓展新闻史学研究的范式和领域。过去的报业经济史方面的研究以史料挖掘、提炼与分析为主，对于报纸产业组织方面的考察很少。本书运用产业组织理论研究中国现代民营报业经营，考察民营报业经营结构变化及其效应，有助于推动报纸产业组织的历史研究。

2. 本书有助于从纵、横截面观察与认识民营报纸产业组织变迁，推动现代化历史观在新闻史领域的运用。我们思考了中国现代民营报纸产业组织的成长、发展与衰落的过程，呈现了报纸产业组织变迁的历史。探讨民营报业生产力的变化对报业组织结构、生产方式的影响，进而推动报业经营行为和经营绩效的变化。从现代化的视角分析民营

---

① 《报业公会应属商业性质令》，《法令周刊》1936年第9卷第43期。

报业经营，有助于拓展报业研究的历史观。

3. 本书具有重要的现实借鉴意义。当前报业经营中非常缺乏民营资本的管理经验，民营报纸是中国现代经营最成功的报业种群，其资本运作经验和经营模式对当今报业政策制定以及经营管理实践有十分重要的参考价值。

（三）研究方法

1. 文献资料法。研究中国现代民营报业经营与发展，需要查阅大量的史料。主要包括以下四类：一是查阅中国现代各种民营报纸的原报、影印版、缩微胶卷或者电子版等。二是关于中国现代民营报纸发展的各种统计资料，这些资料主要散见于各种统计、年鉴、地方志和报刊之中；三是中国现代学术界对民营报纸进行各种研究的文献资料；四是现当代文献，主要指曾经对中国现代民营报纸进行研究的各种专著、学术论文等。本书主要利用以下图书馆、数据库和档案馆等：中国国家图书馆，上海图书馆，各大学图书馆，中国第一、第二历史档案馆，等等。我们通过中国知网，大成老旧刊全文数据库，晚清、民国期刊全文数据库（1833—1949）等查阅了大量文献，为本书研究的顺利开展奠定了基础。

2. 统计分析法。研究民营报业经营，涉及民营报业的种群数量、区域分布、发行量、广告经营额、盈利状况等多种数据。本书统计分析了中国现代不同阶段民营报纸发行、广告、营业收入与支出等方面的数据，从产业组织的视角分析这些数据。探讨民营报纸盈利状况，进而分析民营报业的盈利模式。

3. 历史比较法。现代以来，民营报业处于变动不居的发展状态，不同阶段的民营报纸面临不同的经济、政治和文化环境，民营报纸的市场环境、经营模式和经营理念均处于不断的变化之中。采用历史比较的方法，分析不同时间、不同空间条件下民营报纸的经营与发展，找出其差异性与特殊性，分析其异同与规律，阐明其因果联系。

（四）重点难点

1. 重点。本书重点研究民营报业经营的结构、经营行为和经营绩效，其中，民营报纸的经营行为方面的研究为重中之重。

2. 难点。民营报纸产业组织内在各环节的关联机制；民营报业经营绩效的评估。民营报业结构的变化对报业经营行为和经营绩效的影响是间接的，其相关性如何确立，是本书的难点之一。

（五）创新之处

1. 学术思想性。过去对民营报业的研究注重纵向梳理，本书属于横向的专业研究，用产业组织框架研究中国现代民营报业经营史，学术思想较新。本书拓展了产业组织的 SCP 框架，提出了新的 SCPE 框架（结构—行为—绩效—环境），从深层次研究民营报业经营，涉及大量的数据分析。其中，SCP 框架于 20 世纪 30 年代由哈佛学派建立并逐步完善，在发达国家广泛应用于传媒经济分析并取得丰硕的成果。本书对该框架进行了改动，突出了民营报纸经营的外部环境和主体因素。

2. 研究视角新。本书以报业结构作为探讨民营报业经营的钥匙，分析制度结构、经济结构与报业结构之间的关系，具有一定的新意。

3. 提出了新的观点。本书认为，民营报业的市场结构、区域聚集和组织结构等结构性因素对民营报业的经营行为产生重要的影响，进而影响到民营报业的经营绩效。民营报纸的经营绩效对其经营行为和整个报业的市场结构也产生一定的反作用。民营报业的生命周期长短不一，平均生命周期很短，内外部生态系统状况是决定民营报纸生命周期长短的主要因素。

（六）本书特点

比起已有的相关研究，本书有以下几方面特点。

一是本书将中国现代民营报业经营研究放在中国现代经济、政治与文化发展的宏观环境下来考量，而非孤立地、单纯地研究报业经营。民营报业的产生与发展与整个社会的经济结构、政治制度以及文化教育事业的发展密不可分。民营报业之所以在现代得以繁荣发展，与宏观的社会环境有着密切的联系。脱离社会环境来谈论民营报业经营，很难从根本上来解析民营报业的经营改革。中国现代经济发展状况，尤其是民营经济发展对民营报业经营起到积极的推动作用，将民营报业发展置于整个宏观经济背景下来阐释，把经济结构分析与报业经营研究结合起来，有助于解释民营报业发展变化的真实原因，从而更准确地把握民营报业经营机制。政治制度与文化教育的变革对民营报业经营也带来极大的影响，本书将民营报业经营与整个社会的经济、政治、文化紧密结合起来，具体阐释民营报业发展的驱动力量。

二是本书力图从产业组织理论视角阐释中国现代民营报业经营体系，重视民营报业经营的结构分析，从而揭示报业经营的结构、行为与绩效之间的内在关联。以往的研究更多的是从报人的经营理念、报业的经营行为着手，很少专门从报业结构的角度来分析民营报业经营。我们认为，民营报业的经营行为和经营绩效受到报业结构的影响很大，这是本书研究的一个逻辑起点。在研究民营报纸的经营管理的文献中，多数学者从个案入手，分析单份报纸的经营策略。本书不仅关注某些典型民营报纸的经营行为，还从中观层面对中国现代整个民营报业的总体情况进行阐释，力图做到点、线、面三者有机结合。另外，本书运用产业生命周期理论探讨民营报业不同生长阶段市场结构的特点，以期更科学地呈现报业经济发展变化的内在逻辑。

三是本书不仅仅探讨报业的经济绩效，还跳出民营报业经济范畴，从社会公益的角度考察民营报业经营所引发的绩效损失问题。民营报业与一般的民营企业既有相同的地方，也有不同之处。其相同之处在于，它们都是在民营资本的基础上生长和发展起来的，都具有一定的营利性；其不同之处在于，民营报业承载着更多的社会公益，民营报纸所传播的内容具有较强的意识形态属性。追逐利润的取向影响了民营报纸的公益性，这是本书关注的重要话题。

第一章　民营资本进入报业市场的历史考察

中国的新闻信息传播活动源远流长。最早的报纸是官方承办，民营资本严禁介入。据现有的可靠资料显示，唐代出现了邸报，是由地方诸道和各藩镇派驻朝廷的邸吏向地方传送的状报。唐代的报纸没有报头，周期不固定，还残留有官文书的痕迹，一般被称为"进奏院状""进奏院状报""邸吏状""邸报"等。其后，宋朝、明朝、清朝一直有官办的邸报（至今未见元朝有官办的邸报），尽管历经改革，报纸名称有所变化，但均为官方出资，民营资本从不介入邸报。邸报的内容为朝廷的政事活动，其读者群为官吏。北宋时期，民营资本开始介入报纸行业，到了清末民初，民营资本大规模进入报纸领域。五四运动之后，出现了以资本为纽带的报业资源整合，中国报业市场迸发出生机与活力。纵观民营资本进入报纸行业的发展过程，大体上可以分为曲折渗透期、蓬勃发展期、资源整合期三个时期。在不同的历史时期，民营资本的进入方式、运作形式和社会影响等方面都具有不同的特点。

第一节　曲折渗透期：禁令与惩罚双重管制

中国历代封建社会对言论的控制都相当严格。图书、报纸和期刊等媒介是表达言论的载体，统治阶级自然严加管控。因此，民营资本很难进入图书、报纸和期刊等传媒领域。早期的民营资本进入上述媒介领域经历了曲折的渗透期，在此时期，民间传播者不断试探政治力量的管制力度，并与政治管制力量保持一定的张力。当政治管制力量过于严厉的时候，民间传播者就会更加小心翼翼地开展传播工作；当政治管制力量稍微放松的时候，民间传播者就会逐步拓展规模。正是在这样一个不断探索的过程中，民营资本逐渐渗透到报纸领域。从报刊管理体制来讲，封建社会属于极权主义传播制度，统治者和报刊媒介之间是绝对的控制与被控制的关系。封建社会的邸报是最高统治者的喉舌，自然受到当局的严格控制。民间报纸如磐石下的杂草，发展得非常缓慢，不断遇到各种禁令与惩罚。因此，民营资本不可能大张旗鼓地进入报纸领域，只能在夹缝中向前延伸，动辄得咎，很难获得大范围的发展。

一 民营资本逐渐渗透到报纸行业

民营资本进入报纸行业最早出现在北宋。北宋时期，农民起义和北方部落的入侵致使民族矛盾日益尖锐，封建统治阶级越发担心信息泄露危及其统治秩序，于是推行了"定本"制度，即官方报纸必须将报纸的大样送给当局审定才能印行。随着社会中不安定因素的逐渐增多，民众对于信息的需求不断增加，而一般的民众又无法获得邸报的信息，新的信息传播渠道成为人们的必然需求，民营小报就是在这种情况下诞生的。"监察御史里行张戬言，窃闻近日有奸佞小人肆毁时政，摇动众情，传惑天下，至有矫撰敕文，印卖都市。乞开封府严行根捉造意雕卖之人行遣。从之。"① 可见，小报在北宋出现并不是官方允许的，属于私下经营、私下传播的媒介形态。最先从事小报传抄的人是负责邸报发行的地方进奏官和其他中下级官员，他们在传递邸报的时候，将其中的消息私自泄露，从中牟利。"其有所谓内探、省探、衙探之类，皆衷私小报，率有漏泄之禁，故隐而号之曰新闻。"② 这时候小报还不能算是民营资本经营的，因为它是邸吏不守法规用于牟利的工具。后来，一些坊间的书肆主人也参与传抄小报，成为民间小报

---

① 《宋会要辑稿》第165册，刑法二之三二，中华书局1957年影印本，第6512页。
② 赵升：《朝野类要》卷四《朝报》，中华书局2007年版，第88—89页。

第一章　民营资本进入报业市场的历史考察

人。中下层邸吏转而成为民间小报人的信息来源，小报靠发行盈利，邸吏与民间小报人利益分成，达成共谋，民营资本自此进入报纸行业。从社会效率的角度来看，小报的传播一方面使普通老百姓能够获得必要的信息；另一方面可以为封建权力阶层所利用，成为争权夺利的工具。从经济效益的角度来看，小报使其发行者"坐获不赀之利"。由此可见，宋朝的小报"是我国最早的民间报纸"[1]。并且，宋朝的小报在一段时间里甚至发展到堂而皇之"公开销售于世"的地步。民间报纸公开销售，"标志着它冲破了朝廷法律的束缚，走向了完全的社会化、公开化、经营化和普及化，这也是民间报纸区别于朝廷官报的一个鲜明特征"[2]。

民营资本经营小报的现象在此后的几个朝代里都有所表现。元代的民间新闻传播活动渠道很多，其中民间印发的"小本"类似宋代的小报。据《元史》刑法四所载条例"诸但降诏旨条画民间辄刻小本卖于市"，[3] 即为禁止"小本"的发行。由于元代的言禁非常严厉，民间投资小报的热情受到抑制。明朝的民营资本经营报纸的现象逐渐增多，明朝中期以后，北京等地的民间新闻传播活动日益活跃，出现了民间报房。明朝嘉靖万历年间的于慎行提到："近日都下邸报有留中未下先已发钞者，边塞机宜有未经奏闻先已有传者，乃至公卿往来，权贵交际，各边都府日有报帖，此所当禁也。"[4] 据此可以推断，明朝民间报房已经兴盛起来，并从事以营利为目的的、公开的信息传播活动。随着民众信息需求的增加，民间新闻传播活动逐渐成为一个新兴的行业。据沈榜的《宛署杂记》记载："今查得宛大二县原编一百三十二行，除本多利重如典当等项一百多行，仍行照旧纳银……将网边行、针蓖杂粮行、碾子行……抄报行、卖笔行……共三十二行，仰祈皇上特赐宽恤，断今年六月初一日以后免其纳银。"[5] 上述表明，抄报行在

---

[1] 曾宪明：《我国最早的民间报纸——宋代小报》，《新闻爱好者》1986年第2期。
[2] 倪延年：《中国古代报刊发展史》，东南大学出版社2001年版，第96页。
[3] 《元史》，卷一〇五，刑法四，中华书局1976年版，第2680页。
[4] 中国社会科学院历史研究所明史室：《明史资料丛刊》第三辑，江苏人民出版社1980年版，第91页。
[5] 沈榜：《宛署杂记》，卷十三《铺行》，北京出版社1961年版，第96页。

明代已经成为并列于其他行业的、为社会所认可的正式行业。由于抄报行盈利能力较弱，所以获得皇帝减免税款的待遇。民间报房和抄报行所从事的工作均为非官方新闻传播活动，资本介入报纸行业的行为在明代曾经得到了上层的认可。明朝，"民间报房和私营报业的发展，和明末资本主义经济的萌芽，有一定的联系。是萌芽状态的中国资本主义经济通过新闻手段的反映"。① 但是，由于明代资本主义经济受到封建势力的阻碍，难以得到发展，民间新闻传播行为也受到很多限制，民间报房和抄报行的经营规模和社会影响均比较小。

清朝初年至中期，民营资本进入报纸行业主要表现为三个方面。一是半官半私的小报。清代官报的发行由通政史司、六科和提塘三个环节组成。提塘官在完成本职工作之余，还私自发行小报，其读者群依然是各省份的官员。小报为提塘官带来可观的经济收入，这种半公半私的新闻传播活动也为清代民营报纸的诞生奠定了基础。二是以民营资本成立报房，贩卖报纸。清代的民间报房主要集中于北京，最早为公慎堂，乾隆年间已经开始贩卖邸报。此后，有聚兴、聚升、合成、集文、同顺等十余家报房通过卖报纸盈利。三是私人传抄报纸，出版不定期单页小报，谋取利益。清朝初年，"在中国各省，有上千的人以重抄或摘录京报为生，用以供给无力购买全份京报的读者"。② 其中，辕门抄尤为引人注目，它是一种主要报道地方官场消息的民营报纸。由此可见，除了官报外，民间的报房成为人们获取新闻信息的重要机构，其资本主要来源于民间，管理运营也为民间人士负责。民间报房发行的报纸和单页小报不定期地报道官场及社会新闻，满足了中下层人士的新闻信息需求，这类报纸已经初具近代报纸的特点。

二 民营资本进入报纸行业的特点

纵观唐朝至清朝中期，民营资本进入报纸行业现象一直没有间断。但是，由于史料所限，这一漫长的历史进程中，民营资本进入报纸领

---

① 方汉奇：《中国新闻事业通史》第一卷，中国人民大学出版社1992年版，第186页。
② 潘贤模：《清初的舆论与钞报——近代中国报史初篇（续）》，《新闻研究资料》1981年第3期。

域的数目和细节难以获取。我们从已有的资料中可以看出,宋以降至清中期,民营资本进入报纸行业展现出以下特征。

一是民营资本进入报纸行业一直受到官方的严厉禁止,但是民间办报,或者依靠抄录、传递报纸赚钱的行为始终没有间断。民间小报不具备合法性,其生存空间受到很大的限制。对于民营报纸的发展,封建政府的管制政策不断变化,时紧时松,民间财力、人力、物力投入报纸新闻传播的规模、范围和方式也随之发生变化。在封建社会,高层官员了解信息的渠道相对较多,而底层人民获取信息的渠道较少,口口相传成为人们沟通信息的主要途径之一。但是,口语传播有其局限性,信息转瞬即逝,保存性很差。另外,口口相传有一个很大的弊端,即信息传播过程中容易失真。因此,民众需要一种新的信息传播工具来满足日益增长的信息需求,民间小报正是契合了民众的这一需求。在多数时候,民营报纸不为官方所认可,以地下经营为主。民营资本采用曲折渗透的方式经营报纸,在夹缝中难以获得较大范围的发展。

二是投入办报的民营资本规模小,数量少,影响不大。由于民营资本办报遇到的政治壁垒太高,一旦违规,不仅血本无归,还很有可能因言获罪,甚至搭上身家性命。由此可见,经营民营小报是一项高风险的投资,因而民众的投资热情不大。另外,民营报纸与商品经济发展存在较大关联。北宋至清中期,中国商品经济发展水平较低,公众用于新闻信息支出的费用较少,与之相适应,民营资本经营报纸的水平相对较低。封建社会,普通民众的文化程度有限,民众识字率很低,民营报纸缺乏庞大的受众群体,社会对于报纸的需求很小,必然限制民营报纸的发展。因此,在清朝以前,报纸不具备社会化发展的基本条件,不可能在普通民众中普及开来,这是民营资本难以在报纸领域拓展的重要原因。

三是民营资本的投入方向主要为信息流通领域,包括报纸信息获取、传抄等环节,固定资产投资较小。在封建社会,办报受到严厉的限制,官报的信息严禁向外泄露。因而,信息成为封建社会民间小报的稀缺资源,办报者需要用一定的资金买通邸报官员,获取小报所需新闻信息。另外，传抄信息、购买纸张等也是民营报纸重要的成本支出。由此可见，制作民间小报的经费支出主要包括信息获取费用、报纸印刷和纸张等费用。由于民间小报的发行量较小，不可能通过扩大规模来分摊成本，单份报纸的成本也比较高。与信息社会报纸相比，古代的民间报纸在固定资产方面开销较小。

四是办报的技术条件在一定程度上限制了民营报纸的发展，进而影响了民营资本家的投资信心。清朝以前，印刷技术、纸张供应等方面没有达到社会化、大规模发展的条件。尽管中国很早就发明了印刷术，但是印刷术的社会化需求并没有适时出现，这在一定程度上限制了印刷术的持续革新。因此，报纸的印刷速度、质量等技术因素都存在明显的不足，在一定程度上限制了民营报纸的发展。另外，尽管中国的造纸技术很早就出现了，但是，纸张一样难以出现社会化生产，以至于晚清以后，中国的大多数白报纸都依靠进口。因此，与民营报纸生产紧密相关的印刷技术和造纸技术等外部条件还处于相对落后的状态，在一定程度上限制了民营报纸的发展，进而影响了民营资本投资报纸领域的信心。

三 民营资本进入报纸行业的影响

从北宋到清朝中期以前，民营资本进入报纸行业的总量较少，民营报纸发展规模极为有限，但是自始至终没有绝迹。民营资本进入报纸行业以后，产生了一定的影响。

首先，民营资本进入报纸行业，开创了报纸经营的创新模式，为以后的民营报纸经营提供了可资借鉴的范例。与当局授权、合法运行的邸报相比，民营小报具有商业属性，经营方式灵活，讲究推销技巧。为了吸引民众的注意力，民间小报的消息更具有话题性。尽管古代的小报社会影响较小，但是，这种新型媒介形态无疑让民营资本所有者看到了新的投资空间，为以后报纸行业的规模拓展和经营方式的创新提供了新的视角。民营资本涉足报界，改变了报纸的性质。过去的邸报是官方媒体，其所有权和管理权均归封建社会统治阶级，报纸本身无须盈利。而民营小报的所有权和经营权均归民间人士，报纸的主要目的在于营利，这是民营小报生存发展的主要动力。在漫长的探索过程中，民营小报的办报者不断尝试争取更大的发展空间，为民营报纸经营积累了宝贵的经验。

其次，民营小报的出现，改变了政府独控公共信息传播渠道的局面，为民众提供了了解时事信息的新渠道。在封建社会，政府当局控制了公共话语权，建立了符合其统治地位的信息发布机制，形成独特的政治话语场域。与其相对应的是民间舆论场，但是，后者没有可靠的信息发布渠道，更多的是依靠口口相传，容易造成信息的丢失和误传，形成流言与谣言。民营小报具有相对固定的载体，比口语传播更具有规范性和连续性。为了提高小报的传播力，民营小报的创办者也会尽力提高消息的可靠性、时效性和吸引力。否则，民营小报的发行就会面临困境。尽管民营小报不具备与当时的邸报相抗衡的影响力和权威性，但是，这种媒介形态的出现改变了过去由政府垄断公共信息的格局，为民众获取信息提供了新的渠道。在出现社会动荡和危机的时候，民营小报无疑成为人们获取信息、消除疑虑的重要途径。

最后，民营资本进入报纸行业为社会管理阶层应对私营媒介管理积累了一些经验，也为统治阶级应对民间舆情积累了经验，对于维护封建统治显得更加重要。小报出现以前，公共性的媒介均为统治阶级所控制。民营资本进入报纸行业之后，小报的非法经营带来了一些社会问题，一方面是对资本领域的控制，另一方面是对社会舆情的控制。对于封建社会的统治者来说，小报所引发的社会舆情问题显然非常危险。邸报所刊发的信息是合法的，基本上是都是皇帝的起居、上谕、官吏的任免、各类奏折等信息，社会新闻很少。小报诞生之后，刊登的社会新闻明显增多，有时候会有一些涉及朝廷秘闻的报道出现在小报上，使统治者陷入被动之中。因而，小报一直是统治阶级禁限的对象。统治阶级在管理小报方面逐渐积累了经验，为以后的民营报业经营与管理提供了借鉴。

从小报诞生到近代报刊出现，民营报纸经历了700多年的历史。在这样一个漫长的发展期，民营报纸并没有得到充分的成长。其根源并非民营报纸经营的问题，而是统治阶层的管制、社会需求以及技术条件的限制等多重因素所决定的。封建社会统治者对报刊言论的限制非常严格，秦始皇接受李斯的建议，颁布了"偶语弃市"的禁言法令。此后，历代封建王朝，都在民间舆论方面给予较严格的限制。因此，民营小报一直在夹缝中生存，很难获得充足的发展空间。因而，在长达数百年的时间里，民营小报一直在朝廷的禁令和惩罚之中缓慢发展，报纸的规模一直比较小，多采取作坊式的经营管理模式，没有形成一个有社会影响力的行业。

第二节　蓬勃发展期：壁垒与规模双重突破

在中国近现代报业发展史上，在华外报所产生的深远影响不容忽视。尽管中国古代就产生了官方的邸报和民间的小报，官方报纸的出现远远早于国外，民营资本进入报纸领域也比国外要早得多。但是，中国古代的官报和民营小报都没有实现社会化生产，其受众范围较小，影响力有限，报纸经营水平低下。而近代在华外报的出现，直接推动了中文报刊的近代化和商业化。在华外报包括各类宗教报纸、商业报纸等，其经营方式明显比中国的官报和民营小报更为先进，成为中国人办报的模仿对象。

清朝末年，民营资本投资报业的现象逐渐增多，到了民国初年，民营报纸逐渐进入繁荣期。1872年，英商美查（Ernest Major）与其友人伍华德（C. Woodward）、普莱亚（W. B. Pryer）与麦基洛（John Mackillop）等每人出资400两白银，合计1600两白银，共同创办《申报》，该报是当时重要的中文商业报纸，对后来中国民营报业发展具有深远的影响。尽管《申报》是外国人所办，但其主笔和经营者基本上是中国人。1895年以前，蒋芷湘、何桂笙、钱昕伯和黄协埙等先后担任该报主笔，而赵逸如、席裕祺等先后担任该报的买办。[①]《申报》以营利

[①] 买办指的是1800—1910年间，帮助欧美国家与中国进行双边贸易的中国商人，这类商人通常外语能力和沟通能力强，可胜任翻译与沟通等职责。按照汪仲韦的解释，买办是由某一外国洋行大班（即洋行主人）招请一中国人为他推销货品，这个被招请的中国人被称为买办。大班与买办之间订立合同，买办须提供一笔现金为担保，大班就利用这笔现金作流动资金，除月贴买办少许日常开支外，在营业额中提取若干成作为买办佣金。参见汪仲韦（徐耻痕整理）《我与〈新闻报〉的关系》，《新闻研究资料》1982年第2期。

为前提，是为谋利而开办的企业。①《申报》的创办，开创了中国商业报纸发展的新篇章，以后的民营报纸从《申报》那里学到了很多办报经验，纷纷效仿《申报》的管理手段和经营模式等。后来，《申报》转到中国人手上，变为名副其实的民营报纸，并成为旧中国报业史上经营时间最长的民营报纸。

据现有的资料显示，1873年创刊于汉口的《昭文新报》是中国人在国内出版的第一份报纸。但是，该报存在时间极短，影响不大。19世纪末，《字林沪报》和《新闻报》创刊，尽管两份报纸创刊时均沿袭了外商办报的传统，但是，作为商业报纸，其经营理念和新闻业务对于以后民营报纸的成长来说，是不可或缺的宝贵经验。尤其是这几家报纸在经营竞争上形成正面交锋的局面，使中文商业报纸进入一个相对繁荣的时段。此后，民间资本投资报纸出现间歇性浪潮，民营报纸逐渐取代外报和官报，成为当时报业发展的主力军。

一 民营资本进入壁垒降低

自从有报纸以来，民营资本进入报纸行业均受到不同程度的限制。清朝中期以前，民营资本受到的政策限制很大，难以有大的作为。到了清朝末年，民营资本进入报纸行业的制度性进入壁垒不断受到国内局势的挑战。从产业发展的角度来看，民营资本进入报业市场所遇到的壁垒比较多，大体上可以分为制度性进入壁垒、结构性进入壁垒和策略性进入壁垒三种类型。制度性进入壁垒指的是民营资本进入报业市场所遇到的法律法规约束或者社会习俗方面的约束，这些约束往往是刚性的，民营资本很难突破。北宋以来，民营小报之所以发展规模很小，与制度性进入壁垒较高有着直接的关系。结构性进入壁垒是影响民营资本进入报纸行业所遇到的结构性因素②，民营报业所面临的结构性进入壁垒主要包括创办报纸所需要的现金资本、固定资产投资

---

① 《论本馆作报本意》，《申报》1875年10月11日。

② 在产业组织领域，结构性进入壁垒是指能够遏制新企业进入市场的各种稳定的结构性因素或特征。在传媒产业中，也存在这些结构性因素或特征，主要包括规模经济、产品差异、资源占有、必要资本量等。参见陶喜红《传媒产业结构性进入壁垒探析》，《新闻界》2008年第4期。

等。策略性进入壁垒主要指那些比较大的民营报纸为了阻止新的民营报纸创刊所采取的策略性行为，包括降价行为、战略联盟阻挠行为等。在民营资本进入报业市场的过程中，上述三种壁垒均有突出的表现，对民营报业市场结构产生较大的影响，进而影响民营报纸之间的竞争行为和经营绩效。

首先，晚清以来，民营资本进入报业市场的制度性壁垒呈降低趋势，为民营报业的发展提供了一定的空间。"清末传播业得到相对有利的发展环境，是由于统治秩序出现过渡性紊乱。而造成紊乱的根本原因，一是新旧矛盾，二是中外冲突。"[①] 清政府对于异己声音的打击力度相当大，但到了20世纪初，清王朝逐渐丧失了对剧变中的社会的控制能力，陷入进退两难的境地：墨守成规即等待灭亡，大力改革即自寻灭亡。而对于当局者来说，只能在原有即将沉没的封建"船体"上修修补补。为了证明其统治的合理性，不得不默许一定程度的言论自由，客观上为民营资本进入报纸行业提供了外部条件。"光绪末叶数年，出报既不报知官厅，其言论之自由，可谓有闻必录。"[②] 清朝末年，改革专制政治为国人办报提供了相对宽松的条件，办报的政治壁垒大幅度降低，主要表现在注册登记手续非常简单。那时候，新创办的报纸，一般只需要登记诸如报纸的名称、体例、发行时间、发行人等具体信息，再按照要求缴纳一定数额的保证金，就可以公开出版了。[③] 当时，出版报纸并非如想象中那样困难，甚至有一些报纸没有经过当局批准便问世了。由此可见，清王朝面临的内外交困的政治格局为民营资本进入报刊业提供了难得的机遇。随着民营报纸规模和数量的不断壮大，众多的民营报纸已经形成一股强大的力量，对清朝当局的言论钳制形成一定的压力，在客观上降低了报业资本市场进入壁垒。

租界和洋商严重侵犯了中国的主权，疯狂掠夺中国，而报界人士恰恰利用了租界和洋商在中国的特权，趋利避害，在租界创办了大量

---

① 桑兵：《清末民初传播业的民间化与社会变迁》，《近代史研究》1991年第6期。
② 管翼贤：《北京报纸小史》，《新闻学集成》第6集，中华新闻学院1943年版。
③ 侯宜杰：《清末的言论结社集会自由》，《史学集刊》2009年第5期。

的民营报纸。1901—1908 年，中国报业基本上呈现出分散竞争的格局，沿海沿江租界城市成为报纸的主要集中区域。从客观上讲，租界、教会或洋商为办报提供了一定程度的庇护。对于民间报人来说，租界的"缝隙效应"表现得尤为明显。1895—1898 年，全国各地由华人自办的中文报刊总共有 94 种，其中上海一地就有 40 余种。[①] 上海报业发展与其在全国的经济地位有直接的关系，而租界无意中为上海的民营资本进入报刊业提供了方便。在上海望平街不到 500 米长的街道两边，报馆林立。当时上海的一些报纸干脆不在清政府注册，如《申报》《时事新报》《神州日报》《时报》《民国日报》《中华新报》《亚洲日报》等都在日本领事馆注册。近代上海各类小报超过 1000 家，几乎92% 以上都分布在租界内。[②] 在天津，出版了《大公报》《益世报》《庸报》《商报》等。民国初年，汉口有民办报刊 32 种，这些报馆大多设在租界内。[③] 在广州，1912—1938 年，有 619 种定期刊物发刊，平均每年近 27 种（该统计包括一些内部刊物）。[④] 总之，在租界地区，由于存在"有限的新闻自由"，均成为"报刊云集之地"。[⑤] 这些报刊中，绝大多数属于民间投资创办的。由此可见，租界的存在，在一定程度上降低了民营资本进入报业市场所面临的制度性壁垒，为民营报纸的发展提供了暂以栖息之地。

其次，晚清以后，民营报业所面临的结构性进入壁垒呈降低趋势，尤其是报纸初创时所需要的现金资本并不算太高，大量民间人士具有创办报纸的经济实力。民国初年，投资报业市场所需成本不尽相同，主要取决于报纸的定位、规模与历史时期等因素。如果定位于大型报纸，甚至与已经在位的《申报》《新闻报》等报纸看齐，所费成本必然很高。如果报纸开数较小，张数不多，定位于中下层市民，报纸定价也不高，创办一份报纸成本相对较低。因而，报纸进入市场遇到的

[①] 谷长岭：《新闻志》，刘梦溪：《中华文化通志·艺文典》（第 8 典，078），上海人民出版社 1998 年版，第 70 页。

[②] 祝均宙：《上海小报三题》，《新闻大学》1998 年第 4 期。

[③] 汉口租界志编纂委员会：《汉口租界志》，武汉出版社 2003 年版，第 316 页。

[④] 乐正：《民国时期广州大众传播业的发展（1912—1938）》，《学术研究》1995 年第 6 期。

[⑤] 薛飞：《旧中国的租界与报纸》，《新闻与传播研究》1999 年第 4 期。

资本壁垒就不会太高。在20世纪20年代，民营资本创办小报很容易。通常情况下，投资两三百元就可以创办民营小报，甚至"拿出十几块钱便能办出一张小报"。① 据当时的小报人说，小报"每期的排印工不过四五元，一令报纸不过三元左右，外稿是不支稿费的，报纸出版，到了望平街，无论内容如何，每期至少可销四千份以上，内容精彩，销一万以上并非难事。广告亦容易兜揽，有一二百元当然可以办小报了"。② 与清朝以前民营小报相比，清末民营报纸的受众为普通中下层市民，其传播的信息以休闲娱乐信息和一般社会信息为主，信息获取渠道相对较为宽广，报社所付出的稿费不是很多。据当时的小报人说："一个特约撰述，每月报酬了一二十元的稿费，他便把全部精力贡献在你的报上，而在外来的不寄稿费的投稿中，又得尽你选择。"③ 报纸印刷上，可以选择一些小型的印刷厂以降低办报成本。报纸印出之后，多数民营小报将报纸批发给报贩，流通环节也不需要过多的人手。清末民初，民营报业市场的资本进入壁垒非常低。随着办报者越来越多，到了20世纪40年代，民间投资小报的资金壁垒就提高了十倍以上，而创办大型民营报纸所需费用更高。

　　再次，在不同的区域中，民营资本进入报纸行业所遇到的策略性进入壁垒不尽相同，有不少报纸能够突破这些策略性进入壁垒，在夹缝中获得生存空间。晚清以后，一些经济发达的中心城市出现了近代化报刊，这些报刊在当地具有较强的市场垄断力量，对新进入市场的其他民营报纸形成了巨大的压力。比如，上海的《申报》《新闻报》、天津的《大公报》等报纸，在公众心目中具有较高的地位，一般的读者已经形成了阅读习惯，成为这些民营报纸的忠实读者。一旦有新的民营报纸创刊，这些报纸就有可能会采取降价、发行促销等竞争性行为阻止这些报纸进入市场。初创的民营报纸会经历较长时间的"赔本期"，在这一段时期内，民营报纸主要的目的是扩大发行量，提升报纸在读者之中的影响力。很多民营报纸撑不过"赔本期"就夭折了，

---

① 二云：《小报论》，《力报》1930年5月16日。
② 啼红：《小型报痛言》，《铁报》1940年11月16日。
③ 巴八：《报余话报》，《福尔摩斯》1936年8月13日。

因此，不少民营报纸在初创的 1—2 年的时间内就悄然退出市场。可见，"赔本期"是民营报纸比较危险的时期，渡过这一艰难的时期，民营报纸往往就能够顺利地发展下去。正是因为新创刊的民营报纸在"赔本期"立足未稳，那些大型的民营报纸有针对性地设置策略性阻止行为，如果经营者的经济实力不足，就会在接下来的困难期惨遭淘汰。五四运动以后，一些大型的民营报纸能够设置一定的策略性进入壁垒，但是，这些大型民营报纸的实力并不是特别强，其市场垄断力量有限，所以其设置的壁垒也并非不可跨越。相对而言，那些集团化发展的企业，往往具有较强的市场垄断力量，对新进入市场的企业产生较大的威慑作用。中国近现代民营报业并没有形成规模庞大的报业集团，因而，民营资本进入报纸行业所遭遇的策略性进入壁垒并不太高。尤其到了五四运动以后，一些民营小报进入市场并不会遇到太大的阻碍，因为民营小报与民营大报可以展开错位竞争，民营大报没有必要阻止小报的市场进入行为。因而，从总体来说，民营资本进入报纸行业所遇到的策略性进入壁垒相对较低，为民营报业规模拓展提供了一定的便利。

二 民营资本进入领域变宽

晚清以后，民营资本进入报纸行业的数量明显增加，给报业发展带来了活力。据清末民初的报刊调查显示，民营资本在整个报业市场中所占的比例不断增大。从 1905 年到民国成立，全国先后共创办报刊超过 600 家，清朝政府所创办的官报不到 10%，民营资本和外资办报占绝对优势。1905 年，《大公报》调查了 301 种报刊，其中标明了商办、官办、外资的各占 189 种、17 种、95 种（含已佚 150 种，改刊 21 种），在继续出版的 152 种报刊之中，商办、官办、外资报刊分别为 98 种、11 种、43 种，民营报刊所占比例为三分之二。[①] 从戊戌变法到 1908 年的 11 年中，民间商办报纸一共有 261 家，平均每年出版 24 家。从表 1-1 可以看出，1898 年之前，中国出版的报纸中，外资报纸占

---

① 桑兵：《清末民初传播业的民间化与社会变迁》，《近代史研究》1991 年第 6 期。

据绝对优势。戊戌变法掀起国内办报高潮，当年由民营资本创办的报纸达到26家。戊戌变法失败之后，民营资本进入报业市场受到了严重的打击，降入低谷。直到1902年之后，民营资本再度涌入报业市场。到了1908年，由民间出资创办的报纸达到41家，而该年全国共创办报刊不过48家。通过表1-1和图1-1可以看出，从1869年到1908年，官报和外资报纸一直处于不温不火的发展态势中，而民营报纸起伏较大，总体上保持高速增长的态势。从1895年到1908年，民营报纸创办数量年均增幅达到33%，尤其是1900年之后，在新创刊的报纸之中，民营报纸所占的比例平均达到72%。进入20世纪，民营资本已经成为中国报业发展的火车头，其增长势头迅猛，带动了整个报业的发展。民营资本不仅注入大型报纸，各类小报也是民营资本投资的热土。据第二次世界报纸会议的数据显示，1921年，中国出版的定期刊物共1137种，其中日刊（即日报）550种，二日刊6种，三日刊9种，五日刊9种，周刊154种等。上述统计中，包括官办的、政党办的报刊在内，但无疑私营的占相当多数。[①] 据不完全统计，1926—1931年，全国共出版小报700多种，约占小报史上出版总数的70%。[②] 这些小报绝大多数是民间投资创办的，其生命周期不等，有的稍纵即逝，有的则生存久远，影响较大。

表1-1　　　　　清末华文报刊增长情况（1869—1908）

年份	商办（家）	官办（家）	外资（家）	总计（家）	商办报纸比例（%）
1869—1894	5	0	7	12	41.7
1895	1	0	2	3	33.3
1896	1	1	7	9	11.1
1897	3	0	7	10	30.0
1898	26	0	8	34	76.5
1899	4	0	6	10	40.0
1900	7	0	2	9	77.8

① 方汉奇：《中国新闻事业通史》（第二卷），中国人民大学出版社1996年版，第174页。
② 方汉奇：《中国新闻事业通史》（第二卷），中国人民大学出版社1996年版，第195页。

续表

年份	商办（家）	官办（家）	外资（家）	总计（家）	商办报纸比例（%）
1901	11	2	9	22	50.0
1902	22	0	7	29	75.9
1903	22	3	5	30	73.3
1904	37	6	15	58	63.4
1905	20	12	4	36	55.6
1906	40	4	0	44	90.9
1907	31	9	2	42	73.8
1908	41	7	0	48	85.4
总计	271	44	81	396	68.4

资料来源：桑兵：《清末民初传播业的民间化与社会变迁》，《近代史研究》1991年第6期。

注：笔者对部分数据做了矫正，并对数据重新计算。

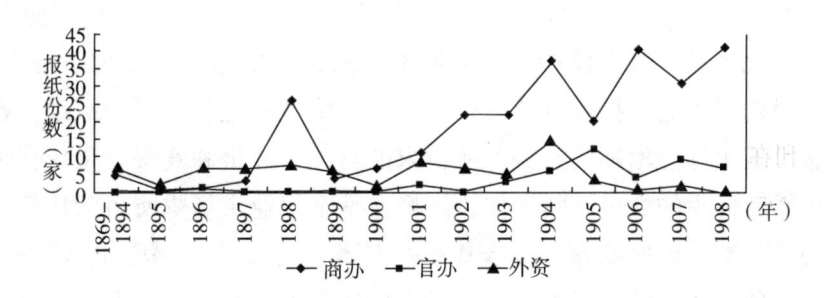

图1-1 清末商办、官办与外资报刊增长趋势（1869—1908）

数据来源：桑兵：《清末民初传播业的民间化与社会变迁》，《近代史研究》1991年第6期。

民营资本涌入报纸行业不仅仅体现在民营报纸数量上，还体现在投资力度上。19世纪七八十年代，民营资本办报不多，所费成本也较少。在早期国人自办的民营报纸中，《循环日报》的影响最大。为了创办报纸，王韬与其友人黄平甫等集资1万墨西哥鹰洋购买了英华书院的部分印刷设备，主要包括"十六度之手板印机二事"，"大号四号之钢模铅字及英文字粒各一套"。① 在此基础上成立了中华印务总局，并于1874年创办了《循环日报》。该报新闻版面只占总版面的四分

---

① 循环日报馆：《本馆略历》，《〈循环日报〉六十周年纪念特刊》，1932年，第13页。

之一，其余皆为广告，这是近代民营报纸与政党报纸以及官报的显著区别。1874年，容闳等作为发起人筹集2万两银在上海创办《汇报》，"投资者多粤人"。[①] 从现有的资料可以看出，19世纪90年代以前，民营资本注入报业的规模不大。到了1909年，席子佩从英商美查手中购买《申报》的时候，用了7.5万元。这一方面说明民营资本进入报业的壁垒在提高，另一方面说明当时民间人士投资报业的力度在不断加大。当然，通货膨胀的因素也是办报成本增加的原因之一。总体上看，民营资本注入报业的增长情况与民族资本的增长成正比。据相关统计显示，1894年，民族资本只有722.5万元，只占本国资本的7%左右。到了1913年，民族资本增长到15498.7万元，增长了20多倍。[②] 民族资本的壮大为民营报业发展提供了强大的动力。

由此可见，清末民初，民营资本进入报刊领域呈现出如下特点：一是民营资本进入报纸行业的壁垒呈逐步降低的趋势，民营报纸的数量也呈现出逐渐增加的态势。从清末的官报、外报和商报总量变化情况来看，商报的数量不断增加，商报在整个报业市场中所占的比例也呈提升趋势。当时的商业报纸基本上都属于民营报纸，因而，清朝末年，一些民间经营者对投资报业具有较充足的信心。二是民营资本大量进入报纸行业，改变了原有的报业经营格局。以前的报纸以官报为主，形成了一元化办报格局。后来出现了外报，报业格局出现了明显的变化。国内民营资本大量涌入之后，整个报业格局显得更加丰富，也更具有活力。三是民营资本投资报业市场受政治格局的影响尤为明显，清末民初，政局动荡，政治力量对报纸的管控力度不断变化，影响着经营者的投资意向。比如，1913年的"癸丑报灾"严重打击了民间人士投资报业的信心，民营报纸的数量急剧减少。上述表明，民营资本进入报纸的领域不断拓展，但是，受政治力量的影响，民营资本的投资力度有所保留。

---

① 孙毓棠：《中国近代工业史资料》第1辑（下册），科学出版社1957年版，第1003页。
② 王翔：《近代中国资本主义发展的两难抉择》，《中州学刊》1990年第4期。

三 民营资本的来源与使用

清末民初，在报业市场中，民营资本来源比较广泛，其投资主体出现多元化的趋势。总体上看，主要包括买办分子、政治党派、民间职能性社团、民间个人和官僚士大夫等投资主体。[①] 究其资金筹措方式，主要包括以下四种渠道。一是个人独资和个人筹集资本。如《时报》的资本由狄葆贤个人提供，《京话日报》基本上是彭翼仲个人独资创办。总体上看，个人出资创办报纸数量相对较少。二是招募股份。清末民初，不少民营报纸效仿外报，实施股份制改革。较早的如1874年创刊的《汇报》及1876年创刊的《新报》就采取股份制。其后，一些民营大报如《申报》《新闻报》《益世报》等都曾经采用过招股集资的方式解决资金短缺问题。新记《大公报》由吴鼎昌、张季鸾和胡政之采取新型投资结构合办，吴鼎昌个人投资5万元，张季鸾和胡政之只以劳力入股。部分民营小报也通过招股集资的方法来运作资金，如《社会日报》。三是报馆同人集资。多数民营小报采取同人集资的方法解决办报资金问题，如民营小报《福尔摩斯》《金刚钻》《二十世纪大舞台》《大报》等均为同人集资办报。四是通过社会捐款办报。如《竞业旬报》《童子世界》等属于社会捐款创办。

从北宋至清中期，民营资本进入报纸行业主要用于印刷、纸张和发行。由于那个时候民间投资报纸受到严厉的限制，因而民营资本数量很小，报纸印刷设备落后，信息来源单一，呈现出一种作坊式经营模式。清末民初，随着整个社会私人资本的不断积累，报业中的民营资本大幅度增长，不断拓展使用领域，改善办报条件。其使用领域如下：

一是信息传播领域。19世纪末，一些民间大报为了在报业竞争中占据有利形势，经常对信息获取方式进行改革，采用现代化的通信技术传递信息，体现新闻的及时性。《申报》《时报》《民立报》等先后使用电报传递新闻。新闻专电的引入，"至各报纸竞争之焦点，则纯

---

① 唐海江：《晚清报业中民间资本的若干问题》，《新闻大学》2002年第4期。

以电报赌胜负"。① 为了获取更有价值的新闻，《新闻报》于 1922 年在国内首先自设无线电收报台，接收外国通讯社电讯。

二是报社固定资产。20 世纪初，民营报纸为了在竞争中获取优势，不断更新报社的设备，尤其是印刷设备、厂房等。国内报纸在经历了 19 世纪的铁制手摇印刷机、煤气引擎印刷机、滚筒印刷机之后，在 20 世纪初出现了轮转印刷机。1914 年，《新闻报》第一次使用轮转印刷机，并于 1916 年购进新的波特式（Poter）三层轮转机 1 架，四层高斯式（Goss）轮转机 2 架。②《申报》也于当年购入轮转印刷机。此后，《时事新报》《时报》等均在 20 世纪 20 年代换上了先进的轮转印刷机。与印刷机相配套的制版设备也不断地更新，消耗大量资金。另外，当规模发展到一定程度的时候，大型民营报纸亟须建造新的报馆房屋。《新闻报》于 1908 年建造四层新报馆；《申报》于 1918 年启用新的五层大楼，共 70 间房屋；《时报》于 1920 年兴建七层新馆。此后，一些有实力的民间大报均斥资建造新的报馆，大量民营资本投入报业固定设施建设。

三是报纸流通领域。民营报纸的发行工作主要有三个路径，即自办发行、邮政发行和依靠报贩发行。不管依靠哪一种方式开展发行工作，报纸均要投入相当多的资本。报贩行业在清末民初兴起，是报纸发行业务外包的体现，也是民营资本大规模进入报纸发行行业的表现。清末民初，报贩行业的势力很大，甚至能够左右报纸的发展和办报的方向。③ 四是员工福利待遇。部分经济效益好的民营报纸很注重改善职工福利待遇，如《新闻报》《申报》《大公报》等，均曾经采取多种手段改善员工待遇，提高了员工对于报馆的忠诚度。比如，1926 年，《新闻报》订了若干条例，提高报馆职工福利。主要包括：对于工作勤劳，不犯错的职工，每年加薪一次；年终给股东发红利，给职工发相当于三个月薪水的花红；给离职职工发退职金；报馆出资给职工买保险；给职工提供医药补助、膳食津贴等。④

---

① 张一苇：《华北新闻界》，《报学月刊》1929 年第 2 期。
② 汪仲韦（徐耻痕整理）：《我与〈新闻报〉的关系》，《新闻研究资料》1982 年第 2 期。
③ 洪煜：《近代上海报贩职业群体研究》，《史学月刊》2008 年第 12 期。
④ 汪仲韦（徐耻痕整理）：《我与〈新闻报〉的关系》，《新闻研究资料》1982 年第 2 期。

晚清以后，民营资本在报纸行业取得了较大的突破，无论是民营资本总量，还是从民营资本的实际作用等方面来看，都极大地推动了报业的发展。民营资本的大规模拓展，使中国的报纸实现了近代化转型，并逐步走向现代化的历史进程。正是由于民营资本的广泛介入，民营报业乃至整个报业规模大幅度拓展，报业经营模式不断改进，报业经济与社会经济有了更为广泛的联系。民营报纸在推动报纸大众化的过程中起到了巨大的作用，历史上发行量较大的报纸大多数为民营报纸，并且其读者定位、内容定位和风格定位等均适合普通民众，报纸的售价较低，普通工薪阶层可以承受。因此，比起党政机关报、社会团体的报纸，民营报纸的普及程度相对较高，极大地推动了报纸大众化的历史进程。

第三节 资源整合期：结构与功能双重拓展

20世纪20年代中期以后，中国报纸行业中民营资本的使用发生了重大变化，民营报人逐渐注重发掘资本的纽带作用，民营报业步入资源整合期。这一时期，民营资本投入报业的力度更大，资本的功能也在发生转变。过去，民营资本进入报业主要用于单份报纸的发展和建设上，资本积累之后并没有引发更深层次的扩张。而20年代中期以后，民营资本的资源整合功能得以体现。这一功能集中表现在报业内生式扩张、报业托拉斯和报业联盟的建设上，其结果是报社规模不断拓展，资本趋于集中，资本的使用效率显著提升。

一 民营资本的广泛介入

民国初期，《中华民国临时约法》赋予人民言论、出版等自由，在一定程度上激发了人们的办报热情。一时间，社会各界人士积极参与办报，报纸的数量陡增。经历了1913年的"癸丑报灾"之后，民营报业的发展进入了低潮。经过1919年"五四"运动之后，民营报纸的发展规模渐渐扩大，民间的投资热情也越来越大。20世纪20年代以后，中国民营报业资本扩张方式变得更加丰富，既有内生式资本扩张方式，又有外生式资本扩张方式。前者是依靠民营报馆开源节流和资本的原始积累，不断扩大经营范围，实现规模扩张；后者则依靠兼并重组，实现规模扩张。相比较而言，前者需要较长时间的资本积累才能扩大规模，后者则能够在短时间内实现规模扩张，报业资本聚集速度明显提升。不过，外生式资本扩张模式不能保证兼并的各方能够有效地对接，需要较长时间的磨合才能够产生更好的经济效益。

从资本构成来讲，当时的办报资金主要来自"政治资本、民间资本和报纸自身的收入"。[①] 政治资本介入报纸行业的目的很明确，主要是借助报纸为政治舆论造势，提高党派、官员等政治力量的社会影响力。政治资本介入报纸行业的途径主要包括为报社的固定资产建设提供经费、给报社发津贴、向报社捐赠等。其中，给报社发津贴的方式比较普遍。报纸的自身收入主要是广告、发行以及报纸通过多元化投资所获取的利润。在民营报纸经营过程中，民营资本的广泛参与，是报纸市场规模拓展的直接力量。民营资本主要包括产业资本、商业资本、民族资本等，资本来源的领域更加广泛，资本数量逐步增加，大大地提升了民营报业的经营活力。

在中国近现代历史上，民营报纸的规模扩大一般走的是内生式扩张的道路。在报纸行业中，所谓的内生式扩张，指的是报纸依靠报社已有的资产和业务，而不是依靠兼并和收购等方式扩大报纸规模。历史上著名的《申报》《新闻报》《大公报》《新民报》等报纸实现资本原始积累，规模不断壮大，最终成为国内知名的民营大报。清末民初，这些民营大报在规模拓展方面主要采取内生式扩张的方式，随着民营报业的发展壮大以及资本市场的不断成熟，外延式扩张方式才引入民营报业市场，报业资本运营有了新的途径。20世纪20年代中期一直到抗战全面爆发这一个时期，民营报业获得了较好的发展机遇，一些有实力的民营报人力图通过外延式扩张的方式提升报业实力，如史量

---

① 王润泽：《北洋政府时期的新闻业及其现代化（1916—1928）》，中国人民大学出版社2010年版，第262页。

才、张竹平等，都曾经通过兼并其他报馆、拓展业务链等形式扩大经营范围，取得了一定的成效。尽管这些报人所采取的报业集团化建设行为受到外部环境的限制，最终没有成功，但是这种尝试至少取得了一定的进展，为以后的报业资本运营提供了一定的借鉴。

二 民营资本形式的拓展

1. 现金借贷

民国初期，民族资产阶级获得了一定程度的发展。但是，从总体来说，该阶层的社会地位、经济地位以及影响力均不大。报纸行业是高投入、薄收入的行业。建设一个规模稍微大一点的报馆，不仅需要固定资产投资，还需要购买报纸、油墨等易耗品。除此之外，报馆员工的工资、福利待遇也是一笔不小的开支。因此，民营报业资本运作是否成功，对于整个报馆来说至关重要。

在中国民营报业发展史上，汪汉溪主持《新闻报》的时候，在资本运作方面做得比较成功。汪氏在报业市场驰骋多年，深谙报业市场的运作规律。该报的资本运作方式主要包括以下途径：一是吸引金融业人士入股，保证《新闻报》的基本资金链不出现断裂。二是建立商业信用，通过多次与外界人士打交道，逐步给《新闻报》和汪汉溪贴上"讲信用"的标签。在《新闻报》遇到资金周转不灵的时候，可以通过私人借款缓解报馆的资金缺口。三是请金融界人士担保，向银行借贷，并在规定的时间内还清。如果报馆没有钱，汪汉溪就四处周转，尽力践行自己的诺言。汪汉溪总能够通过拆东墙补西墙的办法保持报馆资金的灵活周转，这样做一方面使报馆能够维持日常运营，另一方面使报馆和汪汉溪的信用得以维持。

20世纪20年代，小报兴盛的时候。一些民营小报所需办报资金较少，印刷可以委托其他印刷所来办理。其资本运作多表现为随机性、小规模、循环式的借贷模式。有人曾经描述，一位民营小报的老板，在即将出报的那一天发现自己兜里没有买白报纸和印刷费用，所收的售报费被他前一天晚上打麻将输掉，于是和朋友商量借了9元钱，去买了白报纸，拿到印刷所印报。另一个极端的例子是，一位民营小报的老板，身上穿着大袍，每逢囊中羞涩，无钱购买白报纸，就将自己的袍子拿到典当行，换回一些钱来，再购买白报纸拿去印刷。晚上穿着短装，在印刷所浇字炉旁边凑合一夜，等收了售报款之后再将衣服赎回来，继续做报纸的老板和编辑。①尽管这些个案并不能代表当时报业经营的整体情况，但至少说明通过借贷的方式能够在一定程度上缓解民营报馆的资金短缺问题。

民营小报筹措资金很不容易。民营大报可以通过借贷、招募股份等方式筹集资金，民营小报的办报人社会资源有限，往往苦于缺少资金，难以办成大事。汤炳正认为，小报之所以办不好，主要原因在于经费不充裕。有些办报人筹集了一点资金就急于上马，创办小报，由于经费不足，很快败下阵来。因而，即便筹集了较为充足的资金，没有十足的把握，最好不要办大型报纸，而应该办小型报，将剩余的资金用于改善报纸内容。② 20世纪20年代以后，创办报纸是一件"烧钱"的事情，刚创刊的报纸需要经过较长一段时间的市场适应期，才能得到读者的认可，其发行量才会逐渐提升。在达到一定的发行量之前，民营报纸很难盈利，只能不断赔本。为了保障报纸的顺利发行，不少报人通过借贷模式解决燃眉之急。

2. 招募股份

企业的股份制经营起源于西方。1872年，轮船招商局的成立，标志着这种新的资本组织形式在中国企业得以推行。1903—1904年，清朝政府先后颁布了《奖励公司章程》和《公司律》两部法律，掀起了设立股份制企业的热潮。1895年，《马关条约》签订以后，民营资本股份制逐渐成为企业资本筹集的新形式。1914年，北洋政府颁布了《中华民国公司条例》，在制度的推动下，公司制成为企业经营创新的重要方式，产生了一批有一定影响的家族企业。20世纪30年代，国内经济危机重重，国外金融危机日益严重，国民党政府采取了加强控制金融企业的力度，形成了国家资本主义股份制的经营方式。早期的

---

① 九公：《小型报内幕》，《杂志》1944年第14卷第5期。
② 汤炳正：《小型报的缺点及其改善办法》，《报学季刊》1935年第1卷第4期。

股份制属于官督商办类型，以洋务派所推动的一系列改革为代表；紧接着出现了民营资本股份制，大大地激发了企业的经营活力。在经济危机的压力下，政府当局采取了国家资本主义股份制加强对重要经济领域的控制，形成了国家资本主义股份制形式。

在各种政策的推动下，中国的各类公司如雨后春笋般兴起。1921年，中国有各类注册公司296家，1928年达到716家，1935年又增加到1966家。[①] 大量公司的出现，逐渐催生了新的企业经营模式，企业的组织结构也不断地发生变化，最终推动了资本与资源的集中。中国经济的集中首先是由外国企业的入侵和兼并引起的。20世纪以来，英国、美国、德国、法国等托拉斯组织入侵中国，这些在华企业不仅相互之间兼并重组，还购买整合中国的私营企业，涉及的企业包括航运业、纺织业、烟草业、五金、生活用品行业等。20世纪30年代，外资企业在中国的造船业、制烟业、肥皂业、制革业以及饮料业等领域所占的资本比例均超过60%，而这些企业基本上都要在当时的民营报纸刊登广告，这就为民营报业的发展提供了经济来源。除了外资企业的集中与垄断外，中国的民族资本工商业的集中以及大企业集团的出现，也导致了中国经济的集中。第一次世界大战之后，中国的民族资本工业得到了一定程度的发展，国内出现了一些大的民族资本集团。如荣家资本集团、通孚丰财团、南洋兄弟烟草公司、民生轮船公司、大中华橡胶厂、五洲大药房等大型企业分别在各自的领域中形成了不同程度的垄断之势。

五四运动以后，中国的城市人口呈集中趋势，这为民营报业的推广与发行奠定了基础。一些大城市人口急剧增长，北平、上海、天津、汉口、广州、南京、杭州、青岛8个城市的人口由1919年的586万增加到1930年的859万，到1935年进一步增加到1038万，比1919年增加了77%。[②] 人口的集中必然带来经济发展的集中，这是民营报纸能

[①] 刘佛丁、王玉茹：《中国近代的市场发育与经济增长》，高等教育出版社1996年版，第136页。
[②] 巫宝三等：《中国国民所得，一九三三年》（上册），商务印书馆1947年版，第101—103、107页。

够快速发展的关键因素。

　　民族工商业的快速增长与集中，为民营报业的发展带来了较好的机遇。一方面，这些企业要了解国内外的信息，需要订阅报纸，这推动了民营报纸的发行；另一方面，这些企业要推广自己的产品，需要刊登广告，民营报纸经营所需要的两个重要条件均能得到不同程度的满足。中国现代民营报纸在空间上的聚集现象表现得比较明显。由于上海、北京、天津、南京、武汉、重庆等城市的人口比较集中，商业和产业经济也呈现出集中的趋势，商品的买卖需要由报纸来提供信息，其广告需求量也相对较大。因此，外资企业、国内民族资本主义企业的快速发展与集中对民营报业的发展起到重要的推动作用。以上海为例，从19世纪60年代至20世纪30年代前后，上海是全国经济贸易最为活跃的城市，其对外贸易货值占全国的比重达到44%—65%。[①]据上海地方史资料的统计数据显示，1933年，上海的工业资本占全国的比重达到40%，工业产值占全国的比重为50%。[②] 经济的集中与发展，为民营报业的成长奠定了较好的基础。

　　工业企业和其他领域的股份制经营方式无疑给报业经营管理提供了借鉴，部分民营报纸尝试采用股份制经营方式，取得了较大的成绩。股份制经营方式有助于筹集资金，同时也更能够激发公司股东的积极性。1889年，《申报》由个人经营转变为股份制有限公司，并于1907年移手国人，成为国人控股的有限公司。1906年，《新闻报》转变为股份制有限公司。这一段时间，民营报业经历了体制转型，从"个人时代"转变为"股份公司时代"。不过，当时的民营报业股本比较单一，大多以资金入股，不利于人才以及技术的引进。[③] 1927年，《时事新报》改组为公司制。1934年，成舍我创办《立报》，向社会招募股份，成立股份有限公司。该报总资本为8万元，分16股，每股5000元，成舍我、田丹佛等拥有较多股份，程沧波、萧同兹等的股份相对

[①] 张仲礼：《近代上海城市研究》，上海人民出版社1990年版，第87—88页。
[②] 上海市文史馆：《上海地方史资料》，上海社会科学院出版社1984年版，第16—18页。
[③] 张立勤：《1927—1937年民营报业经营研究——以〈申报〉〈新闻报〉为考察中心》，浙江工商大学出版社2014年版，第58—61页。

较少。1937年，陈铭德与邓季惺将原《新民报》改组为南京新民报股份有限公司，资金5万元。到1944年，陈铭德与邓季惺通过招募股份，将南京新民报股份有限公司增资为1200万元；1945年3月，南京新民报股份有限公司召开股东大会，再一次增资为2000万元；1945年6月，南京新民报股份有限公司准备在上海创办《新民报》日晚两刊，并且在重庆创办"重庆新闻公司"，筹集资金3000万元。[①]

20世纪二三十年代，股份制经营成为民营大报资本运作的重要途径，改变了过去作坊式、家族式的办报模式，其资本积累的社会化程度更高，民营报业的物质条件得到了大幅度的改善，报业经营逐步走向现代化。近现代民营报业资本运作模式的改革对于现代传媒发展来说具有较大的参考价值。

3. 瞄准市场机遇，借助报纸平台贩卖相关材料获利

现金资本注入民营报业是最普遍、最直接的资本投资形式。但是，随着报业经营的逐步改进，人们开始不满足于现金资本这种方式，而是积极拓展新的资本形式。民营报纸经营过程中，有几个环节少不了现金资本，主要包括办报的开始阶段，需要现金资本来缴纳押金、购买原材料、固定资产投资、支付薪水、租赁费等。其中，原材料主要包括报纸、油墨等，固定资产主要包括房屋、印刷机器等，租赁费主要包括租用厂房、设备等所支付的费用。除了这些必要的开支外，民营报馆还要有一部分流动资金，以便应付日常开支。陈铭德创办《新民报》的时候，从四川军阀刘湘那里筹得2000元开办费，后来刘湘每月又拨付500元津贴。1932年，孙科又通过中山文化教育馆一次性拨付津贴2000元给《新民报》，而《新民报》给中山文化教育馆刊登广告。由此可见，民营报馆的现金来源是多方面的，既有报馆同人自筹资金，也有官僚、商人提供的经费支持。不管什么类型的报馆，在初创的阶段，很难盈利。因此，创办者要准备充足的经费以备后用。

一些有商业头脑的民营报人往往会瞄准市场机遇，贩卖与报业相

---

① 新民晚报史编纂委员会：《飞入寻常百姓家：新民报——新民晚报七十年史》，文汇出版社2004年版，第97页。

关的材料，从中获利。《新闻报》的汪汉溪是有一定远见的报人。他除了为报馆购买一些急需用的材料和设备外，还为以后的报馆日常运营储备较多的物资。对于报馆来说，白报纸和油墨的开支较大。当时，白报纸的价格起伏不定，总体上呈上涨趋势。汪汉溪很重视储备白报纸，他在纸张价格较低的时候买进大量白报纸，后来由于战乱，报纸使用比较紧张，纸价增长较快。汪汉溪将储备的白报纸拿出来一部分在市场上高价出售，为《新闻报》赚到额外的一大笔资金。成舍我也曾经囤积大量的白报纸，待白报纸涨价的时候，高价卖出去，从中赚取差价。除此之外，还有一些报人通过贩卖其他办报材料赚钱，如油墨、印刷设备等，补贴办报资金，这种运营模式对于报馆的资本运营起到较大的促进作用。当然，也有一些报人将这种方式转化为恶性竞争，甚至放弃原有的办报理念，走上纯粹的商业投机道路。这种做法已经背弃了民众对报纸的期许，更谈不上为其他报纸提供借鉴了。

4. 实物资本及其他形式的资本

除了现金资本外，实物资本也是一种很重要的资本形态。《新民报》在初创的时候，没有印刷设备，只能委托沪宁印刷厂帮助印刷。到1931年，在四川工商界的支持下，办了"明明印刷厂"，印刷工作得以解决。技术资本是报馆能够在竞争中取得优势的重要砝码。20世纪20年代，一些有实力的民营报纸借助传播技术的革新提高报纸的制作水平、印刷质量和印刷速度，使报纸在竞争中占得先机。这一点在民营大报的发展中表现得更加突出，《申报》《新闻报》《大公报》等知名的民营报纸都利用传播技术方面的优势提高竞争力，使报纸的印刷质量得到有效的提升，报纸的印刷速度也大大提升，因而报纸在发行竞争中具有明显的优势。

在新记《大公报》初创的时候，所需的现金由吴鼎昌筹措，没有向其他个人和机构募款。胡政之和张季鸾并没有注入现金，但是，二人以劳力入股，报馆在年终的时候会给胡、张二人一定数额的股票。在此前的报业经营中，很少见到以劳力入股的情况，新记《大公报》的股权结构是经营创新的一种表现，在一定程度上提高了胡政之和张季鸾的积极性和责任感，给其他报纸经营带来一定的启示。《大公报》

的创办者之一胡政之早在1921年就创办国闻通讯社，1924年8月3日，他借助国闻通讯社的影响力在上海创办了《国闻周报》，该报在北京、上海和汉口设有分社。国闻通讯社和《国闻周报》均获得了政界的支持，孙中山、吴鼎昌等对通讯社以及报纸予以经费资助。新记《大公报》创办之后，国闻通讯社和《国闻周报》成为《大公报》的左膀右臂，三者之间的关系非常密切。可见，胡政之比较重视利用现有的资源，将其作为纽带，不断拓展民营报馆的规模。

综上所述，20世纪20年代以后，民营报业的资本来源渠道更趋多元，资本形态更加灵活，有一些民营报人将资本和现有的资源作为纽带，开展较为广泛的投资，大大地提高了民营报业的经营活力，为报业经营者增添了更多的选择。清朝中期以前，中国民营报纸的发展比较缓慢，所受到的限制较多，民营资本在报纸领域的发展规模较小。由于报纸的普及程度不高，经营效益较差，加上经营民营报纸存在较大的风险，一般人并不愿意将资本投入报纸领域。近现代以来，民营报纸的发展受到了社会的重视，逐渐成为社会上有一定影响力的文化行业，越来越多的民营资本投入该行业，使民营报业呈现出繁荣的景象。到了20世纪初，民营报业的规模进一步扩大，民营资本以不同的形式进入报纸行业，使报业经营呈现出全新的格局。民营报业的资源整合远远超出单纯的现金投入所取得的成绩，给后来的报业经营提供了很好的借鉴。报业资本形式的拓展，推动了报业经营的创新，改变了民营报业的经营行为，为优化民营报业经营绩效奠定了基础。

三 民营资本功能的延伸

进入20世纪20年代，民营报业管理者日益重视资源的整合，把报纸外部的资源以及具有共同利益的合作伙伴整合起来，力争达到共赢，取得更好的效益。这一时期，民营报业的管理者更注重与相关部门的合作，以节约成本。比如，报纸的发行业务实行外包的方式，既节约了成本，又提高了发行效率。本埠的发行基本上外包给发行公司，由报贩负责；外埠的发行，主要外包给信局和邮政部门。一些较大的民营报纸在外地设立发行部门，其报纸发行也基本上外包给当地的报贩。这样的运作方式，节省了大量的资金，为报纸的规模扩张、绩效的提升奠定了基础。民营报纸的广告招揽业务同样外包给广告代理机构，这样，报馆员工就可以扬长避短，提高办事效率。

民营报业管理者注重盘活报馆的资源，利用报纸的影响力吸引相应的资源，这种做法看起来与现金资本没有什么联系，但是，报馆盘活了资源，就相当于节省了资金，为报业发展奠定了基础。比如，《申报》《新闻报》《大公报》等利用报纸的影响力与大型民营企业、政府机构合作，开展一些与民众相关的活动，既促进了企业的经营，又为民营报业的发行和广告经营带来了新的契机。这些报纸曾经与企业合作，开展大型销售、义卖活动以及运动会的宣传活动等，报社和企业利益分成，风险共担，最终实现双赢。

20世纪20年代以后，民营报馆与相关企业之间开展多种多样的资源共享，远远超出现金投资所带来的效应。除了吸引外界投资、投资其他产业以及开展业务合作外，民营报馆还与其他报馆之间开展多种形式的合作，进一步优化资源，实现资源共享，提升了报馆资源的利用率，降低了报纸的运营成本。史量才也曾经将申报馆的印刷设备租给一些民营小报使用，从中获取利润。申报馆、新闻报馆与上海儿童保育会合作开办的报童学校，既为民营报纸培养了发行人才，又解决了这部分儿童上学难的问题。申报馆的《申报年鉴》、申报流通图书馆等文化事业进一步拓展了《申报》的盈利空间。申报馆在文化领域的大量投资，促成了一些标志性的文化事业，大大地促进了当时的文化发展，体现了民营报业的文化功能。1921年，申报馆的史量才投资中南银行，史量才被推荐为董事会成员，具有一定的话语权。尽管史量才现金投资较少，但是，由于史量才在报界具有较高的威望，给其商业发展带来较大的便利，最终史量才从中南银行获得丰厚的收益。

由此可见，随着民营报业经营水平的不断提升，其资本运作方式也逐渐发生变化，改变了单纯依靠现金投资的格局。民国初期，民营报业经营方式还不太灵活，民营报业的投资方式主要是以现金形式呈现出来。到了20世纪20年代以后，民营报纸的经营方式更加灵活，民营资本的投资方式也更加多样，对各个领域的资源的整合远远超出现金投资所带来的效应。报业资本与报业资源有机结合起来,在报业经营中得到很好的运用。民营报业资本与商业资本的联姻,推动了国民经济的发展,大大提升了报业参与社会经济活动的可能性。普通公众的消费热情被调动起来,同时也为公众带来了实实在在的好处,进一步提升了报业的公益性。民营大报具有较大的号召力,在这些报纸的推动下,一些文化工程、文化活动开展得更为顺利,进一步增强了民营报业的文化建设作用。

第二章 中国现代民营报业的经营结构

民营报业是中国现代报业市场中重要的报纸种群,在报业市场中,民营报业比其他报纸种群的竞争显然更为激烈和复杂。讨论民营报业经营行为的特征及其绩效,往往会受到一些结构性的因素影响。本书借鉴产业组织理论来分析民营报业结构状态,并分析结构性力量的后续影响。在产业组织中,"结构"指的是市场结构,本书将"结构"加以扩展,从更广阔的报业种群结构、市场结构、空间结构和组织结构等角度来认识民营报业结构。之所以这样设计,基于以下考虑。第一,民营报业不是孤立的报业种群,它与当时的政党报纸、期刊等媒介种群之间存在紧密的联系,民营报业经营涉及的印刷、发行与广告等环节,与上述媒介种群之间均存在激烈的竞争。因此,我们谈论民营报业的结构问题,很难撇开整个报业种群来单独分析。第二,民营报业之间的市场竞争所形成的市场结构,对民营报馆的经营行为产生重要的影响,进而影响到民营报业的市场绩效。第三,民营报业的空间布局对其报业竞争行为也产生较大的影响。报业在区域上的聚集能够产生规模效应,其竞争更趋激烈,民营报纸之间的竞争与合作行为也呈现出相应的特点,市场绩效也有所不同。第四,报馆的组织结构变革能够在一定程度上优化资源配置,调动工作人员的积极性,报业经营行为也因此发生变化,最终引发民营报业市场绩效的改变。因此,与民营报纸相关的一些结构性因素对报业经营行为与经营绩效产生至关重要的影响。基于此,我们将在更为广阔的范围里来讨论民营报业的结构,以期更深入地阐释民营报业经营的诸多影响因素。

民营报业种群结构、市场结构、区域布局、报馆组织结构等结构性因素涉及面相对较宽,是民营报业结构中最重要的因素。民营报业种群结构涉及报纸的规模和种类,市场结构涉及报纸的竞争与垄断,报业区域布局涉及报业的区域集中与分散,报馆组织结构则涉及权力结构与经营水平,等等。这些因素必然对报馆本身、报人的行为、报业的竞争方式等产生程度不同的影响,对民营报业种群以及整个报业市场的关系产生一定的影响,最终都会通过报纸的经营行为反映出来。因而,从一定程度上讲,弄清楚民营报业经营的结构性因素,将为后续分析民营报业的经营行为和经营绩效打下基础。

第一节 报业种群结构:水平与垂直并存

近现代报业是新闻出版领域中一个很重要的媒介种群,种群内外部结构状况对于整个报业经营格局产生极大的影响。借助种群生态学的相关理论有助于厘清近现代报业的结构关系,种群生态学是生态学领域的重要研究内容,主要研究种群数量的动态变化及其与环境相互作用关系的科学。更具体地说,主要就种群内部成员之间,不同种群之间,乃至种群和周围非生物因素之间相互作用的规律。所谓的种群,指的是在特定的时空范围内同种个体的集合。[①] 生物可以分为若干个种群,种群之间相互竞争,相互依存;同一种群内部的生物既表现出资源竞争的关系,又表现出相互依存的关系。种群生态学的相关理论对于我们认识新闻出版产业的发展具有较大的参考价值,依据新闻出版产业性质的不同,可以将中国现代的新闻出版产业分为图书出版种群、报刊出版种群、广播种群等。在报刊出版种群中,又可以分为较小的种群,如民营报业种群、政党报纸种群、在华外报种群等。同理,不同区域的报纸又可以组成较小范围的报业种群。不同的媒介种群之间进行资源的争夺与共享,同一种群内部的媒体也进行竞争与合作,媒介种群与外部环境之间进行能量的互换,最终形成了复杂的群落结构。

[①] 林育真、付荣恕:《生态学》(第二版),科学出版社2011年版,第46页。

在生物种群中,种群结构状态对于种群的生存发展产生至关重要的影响。种群成员的数量过多,竞争异常激烈,导致资源匮乏,生物生存发展受到影响;种群成员的数量太少,种群与外界其他种群的竞争处于劣势,种群的繁衍与发展将遇到较大的麻烦。种群内部的个体之间的组合关系对于整个种群的发展也起到十分重要的作用。狮子、狼、羚羊、角马等动物采取群居的方式生存,蝗虫、蜜蜂、蚂蚁等昆虫也采取群居的方式相互协助,共存共荣,此类动物在进食、迁移等方面都表现出集体活动的行为特征。相比较而言,熊、狐狸、猫头鹰、鹰等动物则喜欢独居,其行为方式呈现出与群居不同的特征。这就是种群生存的一种结构形态,对其行为产生直接的作用,进而影响到这些动物种群的生存、发展与繁荣。同生物种群类似,人类社会的结构对其行为方式也产生至关重要的影响,社会学中的结构功能主义理论专门就人类社会的结构及其功能展开讨论。作为人类社会活动的对象之一,报纸产业也以一定的结构存在于社会中。20世纪20年代以后,民营报业是报业种群中的一个分支,民营报业的种群结构对其经营行为和竞争方式产生较大的影响,进一步影响到民营报业的经营绩效。

一 中国现代报业的种群结构

1. 中国现代报业的种群规模

中华民国成立之后,除了清末继续出版的报纸外,又新增加了一批报纸。据统计,民国元年,中国报纸达到 500 种,是历年最高值。以北京为例,从清帝退位到 1912 年 10 月 22 日,短短的 8 个月时间,在北京政府内务部登记注册的报纸达 89 家,其他城市的报纸也大幅增加,如武汉 19 种、成都 20 种、南昌 20 种、杭州 16 种。[①] 就报纸的类型来说,主要包括政治报纸、经济报纸、教育报纸、文艺报、妇女报、儿童报、学术报等。可见,报纸品种繁多,呈现出一片繁荣的景象。1913 年,由于军阀和官僚的摧残,尤其是袁世凯主导的"癸丑报灾"给中国报业带来毁灭性的打击,让刚刚复苏的报业急转直下,一片萧

---

① 方汉奇:《中国新闻通史》(第一卷),中国人民大学出版社 1992 年版,第 1014—1015 页。

条。到 1913 年年底，中国的报纸只剩下 139 家，相比民国元年的 500 家报纸，减少了 72%。"五四"时期，中国又一次出现了办报热潮，全国的报刊种数一度超过 500 种。此后的十余年时间内，中国报纸种群数量虽然有一些变化，但是大体上保持 600 种。20 世纪 30 年代，中国报业种群的总体规模有了较大幅度的增长。到 1936 年，报纸种数达到 1049 种，是全面抗战爆发之前报业发展的鼎盛时期，相关数据参见表 2-1。随着全面抗战的爆发，中国报业进入了不稳定的发展阶段，报纸从沿海迁移到内地，武汉、长沙、重庆等地成为报业聚集的地方，并随着战事的转移而向西部迁移，报业种群数量不断变化。抗战胜利之后，原有的报纸纷纷复刊，并有大量新创办的报纸进入市场，整个报业呈现出繁荣的局面。

总体上看，20 世纪初，中国报业种群规模呈现出如下特点。一是中国报业种群规模比晚清时期有了较大的提升，但是，与当时的人口和地域面积并不匹配。其原因是多方面的，当时的经济水平、社会需求、办报条件等方面都限制了报业种群的发展。二是报业种群规模的变化呈现出明显的波动，其主要原因是统治力量的变化和军事战争的影响。三是民营报业种群的规模呈大幅度提升态势。晚清时期，中国民营报纸的规模已经有了一定程度的提升；五四运动以后，由于自由、民主思想的发展，激发了公众的办报热情，民营报业的数量在短时期内有了较大的增长，尤其是 20 世纪二三十年代以后，中国民营报业获得了长足的发展。民营报业的总体数量和经营影响力都得到大幅度的提升。从报业经营的角度来讲，民营报纸的经营水平和经营绩效远远超过当时的政党报纸，成为整个报业市场中的翘楚。

表 2-1　　　　　中国报纸种数的变化（1912—1949）

年份	全国报纸种数（种）	数据来源
1912	500	方汉奇《中国新闻事业通史》（第一卷），第 1014—1015 页
1913	139	方汉奇《中国新闻事业通史》（第一卷），第 1048 页
1916	289	方汉奇《中国新闻事业通史》（第一卷），第 1062 页
1918	221	方汉奇《中国新闻事业通史》（第一卷），第 1062 页

续表

年份	全国报纸种数（种）	数据来源
1919	500	方汉奇《中国新闻事业通史》（第一卷），第39页
1921	550	王润泽《北洋政府时期的新闻业及其现代化（1916—1928）》，第26页
1924	628	王润泽《北洋政府时期的新闻业及其现代化（1916—1928）》，第26页
1926	628	管翼贤：《中外报章类社统计》，《新闻学集成》（七），第52页
1931	488	《申报年鉴》，1934年
1932	868	《申报年鉴》，1934年
1933	764	《全国各省市报馆通讯社统计》，《众志月刊》1934年第1卷第1期
1934	821	金仲华：《报章杂志阅读法》，中华书局1935年版
1935	1000	中央宣传委员会新闻科"全国报社通讯社一览"
1936	1049	方汉奇《中国新闻事业通史》（第二卷），第39页
1937	1031	胡太春《中国报业经营管理史》，第413页
1947	1781	叶再生《中国近现代出版通史》（第四卷），第154页
1948	1867	叶再生《中国近现代出版通史》（第四卷），第173页
1949	2002	叶再生《中国近现代出版通史》（第四卷），第173页

注：由于统计口径不一，部分年份的报纸和期刊没有区分开，会对报纸总量的变化幅度产生较大的影响。

2. 中国现代民营报业的种群密度

种群密度是单位面积上个体的数量，种群密度的大小直接影响着种群的生存发展。当某一固定区域内某类生物的个体数量过多时，容易引发资源危机，最终影响种群的发展；当某一固定区域内某类生物个体数量太少的时候，此类生物抵御外来入侵的能力较差，也容易出现生存危机。晚清时期，政府对报纸的控制力度比此前有所放松，给报纸的发展提供了一定的空间，报纸的发展水平有了一定程度的提高。除了官报外，民营报刊在质和量上都有了较大的突破。到了20世纪20年代，自由与民主的呼声日高，民间办报暗潮涌动，报纸的数量日渐增多。

20世纪20年代以后，全国报业种群密度呈现如下特点。一是报业种群密度比晚清时期提升较多，这与当时的报业普及率、公众的识字水平、经济水平等因素密切相关。二是报业种群密度呈跳跃式变化趋势。民国初年，报业种群密度较大，随后，报业种群密度下降。到20世纪

30年代，报业种群密度呈大幅度提高趋势。这期间，报业种群密度也存在上下波动的情况。到了抗战胜利之后，中国报业种群密度进一步提升，达到历史新高，甚至最高达到2000多种。三是报业种群密度总体上呈提高趋势，这与当时的经济发展水平和社会需求等因素成正相关。尽管报业种群密度有所提升，但与发达国家的报业相比，还存在很大的差距。

据《新闻学季刊》发布的统计数据显示，20世纪30年代末，全国报纸发行总量为200万份，按照当时的人口计算，全国平均每250人拥有一份报纸。而同一时期，美国平均每3.5人就拥有一份报纸，英国和苏联平均每4人拥有一份报纸，参见表2-2。由此可见，中国当时报纸的发展水平明显偏低，普及率不高，报纸种群密度很低，极大地影响了报业经营水平。一些民营报纸在发行宣传中提到，报纸售价低廉，文字浅显，人人都能看得懂。但是，当时的报纸，"即使价钱经济，人人买得起的地步，不识字的民众也不会买来看的"。[①] 除非有人读给他们听，否则一般不识字的民众无法了解报纸上刊登的内容。

表2-2　　　　　　中美英苏四国报业普遍性之比较

国家	人口总数（人）	全国报纸总销数（份）	平均每若干人有一份报纸
美国	123000000	3470万	3.5人
英国	45000000	1170万	4人
苏联	166000000	4000万	4人
中国	450000000	200万	250人

资料来源：《中美英苏四国报业普遍性之比较》，《新闻学季刊》1940年第1卷第2期。

报业种群密度是反映报业发展水平的重要指标之一。种群密度较高，说明读者市场具备一定的承载力[②]，能够维持较多报纸的生存与发展；如果种群密度较低，说明整个读者市场不够繁荣，难以维持较多报纸的生存与发展。民国初期，整个报业市场中的报业种群密度较小，民营报业种群密度则更小。造成这种局面的主要原因在于当时的报纸消费市场没有很好地培育起来，社会经济发展水平、读者的文化

---

① 罗百祥：《过渡的民间报纸》，《文化通讯》1948年第89期。
② 所谓的报纸产业生态承载力，指的是在现有的经济、政治、文化等外部条件下，维持报纸存在数量的最高极限。

程度以及政府当局对报业发展的政策支持等因素都还不够，影响了民营报业的发展。到了20世纪20年代中期以后，中国民营报业迎来了一个相对稳定的发展时期，尤其是1927—1937年，中国民营报业种群密度明显提高，报业市场需求大大提升。在这种种群结构中，民营报业之间的竞争变得更加激烈，竞争策略更加多样，民营报业之间出现了战略联盟，甚至是报业集团化建设行为。民营报业种群密度的提升显然对当时的报业经营行为和经营水平起到了一定的促进作用，同时也在一定程度上影响了民营报业的经营绩效。

3. 中国现代民营报业种群的层次结构

报纸垂直的结构状态通过许多层次表现出来。可以将中国现代报纸分为政党报纸、民营报纸、社会团体报纸、外报等类型。前三类报纸又可以从垂直的角度将其分为不同的层次。如政党报纸可以分为国民党党报、中国共产党党报、其他党派报纸等。国民党党报又可以分为中央级大报《中央日报》、各省级党报、市县级党报等；中国共产党党报又可以分为中共中央长江局、北方局等大行政区机关报《新华日报》、各省级党报、市县级党报等。

20世纪20年代，民营报纸的分层现象比较明显，可以将报纸分成不同的层次结构，这种层次结构类似于伞状的结构形态。第一层次是在全国具有重要影响的民营大报，如《申报》《新闻报》《大公报》《新民报》等，这些报纸经济实力雄厚，存在时间较长，报纸的信息资源、读者资源以及广告客户资源等都比较丰富。不仅仅在某一个区域中有较大的影响力，其发行区域和影响力已经辐射到全国范围内。第二层次是有一定区域影响力的民营报纸，如《世界日报》《立报》等，其发行量相对较大，在某些区域乃至全国范围内有一定的竞争力和影响力。还有一些区域性民营报纸，如成都的《新新新闻》、武汉的《汉口中西报》《大刚报》等，此类民营报纸规模相对较大，在某一特定区域内有一定影响力和竞争力。第三层次是众多的民营小报，此类报纸规模小，影响力和竞争力有限，读者群较小，平均生命周期较短。

报纸的水平重叠结构是指报纸种群的水平配置状况，最主要的特征是报纸之间存在生态位重叠的现象。这一点在中国现代民营报业的发展中体现得比较明显。20世纪二三十年代，在一些大城市，民营报业遇到相对较好的政治环境，涌现出大量的民营报纸。尤其在上海、北平、天津等地区，许多在读者定位、发行区域定位和广告定位等方面相似的民营报纸，在同一时空范围内共同分享固定的资源。这样，就会出现多家报纸相互争夺读者和广告客户的情况，形成激烈的竞争格局。在上述城市中，具有读报习惯的读者毕竟有限，生态位重叠的报纸不得不在一个固定的时空范围内争夺有限的资源，最终容易引发恶性竞争，降低报业经营绩效。

二 中国现代报业种群结构的演变

报纸的生存与发展类似于生物系统的运行。在生物系统中，由于不同物种的出现与聚集，形成了一些具有直接或间接关系的动植物。在特定空间或特定生境下，生物物种进行有规律的组合，构成了生物群落。在一定区域内所有相关企业组成的企业联合体或共生体则构成了类似于生物群落的产业生态群落。[①] 20世纪初，一些大城市的经济、政治和文化环境为报纸的发展提供了一定的生存空间，报业种群结构随着时代的变化而变化。在全国报业市场中，除了政党报纸、社会团体以及外国人创办的报纸外，大部分报纸属于民营报纸。

民国刚成立的时候，国内政治格局处于转变之中，《中华民国临时约法》对于出版、言论自由的规定让很多报人有着美好的憧憬。一时间，国内民营报纸的数量剧增。1913年，"癸丑报灾"使中国报业的发展陷入了晚清以来的低潮。到了20世纪20年代，国内的政治纷争依然较多。在不同的区域范围内，民营报业的生存发展环境存在较大的差异。在经济发达的大城市，民营报纸获得了较好的生存条件，上海、北京、天津、南京、武汉等地出现了大量的民营小报，民营报业种数呈攀升态势，这种格局一直持续到全面抗战前夕。全面抗战爆发之后，民营报纸受到战争的摧残，数量不断减少，尤其是太平洋战

---

① 黄欣荣：《产业生态论》，经济科学出版社2010年版，第145页。

争爆发之后，沦陷区的民营报纸数量锐减，部分民营报纸内迁到中西部，部分民营报纸因战事而停刊，民营报纸的整体规模明显变小。抗日战争胜利之后，原来停刊的部分民营报纸纷纷复刊，市场上又出现一批新创刊的民营报纸，民营报业规模又有所扩大。上述表明，民营报业的发展一方面与经济发展关系密切，另一方面与政治、军事格局直接关联。当经济发展稳定，工商业发展水平较高时，民营报业规模呈扩大趋势；当经济凋敝，工商业发展受挫的时候，民营报业也会走入低潮，规模不断缩小。政治环境和军事格局是影响民营报纸发展的直接因素。当政治环境比较稳定，没有战争的时候，民营报纸的发展相对稳定，其规模变化与经济发展的关系最为密切；在政局不稳，战事不断的时候，民营报纸会受到直接的打击，甚至会导致民营报纸退出市场或者转移办报区域的情况，其报业规模也随之变小。

在民营报业种群中，民营小报的社会影响力和经济规模都无法与民营大报相比，但是民营小报的发展状况也是考察民营报业经营环境的风向标之一。每当政策宽松的时候，民营小报就会大量出现；每当政策比较紧的时候，民营小报就会大幅度减少。经济因素也对民营小报的规模结构产生极大的影响，经济衰退的时候，民营小报就会出现萎缩的趋势；经济兴盛的时候，民营小报就会出现繁荣的景象。因此民营小报的发展状况最能反映当时整个报业的情况，这些报纸对于政治、经济等因素的反应最为敏感，一旦出现风吹草动，民营小报经营状况就会受到影响，进而在报业种群结构中得到体现。最明显的就是报业种类的增加或者减少，而这些因素则是报业经济发展的表征之一。

在整个报业种群中，政府官报具备支配性地位。20世纪初，政治动荡，官场变化多端。但不管谁来主政，都较为重视报纸的功能。党报是中国现代报业种群中重要成员。早在辛亥革命以前，国民党的前身——中国同盟会就比较重视利用报刊开展宣传工作。中国同盟会成员先后在中国香港、日本东京、南洋和美洲等地创办《中国日报》《国民报》《檀山新报》《大同日报》等。辛亥革命时期，革命党人先后创办《民报》《神州日报》等报纸。1912年8月，同盟会改组为中国国民党，国民党机关报遍及各大城市。1927年，南京国民政府成立之后，逐渐形成了以《中央日报》为核心、以中央直属党报为骨干、辅之以地方党报和军队党报的庞大党报体系。自从掌握政权以后，国民党党报就成为国民政府的喉舌。中国共产党成立以后，极为重视新闻宣传工作。1922年8月，中国共产党的政治机关报《向导》创刊，这是中国共产党的第一个政治机关报。此后，中国共产党创办的《新华日报》《晋绥日报》《人民日报》等报纸在引导舆论方面取得了卓越的成绩，在报业经营方面也取得了一定的成效。由此可见，国共两党都非常重视党报的建设，构成了与民营报纸不一样的报业经营格局。不过，总体上讲，政党报纸在报业经营方面做得不够好，因为这些报纸根本不是依靠经营来维持生存，而是依靠政党的扶持不断发展壮大。

总体上看，20世纪初，民营报业种群结构呈现出如下特征。一是民营报业种群密度经历了"升—降—升—降—升"的变化趋势。造成民营报业种群结构变化的主要原因是战争和政治力量的管控。二是在民营报业种群中，民营大报相对稳定，而民营小报的出生率和死亡率均比较高。种群结构变化剧烈，说明民营报业经营存在明显的不稳定因素。三是在一些报业发达的大城市中，民营报纸的种群重叠度比较高，同质化竞争比较严重，尤其在民营小报行业中表现得更加明显，这在一定程度上影响了民营报业的经营水平。

三 民营报业种群在现代报业生态系统中的地位

生态系统是生物和非生物相互作用而形成的系统。产业生态系统是指"在一定空间中共同存在的所有产业组织与其环境之间不断进行物质、能量和信息交换而形成的统一整体"[1]。产业生态系统包括企业、消费者、供应商、经济社会环境等。企业之间、企业与消费者之间、企业与供应商之间等不断地进行能量循环和物质交换，进行知识交流与信息传递，共同推进产业的发展与成熟。产业生态的相关理念对于报纸产业同样具有解释力，有助于从新的视角来阐释中国现代民营报业的竞争生态，为我们从更深层次认识民营报业经营提供参考。

---

[1] 黄欣荣：《产业生态论》，经济科学出版社2010年版，第15页。

与一般的工商业相比，报业的盈利能力有限。但是，报业承担着为普通公众和广大企业提供信息的功能，因此其生态系统的发展变化对社会的影响不容忽视。结合上述产业生态系统的概念，我们认为，报业生态系统是指在一定时空范围内，报业种群内部及其与周围环境之间进行物质、能量和信息的互动，在此基础上形成的结构体系。报业生态系统结构包括报业的形态结构和功能结构。前者指的是种群结构，后者指的是报业生产、销售、交换与消费等环节所构成的结构体系。当然，要全面审视中国现代报业的发展情况，不能忽视报业的规模结构。

20世纪20年代以后，整个报业生态系统处于动态变化之中，尤其是战局演变、经济动荡等因素直接影响着报业种群的分布及其经营方式。综合来看，民营报业的实力越来越强，总体规模越来越大，所具有的社会地位也明显提升。民营报纸的发行较为灵活，广告经营额较多，全国发行量较大的几家报纸基本上都是民营报纸。并且，民众对于几家大型民营报纸的认同度较高。因此，从报业经营的角度来讲，民营报纸种群在报业生态系统中占据重要的地位。

民营报业的发展与壮大，丰富了整个报业种群的类别，使报业生态系统的结构更加平衡。清朝末年，尽管民营报纸已经得到一定程度的发展，但是其总体规模有限，报业经济发展得比较缓慢。五四运动以后，民营报业的规模不断扩大，报纸的种类明显增加。尽管民营报业在一定时间内受到各种摧残，但是其总体发展势头较好，使整个报业种群的类型更加丰富，报业生态系统中的党政机关报和民营报纸的比重出现明显的变化，后者的占比明显提升，报业生态系统结构得到优化。

第二节 报业市场结构：竞争与垄断并存

20世纪二三十年代，中国报业逐渐形成了一种多元化的报业结构，主要分为三大类别。一是党报，包括国民党和共产党办的各级党报;二是民营报纸;三是外报。其中,以民族资产阶级为主体的民营报纸获得较好的生长空间。据南京内政部的统计数据显示,1927年,全国报纸合计628家,1936年1284家①,1937年为1031家②。这些报纸中,既有党报、政报和军报,也有外报,但绝大部分为民营报纸,以至于国民党人认为:"够得上给全国人观览的(报纸),实在寥落(若)晨星。而这些比较有力量的报纸,多数偏重于纯商业性的。他们现在似乎很同情我们,但是无法保证他们永远同情我们。"③由此可见,民营报纸不仅在数量上占优,在舆论影响力上也得到一定的认同。由于报业市场中存在大量的民营报纸,其竞争尤为激烈,当时的民营报业的市场结构呈现什么样的特征,是一个值得关注的话题。

民营报业市场结构主要指的是,在某一时间段里一个既定的市场中所有民营报馆之间的市场竞争与垄断关系,包含的层面比较复杂。主要包括几个比较重要的市场关系:一是报馆与报馆之间的竞争关系;二是民营报纸读者之间的关系;三是民营报纸广告客户之间的关系;四是民营报馆与读者以及广告客户之间的关系;五是报业市场中民营报馆以及可能进入市场的民营报馆之间的关系等。由于本书所谈论的主体是民营报业,因此,本书以民营报纸为中心,探讨民营报业竞争与垄断关系,以此反映民营报业市场结构状况。读者、广告客户的市场结构,并不是本书研究的重点内容。

不同时期、不同区域民营报业的市场结构会展现出不同的特征。从时间上来讲,中国现代民营报业处于不断变化的状态,仅仅分析一个时间段的市场结构,并不能展现民营报业市场结构的本质特点,也容易出现以偏概全的情况。从政治上讲,中国现代的政治环境风云变幻,民营报业受到的影响非常大,这对其经营管理者来说是巨大的挑

---

① 据国民政府行政院新闻局统计,1936年5月至8月底,全国经核准登记或补行登记的报社、通讯社、杂志社总数为3298家。其中,报社1284家,通讯社566家,杂志社1448家。以京、沪、平、渝、穗、苏、浙、闽、湘、赣等省市分布最多。参见《出版琐闻:全国最近报刊统计》,《图书展望》1947年第5期。

② 蔡铭泽:《中国国民党党报历史研究》,团结出版社1998年版,第123页。

③ 慎予:《党应确定新闻政策》,《中央日报》1929年3月20日。

战，民营报业的市场结构也因此会出现较大的波动。从经济发展的角度来讲，不同时期、不同地区的民营报纸的经济环境各不相同，其市场结构也会表现出不同的特点。从空间来讲，不同地区的民营报纸的发展水平相差很大，报业竞争水平、经营模式等均存在较大的差别。因此，各地区的民营报业展现出不尽相同的市场结构。因此，对中国现代民营报业市场结构的分析，既不能局限于某一时间段，又不能局限于某一特定地区。

中国近代民营报业同其他类型报纸的发展具有完全不同的特点。鉴于此，本书拟借助产业生命周期理论来分析中国现代民营报业各个历史阶段的市场结构特点。对同一时间段民营报业市场结构进行比较，并对有代表性的省市民营报业市场结构进行案例分析，以期从纵向和横向两个方面来解析民营报业市场结构的特点。为了便于从整体上来分析民营报业市场结构，本章的内容并不局限于中国现代，而是从清末民营报业的引入期开始分析，以保持民营报业市场结构演变的全貌，从而使我们的分析更具有连续性。

关于民营报业市场结构的测量，是本书的一个难点。主要原因在于，相关的数据很难搜集，即使搜集到一些数据，也可能没有连续性。因此，在评估民营报业市场结构时，只能采取相对模糊的方式，有哪些年份的数据，即分析当年的市场结构，难以对民营报业市场结构进行历时分析。在分析方法的选择上，本书采用贝恩的市场结构分类标准，重点测量民营报业发行市场结构，尤其是根据产业内前四位和前八位企业的相关数值占整个行业的市场份额来测评行业集中度，评估不同产业的竞争与垄断状况，见表2-3：

表2-3　　　　　　　　贝恩的市场结构分类

集中度 市场结构	C_4 值（%）	C_8 值（%）
寡占Ⅰ型	$85 \leq C_4$	—
寡占Ⅱ型	$75 \leq C_4 < 85$	或 $85 \leq C_8$
寡占Ⅲ型	$50 \leq C_4 < 75$	$75 \leq C_8 < 85$
寡占Ⅳ型	$35 \leq C_4 < 50$	$45 \leq C_8 < 75$

续表

集中度 市场结构	C_4 值（%）	C_8 值（%）
寡占Ⅴ型	$30 \leq C_4 < 35$	或 $40 \leq C_8 < 45$
竞争型	$C_4 < 30$	或 $C_8 < 40$

资料来源：转引自苏东水《产业经济学》（第三版），高等教育出版社2010年版，第97页。

一 不同生命周期背景下民营报业的市场结构[①]

本书借助产业生命周期理论（Industry Life Cycle）来分析近现代以来民营报纸在中国大陆的兴衰过程，以便更清楚地认识与理解民营报纸的发展脉络。结合市场结构的相关理论，分析不同生命周期内民营报业的市场结构状态，有助于我们从宏观上把握当时的报业竞争格局，为后续研究民营报业经营行为提供参考。

所谓产业生命周期，指的是"一个产业从初创到衰亡具有阶段性和规律性的过程"。[②] 不同产业的生命周期表现出不同的特点，有的产业经历较长的引入期，有的产业的成长期很漫长，而有的产业从产生到消亡只有很短的时间。美国学者罗伯特·皮卡特（Robert G. Picard）认为，传媒产业生命周期可以分为引入、成长、成熟、衰退等几个发展阶段。[③] 当今不同类型的新闻传媒，有的处于引入期，有的处于成长期，有的处于成熟期（参见表2-4）。在中国新闻传播史上，有些媒介种群曾经历了衰退期，近现代历史上的民营报纸这一媒介种群即是典型的代表。

表2-4　　　　　处于产业生命周期不同阶段的传媒产业

引入阶段	成长阶段	成熟阶段
流媒体或在线视频	卫星电视	唱片

---

① 本部分内容为课题负责人公开发表的论文，该论文为本课题的阶段性研究成果之一，参见陶喜红《不同生命周期状态下民营报业经营的特点》，《湖北社会科学》2015年第1期。
② 吕明元：《技术创新与产业成长》，经济管理出版社2009年版，第45页。
③ [美] 罗伯特·皮卡特：《传媒管理学导论》，韩骏伟、常永新等译，人民邮电出版社2006年版，第21页。

续表

引入阶段	成长阶段	成熟阶段
	在线传媒	书籍
	多媒体	电影
		杂志
		报纸
		广播
		录像
		电视
		有线电视

资料来源：[美]罗伯特·皮卡特：《传媒管理学导论》，韩骏伟、常永新等译，人民邮电出版社2006年版，第21页。

1. 报业引入期的市场结构

从19世纪70年代初到中华民国成立前夕，中国民营报纸处于引入阶段。中国早期的报纸主要是外报和官报。外报的办报意图多为宗教宣传、政治宣传和商业目的，官报的办报目的主要是维护当权者的利益，属于明显的政治宣传。民营报纸与部分商业性的外报一样，均具有营利性质。在甲午战争以前，尽管出现了少量的民营报纸，但是这些报纸的影响力有限，规模也比较小，在整个报纸行业中更是处于弱势地位。从维新运动开始，报纸舆论受到广泛的关注，中文报刊获得了很好的发展机遇，尤其是民营报纸的增长幅度较大。民国成立前，民营报纸逐渐进入报纸行业，规模慢慢变大，产生了一定的影响。

处于引入期的民营报纸，其发展速度缓慢。一方面，民营报纸需要适应当时的政治、经济环境；另一方面，民营报纸的经营管理水平也不高，这是民营报纸难以快速发展的原因。清末民初，大多数民营报纸盈利模式单一，靠广告维持生存。处于初创期的报纸，一般靠新闻吸引读者，靠刊登广告赢得收入。清末的官报主要刊登朝廷政事和皇帝的谕旨等信息，外报主要站在外国人的立场来传播信息。这两类报纸并不能满足中下层市民对于新闻信息的需求。中下层市民对通俗易懂、贴近生活的新闻信息有较大的需求量，民营报纸就是在这种环境下出现的。民营报纸在发行上是难以赚钱的，因为报纸的纸张、排版、印刷、机器设备、人力物力等方面的投资比较大，多数民营报纸的发行是亏本的。创办民营报纸，要向政府缴纳一定的费用。按照《大清报律》的规定，创办报纸，发行人需要缴纳保押费，"每月发行四回以上者，银五百元，每月发行三回以下者，银二百五十元"。[①] 当然，这些规定主要针对民营大报，民营小报是不用缴纳保押费的。清朝末年，一般大报售价每份2—3分，而小报的售价是大报的二分之一或者三分之一。一般的民营小报发行数千份，其发行收入很有限。到了后期，还要除去报贩的分成。因此，总体上看，民营报纸发行收入是有限的，只能靠广告维持生存。

处于引入期的民营报纸在经营上面临很大的竞争压力。清末民初，民营报纸受到来自多方面的压力与夹击，包括政府的打压、官报的排挤、外报的竞争等。民营报纸在时政新闻方面没有优先权，大多没有政府或者党派的补贴，在新闻采集和资本筹措等方面完全靠报社自身。民营报业内部经常会出现同城报纸的正面交锋，相互争夺读者市场，导致民营报纸的生存环境变得更加恶劣。如果报纸发行量较小，其广告量也难以提升，在经营上很难有所作为。因此，很多民营报纸在进入报业市场之后，由于经营不善，很快就退出市场。《昭文新报》《汇报》等报纸，创刊一年时间就停刊了，也有一些民营报纸持续时间较长，但是，始终难以摆脱经营上的困境，最后不得不退出市场。

2. 报业成长期的市场结构

一般来说，处于成长期的产业，其市场准入门槛较低，市场需求空间增大，不断有新企业出现。当然，由于整个市场机制还不成熟，规则不完善，企业大量进入后会出现盈利困难的情况，经营不善的企业退出市场也是常有的事。民国成立之初，在经历了三十多年的发展与大浪淘沙之后，民营报纸逐渐进入成长期。从1895年到1927年，中国经济增长速度较快。在此期间，中国现代工业经历了两次发展浪潮，第一次出现在1895—1913年，第二次出现在1914—1927年。1915—1922年，中国工业经济快速增长，被称为中国资本主义的黄金

[①] 刘哲民：《近现代出版新闻法规汇编》，学林出版社1992年版，第31页。

时代。1920年，中国工业资本比1913年增长了60%，其中制造业资本增长67%。[1] 快速成长起来的中国民族工商业者需要掌握一定的话语权，民营报纸是最理想的代言人。随着民族工业的迅速增长，印刷、交通、邮电等行业也获得了长足的发展，为报业经营与改革提供了物质基础。1916年，全国的学生数量接近400万，到1925年，全国学生数量增长到681万。[2] 识字人群的增长为民营报纸的发展奠定了基础。

随着人们对新闻信息和商业信息需求的日益增加，大量民营报纸涌入市场，民营报业处于迅速扩张时期。从民国成立到大革命时期，民营报业的总体规模和经营水平不断提高。1912年，民国成立，《中华民国临时约法》规定了人民有言论、出版等自由，给报业发展带来契机。在武昌起义之后的半年时间里，全国报纸规模迅速扩张，报纸种数由原来的100家增加到500多家，总销量一度超过4200万份。[3] 到了1921年，中国出版的定期刊物1137种。其中，日刊、二日刊、三日刊、五日刊和周刊合计728种。[4] 在上述的报纸中，民营报纸占的比例最大。尤其是大量民营小报的出现，给当时的报业经营注入了活力。这一时期，上海、天津、北京等大城市出现了数百种民营小报，其经营方式灵活，内容通俗易懂，受到市民的青睐。

民国初年，报馆组织结构大多是公司制，既有无限责任公司，也有有限责任公司。一些大型民营报纸实施企业化经营，改革报纸经营结构，逐渐采用股份制有限责任公司，为报业现代化经营奠定了基础。进入20世纪20年代，部分民营报纸已经积累了相当的财富，有力量从事扩大再生产。《申报》《新闻报》等民营大报先后实行股份制改革，新记《大公报》也开启了股份制经营模式，其他如《时事新报》《商报》《时报》《世界晚报》《京报》等民营大报和《晶报》《金刚钻》等民营小报纷纷实行企业化经营，报纸的经营绩效明显提升。1918年，《申报》启用新的报馆大楼，向现代化方向发展。其后，《时

---

[1] 赵德馨：《中国近现代经济史》，河南人民出版社2003年版，第207页。
[2] 张玉法：《中华民国史稿》，（台湾）联经出版事业公司1998年版，第137页。
[3] 丁淦林：《中国新闻事业史》，高等教育出版社2002年版，第158页。
[4] 方汉奇：《中国新闻通史》（第二卷），中国人民大学出版社1996年版，第74页。

报》《大陆报》等也移至条件先进的新报馆。民营大报的通信技术、印刷设备等条件不断更新,为报业经营转型奠定了物质基础。

处于报业成长期的民营报纸,其重要的特点如下。第一,报纸经营发展所需的外部条件和内部条件基本上具备了,国民经济、社会文化、居民收入等方面的发展足以支撑民营报纸的生存。第二,民营报纸的市场进入壁垒相对较低。从制度性进入壁垒的角度来讲,政府对创办民营报纸采取较为温和的态度,私人经过登记、缴费等相关手续后可以创办报纸,甚至有些小报没有履行相关手续也堂而皇之地出现在报业市场上。从结构性进入壁垒的角度来讲,民营报纸的进入成本是可控的。创办民营大报需要雄厚的实力,而创办民营小报的进入成本相对较低。创办者可以简化机构,将印刷、发行等工作外包给别的报馆及报贩。这样,大大降低了民营报馆初创期的成本支出。第三,民营报纸大量涌入市场,竞争惨烈,报纸的淘汰率提升。由于看到创办民营报纸是有利可图的事业,一些具备条件的文人、商人乃至政界要人纷纷寻找机会创办报纸。报业市场异常拥挤,大进大出现象表现得尤为突出。

3. 报业成熟期的市场结构

从1927年到1937年,中国民营报业面临非常好的发展机遇。在这个"黄金十年"里,民营报业的规模和经营水平均达到了顶峰。早在第一次世界大战期间,一些帝国主义国家忙于应付战争,对中国的经济侵略有所放松,中国的民族资产阶级暂时获得了喘息的良机,民族资本和民族工商业的大幅度增长为以后民营报业的发展奠定了物质基础。民族资产阶级需要有媒体出来作为其代言人,还要有介质来沟通信息、刊登广告,民营报纸的大量出现与日益成熟契合了民族资产阶级的需要。另外,民国初期,政府曾经以言论自由来号召群众,这一极具吸引力的口号深入人心,为民营报业的发展积聚了人气。当时,普通百姓的文化水平不断提高,同时,受五四运动的影响,人们追求思想自由的愿望更为强烈,需要了解更多的社会信息,这为民营报业市场规模的扩张奠定了受众基础。在一些经济发达的城市,民营报纸的出版数量比党政报纸明显要多一些。据1936年《冀察调查统计丛刊》的数据显示,天津市当年出版的报纸中,大报的份数为120450

份，小报的份数为189000份，大报所占的比重为38.92%，小报所占的比重为61.08%。[①] 在大报中，天津的《大公报》发行量比较大，占据相当大的比重。小报之中，多数为民营报纸。因此，从这个角度来看，民营报纸在天津报业市场中占据绝大部分比例。在战争年代，各家报纸每天合计保持30多万份的发行量，实属不易。

1935年，全国几家发行量较大的报纸基本上覆盖了全国各地，具有较强的竞争力，使中国报业发行市场集中趋势不断增加。为了分析这一时期的报业发行市场集中度，我们搜集了1935年中国发行量排名前10家的报纸，运用市场集中度的测算公式，计算出当年全国报业发行市场集中度，以此来判断当时报业市场的垄断与竞争情况，参见表2-5：

表2-5　　　　　　　　1935年中国报业发行市场集中度

序号	报纸名称	发行量（万份）	在全国所占份额（%）	CRn（%）
1	《申报》	15.0	15.0	15.0
2	《新闻报》	15.0	15.0	30.0
3	《实报》	8.0	8.0	38.0
4	《大公报》	7.0	7.0	45.0
5	《时事新报》	5.0	5.0	50.0
6	《立报》	4.0	4.0	54.0
7	《新北平报》	3.7	3.7	57.7
8	《天津晨午晚报》	3.6	3.6	61.3
9	《中央日报》	3.0	3.0	64.3
10	《东南日报》	3.0	3.0	67.3

数据来源：根据以下数据整理计算所得：甘家馨：《中国各大报经营实况》，《苏衡》1936年第17—18期；《冀察平津新闻事业统计》，《冀察调查统计丛刊》1936年第1卷第1期；《冀察报纸出版情况》，《冀察调查统计丛刊》1936年第1卷第2期；《全国新闻纸及杂志之统计》，《冀察调查统计丛刊》1936年第1卷第3期。

通过表2-5可以看出，1935年，中国当时发行量较大的报纸中，民营报纸占绝大多数。发行量排名前10家的报纸中，民营报纸占了7家。这说明，民营报纸在整个报业市场中颇受读者青睐。报业发行市

---

① 《天津市大小报每日出报份数及张数之百分比》，《冀察调查统计丛刊》1936年第1卷第1期。

场集中度 CR_1 为 15%，其市场控制力量并不算很突出，CR_2 为 30%，上述表明，排名前两位的报纸之间的市场竞争力不相上下。当然，由于这两家报纸同处于上海，说明上海的报业竞争更激烈，报纸发展水平明显高于其他地区。表 2-5 的数据显示，当年全国报业发行市场集中度 CR_4 为 45%，CR_8 为 61.3%，CR_{10} 为 67.3%。如果按照贝恩的市场结构分类标准，当时的报业市场结构属于寡占Ⅳ型，说明 1935 年前后，民营报业的市场垄断趋势较为明显。如果排除当时国民党党报利用行政力量推动发行这一因素，民营报纸的市场垄断力量更趋明显。如果将报业市场集中度与当前的报业发行市场集中度对比，可以发现，1935 年的报业市场集中度明显高于当前的报业发行市场集中度。上述表明，20 世纪 30 年代中期，中国报业市场呈现出较为明显的垄断趋势，尽管当前全国出版报纸达 1000 余家，但是，真正有较大影响力和竞争力的报纸只占少数。绝大多数报纸只在一个小区域内或者一定人群中发行，产生的社会效益和经济效益均很小。

成熟期的民营报纸，其报业市场进入壁垒明显提升。当然，这种壁垒主要是结构性进入壁垒。对于在位的民营报纸来说，结构性进入壁垒类似护身符，有助于保护在位者的既得利益。对于新创办的民营报纸来说，结构性进入壁垒是难以逾越的障碍。民营报纸所面临的结构性进入壁垒主要表现为以下三个方面。一是报纸种数剧增，新创办的报纸遭遇前所未有的抵制。民国之前，报纸在夹缝中生存，其数量"寥若晨星，今则一地有数十报者，是总量之进步也"。[1] 相对于在位报纸，新创办的民营报纸缺乏读者资源、广告客户资源等，这些资源形成较高的壁垒。二是新创办的民营报纸需要一定的资本量，以满足报纸的日常运营及应对各种竞争之需。民国之前，报纸"集资千金，局居斗室，因陋就简便可创业"，如今，"规模较宏者，资金数十万乃至数百万"。[2] 规模较大的报纸，在铸字、印刷、照相等方面不断改善，这对新创办的民营报纸来说，是巨大的竞争压力。在位的民营报

---

[1] 潘公弼：《六十年来之中国日报事业》，《申报月刊》1932 年第 1 卷第 1 号。
[2] 潘公弼：《六十年来之中国日报事业》，《申报月刊》1932 年第 1 卷第 1 号。

纸拥有较多的读者资源，其广告资源丰富，有的报纸几个版均为广告，而新创办的民营报纸则缺乏这方面的资源，因而在竞争中处于劣势。三是规模经济效应所构筑的进入壁垒。对于那些在位的大型民营报纸来说，其信息采集方面具有较大优势，积累了大量的信息资源。由于报纸发行量较大，能够获得更多的广告额，报纸产品具有较为明显的规模经济效益，而新创办的民营报纸则没有这方面的优势，在竞争中处于下风。由此可见，处于成熟期的民营报纸，其市场结构的特点是强者越强，弱者越弱，且弱者逐渐趋于沉寂。市场中有不少小型的民营报纸，看起来比较热闹，但是真正能够盈利、具有较强竞争力的报纸是那些稳定下来的民营大报。

表2-6的数据显示，1936年，北平、天津、河北、察哈尔等省市的报纸总共有86种。其中，有基金的报社50家，占58.14%，这些有基金的报社大多数为民营报纸。没有基金的报社有36家，占总数的41.86%。这些报社主要是政党报纸、政府机关报等。报社基金超过1万元的有9家，其余报社的基金均低于1万元，多数报社的基金集中于5000元以下。上述表明，创办民营小报的资金壁垒相对较低，而民营大报的资金壁垒则比较高。

尽管民营报业日趋成熟，但是民营报纸的逐利性引发了无序竞争现象，对报业发展产生了不利影响。集团化经营与合作竞争现象在整个民营报纸行业只是少数，大多数民营报纸还是处于分散竞争的状态，尤其是大量的民营小报，规模小，实力弱，在报业竞争中常常不按常理出牌，导致竞争秩序混乱。民营小报之间相互掣肘、拆台等过度竞争现象层出不穷，对整个报业经营绩效和报纸形象产生极坏的影响。即便在民营报业发展的成熟期，这种不良竞争现象也在所难免。

表2-6　　　　　　　　冀察平津报社基金比较表　　　　　　单位：国币银元

基金数目	社数（家）			
	河北省	察哈尔省	北平市	天津市
总计	8	5	44	29
0	3	4	22	7
100以下	—	—	—	—

续表

基金数目	社数（家）			
	河北省	察哈尔省	北平市	天津市
101—500	3	—	1	2
501—1000	1	—	2	—
1001—2000	—	—	4	8
2001—3000	1	—	1	3
3001—4000	—	—	—	—
4001—5000	—	—	6	3
5001—6000	—	—	—	1
7001—8000	—	—	1	—
8001—9000	—	—	—	—
9001—10000	—	—	3	1
10001—15000	—	—	—	—
15001—20000	—	—	1	—
20001—25000	—	—	—	—
25001—30000	—	—	—	1
30001—35000	—	—	—	—
35001—40000	—	—	—	—
40001—45000	—	—	—	1
45001—50000	—	—	2	—
50001—60000	—	—	—	—
60001—70000	—	—	—	—
70001—80000	—	1	—	—
80001—90000	—	—	—	—
90001—100000	—	—	1	2

数据来源：《冀察平津报社基金比较表》，《冀察调查统计丛刊》1936年第1卷第1期。

4. 报业衰退期的市场结构

1937年，"卢沟桥事变"爆发，标志着日本发动了全面的侵华战争。战争给中国报业带来严重的破坏，相当一部分报纸受到摧残，不得不采取内迁的办法以保全报馆。有的报纸坚持在沦陷地区继续发行，以"洋旗报"的方式出版，为抗战鼓与呼。但是，也有的报纸丧失了民族气节，沦为敌人攻击进步力量的工具，如《申报》《新闻报》《实报》等。

受政治环境、军事战争和经济波动等因素影响,很多民营报纸被迫缩小经营规模甚至退出市场,整个民营报业不断萎缩,报业经营受到极大的影响。全面抗战爆发以后,北平、天津、南京、上海、广州、武汉等大城市先后失守,其报业受到严重的摧残,民营报业纷纷迁移到香港和中国的西北地区。在此期间,《申报》《新闻报》曾经被日本劫夺,《大公报》几移其馆,一些民营小报不得不关门避难。很多民营报纸加入了西迁的行列,在重庆,战前就有大小报纸数十家,加上新迁来的报刊,有报纸70家左右,刊物900种以上。成都报纸有50家左右,刊物400种以上。① 由于当时物质紧张,物价飞涨,民营报纸缩减版面的现象极为普遍。全面抗战胜利之后,相当一部分民营报纸又复刊了,但由于当时的政局不稳,民营报纸的发展又一次陷入了停滞。

中华人民共和国成立后,民营报业经营遇到始料未及的困难,最终集体退场。当时,党报的公信力高,民营报纸的公信力有限,其发行量、广告额都受到影响,经营绩效大不如前。民营报纸难以适应报纸业务转型。当时要求报纸要宣传党的政策方针,宣传学习苏联,充当党的喉舌,而民营报纸则以"不党"自居,这种角色转换是摆在民营报纸面前的一道难题。业务上不适应,经营上陷困境,民营报纸只能另辟蹊径。政府公私合营政策的适时出现为民营报业退出市场提供了政策保障。1950年3月,全国还剩下民营报纸58家,此后的一年多时间里,民营报纸数量减少了一大半,到了1951年8月,只剩下25家民营报纸。② 到1953年,民营报纸全部退出大陆报业市场。

从民营报纸的引入、成长、成熟与衰退的过程可以看出,民营报纸经营并不是孤立的,国内的政治、经济、军事、文化等因素对民营报纸经营产生深远的影响。经济和文化发展到一定程度,民营报纸的社会需求增大。仅仅有社会需求是不够的,合适的政治环境是民营报纸生存与发展的重要外部条件,而国内军事形势则直接影响民营报纸的兴盛与繁荣。中国近现代以来民营报业生命周期的流变充分说明了

---

① 谢本书、温贤美:《抗战时期的西南大后方》,北京出版社1997年版,第268—269页。
② 孙旭培:《新闻学新论》,当代中国出版社1994年版,第260页。

一个道理：民营报纸经营得好与坏，并不仅仅取决于民营报人的经营理念和运作方式，政治条件、军事形势和经济条件的合力影响着民营报业生命周期的走向，并最终决定整个民营报业的命运。

二 民营报纸市场结构的特点

20世纪20年代以后，民营小报数量的爆发式增长，是中国近现代以来报业市场蔚为壮观的场景。在一些经济发达的大城市，民营小报能够在街头巷尾觅得一定的生存空间。为了更深入地理解民营小报的经营与竞争状态，本书专门分析民营小报的市场结构特点。

在民营报纸阵营中，除了少数几家规模较大的民营报纸外，绝大多数都是受众群体较少、发行量不大的民营小报，其特征是"篇幅短小，一般为八开或小于八开的小型报纸，它以消遣性为主旨"。[①] 20世纪20年代以后，各地出版的小报多数利用民营资本创办，并且以民营形式出现。因此，除了少量的党派小报和社团小报外，绝大多数小报都属于民营性质的。民营小报的办报成本较低、定位明确、经营灵活，风格比较适合普通百姓的口味，在市民中具有较大的需求空间。此类报纸，"因为一张只卖一个铜子，又用底是一种极容易懂底白话，无论摆摊子的，卖饽饽的，开小饭馆的……都要买来看看"。[②] 从民国初期到1937年，全国一些大城市商业发展速度很快，对市民文化市场的形成起到重要的推动作用。小报在这个过程中逐渐占领一席之地，并在一段时间内取得了突破性发展，成为中国报业历史上一道奇观。本书拟借助产业经济学的市场结构理论来分析民营小报，以期从新的角度认识与理解民营小报的竞争生态。

中国现代民营报纸行业还不能算严格意义上的市场化经营，但是，从当时的经营理念和经营实践来看，已经初步具备市场化经营的一些特征。借助市场结构理论来分析当时民营报纸的发展状况，有助于拓展我们的研究视野，从经济学的视角审视民营报纸的经营状况。晚清

---

① 李楠：《晚清民国时期上海小报》，人民文学出版社2006年版，第22页。
② 陈顾远：《北京城里底小新闻纸》，《评论之评论》1921年第1卷第1期。

时期，民营小报已经出现，但规模不大，影响力较小。民国初年，民营小报正处于快速发展阶段。20世纪20年代开始，民营小报经历了十余年的蓬勃发展期；到1937年，"七七事变""八一三"淞沪会战爆发，全面抗战开始，国内报业发展受到严重的影响，民营小报发展也进入低潮期。总体来讲，中国现代民营小报市场结构表现出如下特征。

1. 民营报纸呈爆炸性增长态势

20世纪30年代，中国民营报业处于蓬勃发展时期，尤其是一些小型报的大量出现，推动了民营报业的发展。1934年，北京的70多家报馆中，有20余家报纸为大报，这些大报多为各级各类官报或者军方控制的报纸，有40余家报纸是小型报。不仅在北京，其余城市的民营报纸也展现出勃勃生机的景象。上海的60多家报纸中，对开的大报有20余家，四开的小型报有40余家；江苏共有220余家报纸，对开的大报为50家左右，而四开的小型报170余家；浙江共有报纸90余家，其中，对开的大报不过30余家，四开的小型报达到50余家。① 由此可见，各地的小型报在整个报纸行业中所占的比例大致在70%左右，而各种大报所占的比例在30%左右。小型报大多属于民营报纸，而部分大报也属于民营报纸。因此，从绝对数量来看，20世纪30年代初，民营报纸在整个报纸行业中占有压倒性的多数。之所以出现这种情况，主要在于民营小报的出版所面临的进入壁垒相对较低。

在国内经济正常发展、战事不紧张的情况下，报业的发展处于一种常态。一旦战事趋紧，经济发展受到影响，某些办报资源的流通受到限制，报业市场的结构性进入壁垒也随之发生变化，表现出提升的趋势。受战争的影响，国内通货膨胀，创办民营小报的结构性进入壁垒也随之提高。1946年，广州市出台了《广州市小报登记暂行办法》，规定："本市各小报之资本数额须在国币一百万元以上，并须有确实之保证。"② 对于民营小报结构性进入壁垒的提高，报人也觉得非常无奈。以前白报纸售价每令只要2元，每月的印刷费在200元左右，每

---

① 汤炳正：《小型报的缺点及其改善办法》，《报学季刊》1935年第1卷第4期。
② 《小报登记暂行办法草案》，《社会行政月刊》1946年创刊号。

份小报售价为三枚铜元。到了1944年，印刷费已经涨到每月30万元。办一份小型报纸，"非有大的资本，大的流动金，不能生存。出纳既巨，且内部规模组织，也当然不像从前的简陋"。[①] 由此可见，战争对民营报纸的发展带来极大的影响，导致民营报纸的结构性进入壁垒不断提升，办报成本大幅度增加。一些资金雄厚的民营报纸，能够在危机中想办法自保，而更多的民营小报则资金匮乏，如果不能很好地应对，资金链就会断裂，很快就会在危机中被淘汰。结构性进入壁垒是民营报业市场结构的表现之一，它与其他类型的市场进入壁垒结合起来，形成办报的障碍，这是民营报纸初创期必须面对的问题。对于整个民营报业市场结构来说，结构性壁垒的作用非常明显。一旦结构性进入壁垒大幅度提升，新创办的民营报纸数量就会减少，民营报业的竞争强度就会随之下降；反之，结构性进入壁垒的不断降低，则会引起大量报纸涌入市场，形成激烈的竞争，报业市场结构随即发生变化，其市场竞争行为和经营绩效也出现相应的变化。

2. 垄断与竞争并存的市场结构

按照传统的市场结构的分类标准，可以将市场结构分为完全竞争型、完全垄断型、垄断竞争型和寡头垄断型四种。日本学者植草益将市场结构分为极高寡占型、高中寡占型、低集中型和分散竞争型市场结构。[②] 这一分类标准对于分析中国现代民营小报市场结构有一定的参考价值。中国现代民营报纸的发行量普遍较小，只有少数民营大报的发行量较大。绝大多数民营小报发行量在2000份以下，只有少数报纸的发行量可以超过3000份。在上海、天津等城市，民营大报的发行量较大，形成一定的寡头垄断态势。

在民营小报市场中，很少有报纸能够垄断市场，基本上是分散竞争型市场结构，被称为"四大金刚"的《晶报》《金刚钻》《福尔摩斯》《罗宾汉》等报纸发行量稍微大一些，但并没有达到垄断市场的程度。《立报》的最高发行量曾经达到20万份，《实报》的发行量一

---

① 九公：《小型报内幕》，《杂志》1944年第14卷第5期。
② 苏东水：《产业经济学》（第三版），高等教育出版社2010年版，第97页。

度达到 14 万份，但这只是个案，在小报历史上实属罕见。并且《立报》属于"小型化的大报"，与一般的小报在定位上有一定差异。总而言之，中国现代民营小报行业中，基本上没有垄断力量强劲的小报能够控制某个城市报纸发行市场。如果按照植草益的市场结构分类标准，中国现代民营小报市场属于分散竞争型市场结构。

民营小报的分散竞争格局的产生有其必然性。中国现代小报创办者的目标定位决定了其规模不会太大。多数民营小报的目的在于盈利，为了规避风险，小报的创办者往往尽力节约成本，缩减开支。因此，报社的固定资产投入较少，现金和人力资本投入均比较少。这样，报社倒闭的时候面临很低的市场退出壁垒。一些经营较好的民营小报实现盈利之后，起到一定的示范效应，吸引了大量的潜在进入者，民营小报市场竞争异常激烈。在各大城市的民营小报市场中，报纸数量众多，其规模相差无几，少数几家民营小报发行量稍微大一点，但是也不能控制整个发行市场。

3. 报业趋同倾向比较严重

不少民营报纸没有实行差异化发展，多数报纸在走同质化竞争的道路。民营小报纸的同质化竞争并不是偶然的，报纸经营者要控制办报成本，提高收益，如果在内容、风格等方面实现创新，就需要投入大量的成本，并且有可能承担经营失败的风险成本。绝大多数民营报纸的创办者的经济条件并不是很好，这就决定了报社无法承担巨额的风险成本。因此，多数民营报纸不会在报纸经营上有很大的创新，而是更倾向于模仿成功者，这是民营报纸同质竞争产生的直接根源。

民营报纸趋同倾向主要表现在以下几方面。首先，从报纸的读者定位来讲，民营报纸的读者群主要为广大市民。尽管一些政府官员、有闲人士也是其潜在读者，但民营报纸要照顾到最基础的人群的阅读习惯和平均水平。因此，民营报纸在读者定位上存在明显的趋同倾向，这对其经营理念和内容设计产生重要的影响。其次，从报纸的功能来讲，民营报纸主要功能是满足人们的信息需求和消遣娱乐等，这导致民营报纸内容和风格趋同。最后，民营报纸的版面设计趋同。民营大报往往有一些创新，在版面设计上有自己的特色。而民营小报版面多为四开四版，后来又出现了彩色八开横行或者横四开的民营小报，采用黄色、粉红、淡青或者湖绿等颜色印制，在小报界产生较大影响。在一份报纸成功之后，众多的新报纸接踵而至，纷纷效仿。如《晶报》成功之后，掀起一股办报热潮，一时间有多达60余种民营小报在版式和内容上与《晶报》相仿，形成了同质竞争的局面。

三 民营报业市场结构的主要影响因素

20世纪20年代以后，民营报业的市场结构既存在分散竞争的结构形态，也存在不同程度的垄断结构形态，每种不同的市场结构类型都会对应不同的市场行为。在民初的报业市场中，由于各家报纸的市场份额并不太大，即便是当时比较有名气的《申报》《新闻报》等报纸的发行量也只有1万份左右，加上当时民间办报的热情较高，报纸数量激增，市场竞争者较多，各家报纸处于一种分散竞争的态势。民国初年，报纸的读者市场开发不够成熟，报纸发行量较小。因此，报纸的个体规模均比较小。

1. 制度性进入壁垒

创办民营报纸面临较多障碍，构成了民营报业市场进入壁垒。市场进入壁垒对民营报业市场结构产生极为重要的影响。晚清以后，中国报纸的市场进入壁垒处于不断变化之中。总体而言，民营报业的市场进入壁垒明显降低。尽管当局有诸多限制，但是，在实际执行的过程中则比较松，给民营报纸的发展提供了一定的空间。五四运动以后，报纸的市场进入壁垒时松时紧，不同的区域对于报纸进入管制也存在尺度不一的情况，这些因素直接影响报纸的市场结构。

制度性进入壁垒是力度最大的市场进入壁垒，主要表现在政府通过法律法规的形式限制报纸进入市场。比如，1914年4月，袁世凯当政时期颁布了《报纸条例》，共35条。对于符合办报条件的，实行颁发执照的制度，并且将执行人的请示报告和认可理由报内务部备案。按照《报纸条例》的规定，军人、官吏和学生以及25岁以下的人不能办报。[①]

---

① 《报纸条例》，《大公报》1914年4月5日。

资本进入壁垒主要包括办报所要缴纳的押金、办报的最低经费要求、固定资产投入、材料费用、员工工资费用等前期投入。袁世凯当政时期，规定办日刊者需要至少缴纳350元押金，不定期刊、周刊和旬刊分别缴纳300元、250元、200元押金，月刊和年刊分别缴纳150元、100元押金。尽管这些押金对于民营大报来说不算太高，但是，对于一些民营小报来说，是一笔不小的开支。除了缴纳押金外，创办民营报纸还要考虑前期的资本投入，比如报馆的厂房、印刷机器等固定资产投资费用，报纸的纸张、印刷、发行等费用。除此之外，民营报纸还要为报馆的员工支付不菲的薪水。因而，民营报馆一旦开始运营，就会面临不少的开销，如果不能在短时间内盈利，就要有更多的资金投入。否则，较高的市场进入壁垒会阻碍报纸进入市场，维护现有报纸的市场利益，如果长时间保持不变的市场结构，就会抑制市场创新，不利于民营报业市场结构的优化。市场进入壁垒过低则不利于市场稳定，大量报纸进入市场就会导致恶性竞争，产生破坏性影响。上述两种情况均曾经出现过，直接影响了民营报业市场结构的优化。因此，适度的市场进入壁垒对于优化民营报业市场结构具有至关重要的作用。

2. 必要的资金和资源

创办一份民营报纸显然需要面临一定的资金壁垒。早在1939年，就有研究者论述过创办报纸所面临的"人力"和"物力"问题，认为这两个问题是创办报纸的关键要素。"如果真有肯拿出几万元钱，不计较利益来办地方报的，那末所谓'物力'与'人力'的问题，都可迎刃而解。有了钱，任何困难的事情，都可逐步设法解决。"[①] 由此可见，不仅仅是民营报纸，创办其他类型报纸一样面临经费问题。没有足够的经费，报纸很难保持长时间运营。20世纪20年代以后，多数民营报纸的生命周期在1年左右。之所以出现这种情况，其主要原因在于，当时的民营报纸所面临的制度性进入壁垒并不太高，当局在这方面的管理不够规范，并且对创办报纸的控制尺度不一，一些报纸匆忙创刊，盈利困难，加上资金准备不足，很快被市场淘汰。创办一份

---

① 邵鸿达：《普建地方报纸声中的人力问题》，《战时记者》1939年第11期。

民营大报，所需要的资金较多，一般需要有实力的个人，或者通过招募股份来解决。而创办民营小报，所需要的资金相对较少，不必要的设备，一概不购买，并将印刷、发行等业务外包给相关的个人或者企业。从表2-7可以看出，不同时期、不同地区、不同规模的民营报纸所需要的购买经费或创办经费存在巨大的差异。办报所需要的人手，能精简的尽量精简，最大限度地降低办报成本。另外，创办民营报纸还会遇到一些资源方面的壁垒，比如有些报纸由于办报时间比较长，拥有较多的读者，新创办的报纸就要和这些老报纸争夺读者。因此，读者资源就属于一种资源壁垒。同理，长时间经营的报纸拥有更多的内容资源，其信息采集渠道相对完善，而新创刊的民营报纸则要开辟新的天地，也要面临内容资源方面的壁垒。

表2-7　　近现代以来部分民营报纸的购买或创办情况

年份	报纸名称	创办（购买）地点	创办（购买）人、费用及基本条件	资料来源
1909、1915	申报	上海	1909年，席子佩从美查手中以75000元购得申报馆全部产业；1912年，史量才从席子佩手中以12万元购得《申报》；1915年，《申报》败诉后又付给席子佩银二十万五千两	胡太春《中国报业经营管理史》，第25页；徐载平、徐瑞芳《清末四十年申报史料》，第22—23页
1925	世界日报	北京	创办人成舍我，200元	张友鸾《世界日报兴衰史》，第40页
1926	新记大公报	天津	吴鼎昌、胡政之、张季鸾，5万元由吴鼎昌出资	吴廷俊《新记〈大公报〉史稿》，第45—46页
1926	福尔摩斯	上海	胡雄飞、姚吉光、吴微雨各出50元，合计150元	孟兆臣《中国近代小报史》，第45页
1928	商报	天津	经理王镂冰，投资人为叶庸方，叶出资2万元	俞志厚《一九二七年至抗战前天津新闻界概况》
1928	新闻报	上海	美人福开森出售《新闻报》，由华商购得。吴在章为董事长，钱永铭加入董事部，汪伯齐为总经理，成立华商股份有限公司，总资本120万元	胡道静《新闻报四十年史（一八九三——一九三三）》

续表

年份	报纸名称	创办（购买）地点	创办（购买）人、费用及基本条件	资料来源
1929	新民报	南京	陈铭德请军阀刘湘支持，刘湘派旅长蓝文彬出面，支给新民报办报经费 2000 大洋作为开办费	新民晚报史编纂委员会：《飞人寻常百姓家：新民报——新民晚报七十年史》，第 5 页
1935	大光报	汉口	赵惜梦集资经营，原定资本 5 万元，实际筹资 3 万元，该报受天津《大公报》援助，据说有张学良的背景	甘家馨：《中国各大报经营实况》，第 36 页
1936	立报	上海	创办人成舍我，10 万元。其中，成舍我的投资占十分之三	张友鸾等《世界日报兴衰史》，第 20 页
1937	新民报	南京	总经理为陈铭德，萧同兹为董事长，5 万元	胡太春《中国报业经营管理史》，第 88 页
1938	文汇报	上海	严宝礼、余鸿翔、马直山等以合股形式创办，每股 500 元，严宝礼认购 4 股，其余每人 1—2 股，共计 1 万元	徐耻痕《文汇报创刊初期史料》，第 265 页；丁孝智、张根福《"孤岛"时期上海〈文汇报〉介绍》，第 218 页

3. 规模经济

规模经济是考量民营报业市场结构的重要指标之一。大型民营报纸的市场份额较大，报纸的很多生产要素都能够通过上下游的资源连接起来，从而降低办报成本。民营大报显然比小报更具有规模上的优势，进而影响报纸竞争的行为方式。那些规模较大的民营报纸往往可以通过节约成本来压低价格，从而在竞争中给民营小报带来极大的压力。比如，在购买办报材料的时候，民营大报显然更具有议价的能力。历史上知名的民营大报《申报》《新闻报》《大公报》《世界日报》等，都与一些白报纸供应商展开合作，以较低的价格购得纸张。规模较小的民营小报则只能以较高的价格购买纸张，这样，其报纸生产成本就会提升。在纸张供应紧张的时候，纸张供应商会优先考虑政党报纸和民营大报利益，民营小报则成为危机的牺牲品。正是由于规模经济的存在，会导致一些不具备成本竞争优势的民营小报被淘汰出去。

这样，民营报业的市场结构就会发生变化。由此可见，规模经济对报纸经营产生非常重要的影响，直接改变报纸之间的竞争、垄断与合作的关系，进而影响报纸的经营绩效。

市场兼并行为是改变民营报业市场结构的直接因素之一。20世纪20年代以后，不少产业中的企业通过市场兼并行为扩大经营规模，进而改变了市场竞争强度和市场结构，一些民营报纸也尝试开展兼并行为。在中国报业史上，史量才、张竹平等知名民营报人均力图通过市场兼并的方式组建报业集团。尽管他们的收购行为遇到了当局的阻止，但是，这种尝试曾经在一段时间内引起报界震荡。主要因为报业兼并将直接改变报纸之间的竞争和垄断关系，进一步影响报纸的利润分配、竞争强度等。正是基于这个原因，组建报业集团的行为遭到了竞争对手的强烈反对。当时的政府也不希望出现强大的报业集团垄断舆论的情况，最终导致民营报业集团建设计划流产。从当时的情况来看，执政当局不希望舆论被少数报纸控制，多数民营报纸不希望竞争对手突然变得比自己强大，也不支持民营报纸的兼并行为。因此，民营报业市场结构不会有明显的变化，报馆的规模拓展基本上依靠内生式增长来实现，这是中国现代民营报业经营水平难以大幅度提升的重要原因。

无论是报业的兼并重组，还是报业的内生式增长，都是报业经营行为方式，而这些方式会对报业的市场结构带来一定程度的影响。比如，一些大型民营报纸通过兼并的方式提高了报业的市场集中度，市场垄断程度必然有所提高。在这种情况下，报纸的竞争方式、定价方式和市场推广方式都有可能发生变化，报纸的盈利模式也因此出现了不同程度的变化。由此可见，民营报业的市场结构、市场行为和市场绩效之间存在广泛而复杂的联系，某一因素的变化都可能引起其他因素的变化。

除了制度性进入壁垒、资金和资源以及规模经济外，创办民营报纸还会牵涉其他影响因素，比如现有报纸会对新创刊的报纸采取一定的阻止行为，通过发行降价、制造舆论甚至直接打压等行为阻碍新报纸进入市场。由此可见，即便是制度性进入壁垒不高，创办民营报纸也会遇到一些现实的经济困难。如果经济实力不济，经营方法不当，即便是创办了民营报纸，也很难在激烈的竞争中生存下去。因而，这些制度或者经济方面的因素对民营报业的发展产生深远的影响,尤其对民营报业市场结构产生直接的影响。制度限制力度降低,就会导致市场中出现大量的报纸,竞争更趋激烈,甚至出现恶性竞争的局面。如果制度性进入壁垒很高,就会导致现有的报纸垄断市场的局面,也不利于整个报纸的发展。资金与资源壁垒、规模经济壁垒都属于经济方面的影响因素,这些因素起到很重要的调节作用,弥补制度性进入壁垒的不足。总体来说,制度性进入壁垒在民营报业发展所起到的作用最大,对报业市场结构的影响也最为明显。一旦制度性因素稳定下来,经济性影响因素就开始起作用,两者的相互作用起到了调节民营报业市场结构的作用。不过,这种协调的效果是有限的,因为,20世纪以后,制度性进入壁垒缺乏稳定性,并且在某些特定时期会出现混乱状况。正因为如此,经济性因素发挥作用的空间被严重挤压,影响了民营报业的发展与升级。

第三节 报业区域布局:聚集与分散并存

从1842年到1949年,中国经济表现出一定程度的现代化倾向,具体表现在两个方面:一是现代生产力的不断提升,二是商品经济和市场经济出现与发展。经济的现代化促进了民营报业的发展,但这种促进作用有一定的局限性。从区域来讲,经济现代化主要出现在大城市,报业的发展也如影随形,集中于各大城市。从市场化水平来讲,当时市场经济发展很不充分,不能从根本上为民营报业生长发育提供充足的养分。晚清至现代以来,中国城市化的水平比较低。1893年,中国城镇人口在总人口中所占的比例为6%,而1900年世界平均值为13.6%;1949年,中国城镇人口在总人口中所占的比例为10.6%,而世界平均值为38.8%。[①] 从报业发展的历史规律来看,报业的发展水平与

---

① 赵德馨:《中国近现代经济史(1842—1991)》(上册),厦门大学出版社2013年版,第313—314页。

城市化水平的高低大体上呈正相关。中国现代民营报业的区域布局与当时的城市经济发展状况密切相关，表现出一定程度的区域聚集特征。鉴于此，我们来测度一下民营报业区域聚集指数，以便讨论民营报业发展的区域结构。

一 产业区域聚集及其测度方法

产业聚集在当今国内外的经济领域中表现得非常明显，乃至在近代产业经济和商业经济发展较快的情况下，也会出现不同程度的产业聚集情况。在国外，最早研究产业聚集的是马歇尔（Marshall），他在《经济学原理》（1890）中就提出，产业发展的规模经济与产业聚集之间存在正相关关系。后来，这一观点被许多研究者吸取与消化，通过各种实证研究加以论证。美国哈佛大学战略竞争研究大师迈克尔·波特（Michael E. Porter）于1998年发表论文，将产业聚集纳入竞争优势的分析框架之中。其主要观点是，产业聚集是指某一领域中，大量的企业与相关的支撑机构联系在一起，形成相互协同的空间聚集趋势，从而构建强大的、持续的竞争优势。[1]

本书拟采用产业集中度（Concentration Ratio）指标来测算中国现代日报发行种数的区域聚集度，具体来说，通过计算排名靠前的几个省份的日报出版种数 X 占全国的份额，见公式2-1：

$$CR_n = \frac{\sum_{i=1}^{n} X_i}{\sum_{i=1}^{N} X_i} \qquad 公式2-1$$

在公式2-1中：CR_n 表示全国报业市场中日报发行种数排名前 n 个省份的区域聚集度；

X_i 表示产业中第 i 个省份中日报发行种数；

n 表示省份的个数；

N 表示所考察的省份总数，N 在不同的时间里会有一些变化，因

---

[1] Porter, M. E., *Clusters and New Economics of Competition*, Harvard Business Review, 1998, p. 11.

为中国现代的省级区位划分存在一定的变化,本书也要根据具体情况来调整。

在产业经济学的相关研究中,一般选择某一产业中排名前4家或前8家企业的有关指标来测算其产业集中度。为了更全面、更清晰地分析中国现代日报发行区域布局情况,我们逐一测算出中国现代日报的区域集中度 CR_1—CR_{10} 的数据,以此分析当时日报发行的区域聚集状况。

中国现代新闻业的发展情况统计不完善,在测度报业区域集中状况的时候,难以涵盖所有年度,根据所能搜集到的最全面的数据,计算有代表性年份的区域集中度情况,以此来反映报业区域布局状况。另外,由于统计资料中没有将报纸类型区分开来,我们将笼统地计算所有报纸的区域聚集度,以此来模糊地呈现民营报业区域布局情况。

二 20世纪20年代中国报业区域聚集度的测度

进入20世纪,民营报业的空间聚集情况表现得比较突出,那些经济发达的省市报业也相对发达,其报纸种类较多,发行量较大,报业发展水平和盈利状况等明显好于经济落后的地区。因此,发达地区形成了明显的区域聚集趋势,而经济落后的地区,其报业表现出明显的分散布局状态。从目前搜集到的数据来看,还没有专门统计各个省市民营报纸的数量。现代以来,除了政府、政党等所属的报纸外,大多数报纸为民营报纸。鉴于此,本书拟通过各省日报数量与全国日报总数之间的比值来计算中国现代报纸的区域聚集情况,以此来反映民营报纸的区域聚集状况。

表2-8　　　　　　　　全国日报分布概况表

区域	报纸数(种)	销行数百分比(%)	人口(百万人)	各省报纸种数所占比重(%)
安徽	36	0.75	19.80	4.64
浙江	77	3.18	22.00	9.92
大连	4	3.70	0.30	0.52
福建	7	1.55	13.20	0.90
河南	26	1.01	30.80	3.35

续表

区域	报纸数（种）	销行数百分比（%）	人口（百万人）	各省报纸种数所占比重（%）
香港	17	8.53	0.50	2.19
河北	131	16.05	34.20	16.88
湖南	28	1.61	28.40	3.61
湖北	39	3.53	27.20	5.03
甘肃	5	0.09	5.90	0.64
江西	25	1.14	24.50	3.22
江苏	227	35.09	33.80	29.25
广西	9	0.44	12.30	1.16
广东	46	8.05	37.20	5.93
贵州	2	0.10	11.10	0.26
澳门	4	0.35	0.10	0.52
东北	5	3.65	20.00	0.64
山西	8	0.71	11.00	1.03
山东	43	3.78	30.80	5.54
陕西	6	0.86	9.50	0.77
绥远	7	0.18	1.90	0.90
四川	16	3.01	49.80	2.06
云南	8	2.53	9.80	1.03
总计	776	99.89	434.10	100.00

数据来源：《全国日报分布情况表》，《前途》1936年第4卷第9期。其中，各省报纸数所占比重为笔者根据相关数据整理计算所得。

注：1. 该统计数据来源于Loewentkol出版的英文著作，该著作统计的是1927年以前的中国日报分布情况，当时上海隶属于江苏省。因此，江苏省的日报种数排在全国第一名，远超过其他省份。1927年7月7日，上海特别市成立，直辖于中央政府，上海始有直辖市一级建制。

2. 原表中"销行数百分比"的总计为100%，我们通过计算发现其实际数值应为99.89%，误差0.11%，由于没有各省原始的报纸发行总数，无法查到误差出在哪里，本书将百分比更正为99.89%。

根据搜集到的数据可以看出，20世纪20年代，全国日报的区域聚集程度很高。报纸出版种数较多的前四个省为江苏、河北、浙江和广东，四个省所出版的报纸种数所占全国的比例为61.98%，相对于全国23个省来说，这个聚集指数属于很高水平了。进一步计算发现，排名前八名的省份日报出版种数区域聚集度 CR_8 数值为80.80%，排名前十的省份日报出版种数区域聚集度 CR_{10} 数值为 87.37%，参见表 2-9。通过表 2-8 和表 2-9 可以看出，20 世纪 20 年代，全国日报出版种数在区域布局上呈现出明显的不均衡性。经济相对发达的几个省份在报纸发行中占据较大的份额，不到一半的省份占据了全国将近 90% 的报纸出版资源，而其余的 13 个省份报纸出版种数所占的比例仅为 12.63%。日报出版区域聚集程度较高反映了区域差异对报业经济的影响。

表 2-9　　　20 世纪 20 年代全国日报出版种数区域聚集度　　　单位：%

序号	区域	各省日报发行种数所占比重	CRn
1	江苏	29.25	29.25
2	河北	16.88	46.13
3	浙江	9.92	56.05
4	广东	5.93	61.98
5	山东	5.54	67.52
6	湖北	5.03	72.55
7	安徽	4.64	77.19
8	湖南	3.61	80.80
9	河南	3.35	84.15
10	江西	3.22	87.37

数据来源：根据表 2-8 的数据计算所得。

为了从另外的视角分析全国日报发行量区域聚集情况，我们整理了排名前十位的省份日报发行量所占比重，以此来印证全国日报发行区域聚集度的真实情况。从搜集整理的数据可以看出，各省日报发行量区域聚集度比日报出版种数区域聚集度略高。其中，江苏、河北、香港、广东等经济较发达的区域，其发行量区域聚集度 CR_4 为 67.72%，CR_8 为 82.38%，CR_{10} 为 88.57%（参见表 2-10）。这说明，剩下的 13 个省份日报发行区域聚集度不超过 12%，表现出明显的分散布局状态。

表 2-10　　　20 世纪 20 年代全国日报发行量区域聚集度　　　单位：%

序号	区域	各省日报发行量所占比重	CRn
1	江苏	35.09	35.09
2	河北	16.05	51.14

续表

序号	区域	各省日报发行量所占比重	CRn
3	香港	8.53	59.67
4	广东	8.05	67.72
5	山东	3.78	71.50
6	大连	3.70	75.20
7	东北	3.65	78.85
8	湖北	3.53	82.38
9	浙江	3.18	85.56
10	四川	3.01	88.57

数据来源：根据表2-8的数据计算所得。

从表2-9和表2-10的比较可以看出，报纸种数较多的省份，其报纸发行总量不一定就大，比如，湖南、河南两省的日报种数排名前十，但其日报发行总量所占的比重均没有进入前十名。究其原因，主要是两省的报纸平均发行量较小，以小报居多，影响了整个报纸发行总量。总之，日报发行总量较高的十个区域的经济发展水平较高，其报纸产品消费也相对较多，这是其报纸区域聚集度较高的重要原因。

三 20世纪30年代报业区域聚集度的测度

据1937年4月的统计显示，中国当时有报纸1031种。其中，江苏、浙江和湖南的报纸种数排在前三甲，分别为261种、105种、102种，参见表2-11。

从表2-11和表2-12的数据可以看出，1937年，中国报纸的区域聚集情况依然突出，经济发达的省市所出版的报纸数量较多，而一些偏远的、经济欠发达的区域报纸出版数量有限。与1927年相比，中国的报纸种数增加了255种，报业区域聚集度有一定的变化，CR_4为50.92%，CR_8为67.41%，CR_{10}为73.52%，分别比1927年减少了16.80%、14.97%和15.05%。究其原因，主要有以下三个方面。一是区域划分存在一定的变化，影响了计算的结果。比如，在1927年的统计数据中，上海、南京均列在江苏省，而在1937年的统计数据中，上海和南京单独分出来了。除此之外，1928年，南京国民政府设立了天津特别市，1930年又将天津改为南京国民政府直辖市。因而，天津市的报纸种数也分离出来，最终影响了区域聚集程度的测算。综合来看，上述行政区划的变化，使报业区域聚集度减少了9.70%。二是国共十年内战期间，部分省市的报纸受到摧残，出版种数急剧减少。比如，1927年，河北省的报纸出版种数占全国的16.88%，到了1937年，这一比例下降到1.16%，即便加上天津市的2.81%，也远远比不上十年前的报纸出版种数。三是1927—1937年间，中国报纸变化较大的是民营小报，这部分报纸的出生率和死亡率均比较高，缺乏稳定性，在一定程度上影响了区域集中度的测算。

表2-11　　　　　　　　1937年全国报纸区域分布情况

区域	报纸种数（种）	占全国报纸的比例（%）	区域	报纸种数（种）	占全国报纸的比例（%）
南京	21	2.04	贵州	6	0.58
上海	50	4.85	广东	23	2.23
汉口	21	2.04	广西	7	0.68
北平	44	4.27	福建	42	4.07
天津	29	2.81	河北	12	1.16
青岛	16	1.55	山东	28	2.72
广州	17	1.65	河南	32	3.10
江苏	261	25.32	山西	8	0.78
浙江	105	10.18	陕西	11	1.07
安徽	57	5.53	甘肃	7	0.68
江西	31	3.01	宁夏	1	0.10
湖北	28	2.72	青海	2	0.19
湖南	102	9.89	绥远	10	0.97
四川	34	3.30	察哈尔	9	0.87
云南	14	1.36	哈尔滨	3	0.29

资料来源：胡太春：《中国报业经营管理史》，山西教育出版社1998年版，第57页。

表2-12　　　　　1937年代全国报纸出版种数区域聚集度　　　　单位：%

序号	区域	报纸种数所占比重（%）	CR_n
1	江苏	25.32	25.32

续表

序号	区域	报纸种数所占比重（%）	CR$_n$
2	浙江	10.18	35.50
3	湖南	9.89	45.39
4	安徽	5.53	50.92
5	上海	4.85	55.77
6	北平	4.27	60.04
7	福建	4.07	64.11
8	四川	3.30	67.41
9	河南	3.10	70.51
10	江西	3.01	73.52

数据来源：根据表 2-11 的数据计算所得。

四 20世纪40年代报业区域聚集度的测度

1. 1942 年民营报业区域聚集度的测度

战争时期，政府关于民营报业发展状况的统计不太健全。其原因很多，首先，那个时候报业发展总体水平不算很高，相关的经济统计容易忽视报纸行业。即便有一些统计中牵涉报业发展的数据，但是数据往往不全面，难以作为考察整个报业市场或者区域报业结构的依据。其次，较少对各个地区民营报业发展状况的统计，不利于分析各个区域民营报业聚集情况。最后，很多民营报纸存在时间短，难以统计。尤其是一些民营小报，根本没有在官方登记。由于民营小报经常惹上麻烦，所以停办、改头换面、另起炉灶等现象十分常见。因此，官方的统计数据也只能作为参考。我们在搜集数据过程中，很少发现关于各地区民营报纸的数据。在1943年《统计月报》发布的《各省市送审报纸种数及份数》中，有各省市送审的商办报纸的相关统计，可以作为分析民营报纸出版种数区域聚集的依据（参见表2-13）。

从表2-13可以看出，在送审的报纸中，商办报纸比党办报纸多82种。尽管这份统计反映的不是当时报纸的全貌，但是，可以大体看出当时报纸的区域布局情况。根据送审的要求，商办报纸基本上是民营报纸。因此，本书以民营报纸来代替商办报纸。

表 2-13　　　　　　　1943 年各省市送审报纸种数及份数

区域	共计 种数（种）	共计 份数（份）	党办 种数（种）	党办 份数（份）	商办 种数（种）	商办 份数（份）
总计	594	30101	256	11717	338	18384
江苏	4	137	—	—	4	137
浙江	46	1911	13	516	33	1395
安徽	36	1433	23	879	13	554
江西	44	2582	13	518	31	2064
湖北	26	837	18	475	8	362
湖南	94	4927	70	3555	24	1372
四川	71	2513	22	493	49	2020
西康	5	521	1	117	4	404
河北	1	133	1	133	—	—
山东	2	15	—	—	2	15
山西	7	153	4	110	3	43
河南	44	2509	15	775	29	1734
陕西	19	1494	5	368	14	1126
甘肃	15	594	8	253	7	341
青海	2	162	2	162	—	0
福建	40	2229	9	511	31	1718
广东	53	2400	27	1133	26	1267
广西	29	2113	10	618	19	1495
云南	12	663	7	460	5	203
贵州	8	259	2	169	6	90
绥远	3	188	1	155	2	33
宁夏	3	267	2	143	1	124
重庆	12	2061	1	174	11	1887
上海	6	—	—	—	5	—
香港	12	—	1	—	11	—

数据来源：《各省市送审报纸种数及份数》，《统计月报》1943 年第 78 期。
注：1. 本表数据中关于商业报纸的统计有可能包含少量外报；2. 并非所有的报纸都送审了；3. 部分省市由于具有特权或者战事原因，送审的报纸较少（比如：江苏、上海等地）。鉴于上述原因，用送审的商办报纸作为分析对象，来分析民营报纸的区域结构，只是数据有限的情况下不得已而为之。相关分析从侧面展现当时民营报业区域布局情况，仅作为参考。

根据表2-13的数据，我们通过计算，可以得出表2-14，数据显示，四川、浙江、福建和江西占据民营报纸出版种数的四强位置。四个省份送审的民营报纸合计142种，占全国的42.61%，前8个省市送审的民营报纸所占的比例为71.60%。需要说明的是，在这份统计中，江苏、上海、河北等地的民营报纸都没有统计进去，如果资料比较详尽，前四强的比例将在60%左右，前八强的比例在80%左右。即便缺少这几个省份的数据，从已经搜集到的数据来看，当时民营报纸的区域布局情况依然比较集中，少数省份集中了中国大部分的民营报纸。当然，1942年报纸送审的数据受到当时战局的影响很大。1941年，太平洋战争爆发，日军侵入公共租界，以"洋旗报"名义出版的民营报纸纷纷停办，《申报》《新闻报》被日本劫夺，中国报业发展受到严重的摧残。原本报业比较发达的上海、北京等地区，民营报业发展遭到前所未有的打击。鉴于此，上述统计的相关数据只能从侧面反映当时中国民营报业区域布局的基本情况，并不能反映民营报业区域聚集的全貌。在数据较全的情况下，中国民营报业的区域聚集指数会更高，上海、天津、北京、南京等经济、政治与文化比较发达的城市聚集了大量的民营报纸，其报业文化和报业经营水平明显高于其他偏远地区。

表2-14　　20世纪40年代初民营报业区域聚集状况

序号	区域	民营报纸出版种数（种）	在全国所占比重（%）	CR_n
1	四川	49	14.50	14.50
2	浙江	33	9.76	24.26
3	福建	31	9.17	33.43
4	江西	31	9.17	42.61
5	河南	29	8.58	51.19
6	广东	26	7.69	58.88
7	湖南	24	7.10	65.98
8	广西	19	5.62	71.60
9	陕西	14	4.14	75.74
10	安徽	13	3.85	79.59

数据来源：同表2-13。

抛开政治因素，民营报业的区域聚集有其经济依据。在经济发展水平高的城市，民营报纸能够获得很好的生长空间。首先，产业经济和商业经济发达的城市，民营报纸的发行和广告工作均容易开展。在经济发达的城市，市民的经济收入相对较高，可以拿出一部分收入购买报纸，这是民营报纸得以生存的基础条件。其次，就民营报馆的经济链的建设来讲，在经济发达的地区，报馆的资金、设备、营销等均能够实现规模化经营，有利于降低成本，实现规模经济。比如《申报》《新闻报》的印刷设备除了本报馆外，还经常租给其他民营小报用，这是一种互利行为。民营大报的闲置设备派上了用场，可以获得额外的收入，民营小报也不用考虑固定资产投资，降低了报馆的退出壁垒和运营风险。最后，在经济发达的城市，民营报业发展所依赖的配套设施相对完善，为报业发展提供了良好的外部条件。经济发达的区域，报纸发行所依赖的邮政、交通、电信等基础设施先进，报纸发行不会遇到障碍。报纸发行、广告可以外包给报贩、广告公司，这些配套服务也相对集中，有利于报纸业务的开展。总之，报业的区域聚集有助于实现规模经济，从而降低报纸的经营成本，提高报业现代化水平。

2. 1947 年报业区域聚集度的测度

1947 年，国民政府内政部对全国报纸与期刊进行了相对较完整的统计，数据显示，截至 1947 年 8 月，全国已经登记的报纸种数为 1781 家。其中，广东、湖南、湖北报纸种数排在前三甲，分别为 137 家、126 家和 119 家。福建、江苏、上海等 6 省市的报纸种数分列 4—10 名。值得注意的是，这次统计中，报纸种数远远多于此前的统计数据。其主要原因有以下几点。一是抗战胜利之后，政治、军事格局处于转型中，中国报人对国内形势抱有较大的期望，认为日本军事势力退出中国后，办报的环境会有所改善。二是当时国民政府通过换证登记的方式统计国内报刊数量，以便于以后的管理，不排除一些报社并没有开张，但是，为了给以后留下办报的平台，事先到当局登记。因此，这一统计数据可能存在"虚胖"现象。三是由于民营小报的办报成本较低，退出市场的沉没成本也相对较小，单体规模不大的民营小报占据压倒性多数。从表 2-15 和表 2-16 可以看出，1947 年，全国报业区域聚集程度比以前有所下降，单个省市报纸种数所占的比例不超过 8%，排名前四的省市报纸总数在全国所占的比例不足 30%，远远低于 20 年前的 61.98%。前八名省市报纸总数为 49.52%，与 20 年前的 80.80% 存在较大的差距；排名前十的省市报纸总数为 59.51%，而 20 年前的这一数据为 87.37%。之所以存在这样大的差距，主要原因如下。第一，统计口径不同，数据存在差异。本书中 20 世纪 20 年代报业区域聚集的统计数据来源于 Loewentkol 出版的英文著作，统计的是日报区域聚集度，而 1947 年区域聚集所采用的数据是国民政府内政部发布的数据，报纸的出版周期并没有限制。由于中国现代报和刊在形式和内容上有一些相似之处，统计的标准不一，可能影响最终的统计结果。第二，经过 20 年的发展，国内报业市场发生了较大变化，导致统计数据发生变化。另外，行政区划的变化对各省市报纸种数的统计也有较大影响。第三，中国报业发展水平有所提升，原本一些经济发展相对落后、报业发展水平不高的地区也出现较多报纸，使报业区域聚集度呈现出降低的趋势。

表 2-15　　　　　　　　　1947 年全国报纸区域分布情况

区域	报纸种数（种）	占全国报纸的比例（%）	区域	报纸种数（种）	占全国报纸的比例（%）
上海	96	5.39	台湾	35	1.97
南京	87	4.88	陕西	31	1.74
天津	68	3.82	青岛	28	1.57
北平	59	3.31	山东	24	1.35
广东	137	7.69	贵州	23	1.29
湖南	126	7.07	吉林	20	1.12
湖北	119	6.68	山西	14	0.79
福建	114	6.40	辽宁	12	0.67
江苏	102	5.73	西康	6	0.34
浙江	94	5.28	绥远	6	0.34
江西	94	5.28	察哈尔	4	0.22
河南	91	5.11	宁夏	3	0.17

续表

区域	报纸种数（种）	占全国报纸的比例（%）	区域	报纸种数（种）	占全国报纸的比例（%）
广西	84	4.72	青海	3	0.17
四川	74	4.15	河北	2	0.11
甘肃	64	3.59	新疆	2	0.11
重庆	60	3.37	热河	1	0.06
安徽	44	2.47	大连	1	0.06
云南	36	2.02	军办	17	0.95

数据来源：叶再生：《中国近现代出版通史》（第四卷），华文出版社2002年版，第154页。

表 2–16　　　　　　　1947 年全国报业区域聚集情况

序号	区域	报纸出版种数（种）	在全国所占比重（%）	CR_n
1	广东	137	7.69	7.69
2	湖南	126	7.07	14.76
3	湖北	119	6.68	21.44
4	福建	114	6.40	27.84
5	江苏	102	5.73	33.57
6	上海	96	5.39	38.96
7	浙江	94	5.28	44.24
8	江西	94	5.28	49.52
9	河南	91	5.11	54.63
10	南京	87	4.88	59.51

数据来源：根据表 2–15 数据计算所得。

第四节　报馆组织结构：简单与复杂并存

报馆的组织结构，即"报社内部的机构设置和职能分配，是衡量专业性与否的标尺"。[①] 民营报馆的组织结构与经济政策、报馆大小、实力强弱、管理理念等多种因素有关。民国以前，外国报人在中国的

---

① 王润泽：《北洋政府时期的新闻业及其现代化（1916—1928）》，中国人民大学出版社 2010 年版，第 230 页。

办报活动，给民营报业经营带来较为先进的理念，这为后来报业经营创新奠定了一定的基础。从清末到民国，中国民营报馆组织结构经历了从简单到复杂，从笼统到细分的转型，报馆的经营效益发生了明显的变化。中国现代的报馆组织一般包括以下五个比较重要的部门：业务处、事务处、编辑处、言论处和印刷处。[1] 由于各家报馆的人数不同、报馆经营的重点不同，其组织结构也存在一定的差异。

一 简单的组织结构

早期的报馆组织结构非常简单，这与报馆的员工人数、生产能力、盈利状况、报纸发行数量等因素密切相关。早期民营小报的报馆规模小、员工少、业务少，工作关系比较简单。因此，报业组织结构相对简单。一些民营报馆的所有权和经营权合二为一。在一些民营小报中，往往一人身兼数职，采写、编辑、发稿、校对等新闻业务为一人承担，多位一体；采购、发行、会计等经营业务为另外一人承担，这是民营小报的极为简单的组织结构。甚至有的民营小报，规模非常小，"一个编辑，一个仆役，便成了个报馆，对外则揭扬'某某报社'的大招牌"。[2]

比起那些民营大报，民营小报的规模小，人员少，办公条件差，发行量和广告营业额均比较少。因此，一般情况下，民营小报的组织结构比较简单，相对完备的民营小报组织结构如图2-1所示。

多数民营小报的办公条件很差，没有专门的编辑和印刷部门，能精简的尽量精简，唯有编辑室必须保留。有些小报有编辑室，但是，办公场所非常有限，总编辑、主笔、编辑、校对等都挤在一个房间内办公。如成舍我创办的《立报》，在初创的时候，条件较差，数名工作人员围着一个圆桌办公。后来，《立报》的组织结构日益完整，该报设有总管理处，下设4个部门：由总编辑负责的采访部和编辑部以及由总经理负责的营业部和印刷部。该报实行社长负责制，成舍我对

---

[1] 张悠悠：《报纸常识》，教育部民众读物编审委员会，出版时间不详，第21页。
[2] 蒋国珍：《中国新闻发达史》，世界书局1928年版，第61页。

报纸拥有实际的控制权。

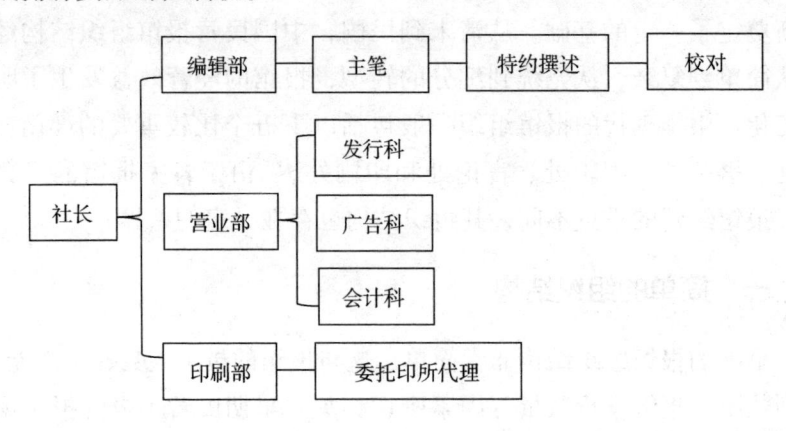

```
社长 ─┬─ 编辑部 ─── 主笔 ─── 特约撰述 ─── 校对
      │
      ├─ 营业部 ─┬─ 发行科
      │         ├─ 广告科
      │         └─ 会计科
      │
      └─ 印刷部 ─── 委托印所代理
```

图 2-1　相对完备的民营小报组织结构①

　　一些民营小报只有编辑部和经理部两个部门，表面上两个部门是平等的，实际上，经理部掌握财政大权，甚至可以指挥编辑部。部分民营小报的办报目的主要是获得当局的津贴，经理拿着津贴，雇用一些水平不高的编辑采用"剪刀加糨糊"的方式拼凑新闻，编辑部的地位远不及经理部，编辑拿着少量固定的薪水，为经理服务，对经理负责。被誉为"四大金刚"之一的《金刚钻》在其创刊十周年的时候，已经发展成相对成熟的报馆，其报馆组织结构相对完善，包括编辑部、发行部、广告部、总务部、排字房、刻字房等。在民营小报中，《金刚钻》之类名气较大、经营较好的报纸，由于发行和广告经营绩效较好，报馆组织结构也逐步改善。

　　民营小报的组织结构并没有统一的模式，每家报社都有不同的情况，但多数民营小报的组织结构较为简单。被誉为小报"四大金刚"之一的《福尔摩斯》尽管没有完善的组织结构，但其内部分工明确，效率很高。该报实行"承包制"：吴微雨主持编辑工作，胡雄飞负责广告，姚吉光负责发行。在编辑环节，除了吴微雨外，还有5位工作人员，每人每期撰写3篇稿件，稿费由吴微雨支付；广告经营方面由

---

① 王定九、丁燮生：《上海顾问》（下），中央书店1934年版，第536页。

胡雄飞全权负责，类似于"承包制"，胡雄飞不领薪水，他固定每月向报馆缴纳一定数额的广告费，盈余部分归胡雄飞所有，算是他的薪水；发行方面的收入主要包括分销款、订阅费等，扣除印刷费、报纸费等外，盈余部分归姚吉光所有。上述表明，《福尔摩斯》并没有设置明显的组织结构，而是以报馆主要工作人员各自负责一大板块，相互分工合作，互不干涉，没有经理、会计等名目。[①] 通过"承包制"来激励报馆员工，这种独特的运作模式具有较好的效果。上述几名报人有各自熟悉的领域，并在工作中积累了一定的人脉，为有效地开展各自的业务奠定了良好的基础。

多数民营小报的办报条件差，报馆工作人员少，报纸印刷委托其他大报、书局等。一般来说，报馆社长由主办人自己担任。对于那些简易的民营小报馆来说，往往主办人身兼数职，既是社长，又担任主笔，广告也由其亲自打理，民营小报的发行业务一般都委托给报贩。为了节省开支，一些民营小报馆直接设在主办者的家中，或者租用简易的民房。

二 升级版组织结构

依据报馆的人员配置、经济来源、管理体系等方面的差异，民营报馆的组织结构各不相同。现代的著名民营报人如史量才、成舍我等不断学习西方国家的报业管理经验，民营报馆的组织结构逐渐同世界各国的报纸组织结构接轨。从权力平衡的角度来看，大体可以分为独裁制或军队式、分权制以及均权制。抗战之前的《申报》属于分权制，而《新闻报》则属于独裁制。[②]

19世纪末，民营报馆的组织结构均不复杂，即便是后来成为民营大报的申、新两报的组织结构也较为简单。早期的申报馆和新闻报馆的组织结构分为主笔房、账房间和机器房三个部分。其中主笔房执行的是编辑部的功能，账房间管理后来营业部的相关业务，机器房则管

---

① 林华：《上海小报概论》，《福报》1930年6月17日。
② 张立勤：《1927—1937年民营报业经营研究——以〈申报〉〈新闻报〉为考察中心》，浙江工商大学出版社2014年版，第102页。

理后来印刷间的相关业务。随着经营业务的拓展，民营报纸的组织结构变得更加复杂。如1926年，新记《大公报》组建了"三驾马车"式的组织结构，参见图2-2。新记《大公报》采取股份有限公司的方式运营，但该报并没有股东大会、董事会和监事会等机构。与此前的很多民营报纸相比，新记《大公报》的股份制入股方式明显更为灵活。在新记《大公报》成立以前，股份制经营多采用资金入股的方式，新记《大公报》则开创了劳力和人才入股的方式。当时，吴鼎昌以资金入股，他募集5万元作为办报的启动资金，张季鸾和胡政之则以劳力入股。"这种私人投资与智力入股相结合的新型投资结构，能有效调动创办者的积极性。"[1]

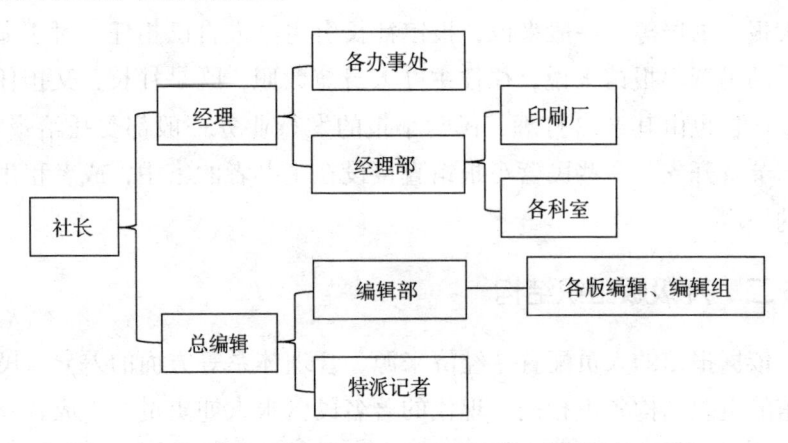

图2-2　早期新记《大公报》组织结构[2]

有的民营报纸在组织结构上模仿"三驾马车"的模式，但是，在实际工作中并不能实现权力制衡；相反，还出现了权力相争，最终导致权力集中的倾向。1929年，成都的《新新新闻》报馆在刚创办的时候，报馆的员工少，组织结构非常简单，没有什么具体的部门，只有人员分工。随着报纸业务的扩大，员工不断增多，报馆参照新记《大公报》的组织结构，设立了社长、总编辑、总经理等职位，对报纸不

---

[1] 王润泽：《北洋政府时期的新闻业及其现代化（1916—1928）》，中国人民大学出版社2010年版，第232页。

[2] 周雨：《大公报史》，江苏古籍出版社1993年版，第199页。

第二章　中国现代民营报业的经营结构

同业务板块的功能进行了分解，形成了名义上的"三驾马车"式的组织结构。不过，《新新新闻》报馆与新记《大公报》的"三驾马车"之间存在显著的差异。前者的报馆总负责人并不是社长，也不是总编辑，而是总经理。20世纪30年代初，《新新新闻》报馆的社长为马秀峰，总编辑为刘启明，总经理为陈斯孝。在报馆初创阶段，经营方面面临严重的困难，社长马秀峰并没有与同人携手共渡难关，而是充当看客。后来该报的新闻业务和经营绩效不断改善，马秀峰又回过头来想插手报业管理，遭到总经理陈斯孝的拒绝，报馆的同人也没有给这位社长留什么情面。这样，报馆社长到报社后无所事事。"在没精打采的情况下，只好自己打'退堂鼓'，再也不来办什么公了。"① 总编辑刘启明尽管一直在报馆工作，但是并没有把控住报纸编辑的权力，以至于只剩下总编辑的虚名。因此，在《新新新闻》报馆中，"既无人敢与这位经理（指陈斯孝）抗衡，又无董事会、社务会的羁绊，于是这位经理便在报社内独行独断，后来他还自封为'总经理'"。② 比起简单的组织结构，"三驾马车"式的报馆组织结构，有其进步之处。尽管有些报馆出现权力集中的情况，但是，这种组织结构为后来报馆改革提供了一定的参考依据。

三　成熟的组织结构

早期的报馆组织结构表现出直线型特征。随着报馆规模变大和人员的不断增加，民营报馆的组织结构变得更加复杂，内部组织结构呈现出科层化③的特征。20世纪20年代以后，一些民营大报的公司制运作较为成功，报馆的组织结构呈现出较为成熟的专业化特点，这种结构性变革对民营报业经营模式的转型产生了积极的作用。④

民营报馆组织结构的演变是报馆适应当时的经济法规和经济环境而

---

① 邓穆卿：《〈新新新闻〉二十年》，《成都报刊史料》第5辑，第53页。
② 邓穆卿：《〈新新新闻〉二十年》，《成都报刊史料》第5辑，第53页。
③ 科层化是由德国社会学家马克斯·韦伯（Max Weber）提出的，指的是权力依职能和职位进行分工和分层，以规则为管理主体的组织体系和管理方式。
④ 张立勤：《1927—1937年民营报业经营研究——以〈申报〉〈新闻报〉为考察中心》，浙江工商大学出版社2014年版，第101—112页。

做出的调整。尽管民营报业经营与一般的企业经营不大一样，但是，民营报馆在组织结构的设置上往往学习企业组织结构，从中汲取合理的因子以优化报馆的资源配置。1904年，中国曾颁布《公司律》131条，将公司定义为"凡凑集资本共营贸易者"，并将公司分为合资、合资有限、股份及股份有限公司四种类型。《公司律》对公司的创办和股份等事宜均有规定，明确了资本主义经济的合法性，为规范企业组织制度提供了依据。到了北京政府时期，在清末《公司律》的基础上颁布《公司条例》，合计251条，将公司分为无限、两合（有限责任股东和无限责任股东两者共同组成）、股份有限和股份两合公司四种类型。其中，关于股份有限公司的条例有132条，对这种新兴的经济组织的形态、范围与结构做了较为详细的规定。此后，又不断对股份有限公司的条款进行补充修订。南京政府1919年颁布了《公司法》233条，对股份有限公司的条款做了更为详细的修订。上述表明，"民国北京政府至南京政府时期，股份有限公司逐渐成为创办公司所采用的组织形式的主流"。[①] 南京政府还在《公司法》的基础上，规定了相应的实施细则、施行法和登记注册等与之配套的管理办法。从1928年到1931年，南京政府先后出台了《公司注册规则》《设立股份有限公司招股暂行办法》《公司登记规则》《公司设立呈请书式样》《公司资本改两为元变通办法》《公司登记取缔办法》等，这些规定和办法为企业设立股份有限公司提供了较为清晰的方案，也为民营报业经营改革提供了政策依据。

　　早在19世纪末，中国报业就出现股份制改革，这是报业引入国外先进办报理念的做法之一。1881年，上海的《字林西报》和《北华捷报》由个人经营转变为公司经营，两报在1905年进一步改变为有限公司。其他如《新闻报》《文汇报》分别于1900年和1906年改组为有限公司。《申报》于1909年由史量才收购，成立《申报》公司；1926年，新记《大公报》成立股份有限公司；1927年，《时事新报》由政治机关报改为商业报纸，也实行公司制。

[①] 徐建生：《民国时期经济政策的沿袭与变异（1912—1937）》，福建人民出版社2006年版，第90页。

第二章　中国现代民营报业的经营结构

20世纪30年代，民营报馆，一方面，不断学习国外报纸的先进理念，改进报业经营模式；另一方面，一些开明的报馆总经理也在学习国内先进企业的组织结构和管理模式，提高报馆的经营水平和管理效率。从报馆治理角度来看，股份有限公司的组织结构是民营报纸在组织结构改革方面的一大进展。

早在1935年，马星野就发表了《近代报纸内部组织之研究》，在文章中，马星野认为，"报馆内部之组织就上级与下属之关系而言，可分为三类：第一，独裁制或军队式；第二，功能制或分权制；第三，均权制或合作制"。[①] 报馆运行得是否顺利，与报馆的大小、报馆首脑的能力、报馆各组织部门之间的沟通协调等问题紧密相关。在独裁制之下，首脑可以直接支配各部门的人员，又可以细分为两种情况，即总经理制度和所有权人制度。在功能制或分权制之下，各部分的人员对于其所承担的职务均有最后的决定权。军权制的报馆，其主管人员与工作人员之间的沟通合作较多，各级的管理与监督权逐渐下行，平级的管理人员之间相互商量与协作。除了上述三种报馆组织结构外，还有更为复杂的组织结构，即连环报团组织形式。近代报业组织结构以美国最为精密，中国的申报馆、新闻报馆等大多效仿美国过去的报馆组织结构。马星野从理论和实践的角度分析了报馆组织结构的不同方式，更多的是对国外报馆组织结构的解析。那个时候，国内比较成熟的报馆组织结构也具有发达国家报馆的基本架构。

有条件的报馆采取有限公司的方式改革报馆组织结构，取得较好的成效。其中，《申报》《新闻报》《大公报》的组织结构具有典型性和代表性。早在20世纪初，中国的公司制已经在商业经济领域有了一定的发展，这一运作模式在报纸行业也得到一定程度的体现。论及报馆的公司制，戈公振评述道："报馆之组织，采公司制度者，常较完备。然事务有繁简之异，则设科用人，即有多寡之殊。"[②] 1925年，《新闻报》的组织结构即表现出明显的科层化特点。该报在董事会下

[①] 马星野：《近代报纸内部组织之研究》，《中山文化教育馆季刊》1935年第2卷第4期。
[②] 戈公振：《中国报学史》，岳麓书社2011年版，第170页。

面设有总管理处，又将报馆的业务分为三大部门，即编辑部、营业部和印刷部。除此之外，还单列了总务科、文牍科、稽核科、会计科、收发科和庶务科等，这些科主要负责后勤的相关事务。其中，编辑部可以分为外埠科、本埠科、经济科、教育科、文艺科、电讯科、翻译科、采访科、校对科、整理科、校对科、考核科、藏书科；营业部分为广告科、发行科、推广科等；印刷部分为承印科、收银科、印刷科、活版科、浇铸科、机械科、制版科等，参见图2-3。一些关键的科室又分为若干个股，如广告科分为收稿股、编校股；发行科分为趸报股、定报股、票签股、售版股等。不同的科室各司其职，有各自区分的权力与责任。由此可见，20世纪20年代，以《新闻报》为代表的民营大报的组织结构已经显示出科层化的特点，结构较为完整，民营报馆内部组织结构逐渐向专业化方向迈进。

纵观《新闻报》的发展，可以看出，其报馆组织结构发生了较大变化。20世纪之前，该报的组织结构主要的特点是横向模式；20世纪初，该报在组织结构改革中重视了中间层次的发展，总经理所管辖的业务被分为若干部分，使其有更多的精力管理与规划报馆的战略发展问题。到了20世纪20年代，报馆的中间层次的发展更加突出，各种科室一度增加到28个。20世纪30年代，《新闻报》的组织结构变得更加精细。整个报馆的权力机制从上到下分为股东会、董事会、总理处、若干部门（印刷部、营业部、编辑部等）、20个科、28个股。内部管理逐渐趋于专业化，其管理水平明显提升。

从1947年《申报馆内职工职务分配表》（参见表2-17）中的数据可以看出，该报馆内职工大体上可以分为职工之部和工友之部两大类别。其中，职工之部又可以分为行政管理与协调部门、经理部、言论部和编辑部。行政管理与协调部门包括社长、秘书以及购料等科室，人数相对较少。言论部的人数更少，只有总主笔和主笔等。因此，整个职员之部主要由经理部和编辑部两大部门。前者有90人，后者有80人，经理部的人数多于编辑部的人数。另外，工友之部总共有231人，这些人所做的工作有许多与报业经营密切相关。由此可见，在民营报馆的组织结构中，报业经营职能非常重要，其职工人数相对较多，所承担的任务也比较多。

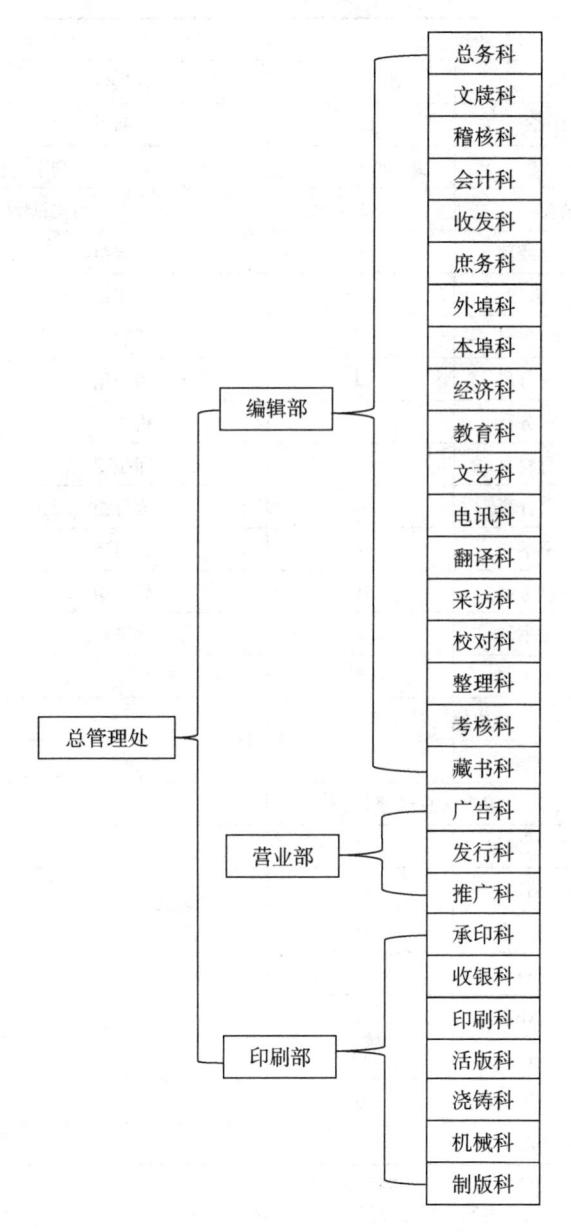

```
总管理处 ─┬─ 编辑部 ─┬─ 总务科
         │          ├─ 文牍科
         │          ├─ 稽核科
         │          ├─ 会计科
         │          ├─ 收发科
         │          ├─ 庶务科
         │          ├─ 外埠科
         │          ├─ 本埠科
         │          ├─ 经济科
         │          ├─ 教育科
         │          ├─ 文艺科
         │          ├─ 电讯科
         │          ├─ 翻译科
         │          ├─ 采访科
         │          ├─ 校对科
         │          ├─ 整理科
         │          ├─ 考核科
         │          └─ 藏书科
         │
         ├─ 营业部 ─┬─ 广告科
         │          ├─ 发行科
         │          └─ 推广科
         │
         └─ 印刷部 ─┬─ 承印科
                    ├─ 收银科
                    ├─ 印刷科
                    ├─ 活版科
                    ├─ 浇铸科
                    ├─ 机械科
                    └─ 制版科
```

图 2-3　20 世纪 20 年代《新闻报》组织结构[①]

---

① 参见戈公振《中国报学史》，岳麓书社 2011 年版，第 104 页。

表 2-17　　　　　　　　　申报馆内职工职务分配表

职工之部			工友之部	
部门名称		职工人数	部门名称	工友人数
社长室	社长	1	新闻组	42
秘书室		10	刻字	2
购料委员会		1	西文排字	1
经理部	总经理	1	广告组	34
	协理	1	铸字组	13
	广告科	23	纸版组	6
	发行科	21	铅版组	7
	印务科	8	机器组	7
	材料科	7	印报组	43
	会计科	6	零件组	12
	出纳科	4	司机组	11
	庶务科	10	勤务组	47
	文书科	4	警务组	6
	人事科	5		
言论部	总主笔（社长兼）			
	主笔	4		
编辑部	总编辑（总经理兼）			
	副总编辑	3		
	编辑	23		
	采访室	16		
	资料室	11		
	编译室	2		
	整理科	13		
	电讯科	9		
	社会服务科	3		

注：本表数据为申报馆人事科1947年6月统计。
数据来源：《申报馆内职工职务分配表》，《申报馆内通讯》1947年第1卷第9期。

新记《大公报》报馆组织结构是不断变化的，但不管怎么改革，这家报馆总是能够在权力制衡方面做得很好，成为中国现代民营报业组织结构建设的典范。天津版《大公报》将报馆分为编辑和经理两大板块。编辑部在新闻业务方面具有较大的权力，而经理部在统筹规划报馆大局方面有更大的权限。编辑部分为编辑、外勤课、通讯课、翻译组、校对组、资料组等，主要负责新闻稿件的采写、编辑等工作；经理部分为工厂、材料课、庶务课、广告课、发行课、会计课和出纳等，主要负责报纸的印刷、发行与广告等经营工作。担任新记《大公报》经理、副经理等职位的人都曾经在编辑部干过，有丰富的新闻采写经验。这样，这些人在报业经营中能够很好地与编辑部门的工作人员沟通，避免发生冲突。新记《大公报》的这种组织结构简单而有效，各部门能够积极沟通与配合。后来，由于战事原因，《大公报》几移其馆，一直延续这种组织结构。

从现代企业管理的角度来看，新记《大公报》的这种组织结构能够形成一种权力制衡格局和协调沟通的机制，避免权力过分集中，使报馆的决策更加科学。另外，术业有专攻，不同职位的管理人员专门负责相应的工作，更加专业，容易积累管理经验，避免博而不精，其效率更高。

1941年，新记《大公报》在重庆、桂林、香港分别设馆，三馆同时运行，为了便于管理，新记《大公报》在重庆设立董事会以及董监办事处，增加了总稽核职位。由于重庆版《大公报》的业务非常繁忙，工作地点较为分散，报馆又设立了营业处与总务处。1946年，该报在上海设立了总管理处，下辖秘书、总稽核以及业务研究机构等。这样，各个地方、各个部门能够有效沟通，相互配合，提高了工作效率。上述可见，20世纪20年代后期，民营报馆的组织结构趋于成熟，运行效率更高，管理相对科学，为报馆经营奠定了良好的基础。

第三章　中国现代民营报业的经营战略

中国现代民营报业的结构性因素对报业经营行为产生较大的影响。一是制度性进入壁垒直接影响民营报纸的经营行为。民国初期，受当时政局的影响，报业市场进入壁垒降低，民营报纸进入市场现象表现得比较普遍。报纸增多，相互之间的竞争明显更趋激烈，其竞争行为会表现出同质竞争和过度竞争的情况，其市场结构接近于分散竞争市场结构。由于众多民营报纸进入市场，为了提高发行量，报馆往往采取低价营销、相互攻讦等竞争行为，报馆的经营绩效呈降低趋势。二是随着大型民营报纸实力的增强，民营报业市场集中度不断提高，市场结构表现出较为明显的集中趋势。这种市场结构状态下，民营大报具有一定的垄断优势，大报之间的发行、广告竞争较为激烈。甚至有些报馆还出现报业联盟、合作竞争和兼并重组等行为，报业市场结构发生新的变化，寡头垄断市场结构逐步形成。几家大型报馆在一定区域乃至全国报业市场中具备较大的竞争优势，民营报业进入相对成熟的发展阶段。三是民营报纸的区域聚集现象表现得非常突出，经济发展水平较高的沿海沿江地区民营报业尤为发达，而偏远的农村地区基本上很少有报纸出版。这种报业格局提高了少数区域民营报业的竞争强度。四是中国现代民营报馆的组织结构处于不断变革之中，一些民营报纸实行企业化经营模式，不断完善报业管理机制。股份制经营成为民营报业中流行的组织结构，提高了民营报纸的经营管理效率，使民营报纸的经营行为更加科学与合理。

民营报业经营活动经常通过一系列竞争行为表现出来，根据竞争的范围和层次的大小，可以将民营报纸的竞争行为分为战略性竞争行为和战术性竞争行为。前者主要包括报业经营的全局性目标、长远的规划等，对民营报业的长远发展产生很大的影响；后者则主要指报业经营的具体业务、经营方式等，直接影响民营报纸某一阶段的经营状况。本章主要就民营报业的战略竞争、战略合作、报业集团化建设等战略性经营行为展开讨论，以便从宏观上认识民营报业的经营状况。

第一节 民营报业的战略规划

一些民营报纸的管理者关注长期效益，为报纸的长远发展而调整管理方式、组织结构以及生产行为，为报纸发展奠定基础。一家报纸准备创刊，必然在报纸的定位上有所考虑，对于报纸以后的发展也应当有总体的规划，这些都属于战略层面的问题。如果报纸为了与其他报纸竞争而采取一些战略层面的规划，就属于战略竞争。五四运动以后，不少民营报纸在战略规划方面做得很出色。

一 民营报纸的战略定位

差别化是企业竞争的重要战略，迈克尔·波特（Michael E. Porter）认为，当一个企业能够为买方提供一些特殊的、对买方来说其价值不仅仅是价格低廉的东西时，这个企业就具有了区别其竞争厂商的经营差异化。[1] 从经营的角度来看，"每一个企业都是用来进行设计、生产、营销、交货以及对产品起辅助作用的各种活动的集合"。[2] 其中，每一项活动或者环节都可以用价值链表示出来，企业可以在不同的环节进行创新，实现差异化竞争。对于民营报纸来说，其差异化竞争手段可以在发行、广告、报纸业务等不同环节开展。当然，民营报纸与一般企业的产品差别化既有相同的地方，也有不同之处。其相同的地方在于，两者都是通过塑造具有独特性和差别化的产品或服务来获取

---

[1] [美] 迈克尔·波特：《竞争优势》，陈小悦译，华夏出版社2005年版，第120页。
[2] [美] 迈克尔·波特：《竞争优势》，陈小悦译，华夏出版社2005年版，第120页。

竞争优势；不同的地方在于，一般企业只面对单一的对象，即顾客，而报纸则要面对双重对象，一是读者，二是广告客户，两者的需求截然不同。因此，报纸实现差别化要让读者和广告客户都满意，才能得到好的社会效益和经济效益。五四运动以后，报纸种类不多，报纸读者群的培养体系不完善，报纸差异化竞争水平不高。部分大城市的大型民营报纸在某些环节采取了差异化竞争手段，给民营报业经营带来了生机与活力。

每一份民营报纸在创刊时都会涉及报纸的读者定位、发行区域定位、风格定位、内容定位等问题，这属于民营报纸的市场定位问题，即民营报纸确定其在目标市场上所处的位置。一些经营效益较好、影响力较大的民营报纸往往在市场定位的某些方面做得比较好，为报纸的生存发展打下了基础。其中，差异化定位是一种常用的定位策略，主要是指民营报纸在读者群、发行区域、内容、风格等方面与现有的报纸有所不同，有独特之处。比如，《申报》注重国内及国际的政治消息，《新闻报》注重国内及国际的经济状况，《时报》注重妇女家庭与运动，《时事新报》则关注学术及青年修养，《民国日报》关注党政新闻，等等。[①] 可见，各家报纸在内容、风格、读者对象的选择上或多或少会有一些差异，各自有重点关注的方向，这样坚持一段时间，就形成了报纸的定位。

1. 读者定位

晚清以后，多数报纸有较为明确的读者定位。报纸的读者定位与其内容定位有着直接的关系，针对一定读者群体，就会选择相应的内容。比如，有的报纸选择政界人士作为目标读者，报馆就会将时政新闻作为主打产品；有的报纸将学校的师生作为读者群体，就会重点关注教育新闻；有的报纸将商人作为读者群体，就会刊登大量的经济新闻。当然，也有部分报纸在读者定位方面不太明确，力求"最大公分母"，争取多数人去阅读。

如果市场中有大量的报纸，对于新创办的报纸来说，读者定位至

---

① 公振：《各寻出路》，《记者周报》1931 年第 1 期。

关重要。1899年，福开森从丹福士手里购买了《新闻报》，确立了"无党无偏，完全中立，经济自主"的办报方针。这一时期，《新闻报》的所有权并非国人，但该报所秉持的经营理念一直沿袭下来，为后来报馆经营打下了基础。总经理汪汉溪认为："上海人口从事工商业者为最多，我们办报，首先应当适应工商界的需要。"[①] 福开森接手《新闻报》的时候，上海已经有十多家报纸。《申报》为综合类报纸，侧重时事政治新闻报道；《时事新报》的读者群大多为知识分子，学术类信息较多；《时报》的体育、文化、教育和娱乐新闻做得很有特色，吸引了不少文化界读者。其中，《申报》的影响力和品牌竞争力最大，以至于普通老百姓直接以"申报纸"指代报纸。可见，《申报》已经深入人心。福开森并不甘心《新闻报》一直做《申报》的"小弟弟"。他准备放手一搏，拼出自己的特色。于是，《新闻报》坚定不移地打"经济牌"，定位工商界，其发行量一度跃居全国第一。

《立报》初创的时候有着明确的报纸定位，即普通大众。之所以选择这一读者群体，主要源于成舍我的办报理念。他极力推崇大众化办报方针，而当时全国市场上报纸的定位五花八门，政界、商界、教育、文化等方面，不一而足。成舍我对西方发达国家报业发展做过考察，对西方廉价报纸比较了解。于是，成舍我将西方的办报理念移植到中国来，将读者定位于普通的平民大众。《立报》的读者定位有其现实依据。19世纪上海的消费主体是买办商人、地产商、来沪经商人士等。"到20世纪30年代以后，中小商人和一般市民阶层壮大，构成城市大众群体，商场游乐场、戏院影院乃至各类艺术形式都为之一变。"[②] 因此，这一时期，中小商人、工人阶级以及小资产阶级知识分子共同构成了上海的大众群体。这部分群体有一定的社会消费能力，又有一定的文字阅读能力，是《立报》潜在的读者群。由于当时全国还没有像《立报》那样有影响力的大众化民营报纸，《立报》创刊之后很快占领了市场。

---

① 陶菊隐：《记者生活三十年——亲历民国重大事件》，中华书局2005年版，第67页。
② 张仲礼：《近代上海城市研究》，上海人民出版社1990年版，第1152页。

即便新创办的民营小报,也有战略定位问题。20世纪20年代以后,民营小报的大量涌现,走出了一条与民营大报不同的发展道路。时任北平研究院副院长的李书华认为,比起那些大报来说,以民营报纸为主的小型报有鲜明的特点和优势:第一,小报售价低廉,与社会经济情形吻合;第二,小报能够深入人心;第三,适合忙碌的人们阅读。① 由此可见,在与各种大报竞争过程中,民营小报发挥了自身的特色,形成了错位竞争的态势。成舍我所创办的《立报》是小型报的典范。该报版面新颖,内容丰富,售价低廉,既具有民营大报的信息量,又具有民营小报的活泼性,吸引了大量的读者。

2. 内容定位

报纸的读者群确立之后,就可以围绕读者群去设置相应的内容,这就涉及报纸的内容定位。20世纪初,不少民营报纸在内容定位方面很有特色,对于报纸打开市场,确立竞争优势具有积极的意义。《世界日报》刚创刊的时候,北京已经有国人自办的报纸《晨报》《京报》以及日本人办的《顺天时报》等,报纸竞争比较激烈。成舍我将该报的内容定位于时政新闻和教育新闻,其内容有三个鲜明的特点:一是以军事政治新闻为主攻方向,这是当时国人比较关注的话题,《世界日报》将这部分内容作为吸引大多数读者的利器;二是重视教育新闻,这是当时报纸基本上都忽视的内容,成舍我抓住教育行业的热点事件,尤其是追逐学潮发展动向,吸引了大批教育界师生;三是注重耕耘副刊,凸显报纸特色。《世界日报》开设"学库"版,以"介绍新潮,研究学术",又重点打造"明珠"和"夜光"两个副刊,邀请张恨水担任主编,报纸的内容充实,富有特色,吸引了不少读者。

报纸的读者定位与内容定位之间存在紧密的联系,读者定位上的差异也会在内容上有所体现。《新闻报》定位于工商界,其报纸内容必然以经济新闻和商业信息为主。1921年,《新闻报》聘请了著名的经济学家徐沧水主持该报经济新闻专版的编辑工作。其主要栏目有经济评论、金融市场、证券市场、市况提要、经济事情等。至此,《新

---

① 李书华:《论小型报纸》,《实报半月刊》1936年第1期。

闻报》已经站稳脚跟，其发行量接近6万份，比老对手《申报》还多了将近1.5万份。汪汉溪及其团队精心打造的经济新闻板块成为该报的一大品牌，在中国近代新闻史上，该报的经济新闻在新闻业务上占据举足轻重的地位。旧上海的每家商店几乎都摆放一张柜台，放上一份《新闻报》，使其成为商家必读之报。有人评价道："《新闻报》成为全国第一大报，'经济新闻'立下了汗马功劳。"[①] 有了这样明确的定位之后，《新闻报》在发行上也动了一番脑筋，采用推广"柜台报"的办法深入商家。由于《新闻报》刊登了大量的商业信息，成为广大商界人士不可或缺的信息提供者，其发行量不断增加，一度超过《申报》的发行量。

3. 风格定位

不同的民营报纸在报道风格上存在一定的差异，这与民营报纸的读者定位、内容定位等因素有很大关系。《大公报》《文汇报》《申报》《新民报》等属于时政类民营报纸，其读者主要为政府、事业单位工作人员以及有一定文化素养的普通市民，其内容主要为国内政治、社会、民生新闻。这类报纸的报道风格相对严肃、稳重，体现了民营大报的社会担当，适于一般市民阶层了解国内时政动态。如果经常刊登捕风捉影、庸俗低下的内容，就会降低报纸的风格。由此可见，报纸的风格定位往往与内容定位、读者定位是相匹配的。

对于众多民营小报来说，其读者定位、内容定位与那些民营大报有较大的区别。与之相适应，其风格定位也与民营大报有一定的差异。多数民营小报主要关注社会新闻，潜在的读者群是文人士大夫、中上层市民，后来又将中下层市民作为主要的发行目标，这类报纸一般采取通俗活泼、语言俏皮的风格，这样更能够吸引其读者群体，满足其信息需求。

有些民营小报的报道风格相对严肃，尽管关注的也是社会新闻，但是其报道手法、作者群体等与一般的小报有一定的差异。如1929年创刊的《社会日报》在社会上有良好的声誉，其风格严肃、气魄宏

---

① 姚福申：《解放前〈新闻报〉经营策略研究》，《新闻大学》1994年春季刊。

大、消息迅速，邀请了鲁迅、林语堂、曹聚仁等一批知名作家供稿，走出了一条与其他民营小报不同的发展道路。

除了读者定位、内容定位和风格定位外，报纸的发行区域定位、服务定位等也是民营报纸发展中需要考虑的问题。报纸的定位对于报纸发展产生深远的影响，那些经营绩效较好的民营报纸，在读者定位、内容定位和风格定位上都比较明确，并且能够保持相对稳定的状态，这样能够增加报纸的辨识度和吸引力，有助于提高读者的忠诚度，这是维系报纸长久生存与发展的重要因素。

二 民营报纸的形象传播

近现代很多知名的传媒机构很注重塑造良好的媒介形象，以便提高媒体的公信力和公众的认同度，这是拓展媒介受众群体的基础。所谓媒介形象，指的是"媒介在社会交往中形成的能够吸引注意力的品相，是受众对媒介组织的印象集合，具有'有价性''被评价性''技术表征'及'唤起联想'等特点，是媒介符号化的社会特征"。[1] 报纸形象是媒介形象的一种，是报纸能够吸引读者的外部表征与内在品性，是读者对报社组织的整体印象。报纸形象是报社维系自身名誉，提高老读者忠诚度的重要因素，也是开发新读者的重要砝码。现代报纸比较注重形象宣传，《申报》《新闻报》《大公报》等民营报纸很重视塑造自身的报纸形象，以便在激烈的竞争中赢得更多的读者。《新闻报》的汪汉溪特别重视维护该报的形象，当时《申报》《新闻报》在上海乃至全国都有较大名气，读者一般称呼为"申新两报"，汪汉溪对此比较反感，对同人一再强调，要称呼"新申两报"，即便是广告客户，也要按照这个顺序称呼，否则宁可不登。[2]

1. 通过公益性广告塑造报纸形象

近现代以来，我国深陷民族危机之中。民营报纸为了表明报纸的政治态度，常常刊登政治宣传特征很强的公益性广告。这种公益性广

---

[1] 栾轶玫：《媒介形象学导论》，中国人民大学出版社2007年版，第20页。
[2] 徐百益：《"申"、"新"两报的广告之争》，《中国广告》1998年第4期。

告有两方面功能,从整个国家层面来说,这种广告有助于提高公众的爱国热情和凝聚力;从报纸自身发展来讲,这种广告有助于塑造报纸的爱国形象,争取更多的读者。如《申报》《新闻报》《大公报》等倡导"国人爱国,请用国货"、在报纸上打出"打倒日本帝国主义""团结起来,一致对外"等,从一个侧面反映了报纸的政治态度,为报纸争取更多的读者积累了人气,起到了很好的公益宣传效果。史量才时期的《申报》曾经多次为丢失儿童的贫苦人家免费刊登寻人启事的广告,如果广告刊登者不识字,报馆还代拟广告词。1921年1月1日,《商报》创刊时将其宗旨定位为"鼓吹职业政治,传达商业信息",在报纸上介绍自身的五大特色,提出"讨论工商业重要事项,为商业阶级唯一喉舌"的目标。民营报纸重视自身形象的宣传,对于读者的认知有重要的作用,这是提高报纸发行量和影响力的重要手段。

2. 通过策划活动展现报纸形象

1933年,《新闻报》创刊40周年,报馆开展了一系列纪念活动,其中的一项是"补助学费奖励读书"活动。报馆将这一活动推广到上海的大学、中学、小学以及幼稚园(幼儿园),该活动影响了一大批学生,产生积极的社会效应,拓展了读者群,也提升了报纸的知名度。1935年10月,在上海举行的全国运动会上,《新闻报》不失时机地策划了一次成功的空中宣传。该报将印有"新闻报发行量最多,欢迎客选""新闻报欢迎全国选手"等红布广告标语系在气球上,提高了报纸的知名度,产生积极的效果。同年,《新闻报》还策划了全国性的商业美术展览会,扩大了报纸的影响力。

通过赈灾、捐助等公益活动,一方面,可以发挥报纸的社会动员力,体现其社会服务功能;另一方面,也有助于塑造良好的报纸形象。20世纪20年代以后,不少民营报纸在社会公益活动方面表现得比较突出,为报纸形象的塑造加了分。从1928年到1936年,新记《大公报》共发起募捐20余次。主要包括为平津市郊贫民而举办的慈善演艺会、陕西赈灾捐款宣传周、鄂皖水灾赈灾、西安孤儿院捐款等组织与宣传工作。抗战时期,新记《大公报》共发起赈灾捐款活动10次、劳军募金活动11次。在上述活动中,《大公报》的同人亲力亲为,以身示范。报馆带头捐款、发表公告、社评，组织捐助、演艺等活动，大大提高了报纸的知名度。《申报》《大公报》《新闻报》等民营报纸经常刊登赈灾广告，这些广告体现了报纸的态度和责任感，向读者传递着报纸的立场。民营报纸刊登这些广告并没有传播形象的目的，但这些广告在客观上向读者传递着报纸热衷公益、为民服务的形象。

3. 加大宣传力度塑造报纸形象

初创的民营报纸总会采用各种手段塑造报纸的形象，以求尽快打开销路。多数民营报纸在刚创刊的几个月内，会经历一个"倾销期"。在这一段时间内，报馆为了尽快打开销路，将报纸以零售价三折批发给零售商，以零售价的对折价格出售给读者。对于报馆来说，"倾销期"是一个砸钱的阶段。如果实力不济，再加上竞争对手的恶性竞争，报馆在短期内自动退出市场的情况屡见不鲜。《新民报》北平版创刊的时候，并没有按照常理出牌，而是经过精心的准备，打出一套"组合拳"，巧妙地绕过了多数报纸初创时所经历的"倾销期"。首先，该报采取了试刊的方式，在读者心中种下种子。《新民报》拟创办北平版有一个不利条件——北平沦陷时期曾经出现过一份《新民报》，读者十分厌恶该报。《新民报》要想打开市场，必须改变老百姓的印象，让老百姓明白此《新民报》非彼《新民报》。因此，陈铭德等决定，在《新民报》北平版创刊（1946年4月4日创刊）前半个月开始试刊，让读者熟悉并认可《新民报》。其次，《新民报》在成舍我所办的《世界日报》和《世界晚报》上刊登广告，详细介绍《新民报》的由来及其基本立场，并列出报纸的主要撰稿人姓名，以此吸引读者，并表明报纸的政治倾向。最后，报馆给一些潜在的读者群发函件，邮寄样报，使读者提前了解该报。报馆按照北平电话簿上的地址，给工厂、商店以及可能阅报的住户邮寄函件，这种别具一格的方式给读者留下了深刻的印象。由于《新民报》的形象宣传做得好，为该报发行做好了铺垫，积累了订户，该报没有经历"倾销期"，创刊后直接以七折的价格批发给零售商。很快，报纸发行量达到一万二千份，半年之后超过五万份，位居北平报纸发行量之首，广告也纷至沓来。

成舍我很会宣传自己的报纸。1924年，成舍我创办《世界晚报》

的时候，他在《京报》刊登广告，宣传《世界晚报》是一份"主张公正，消息灵确"的报纸，并总结了该报的五大特色，主要包括：新闻灵确；率先刊译当天各国通讯；刊载教育新闻；开辟"夜光"副刊；聘专家评述时政；等等。1925年，《世界日报》创刊的时候，成舍我又在《晨报》上刊登广告，除了宣扬《世界晚报》和《世界日报》"议论严谨，消息灵通"外，还将两份报纸进行"捆绑式"销售，订阅《世界晚报》，免费赠阅20天报纸。1925年10月，《世界画报》创刊时，成舍我连续3天在《世界晚报》原来画报的位置刊登整版套红广告，重点宣传该画报的主要特色，即刊登奉直大战照片和冯玉祥军工兵照片。并宣传该画报是"中国唯一之大规模的美术刊物，照相及制版均有完美之设备，图画由美术名家执笔，用铜版、石版彩色精印"。[①] 成舍我的"三个世界"之所以能够在激烈竞争的北京报业市场中站稳脚跟，与他的报纸形象宣传策略有一定的关系。后来，成舍我又在南京、上海分别创办了《民生报》和《立报》，每家报纸创刊之初，成舍我总是在创刊号以及其他报纸上刊登发刊要旨或广告，大力宣扬自己的报纸，凸显报纸的特色，以期短时间内打开局面。1926年，《申报》聘请孙中山的秘书黎照寰和署理国务总理颜惠庆作为代言人。前者是创办中国科学社的教育家，并主编过《英华标准双解大辞典》，在教育界具有较大的知名度；后者曾经出使过美国和墨西哥，担任过德国、丹麦和瑞士的公使，在政界具有一定的影响。其广告词为"内容：精彩充实；销数：突飞猛进；读者：优秀整齐；广告：效力最大"。《申报》的广告涉及报纸的内容、读者群体和广告效力等因素，对于提高报纸的影响力和知名度具有较大作用，对于广告客户来说，也有一定的吸引力。1935年，《新闻报》在《报学季刊》上刊登形象宣传广告，向读者介绍《新闻报》和《新闻夜报》的基本情况，打出"晨夕两刊，销数最多，刊登广告，效力最大"。

1929年4月，《大公报》在《北洋画报》上刊登广告宣传《大公报》"在北方是最老的报，在全国是最新的报"。《新闻报》的送报车

---

① 张友鸾等：《世界日报兴衰史》，重庆出版社1982年版，第140页。

上印着硕大的"新闻报"三个字,并附有"日销五十万""广告效力最大"等有助于提升报纸品牌的口号。[1] 新记《大公报》曾经在上海人民公园东边设立电动新闻牌,每天晚间滚动展播重要新闻,并播出广告。这种紧跟技术前沿,将其运用于新闻传播的做法,引起读者的兴趣,提高了报纸的知名度。[2] 还有不少民营报纸非常重视报纸的创刊周年纪念活动,包括举办庆祝活动、出版专刊等,借机宣传报纸形象。

三 民营报纸的成本控制

在报纸竞争中,控制办报成本极为重要。报纸的纸张、印刷和发行等都需要支付相应的费用,报纸的员工也需要支付工资,这些都分摊到报纸成本之中。报纸的主要收入是发行和广告,而报纸的发行往往只能回收一部分成本,广告则是报纸盈利的主要途径。如果报纸的成本居高不下,在竞争中就会处于劣势。经营者要么采取提高报价的办法来维持盈利,要么发行上陷入亏损状态,而通过广告获取利润。前一种办法会导致报纸发行量下降,最终使报纸难以打开市场。后一种办法会提升报纸的成本,如果运营不当,会使报馆陷入被动之中。为了提高盈利水平,民营报馆总是会采取各种办法控制报纸的成本,这是所有报纸都会直面的问题,在这项竞争中走在前列的报纸,往往会建立竞争优势。

进入 20 世纪以后,一些大型民营报纸与其上下游企业之间建立一定的业务联系,这样有助于降低某些业务的成本,最终使整个办报成本低于竞争对手。对于广大民营报纸来说,报纸的发行基本上都是亏本的,如果仅仅从发行收益的角度来讲,发行量越大,报纸亏损越多。但是,不管是哪一家民营报纸,都力图提高报纸的发行量,其目的主要在于扩大报纸的影响力,并借此获得更多的广告。因此,从这个角度来讲,民营报馆以低于成本的价格售卖报纸,并扩大发行量的做法,就是一种战略竞争行为。

---

[1] 黄志伟、黄莹:《为世纪代言——中国近代广告》,学林出版社 2004 年版,第 71 页。
[2] 袁光中:《大公报的经营管理》,周雨《大公报人忆旧》,中国文史出版社 1991 年版,第 26 页。

一些民营报纸从战略的层面出发，采取有效的措施，控制报纸的成本，其做法主要包括以下三种。一是通过与白报纸厂商、印刷厂、报贩工会等达成合作，以较低的价格获得相关服务，有助于降低报纸的成本。在与别的报纸竞争之中，就会具备明显的成本优势。在中国报业发展史上，成舍我、汪汉溪、张竹平都曾经借助与其他企业的战略合作降低报纸的运营成本，这样，报纸在竞争中变得游刃有余。二是提高工作效率，降低运营成本。大型民营报纸往往会购买最先进的机器设备，这样能够有效地提升工作效率，控制办报成本。比如，《申报》《新闻报》等一直很重视更新印刷设备，这样就大大提高了印刷效率，节约了人力、物力，降低了成本。三是降低劳动力成本。不少民营报纸注重控制劳动力成本，比如成舍我、史量才曾经创办新闻学校培养人才，并大量使用实习生，降低了人力成本，提高了报纸的经营绩效。

由此可见，一些成功的民营报纸，往往在报纸定位、内容定位等方面有独到之处，这是报纸成功的根本所在。除此之外，民营报纸的经营管理者会想尽办法降低运营成本，这实际上是在为报馆建立绝对的竞争优势，是一种有远见的战略竞争行为。战略竞争行为往往有助于维系报纸的长久生存发展，对于提高报纸的经营绩效大有裨益。

第二节　民营报业的战略合作

民营报业的战略合作是市场协调行为的表现。所谓的民营报业的市场协调行为，是指在一定的报业市场中，民营报纸为了某些共同目标而采取的相互协调的经营行为。从价格来讲，可以分为价格协调行为和非价格协调行为；从时间来讲，可以分为长期合作与短期合作；从合作的广度和层次来讲，可以分为战略性合作和战术性合作；等等。民营报纸的价格协调行为表现得比较普遍。在一个特定的报业市场中，不管某些民营报纸的影响力和竞争力有多大，报馆均会考虑其竞争对手的存在。因此，在发行定价和广告定价方面，民营报纸既要考虑读者、广告客户的经济实力，又要考虑其他民营报纸的定价情况。如果一份民营报纸的售价和广告刊登价格过高,其读者和广告客户就有可能流失。当然,民营报纸也不可能片面追求发行量和广告刊登数量而无限制地降低价格,那样就会陷入恶性竞争之中,最终会导致整个报业市场利润的降低。早在20世纪30年代,就有学者关注过报业合作问题。"报业合作与报业竞争,外表似颇矛盾,实则相反而适以相成,盖两者对象趋于一致,只出发点不同而已。"① 报纸之间的合作方式很多,潘公弼认为,至少可以从以下方面展开合作:

> 团结报业以坚言论自由之壁垒;相勉珍护报纸之人格,奖进报人之行能;研求报纸用字之范围以便平民阅览;共同筹组国际采访机开(注:应为"机关");协力提高广告费,节省纸张限制批购者之利润以低灭报价;协力拒绝不正当之新闻与广告,以免除报业向不正当方面之竞争。②

民营报纸之间会达成相应的默契,报纸发行和广告刊登价格大体上保持一定的水准和比例,保证多数报纸有利可图。民营报纸的价格协调行为属于常态,本书不专门讨论,我们将重点讨论民营报纸的非价格协调行为,主要包括民营报业的战略联盟行为、报业公会组织的建设、创办报纸联合版等。

一 实施战略联盟:民营报纸之间的广泛合作

所谓的战略联盟,是指两个或者两个以上的企业为了实现资源共享、优势互补等战略目标而展开的合作行为。③ 战略联盟一般包括排他性购买协议、合作生产、技术成果互换、合作营销等方面合作行为。关于战略联盟研究最早见于20世纪80年代,但实际上企业间类似战略联盟的合作行为很早已经出现。关于民营报纸的战略联盟,主要指

---

① 俞君弢:《吾国报业各问题之检讨》,《新商业季刊》1936年第3期。
② 潘公弼:《六十年来之中国日报事业》,《申报月刊》1932年第1卷第1号。
③ Teece, "Competition, Cooperation and Innovation", *Journal of Economic Behavior and Organization*, Vol. 18, 1992, pp. 1–25.

的是两家或两家以上的民营报纸为了达到共同的战略目标而采取的相互合作、风险共担、利益共享的联合行为，这种联合行为往往是全局性的计划与策略，合作时间相对较长。中国现代一些民营大报的经营管理人员采取具有前瞻性的经营策略，寻找合适的合作伙伴，开展了卓有成效的合作行为。这些报纸主要依靠资金、硬件资源、人才等作为合作的纽带开展合作，类似于现在的企业战略联盟行为。

《大公报》与《文汇报》之间的合作是较为经典的战略合作行为，对双方都产生了积极而深远的影响。《文汇报》创刊之前，上海的很多报纸纷纷内迁，当时敌伪办的报纸经常扰乱视听，仅存的少数国人办的报纸在言论上受到诸多限制。上海需要一份大报来传递抗战信息，引导社会舆论。严宝礼看准了这个机会，就和"新新俱乐部"的几位成员集资1万元，筹划办报。但是以当时的物价，1万元资金远远不够办一份大报所用。建厂房、购买印刷设备和白报纸等几项就要大笔经费，还要给员工开工资。严宝礼首先找来苏格兰人克明担当董事长兼总主笔以减少受各方势力的控制。在办报资源方面，《文汇报》与新记《大公报》之间密切合作，双方受益。1937年底，新记《大公报》沪版撤出上海，报馆的厂房空闲、印刷设备闲置。由于受到工会的保护，《大公报》的印刷工人不能解聘，还要给工人付工资，这对于《大公报》来说，是一笔不小的负担。严宝礼派代表与《大公报》协商，双方很快达成协议。《文汇报》由《大公报》的印刷厂代为排版与印刷，《大公报》的厂房租给《文汇报》作为编辑部。这样，既解决了《文汇报》的燃眉之急，又盘活了《大公报》的固定资产。新创办的民营报纸，由于初期的现金投入较多，并且报纸要亏损运营较长一段时间，很难在短期内盈利。因此，与资本相对雄厚的《大公报》保持战略合作关系，对于刚进入市场的《文汇报》来说，具有长远的战略意义。以至于业界这样评价初创时期的《文汇报》："排版的清晰，言论的严正，社评的警惕动人，一如以前的《大公报》。"[①]

《文汇报》出版第二天就发行了一万五千份，并且加印了两千份，

[①] 《胡政之投资文汇报》，《上海人》1938年第1卷第10期。

第三天发行两万份，很快引起社会的广泛关注。随着发行量的增加，广告也纷至沓来。《文汇报》出版一个月，发行量就增加了几倍，社会反响非常好。但是，由于该报在设备上存在先天不足，经常让印刷工友加班。报馆"既缺乏有贝之财，又缺少无贝之才"，① 经济问题和人才问题逐渐暴露出来。这时候，新记《大公报》的胡政之"派李子宽与严宝礼联系，要求向文汇报投资一万元，同时还派两位编辑人员前来帮忙"。② 从报业经营的角度来看，这种战略合作关系的建立，对于报纸发展有积极的意义。因为，新记《大公报》人才济济，在经营管理和报纸业务方面都走在中国民营报业的前列，而《文汇报》处于初创阶段，在报纸的经营管理和新闻业务等方面还存在很多不足之处，急需有经验的编辑和管理人才。可见，新记《大公报》的这一战略投资是很有眼光的。

当然，由于处于一个特殊的年代，报馆之间建立战略联盟并非一帆风顺的。两报开展战略合作的谈判是秘密进行的，由严宝礼和李子宽单独商谈，严宝礼只提了一个条件，即《文汇报》先期的投入作为发起股，升值为两万元，《大公报》投资一万元，占总股份的三分之一。这样，既能保证《文汇报》的大权还在自己手里，又可以解决报馆当时面临的财政危机。双方很快谈妥，等达成意向之后，严宝礼才正式向中国董事宣布此事，提交董事会讨论。《文汇报》内部对这种战略联盟意见不一，沈彬翰的话代表了部分员工的观点："大公报谁都知道是政学系的机关刊物，政治色彩极浓，他来入股的动机是什么，不能不深加考虑。"③ 后来，经严宝礼解释与安抚，员工们并没有强烈的抵制，两报的合作才算最终敲定。

新记《大公报》与《文汇报》达成入股协议之后，徐铸成和王文彬正式加盟《文汇报》，前者任主笔，主编要闻版，并负责言论管理工作；后者负责本埠新闻。后来，王文彬离开《文汇报》，新记《大公报》又派来许远君、程玉西两人，前者接替王文彬的工作，后者协

---

① 徐耻痕：《文汇报创刊初期史料》，《新闻研究资料》1981年第3期。
② 徐耻痕：《文汇报创刊初期史料》，《新闻研究资料》1981年第3期。
③ 徐耻痕：《文汇报创刊初期史料》，《新闻研究资料》1981年第3期。

助徐铸成编要闻版,并负责编辑部和排字房之间的联系工作。

《大公报》还与国闻通讯社、《国闻周报》有效合作,国闻通讯社人员均为《大公报》派出,所采访的一般新闻由国闻通讯社发稿,平津各报采用,如果新闻价值很高或者是独家新闻,通过电话报告给天津《大公报》,该报以特讯或者专电的形式发布。《国闻周报》原为胡政之创办的周报,后来胡政之与吴鼎昌、张季鸾合办新记《大公报》,《国闻周报》自然与《大公报》关系密切,甚至成为后者的附属报纸。《国闻周报》经常刊登吴鼎昌发表的署名"前溪"的经济评论文章,吸引了很多读者,提高了报纸的人气。这种业务上的合作,对双方都有利,为报业经营开辟了新的渠道和方法。

1933年3月,《大光报》在汉口创刊的时候,胡政之给远在汉口的徐铸成写了亲笔信,让其协助赵惜梦办报。徐铸成与赵惜梦一起为报馆选址,为新创办的报纸写社评、编辑要闻,给外勤记者提供新闻线索,等等。①《大光报》的创办与其后的经营管理"得天津大公报之援助","所用工人多由大公报调来"。② 据徐铸成揣测,胡政之这么慷慨地资助《大光报》,用意深远。因为"胡政之是一向反对驻外记者旁骛的",但对于《大光报》,胡政之却郑重其事地介绍,要求徐铸成"尽力协办"。所有的这些"投资",后来都得到了回报。《大光报》在抗战初期停刊的时候,其报馆设备和馆址全部转让给《大公报》汉口版筹办之需。③

1936年,董显光在天津创办《庸报》,出版一年后,在业务上没有大的突破,报馆经理王镂冰同董显光发生矛盾,前者离开报馆。董显光向史量才求助,史量才给予《庸报》大力支持,采取了三项措施:一是将《庸报》划为上海《申报》的分馆;二是派蒋光堂担任《庸报》经理;三是拨给《庸报》馆一部卷筒轮转机,并派专业人员到天津安装和操作。蒋光堂来到《庸报》之后,进行了一系列改革与整顿,报纸业务与经营均取得了较大的发展。在设备上,该

---

① 徐铸成:《我参与创办〈大光报〉的经历》,《武汉文史资料》1996年第3期。
② 甘家馨:《中国各大报经营实况》,《苏衡》1936年第17—18期。
③ 徐铸成:《我参与创办〈大光报〉的经历》,《武汉文史资料》1996年第3期。

报还设置了无线电台,《申报》以及中国无线电公司各派一名收报员;《申报》给《庸报》配备了机器和技工。在被日本特务收买之前,《庸报》与《申报》的跨区域合作卓有成效,为其他报纸提供了效仿的案例。

二 开展联合办报：民营报纸与其他报纸合作[①]

抗战时期,不少报纸受战局影响而停刊。为了引领战时舆论,也有部分报纸克服困难,采取相互合作的方式继续办报。其中,两家以上的报纸联合起来出版联合版即属于本书所探讨的联合经营[②]问题。不同党派、不同利益主体创办联合版的现象,在世界报业发展史上也比较少见。联合版的创办者不仅要考虑报纸的政治倾向、言论态度和价值冲突等问题,还要调整报纸的经营模式,以适应战时的供需结构。多家报纸联合办报,如何经营？盈利之后如何处理？这些问题很值得关注。

1. 中国现代报纸联合经营概况

在中国新闻事业发展史上,报纸联合版多出现在抗日战争和解放战争时期。关于报纸联合版创办的原因,陈涤群认为：“除特殊情形外,不外物价的飞涨、纸张的节约以及劳资的纠纷而形成联合版的。”[③] 论及报纸联合版出现的深层次原因,主要是战局紧张导致经济萧条,进而引发物价飞涨,物资材料的流通受到了极大的影响,报馆无法继续正常出版,时常出现两家以上报纸联合经营的情况。

1937年8月13日,日军进攻上海,上海军民同仇敌忾,投入抗击日寇的正义战争中。受战事的影响,上海的多数报纸停刊了。为了宣传抗日,上海小报界展现出了团结抗战的英勇气概。1937年10月5日,一份由10家民营小报联合出版的报纸《战时日报》创刊了,参

[①] 本部分为课题负责人公开发表的学术论文,该论文为本课题的阶段性研究成果。参见陶喜红、张薇《抗战时期民营报纸与政党报纸联合经营模式探讨——以〈重庆各报联合版〉为例》,《新闻爱好者》2015年第10期。

[②] 联合经营一般指的是几家企业联合开发与经营一种新产品,或者研究所与企业合作开发新产品等。本书论及的联合经营主要指的是几家报纸因特殊情况而创办联合版,共同经营。

[③] 陈涤群：《新闻纸联合版汇志》,《报学杂志》1948年第1卷第3期。

第三章 中国现代民营报业的经营战略

见表3-1。这份报纸由《大晶报》（冯梦云主持）、《上海报》（匡孟槐）、《小日报》（尤半狂、黄转陶）、《金刚钻》（施济群）、《东方日报》（邓荫先）、《正气报》（郑子褒）、《世界晨报》（来岚声）、《铁报》（毛子佩）、《明星报》（胡佩之）、《福尔摩斯》（姚吉光）等合资出版。该报由冯梦云担任编辑顾问，龚之方担任编辑，姚吉光担任经理兼发行负责人，毛子佩负责广告业务。《战时日报》办公地点设在《大晶报》报馆内，该报的主要目的是为抗战呼吁。正如其发行词所说的："我们是不愿在这样大的时代进行中，来放弃我们的责任，我们未曾忘记自己是一个大中华民国的百姓……所以我们要干，干到敌人的铁骑，不再来践踏我们的国土为止。"[①] 在国难当头的日子里，民营小报将各自的利益放在一边，把抗日救国作为首要目标，这种做法是值得称道的，在中国民营报业经营史上写下光辉的一页。这次联合版的推动者之一冯梦云认为，在国难深重的环境下，民营小报团结一致，"实现了我们同业从来没有的大团结，大家同舟共济，成绩甚佳"。[②]

据不完全统计，从全面抗战爆发到中华人民共和国成立，全国各地联合出版报纸的现象就有25起，参见表3-1。其中，大多数是从节约成本的角度出发而联合在一起。[③] 比如，1947年11月，长春因为战争导致电力缺乏，9家报纸合办联合版，日出四开报一张，每份售价流通券70元，11月16日又增加了《民报》，每份售价改为100元。尤其在一些大型战役之后，部分报馆受到较大的摧残，甚至丧失了继续出报能力，为了在信息传播不畅的情况下继续引导舆论，一些报纸合作出版联合版。这种联合经营行为，是特殊时代条件下的报业协调行为，是中国报业经营的宝贵财富，其合作模式值得深入探讨。

[①] 《我们的发刊词》，《战时日报》1937年10月5日。
[②] 冯梦云：《大团结》，《战时日报》1937年10月10日。
[③] 因为经济上的原因而发行联合版的占64%，如果加上一些原因不明的情况，这个比重将更高。

表 3–1　　　抗战时期部分报纸合作出版联合版一览

序号	时间	联合版名称	参与联合版的报纸	出版天数/期数	联合的原因
1	1937年10月5日	战时日报	大晶报、上海报、小日报、金刚钻、东方日报、正气报、世界晨报、铁报、明星报、福尔摩斯等上海的10家民营小报	96天	日寇进攻上海,受战事影响,大部分民营小报均停刊,上海的10家民营小报出版小报联合版
2	1939年5月6日至8月12日	重庆各报联合版	中央日报、扫荡报、西南日报、大公报、新蜀报、商务日报、时事新报、新民报、国民公报、新华日报等,共10家	99天	日本对重庆的大轰炸导致各报馆损坏严重
3	1943年8月13日至1946年5月3日	秦风日报、工商日报联合版	秦风日报、工商日报	共1068期	打破新闻封锁,加强西北统一战线工作;进一步扩大宣传阵地;节约成本;摆脱经济困境
4	1946年2月20日	上海各报联合版	新闻报、申报、中央日报、大公报、正言报、民国日报、时事新报、中美日报、和平日报、神州日报、世界晨报、市民日报、华美晚报、大晚报、大英夜报等,共19家	0天	纸价飞涨、工人工资低,报馆普遍出现劳资纠纷,为降低运营成本,拟出联合版。后经协调,矛盾平息,联合版没有上市
5	1946年6月24日至6月28日	无锡大锡报、锡报联合版	大锡报、锡报	5天	两家报馆被军官总队捣毁,印刷、排字等工作间毁坏严重
6	1947年1月17日	长春第一次各报联合版	中央日报、新生报、前进报、国民公报、工商报、中报、中正日报、湘潮报、长春日报、新报、正大日报、公民话报等,共14家报纸	8天	因战争至电力破坏

第三章 中国现代民营报业的经营战略

续表

序号	时间	联合版名称	参与联合版的报纸	出版天数/期数	联合的原因
7	1947年2月2日	杭州浙江日报、浙江商报联合版	浙江日报、浙江商报	1天	印刷条件所限，两报拟降低成本，联合出版
8	1947年2月18日至5月20日	汉口中华日报、大中晚报、群众日报联合版	中华日报、大中晚报、群众日报	93天	原因不明
9	1947年5月23日	长春第二次各报联合版	中央日报、中正日报、新生报、前进湘潮联版、华声报、长春日报等6家	1天	战争导致停刊
10	1947年5月	南昌十一家报纸联合油印版	南昌十一家报纸	1天	因劳资纠纷而刊行联合油印版
11	1947年10月16日	金山青年金山建报联合版	金山青年、金山建报	—	原因不详
12	1947年11月15日	长春第三次各报联合版	中央日报、中正日报、新生报、工商报、长春日报、新报、公民话报、长春午报、松花江报、民报等，共10家	40天	因战争停电
13	1947年11月10日	绍兴三报联合版	越报、民国日报、绍兴新闻	—	物价飞涨，联合出版以降低成本
14	1947年11月27日	汴中国时报、前锋报联合版	中国时报、前锋报	—	原因不详
15	1947年12月1日	汉口中国、建国、新闻三晚报联合版	中国晚报、建国晚报、新闻晚报	—	物价飞涨，联合出版以降低成本
16	1947年12月1日	长沙新潮日报、大晚报联合版	新潮日报、大晚报	—	原因不详

续表

序号	时间	联合版名称	参与联合版的报纸	出版天数/期数	联合的原因
17	1947年12月	开封大河日报、力行日报联合版	大河日报、力行日报	—	原因不详
18	1947年12月	民国日报、人报联合版	民国日报、人报	—	物价飞涨，联合出版以降低成本
19	1947年12月	嘉善日报、民权报联合版	嘉善日报、民权报	—	物价飞涨，联合出版以降低成本
20	1947年12月	海盐民报、生报联合版	海盐民报、生报	—	物价飞涨，联合出版以降低成本
21	1948年1月	昆山两日报联合版	昆山两大日报	—	物价飞涨，联合出版以降低成本
22	1947年11月28日	武进各报员工生活联合版	中山日报、武进新闻、武进正报、武进农报、快报、夜报、常州新闻等7家报纸	—	劳资纠纷，印刷工人罢工及报纸批价问题，各家报纸停刊，各报同人迫于生计而办
23	1948年3月20日	广州中山、岭南、和平、广州四报联合版	中山报、岭南报、和平报、广州报四报	—	纸荒及港报压迫
24	1948年7月26日	南昌十八家日晚报联合版	青年报、捷报、力行日报、中国新闻、华光日报、民国日报、新闻日报、新商报、自由报、南昌晚报、文山报、群报、民气报、青年时报、和平报、广播报、一鸣报、天下报、锋报、江号人报	6天	因排印工人要求补发未遂罢工，导致出版联合版

续表

序号	时间	联合版名称	参与联合版的报纸	出版天数/期数	联合的原因
25	1948年11月1日	青岛八报联合版，取名《青联报》	民言报、平民报、青岛公报、军民日报、青岛时报、青报、青岛晚报、民报	210天	国民党统治的青岛地区"四面楚歌"，为转移资产、遣散员工，8家报纸联合出报

资料来源：根据下述文献整理：陈涤群：《新闻纸联合版汇志》，《报学杂志》1948年第1卷第3期；田大宪：《〈秦风日报工商日报联合版〉的历史地位》，《当代传播》2008年第2期；《遣散员工集中力量　青岛八报出联合版》，《报学杂志》1948年第1卷第6期；等等。

上述表明，抗日战争以及解放战争时期，多家报纸合作创办联合版的现象时常出现，这种联合经营模式在中国报业发展史上留下深深的印记。本书以重庆大轰炸期间的《重庆各报联合版》和《抗战时报》为例，分析联合版经营管理中所遇到的问题及解决的路径，以期再现这段具有独特价值的报纸联合经营模式。

2. 民营报纸与政党报纸联合经营的个案研究——以《重庆各报联合版》为例

（1）搁置争议：参与各方合作的基石

全面抗战开始之后，随着国民党政府迁都重庆，重庆市成为当时全国的政治、经济、文化中心。很多报纸纷纷迁到重庆出版，这里成为当时报业的集中地。1939年5月3日，日军对重庆市中心进行惨无人道的轰炸。《西南日报》《中央日报》《大公报》《新蜀报》《新华日报》等在敌机的轰炸中受到不同程度的损坏。5月4日，《大公报》发表题为《血火中奋斗》的社评，表达了新闻界同人与全国军民同仇敌忾、共赴国难、抗战到底的决心。同时，也可以看出，在国难当头之际，各家报纸体现出了互相帮助，不屈不挠的斗争精神。《大公报》报馆被炸毁之后，"同业《新华日报》《新民报》《商务日报》，都有多数同仁来为本报抢救器材……我们的编辑部及工场已不能工作，承《国民公报》社借予一切工具及便利，使本报得不间断、照常为国家社会服务"。① 可以看出，尽管各家报纸在新闻、发行、广告等方面存在竞争，但是，在抗战这一大背景下，报界的根本利益是一致的，这是报界能够精诚合作的基础。

当时，《中央日报》《时事新报》《大公报》《国民公报》4 家报纸集体倡议各报出版联合版。这一倡议马上受到报界的肯定，并承送当局批准。在得到国民党当局的许可之后，各家报纸积极做好筹备工作。国民党中央宣传部发出通知，由《中央日报》负责牵头组织这次由国民党、共产党的党报以及地方报纸、民营报纸共同出版联合版。"渝地各报，受损甚重，基于事实需要并委座手谕，渝市十大报纸，自五月六日起发行联合版。"② 尽管当时只有少数几家报馆受到损害，但"为便利疏散迁建计，自非有统筹办法，难期调整"，于是，从 5 月 6 日起，重庆的 9 家报纸发行《重庆各报联合版》（以下简称联合版），这是民营报纸与政、党、军和地方报纸联合克服困难的典型。联合出刊的 9 家报纸分别为《中央日报》《扫荡报》《西南日报》《大公报》《新蜀报》《商务日报》《时事新报》《新民报》《国民公报》。③《新华日报》为 5 月 7 日参加联合版，这样，《重庆各报联合版》的参与者就变成了 10 家报纸，这 10 家报纸分别代表不同党派、团体和地区的利益。④ 联合版从 5 月 6 日开始发行，一直持续到 8 月 12 日，共发行 3 个月零 7 天，合计 99 期。联合版在创办过程中也并非风平浪静，联合经营也只是暂时搁置争议的过程，参与各方具有自己的诉求，但为了战时新闻宣传，最终统一步调。

---

① 《血火中的奋斗》，《大公报》1939 年 5 月 4 日。
② 《五三五四轰炸后　渝各报出联合版》，《新闻学季刊》1939 年创刊号。
③ 《五三五四轰炸后　渝各报出联合版》，《新闻学季刊》1939 年创刊号。
④ 这 10 家报纸的情况如下：《商务日报》代表重庆工商界的利益、《国民公报》代表四川地方势力、《新蜀报》代表重庆地方进步力量，这三家报纸在抗战爆发前就已经在重庆出版。抗战爆发后，又从外地迁来了《新华日报》（中国共产党主办并在国统区唯一公开发行的中共中央机关报）、《中央日报》（国民党中央党部主办的国民党中央机关报）、《扫荡报》（国民政府军事委员会政治部主办的国民党军方机关报）、《时事新报》（孔祥熙系统全国性的金融财政报纸）、《大公报》（抗战时期最大的民营报纸）、《新民报》（民间报）等，创刊了《西南日报》（为国民党三青团所控制）。参见唐润明《〈重庆各报联合版〉的出版》，http：//www.cq.xinhuanet.com/10th/2007 - 01/21/content_9097022_1.htm。

①国民党：借势而为，统管言论

1937年2月，国民党在五届三中全会发布的《关于根绝赤祸之决议》中提出，要彻底取消红军和苏维埃政府、停止赤化宣传和阶级斗争。[①] 1938年4月，蒋介石在国民党临时全国代表大会闭幕式上进一步提出，共产党"一定是要受本党的领导"，并且要"消融于三民主义之下"。[②] 按照蒋介石的设想，最终将国共两党"溶为一体"。[③]

在新闻舆论方面，国民党当局一直采取各种办法限制共产党、民主党派以及民营报纸的言论。《新华日报》于1938年1月创刊于武汉，得益于中国共产党的威望，该报出版后发行量直线上升，很快达到3万份。国民党对该报的新闻检查向来严格，甚至采用非官方的手段破坏《新华日报》的发行工作，包括殴打报童、买通报贩控制发行系统、盯梢、逮捕报人等。尽管如此，《新华日报》依然保持较大的发行量，其影响力日渐扩大，这是国民党当局不愿意看到的状况。1938年10月底，武汉沦陷，《新华日报》迁移到重庆继续出版。1939年5月，日本对重庆实施惨绝人寰的大轰炸，很多报馆的设施被炸毁，严重影响到报纸的印刷与发行。国民党借此机会，想采取两全其美的办法统管各界舆论，即以五三、五四大轰炸报馆遭到破坏为由，将各家报纸联合起来，办一份联合版，通过联合版"熔化"共产党的主张。同时，也实现了对各家民营报纸的言论控制。基于这样的目的，国民党非常积极地推动重庆的10家报纸合作创办联合版，以便国民党当局顺理成章地控制报界舆论。

②共产党：刚柔相济，服从大局

在各家报纸筹备创办联合版的时候，共产党主管的《新华日报》最初表现得不太积极。其主要原因表现在三个方面。一是《新华日报》在重庆大轰炸中损失不大，报社完全有条件继续出版。在大轰炸

[①] 荣孟源：《中国国民党历次代表大会及中央全会资料》（下），光明日报出版社1985年版，第435页。

[②] 中国第二历史档案馆编：《中华民国史档案资料汇编》第5辑第2编"政治"（1），江苏古籍出版社1998年版，第418页。

[③] 李勇、张仲田：《蒋介石年谱》，中共党史出版社1995年版，第262—263页。

期间，《新华日报》设置于巷坪街的印刷厂、编辑部以及营业部被日军炸坏。与部分报纸相比，《新华日报》的损失较小，继续出报不存在问题。二是国民党当时正在推行溶共反共政策，通过联合版的形式更容易控制中国共产党的舆论，并最终达到溶共的目的，共产党对国民党的目的了如指掌。三是不利于中国共产党坚持其既有的立场。抗战时期，每家报纸均有自己的立场，尤其是政党报纸，在这方面表现得更加鲜明。由不同党派，不同利益群体办联合版，报纸的报道倾向很难满足不同利益主体的要求，其结果往往是牺牲话语权较弱者的利益。

对于《新华日报》来说，创办各报联合版是比较棘手的事情。如果严词拒绝，会给国民党、其他党派以及民营报纸以口实，认为《新华日报》不以大局为重，另立山头。如果参加联合版，就会丧失话语自主权，甚至最终被国民党以"联合"的手段予以熔化。因此，当重庆市各大报纸于5月6日出版联合版的时候，《新华日报》并没有参加，而是采取"顶住"与观望的策略。国民党中宣部于5月7日发特函给《新华日报》，指出重庆市9家报纸均按照国民党当局的要求出版联合版，只有《新华日报》继续单独出版。因此，国民党中宣部命令《新华日报》"七日不得再行刊行，否则事关通案，当严予处分也"。基于当时的情况，《新华日报》经请示周恩来，决定有限制地参与联合版。社长潘梓年在复函中明确表示，《新华日报》参与联合版是从大局出发，放弃单独出版，但参与联合版应该有个期限，在条件允许的情况下尽快单独出版，该报最迟8月13日复刊。上述表明，作为共产党的机关报，《新华日报》坚持有理、有利、有节的原则，做了较大的让步，表现出良好的大局观。

③民营报：顺应时局，积极配合

从政治倾向的角度来讲，国民党报纸和共产党报纸之间的政治差异最为明显，民营报纸往往处于中间偏左或偏右的立场上。因此，当国民党《中央日报》带头提倡创办联合版的时候，民营报纸基本上没有提出反对意见，而是积极响应这一号召。

广大民营报纸对创办联合版的主观态度并非一致，但是，在实际表现中则是整齐划一的。因为，尽管有些报纸具备继续出版的条件，但是，国民党当局已经通过正规的函件要求各报放弃独立发行，选择出版联合版，如果采取抵抗态度，最终将引火烧身。更何况国民党当局可以为联合版大开绿灯，提供各种物资供应，为民营报纸节约了一部分办报成本。对于部分被炸毁的民营报馆，已经不具备继续出版的条件，这类报纸在主观上愿意出版联合版。对于那些具备继续出版条件的民营报纸，在抗战形势危急的情况下，也不愿意特立独行，以免引起国民党当局的不满。因此，从总体来讲，在国民党当局和部分民营报纸提倡出版联合版的时候，民营报纸阵营基本上没有提出反对意见，而是顺应时局，服从安排。

（2）权力结构：集中与分散同时并存

《重庆各报联合版》初创的时候，报务活动处于杂乱无章的状态。1939年5月8日，联合版成立重庆各报联合委员会，设有联合委员会常务办事处，其办公地点在《时事新报》报馆内，联合版的编辑部也设在这里。联合委员会的组成人员有《中央日报》的程沧波、《大公报》的曹谷冰、《扫荡报》的丁文安、《时事新报》的崔唯吾、《国民公报》的康心如、《新蜀报》的周钦岳、《新华日报》的潘梓年、《新民报》的陈铭德、《商务日报》的高允斌、《西南日报》的汪观云等10人。[①] 其中，《中央日报》社长陈沧波担任主任委员。在重庆各报联合委员会之下，又设立了编撰委员会、经理委员会、迁移委员会等三个专门委员会，细化了采编、经营等工作。上述三个委员会分别由王芸生、黄天鹏、崔唯吾担任主任委员，各家报纸的总编辑与经理担任委员。

从《重庆各报联合版》的管理体系可以看出，其权力结构体现了集中与分散相结合的特征。重庆各报联合委员会是联合版的主要权力机构，其主任委员为《中央日报》社长陈沧波担任。因为联合版的主导权在国民党手里，在重要的位置上必然安插国民党当局信得过的人员，陈沧波担任主任委员是理所当然的事情。编撰委员会的主任由

---

① 资料来源：方汉奇：《中国新闻事业通史》（第二卷），中国人民大学出版社1996年版，第652页。

《大公报》的总编辑王芸生担当,《大公报》是民营报纸,在当时的新闻界有较大的号召力,其政治倾向保持中立,在大是大非面前遵从国民党的意志。因此,对于国民党来说,选择王芸生作为编撰委员会的主任,既能够避开外界的批评与猜疑,又便于控制当时的舆论。经理委员会、迁移委员会的主任委员黄天鹏和崔唯吾均属于《时事新报》的负责人,当时的《时事新报》名义上是民营报纸,实际上,已经被国民党收编。由于当时联合版的办公地点设在《时事新报》报馆里,经营管理与报社搬迁为该报负责显得合情合理。这样,《重庆各报联合版》在组织结构和权力结构上均按照国民党当局的部署而设置的,体现了国民党的意志,报纸的权力基本上集中于国民党当局手中。因此,从总体来讲,联合版的权力结构体现出内在集中性和外在分散性相结合的特点。

(3)经营结构:供需与收支双重失衡

《重庆各报联合版》的经营结构出现了双重失衡的矛盾。一方面,发行与广告的需求量难以满足,出现供不应求的局面;另一方面,报纸的收支出现不平衡的状态,经常出现入不敷出的情况。从一般的报纸经营常识来看,这两种情况同时出现是比较罕见的。因为既然发行与广告均有巨大的需求,市场中又没有强有力的竞争者,其经营绩效好、盈利空间大才符合常理,但事实恰恰相反。

1938年10月25日,武汉沦陷。国民党新闻宣传机构纷纷迁往重庆,上海、天津等沿海城市以及武汉、南京等大城市的报刊纷纷迁往重庆出版。重庆一时间成为中国报业繁华的都市,鼎盛时期重庆的报纸数量达到22家。重庆大轰炸导致数家报馆被破坏,无法正常发行。伴随着《重庆各报联合版》的发行,重庆的新闻舆论主要由联合版引领。联合版初期的经营状况欠佳。由表3-2可以看出,从5月份到8月份的3个多月中,联合版的发行总收入为90553元,发行收入最高的月份为7月份,总额达到31299元,而每日平均发行收入呈逐月递增状态,最高为8月份,日均达到1205元。究其原因,"此盖由于价格增高,而发行数量递增之故"。① 联合版3个多月的广告总收入合计

---

① 黄天鹏:《重庆各报发行联合版之经过》,《新闻学季刊》1940年第1卷第2期。

为93788元。从每月的情况来看，5—7月份，每月的广告额呈递增状态，而8月份由于只有12天，广告额少于其他几个月。从日均广告额来看，7月份日均广告额最高，达到1156元，因为当月的广告刊登量较大，8月份日均广告额最少，其原因在于，"八月份每日平均收入尚视六月份为少，则系广告登户递减之象"。① 从联合版的发行与广告经营额来判断，联合版的经营状况不太理想，盈利空间较小。从表3-3的数据可以看出，联合版在5月、6月、8月三个月均处于亏损状态，只有7月份广告与发行经营出现盈余。由于联合版的工作人员来自各报，"习例既殊，管理难一……纸张困难，达于极点，发行亏赔，经费拮据，周转无方"。② 由此可见，联合版出现明显的经营结构失衡状况，其原因主要表现在三个方面：第一，联合版的主要目的不在于经营，而在于引导战时舆论；第二，战时的物资供应链断裂，纸张、印刷等物资供应不能及时跟上，影响了报纸版面的扩张和发行量的提升；第三，报贩垄断了报纸的发行市场，严重地影响了报纸的正常发行。

表3-2　　　　　《重庆各报联合版》发行收入状况　　　　　单位：元

月份	当月发行收入总数	当月每日发行平均收入数	当月广告收入总数	当月每日广告平均收入数
5月	17342	667	19000	730
6月	27452	915	28647	951
7月	31299	1008	35858	1156
8月	14460	1205	10283	853

数据来源：黄天鹏：《重庆各报发行联合版之经过》，《新闻学季刊》1940年第1卷第2期。
注：5月份只有26天，8月份为12天。

表3-3　　　　　《重庆各报联合版》每月大体收支状况

月份	当月各项收入合计	当月各项支出合计	当月盈余状况
5月	发行、广告合计36342元	纸张、印刷、薪工、庶务等支出34000元；印刷工场搬运费1000元；防空壕证费2000元；工友殉职抚恤费1000元，合计38000元	亏损2000元左右

---

① 黄天鹏：《重庆各报发行联合版之经过》，《新闻学季刊》1940年第1卷第2期。
② 黄天鹏：《重庆各报发行联合版之经过》，《新闻学季刊》1940年第1卷第2期。

续表

月份	当月各项收入合计	当月各项支出合计	当月盈余状况
6月	发行、广告合计56099元；中宣部补助3000元，合计59099元	纸张、印刷、薪工、庶务等支出占主要部分，加上杂费2000元、第二工厂6月份津贴900元、材料补助费450元，合计为63000元左右	亏损4000元左右
7月	发行、广告合计67157元	纸张、印刷、薪工、庶务等支出以及杂费等支出合计为58000元左右	盈余9000多元
8月	发行、广告合计24743元	纸张、印刷、薪工、庶务等支出以及杂费等支出合计为27000余元	亏损2500多元

数据来源：黄天鹏：《重庆各报发行联合版之经过》，《新闻学季刊》1940年第1卷第2期。

（4）控制市场：困境与矛盾双重破解

由于战事连连，办报的物质条件受到严重的影响，报纸经营面临较大的困境。联合版的发行定价较低，导致报纸日益亏损，没办法弥补，也无法从银行借贷。在供需结构严重失衡的情况下，一些报贩控制了报纸的发行领域，使报纸价格飙升。另外，由于战时物资短缺，纸张供应困难，报纸版面受到限制，而普通公众刊登各类广告的需求不断增加，联合版亟须增加版面。面对这些困境和矛盾，联合版通过各种途径控制市场，以便暂时度过危机。

联合版的发行价格原本较低，每份5分钱，批发3分3厘，但是，由于报纸发行量较小，报贩肆意抬高报价，普通老百姓不满意。随着报价的提升以及读者需求的不断增加，民众对报纸发行数量较少的责难也随之出现。最初，联合版每天发行2万余份，后来增加到3万余份。由于纸张供应有限，不得不对发行数量加以限制，最高发行3万份。后因纸张锐减，发行量再次受到限制，最高发行2万多份。此后，经理委员会在经营上采取了两个举措：一是函请宪警制止报贩加价，控制发行环节，让老百姓能够按照报馆的定价购得报纸；二是适度提高报价，从7月1日起，将定价从5分（批发价3分3厘）提高到6分（批发价4分3厘）。由于采取了较为妥当的办法，报纸的发行量和价格控制在合理的范围内，发行工作逐渐走上正轨，这是联合版扭亏为盈的重要举措。在广告方面，因为联合版是在大轰炸之后创办的，重庆受轰炸破坏与影响的人很多，"故遗失声明之类广告，倍极拥挤，当时情形,几于无法应付"。① 受报纸的纸张与篇幅所限,无法刊登那么多的广告。开始阶段,经理委员会规定每日出版两版新闻、两版广告,遇到特殊情况,再酌情变通。

在联合版经营的3个多月的时间内,由于后期采取了果断的措施,严格控制了报纸的发行、广告市场,联合版的总体收支基本平衡。联合委员会于8月15日召开最后一次(第十五次)会议,并成立办事处,解决后续事宜,向各报还清了借纸、押款。"重庆各报联合版自五月六日发刊以来,已三月有余。顷因各报疏建工作大体就绪,故定于八月十三日起仍由各报分别出版。联合版之发行至八月十二日为止云。"② 从总体来看,联合版的经营略有盈余,多余的现金一万六千多元钱移交给联合会第二届大会,作为基金和经费。

3.《重庆各报联合版》联合经营的评价

《重庆各报联合版》是在国民党的督促下创办的,这份报纸的参加者既有国民党党报,又有共产党党报,还有一部分影响力较大的民营报纸。各类报纸的政治态度不一,对经营管理的重视程度也不一样。在日寇侵略的不利条件下,各家报纸以大局为重,摒弃矛盾与冲突,合作办报,共赴国难,体现了报界的爱国主义精神。在实际操作中,因为报纸的政见不一,联合版的新闻业务有不少困难。报纸本来是观点纸,在战乱纷争的年代,各家报纸的政治立场往往体现得比较明显,多家报纸合作办报,报纸必须采取一种让各家报纸都能够接受的话语方式来叙事,报纸的政治态度也相对缓和,为各个派别所认同。联合版的经营管理留给我们较多的思考。

第一,联合版的参与各方保持适当的张力,这是联合版能够顺利推进的前提条件。为了避免争端,体现合作精神,联合版淡化观点和言论,不发社论,只提供官方消息。这种做法在一定程度上缓解了参与各方的政治分歧,是联合版能够顺利发展下去的基础。第二,国民党当局积极推动联合版发行工作,共产党做了较大让步,这是联合版

---

① 黄天鹏:《重庆各报发行联合版之经过》,《新闻学季刊》1940年第1卷第2期。
② 《重庆市各报纸定期分别出版》,《新闻学季刊》1939年创刊号。

发展较为顺利的重要原因。在联合版的参与各方中，中国共产党在政治利益上做了最大的牺牲，其话语权被严重挤压，但中国共产党为了顾全大局，依然积极支持联合版的发展。第三，民营报纸在联合版经营中起到了重要的作用。无论是国民党的党报还是共产党的党报，在经营上都无法与同时期民营报纸相比。参与联合经营的几家民营报纸在经营管理经验、经营手段和策略等方面都有明显的优势，因而联合版的经营基本上交给了民营报纸的经理们。第四，联合版控制市场的做法有效地解决了多重矛盾，对报业经营与管理有一定的启示。但是，联合版不可能从根本上解决参与各方的政治分歧。第五，盈利不是联合版的主要目的，其最终目的是传播新闻信息，引导社会舆论。因社会需求量大，联合版的发行与广告经营基本无须报社推动，其经营和管理模式具有不可复制性。第六，参加联合版的这些报纸背景不同，立场悬殊，但是，在日军残暴的侵略行径下，抛弃成见，以大局为重，精诚合作，奏出了战时合作的最强音。展现了各家报馆不畏困难、团结奋斗、同舟共济的合作精神。在联合版的经营中，国民党与共产党的分歧最大，而民营报纸在中间起到一定的缓冲作用，这是联合版顺利运营不可忽视的因素。

三 建立公会组织：为报业员工争取合法利益

现代以来，报纸行业从业者的团体比较多，比如记者公会、报业公会、派报社公会、印刷业公会等。这些公会组织的区域范围、人员结构不同，其目的和基本诉求也不同。一般来说，"报业公会是资方的组织，记者公会则是资方与劳力共同的组织，印刷工友则另有以市户单位的印刷业公会"。[①] 因此，可以看出，报业公会主要站在各家报馆的利益上看问题，派报社公会主要是维护派报行业的利益，而记者公会、印刷业公会则主要维护记者、印刷工友的权益。其中，报业公会、派报社公会更倾向于维护组织机构的利益，而记者公会和印刷业

---

① 王德正：《揭开南京报业公会的黑暗面 南京报业公会批判》，《大地》（周报）1948年第133期。

公会则更倾向于维护报业从业者的利益。

当民营报纸的整体利益受到威胁的时候，这些报纸会联合起来，为自身利益讨说法。1906年成立的上海日报公会的成员既有政党报纸，也有《申报》《新闻报》等民营报纸。相关研究表明，"上海日报公会曾积极维护报界公益，促进内部联络，与政、商、学界建立起普遍联系，成为晚清一股独立的趋新势力，扮演着重要的社会角色"。[①]日报公会不仅在新闻报道以及争取舆论支持上相互配合，在报业经营上也能够起到一定的协调作用。民国成立以后，上海日报公会曾经以办报成本高，报馆经营困难为由，呈请南京临时政府批准减邮资二分之一、电报费四分之一。[②] 上海日报公会的请求得到当局认可，孙中山责令交通部办理此事。1912年，交通部指令各省电政局，从4月1日开始，将报馆的邮费"照现行价目减去二分之一"。[③] 同年4月，北京政府准许减收电报费四分之一。[④] 据20世纪30年代不同报刊所刊登的关于上海日报公会的公告可以看出，日报公会在报业经营中的协调作用和维权能力明显比单份报纸力量大得多。

案例1：抄上海日报公会至市卫生局函[⑤]
1930年9月3日

敬启者关于医药广告事兹经弊会各会员报馆开会决定逐步办理。目前先分两类，第一类即行拒绝刊登者：壮阳种子药品、通经避孕药品、避孕药品器物、反（返）老还童药品、预防花柳药品器物、直接间接宣传教授关于生殖器病之智能者；第二类即行修改其广告之文字者：白浊药、梅毒药、白带药、遗精药、戒烟药、花柳及戒烟医生。其他花柳药品业已即日实行除另函公安局外特此函达至希。

---

① 赵建国：《清末民初的上海日报公会》，《探求》2006年第4期。
② 戈公振：《中国报学史》，岳麓书社2011年版，第254页。
③ 《交通部令各省邮政局减轻报界邮费文》，《时报》1912年4月1日。
④ 《邮传部减收新闻电费章程》，《申报》1912年4月17日。
⑤ 《抄上海日报公会至市卫生局函》，《卫生月刊》1930年第3卷第10期。

案例2：日报公会续办京沪线客车售报①

京沪线车上售报事宜，前由上海日报公会订约承办，续办一年，并请在合同内增加条文一条，规定在承办期内，如本路发生特别事故，至全线或一段客车停驶时，得按日照停驶车次及里程，核减承办人应缴之车租费。车务处以前次该公会续订沪杭甬线车上售报合同时，亦有同样请求，几经交涉，最后确定参照两路与大丰转运银洋公司所订运送银钱合同内地二十一条大意，改定为在承办期内，如遇战事发生阻碍等情，致路局全线客车停驶时，得将此项合同作为停止效力，至客车恢复行驶时为止。此项停顿日数，俟合同期满后，得如数补足之，惟全线仅有一段客车停驶在三日以内者，不在此例（列）。停驶逾三日，路局得酌量情形，根据上述办法，于合同期满后酌补日数。此次拟按照沪杭甬线该项增加条文成例办理。本局已核准照办。

案例3：核减日报公会车上售报利益费②

上海日报公会曾于去年十二月、本年三月，与本局分别订承办京沪线沪杭甬线售报合同，规定按月缴纳利益费。京沪线五佰元，沪杭甬线二百九十元。兹该公会以售报亏蚀，请予酌减，经车务处查明属实，呈经本局准自九月份起，京沪线每月减去二百元，沪杭甬线每月减去九十元，以示体恤。

上述三个案例表明，上海日报公会在报业经营中扮演着重要角色。五四运动以后，报业竞争较为激烈，不少民营小报不顾报纸的操守，刊发有伤风化甚至道德沦丧的广告。为了获取利益，部分民营小报根本不按常理出牌。上海日报公会于1930年9月份致函上海市卫生局，决定以后各家报纸联合起来，拒绝刊登损害社会形象的广告和虚假广告。这是报业自律的典型案例，也是报业合作竞争的典范。单份报纸的力量是有限的，在与其他部门协商办事、讨价还价的过程中显得身

---

① 《日报公会续办京沪线客车售报》，《京沪沪杭甬铁路日刊》1934年第942期。
② 《核减日报公会车上售报利益费》，《京沪沪杭甬铁路日刊》1934年第1069期。

单力薄。而多家报纸联合起来，其议价能力和动员力明显增强。上海日报公会为了替各家报纸赢得更大的利益，自发联合起来，以日报公会的名义向当时京沪线所在的铁路局表明诉求，以期减少客车停驶给各家报社带来的损失。铁路局做了让步，日报公会的诉求很快得到满足。尽管如此，由于客车售报的整体效益不佳，日报公会向铁路局申请减少售报利益费，同样得到当局的认可，京沪线和沪杭甬线所缴纳的利益费得以减免。这说明，尽管各家报纸之间的竞争很激烈，但是各报也有一些共同的利益，在适当的时候，需要协调一致，为整个报界争取利益。这时候，单份报纸往往不具备足够的协调能力，日报公会的成立，有助于加强报馆之间的联系。

20 世纪 30 年代初，中国对日本的新闻纸依赖性非常强，有将近三分之二的新闻纸从日本进口，导致中国纸张供应存在较大的风险，在议价方面也经常吃亏。为此，不少民营报馆大力提倡新闻纸供应渠道多元化。1932 年，北京各家报社成立了报纸消费合作社，并向各家民营报纸发函，了解各家报纸所需要的新闻纸数量、费用等具体信息。① 这种合作方式具有一定的松散性，但是，在一定程度上将各家报馆的利益联系在一起，有助于报馆节约办报成本。

同一时期，同一地区的民营报业之间的竞争是常态，但这并不妨碍报纸在特定情况下的联合。1946 年 2 月，上海各报联合版的筹办单位既有民营报纸，又有政府、政党报纸，其出版联合版的原因是物价飞涨引发劳资矛盾，尽管后来因为劳资矛盾得到了解决，该联合版没有出版，但是，各家报纸在遇到矛盾和危机的时候，能够很快达成一致，建立合作机制，说明报纸之间的竞争与合作是伴随始终的。

1947 年 2 月 2 日，浙江日报浙江商报联合版在出刊时发表声明："本版等同为纯粹民营报纸，各拥有广大之读者，惟为印刷条件所限，不克普遍供应，决自三十六年二月一日起联合出版。"② 虽然两报的出发点是好的，相互配合能够节约成本，但是，由于"志趣不同"，两

---

① 樊迪民：《关于报纸的种种》，《杭州新闻记者公会月刊》1932 年创刊号。
② 陈涤群：《新闻纸联合版汇志》，《报学杂志》1948 年第 1 卷第 3 期。

报仅出版一期联合版即告分版。

尽管小报数量众多,但是,报纸与报纸之间的联系较少,在遇到小报集体利益受损的时候,缺乏团队合作,往往各行其是,不能达成一致。"独有我们小型报同业,过去没有联络,眼前仍然一盘散沙,你出你的报,我出我的报,各自为政。"① 小报之间往往视同业如仇敌,经常相互攻击,遇到与切身利益相关的事情,小报往往以自身利益为重,将合作者的利益放在一边。因此,民营小报之间很难形成合力,遇到共同利益遭受损失的时候,经常被其他力量一点点地瓦解,那些中坚分子最终只能被孤立或者打压。1926 年 12 月 17 日,上海小报公会成立,主要倡导者为吴微雨、姚吉光、施济群、冯梦云、胡憨珠、胡雄飞、吴农花、黄光益等,小报公会制定了相关条例,主要包括统一价格、相互团结等。1927 年 4 月,上海小报协会成立。当时,参加上海小报协会的主要是横四开的黄色小报,如《花花世界》《繁华世界》《叽里咕噜》《笑报》等。这些报纸之所以联合起来,其目的在于加强团结,提高与报贩的议价能力,为小报争取更多的利益。尽管小报协会组织成立了,但是,由于各家报纸的负责人利益诉求不同,组织协调困难,并没有发挥多大的实效,在与大报的"话语权"争夺中,民营小报往往合力不足,"人微言轻",最终只能妥协。由此可见,民营报业之间往往缺乏合作,报业公会组织也只能起到有限的作用,即便是今天,传媒的战略合作也表现出很多不足。

20 世纪 20 年代以后,报业发行服务人员也一直想团结起来,组织工会,但一直没有政策依据。1931 年,当局终于认定"派报业系商业性质,应组织工业同业公会,至派报业之送报夫可组织工会,现已据此函复实业部查照转知矣"。②

民营报业之间的竞争尤为激烈,报业之间也存在一些合作。但是,从总体来讲,民营报纸之间的合作的广度、深度都远远不够。有人评价:"我国新闻界最大缺点,无论在编辑上或营业上各不相谋,极少

---

① 黄觉:《谈小型报的危机》,《上海小报》1941 年 2 月 25 日。
② 《确定派报业组织工会问题》,《中央周刊》1931 年第 168 期(总)。

协作精神，尤其对于营业的关系更为恶化。"①

四 谋求短期合作：为解决暂时困难携手共进

与政府机关报、党报和社会团体所创办的报纸不一样，民营报纸的创办主体往往比较分散，报馆与报馆之间并没有共同的政治利益诉求。因此，民营报纸之间的长期联合现象比较少，而为了某些共同的经济利益或者一定的权利，报馆之间往往能够结成短期联盟。1946年12月，中国经济发展遭遇困难，发生了严重的通货膨胀，民营报纸受到极大的冲击。上海的几家民营报纸，与其他报纸一道争取低利贷款，以解决燃眉之急。这些报纸组建了上海市民营报业联谊会，决定推荐《商报》《民国日报》《前线日报》《时事新报》《文汇报》《国民午报》《侨声报》等负责筹备联谊会，并以"年关在即，经济周转困难"为名，向政府申请低利贷款。② 由此可见，这次联谊会的目的是解决暂时的经济危机，其合作方式是松散的，并没有形成真正意义上的战略联盟，也没有签订相关的合同与公文。这种类型的合作行为一般是短期的，待危机解决之后，合作就自行解散。"初有大晚、华美、大众、新夜、联合、新民等六家晚报主持人于本月中旬一度晋京请愿，请求行政院中宣部核准低利贷款……近复有晨报之代表，有东南、益世、文汇、商报、立报、神州、前线、正言、民国、时事、侨声、国民午报等十二家，于上周四联袂去京，继各晚报之后，继续向当局请愿。"③ 后来，在各方的协调之下，"经批准大型报八千万元，小型报五千万元，然此数实不足年关之需云"。④ 尽管各家民营报纸所获得的贷款数目达不到报馆的诉求，也不能从根本上解决各家报馆的经济困难，但是，从这次官方的应对可以看出，仅仅靠一家民营报馆的力量很难引起注意，而多家报馆联合起来，合理地反映情况，大大提高了民营报馆的力量，国民党当局最终为民营报馆提供了一定的贷款，缓解了这些民营报馆的经济危机。

---

① 高雪汀：《关于新闻界经济协作的几项建议》，《报学季刊》1934年创刊号。
② 《民营报纸筹组联谊会》，《新闻报》1946年12月19日。
③ 《民营报纸要求低利贷款》，《上海特写》1947年第30期。
④ 《京民营各报昨停刊 工人罢工请加薪未果》，《大公报》1946年12月29日。

1930年1月,上海的民营小报《晶报》因刊登文章引发演艺界人士的不满,后遭受停版与道歉处分。其后,又有民营小报《金刚钻》也因刊载伶人轶事惹怒演艺圈,编者施济群受到莫大羞辱。后来,经过双方协调,对方"叩头谢罪,停演三天"。但民营小报及其工作人员屡受侮辱引发小报同人的不满与警醒,"众小报大为愤懑,知非一致团结,以抵御外侮"。后来,民营小报在远东饭店聚会,商讨报馆组合事宜。凡参加这一组合的小报,均须先缴纳会费20元,以后按出报份数缴纳相应的费用。除此之外,众小报还联合起来,聘请"法律家五人,技术家百人",如果遇到外界侮辱,由这些专家代为处理。①

五四运动以后,民营报业的合作与协调行为展现出如下四个特点。

第一,民营报业之间的经营合作与协调行为表现得较为丰富,从合作的主体上来说,包括民营大报之间的合作、民营报纸与政党报纸之间的合作、民营大报与民营小报之间的合作、民营小报之间的合作等;从合作的方式来说,主要包括资金借贷、互持股份、设备共享、人才支援、联合办版等;从合作的性质来说,有长期的战略性合作、短期的战术性合作等。这些合作行为提升了民营报业经营的水平,解决了民营报业不同发展阶段中所遇到的困难。

第二,民营报业的合作行为以战术性合作为主,战略性合作相对较少。国内政治军事格局风云变幻,民营报纸受到的影响较大,很难实施一以贯之的报业战略合作行为。各种政治势力均力图控制民营报刊,民营报刊也不容易按照报人自己的意志来运营报纸。这是民营报业战略合作较少的主要原因。一些民营大报力图通过各种战略合作行为来做大做强民营报业托拉斯,但最终难以成行。主要原因在于主导性政治力量担心民营报业过于强大,进而影响社会舆论,难以控制,因此会采取各种方式破坏战略合作行为。民营报纸是中国现代报业经营中做得最好的报业种群,出现了一批经营意识强、沟通能力好的民营报人,在这些民营报人的带动下,民营报纸之间进行了大量短期的、战术性合作行为,为民营报业经营增添了活力。

---

① D.T.:《上海小报之大组合》,《北洋画报》1930年第9卷第419期。

第三，中国现代民营报纸之间的合作与协调行为表现出一定的阶段性，并非报业经营中的常态。由于民营报纸之间的战略性合作行为较少，大量的战术性合作行为的时间较短，合作的目的相对简单。在政治动荡、经济波动的环境中，战略性合作行为很容易被外部因素所中断，进而影响了民营报业的发展与升级。

第四，从总体来看，中国现代民营报业经营中的协调与合作行为所产生的经济绩效不太明显。究其原因，主要是民营报纸所展开的合作以短期的、战术性合作为主，很难带来大的、结构性的变化，因此也难以从根本上改变民营报业的经营模式和盈利模式。

第三节　民营报业的战略整合[①]

19 世纪末 20 世纪初，在资本主义国家里，报业的竞争越来越激烈。报纸资源逐渐集中到少数资本家手里，形成了具有较大垄断力量的报团，即报业托拉斯。在西方发达国家里，那些报团不仅拥有大量的报刊，还控制着其他的传播媒介和相关企业，形成一种混合式的经营模式。在美国，1900 年，已经出现了 8 家报业集团，主要包括斯克里普斯公司（Scripps-Mc-Crae）、布思（Booth）、赫斯特（Hearst）、普利策（Pulitzer）和奥克斯（Ochs）等。到 1910 年，美国的报业集团数量增长到 13 家，控制了 63 家报纸，到了 1930 年，报业集团数量进一步增加为 55 家，1940 年为 60 家。[②] 在中国，报业经营现代化程度明显不及美、英等国。部分民营报人从西方发达国家学到一些先进的办报理念，力图将报业托拉斯经营模式移植到中国，这些积极的探索在中国报业领域引起较大的反响。

中国现代有理想的民营报人一直希望建立报业托拉斯。成舍我通

[①] 本节内容为课题负责人公开发表的学术论文，该论文为本课题的阶段性研究成果。参见陶喜红《民国时期民营报业托拉斯建设的历史反思》，《新闻爱好者》2016 年第 7 期。

[②] ［美］本杰明·M. 康佩恩、道格拉斯·戈梅里：《谁拥有媒体？大众传媒业的竞争与集中》（第三版），詹正茂、张小梅、胡燕等译，中国人民大学出版社 2006 年版，第 13—15 页。

过扩大再生产的方式力图组建民营报业托拉斯；史量才采取多元发展和横向扩张的方式拓展民营报业规模；张竹平运用联营的手段扩大民营报业竞争力；陈铭德和邓季惺大力推动内生式扩张，提升报纸的影响力。上述民营报业在集团化建设方面取得了一定的进展，但最终受制于外部因素，无法形成与西方国家报团相提并论的规模、实力与运行机制。民营报业往往在经济竞争力和舆论影响力方面左右摇摆，其集团化发展路径主要表现为内生式扩张。受到政治力量的强力干预，外延式发展基本上无法开展。由于集团化建设的主体力量单薄，缺乏舆论力量支持，又受到多重力量的冲击，民营报业集团最终只是不成熟的"半成品"和一触即破的"肥皂泡"。

一 民营报业集团化建设的历时扫描

1. 成舍我的扩大再生产之路

（1）"三个世界"：系列报纸，初具雏形

在创办《世界日报》之前，成舍我有过一定的新闻从业经验。1912—1913 年，他在沈阳、大连等地当过报馆的校对员。1915 年，成舍我在上海《民国日报》当校对和助理编辑。1918—1920 年，成舍我在北京《益世报》做编辑。在北京大学读书期间，他还曾经组织校内"新知编译社""北京大学新知书社"等。1921 年，上述活动失败后，成舍我利用剩余的资金创办了四开小报《真报》，后来因资金和人力不足而停刊。不过这些经历为成舍我后来从事新闻活动，力图轰轰烈烈地建设报业托拉斯积累了不少经验。

1924 年 4 月，成舍我用 200 元的资本在北京创办了《世界晚报》。报纸初创的时候，没有印刷设备，后来成舍我边办报，边兼职赚钱，以维持报纸日常运行。报馆购进了两架对开平板印刷机，每小时合计印报 4000 份左右。《世界晚报》每天下午 3 点钟组稿完毕，两台机器印到 18 点钟，合计印 1 万多份，报纸的生产能力极为有限。由于成舍我善于寻找热点吸引读者，具有一定的经营管理才能，因此，该报的新闻为读者所关注，报纸经营也取得了一定的成效，为成舍我建设其"三个世界"奠定了基础。

1925年2月,成舍我创办了《世界日报》。由于有《世界晚报》已经运营了将近一年时间,成舍我积累了不少报馆管理经验。当时,《世界晚报》逐渐走上正轨,再创办一份日报并不需要投入更多的固定资产,其读者群的拓展也有一定的基础。1925年10月1日,成舍我将原来《世界日报》的画报版改为单张出版。这样,成舍我依靠不断地扩大再生产,出版了《世界晚报》《世界日报》《世界画报》3家系列化报纸。其报纸定位各不相同,在时间、内容、读者等方面实现错位发展的格局,避免了同一集团系列报纸之间的内耗。从这一点来看,成舍我的报业经营战略具有一定的前瞻性。

(2) 规模扩张:整合资源,异地办报

1926年前后,北平奉鲁军阀残害新闻界人士,邵飘萍、林白水先后被杀害,成舍我也被张宗昌派人逮捕,后经孙宝琦求情才得以释放。成舍我感到人身安全受到威胁,遂借机到南京采访以暂避风险,顺便考察南京的办报环境,拟在南京发展报业。1928年3月,成舍我与李石曾在南京共同创办了《民生报》,成舍我任社长,周邦式任经理,张友鸾任总编辑。《民生报》是一份小报,成舍我采取"小报大办"的方针,精编新闻,内容充实。该报初创的时候发行量达3000多份,一年以后发行量即增长到1.5万份,最高的时候每天发行3万余份。《民生报》的创办得益于成舍我所累积的报业资源,尤其是世界报系的人才资源、新闻资源和机器设备等。该报与《世界日报》南北呼应,相互配合,《世界日报》与《民生报》共享新闻资源、人才资源等,节约了办报成本,提高了报纸的影响力和竞争力,为成舍我继续扩张其报业规模奠定了基础。

《民生报》的成功更坚定了成舍我的报业梦想,他计划在南京建成中国报业公司,但由于《民生报》被查封,且成舍我被勒令永远不能在南京办报,他的计划落空。《民生报》被封之后,成舍我并没有气馁。1935年,他与南京、上海两地的一些报人合作,在上海创办了《立报》。两年之后,《立报》的发行量超过20万,创造了中国报纸发行纪录。

(3) 梦想破灭:照搬西方,水土不服

成舍我的"世界报系"之所以能够取得突出成就,其早期的资本积累和后期的资本运作起到了重要的作用。在报业市场中的成功，使成舍我有了更宏伟的民间报业发展规划，即成立报业托拉斯。早在1930—1931年，成舍我就曾经赴欧美考察，他有了组织报业托拉斯的梦想。全面抗战胜利以后，成舍我开始谋划成立"中国新闻公司"。创办"中国新闻公司"首先面临的是资金问题，成舍我等把希望寄托在交通、农民、中国等多家银行，以及上海、重庆等城市有私人关系的银行。在陈果夫的协调下，交通银行以及农民银行、中国银行三个国家银行同意，号召集资创办"中国新闻公司"，登报招募股份旧法币1000万元。成舍我等计划先在重庆办一家世界日报，以后还要以南京为中心，向全国东、南、西、北、中五大区域的主要城市拓展，分批分期创办十家大报，这些报纸都用《世界日报》这一报名。成舍我的设想是，北京可以老的《世界日报》为基础，上海以《立报》为基础，南京以《民生报》为基础，其他如广州、武汉、西安、兰州等地，可以另起炉灶。但由于当时政治局势变化、物价波动等多种因素，最终未能成行，只有重庆一家《世界日报》复刊。

(4) 成舍我报业托拉斯建设的特色

成舍我的报业托拉斯梦想被残酷的现实击碎，而他通过资本整合资源，拓展报业规模的做法代表了当时报业资本运作的最高水准，对后来报业经营有很大启发。

①国际化视野

纵观成舍我的报业托拉斯建设行为，可以看出，其报业经营思想具有一定的创造性和前瞻性。成舍我所创办的《世界晚报》《世界日报》《民生报》《立报》等均具有一定的开放性，而不是关起门来办报。尤其值得称道的是，成舍我对国外情况比较了解，能够积极地吸取发达国家先进的办报理念，体现出了报人的国际化视野。1930年底至1931年初，成舍我从伦敦寄回来其参观英国报界的情况及感想，汇集成《在伦敦所见——英国报界之新活动》，分别于1930年11月17日、18日以及1931年1月14日在《世界日报》上发表。在他游历法国，做了实地考察之后，又撰写了《英法报纸之比较——我所见之巴黎各报》，发表于1931年1月19日、20日的《世界日报》上。论文全面阐述了英法报纸之间的区别，认为英国报纸已经由个人经营转变为公司组织，规模大，实力强，而法国报纸多在个人统治管理之下；英国报纸的广告收入明显比法国更高；英国报纸的托拉斯情况较普遍，法国则不然；英国报纸多直接订阅，而法国以商店贩卖为主。除此之外，成舍我非常推崇英美国家报业托拉斯经营模式，并力图将这种经营模式移植到中国来。他在全面抗战之前就有了这种想法，但由于全面抗战爆发，上海、南京先后沦陷，成舍我建立报业托拉斯的计划不得不延迟。抗日战争胜利之后，成舍我继续努力按照西方的模式建立自己的报业托拉斯。除此之外，成舍我还打算模仿美联社建设自己的通讯社组织。但受到战争与政治力量的影响，成舍我打造报业托拉斯的计划最终没能付诸现实。成舍我报业经营的国际化视野主要体现在将西方先进的报业经营理念引进中国，在实践中做了有益的尝试。限于条件，有些经营理念不能在中国生根发芽，即便如此，成舍我的先进报业理念仍然值得称道和发扬。当然，成舍我报业经营中的国际化视野也有其局限性，主要体现在并没有坚持报业"走出去"的理念。不过，考虑到几十年之后的今天，中国报业在"走出去"方面依然存在重重困难，也不能苛求成舍我在极为不利的政治环境中做到这一点。

②大众化方针

成舍我敢于创新，善于创新，乐于创新。他认为，在中国创办报纸，如果固守以前的办报策略，其系列报纸很难走远。因此，从成舍我创办《世界晚报》开始，他就不断地实施各种创新举措。在这些举措中，影响最大的是其大众化办报方针。在创办《立报》的时候，成舍我高举两面旗："报纸大众化"和"以日销百万为目的"。如果成舍我模仿《申报》《大公报》《新闻报》等报纸的老路，他也能够取得一定的成绩，但很难形成自己报纸的特色。报纸在内容上创新需要承担一定的风险。因为一旦转型或者创新失败，报馆就要陷入经济危机。现代以来，已经出现了报纸大众化的倾向，但是能够将理论与实践有机结合，并努力推行大众化办报方针相对较少。成舍我的系列报纸在大众化方面做出了有益的尝试。从理论上来讲，大众化方针与成舍我的报业托拉斯计划是相互契合的。大众化办报方针有助于吸引更多的读者，将报纸做大，这是报业托拉斯建设的基础；成舍我所办的报纸大多在报道方式上通俗易懂，结合实际，为广大读者所喜欢，这为报业托拉斯建设奠定了受众基础。

③科学化管理

在游历欧美期间，成舍我对欧美发达国家报业经营方式极为推崇。回国之后，成舍我拟将"科学管理"制度运用于报馆建设之中。为了实行"科学管理"制度，成舍我于1933年9月11日设立了总管理处监核组，请求读者监督其报业经营行为。对于报纸迟送、漏送、漏寄、广告金额与实际不符、舞弊等情况，均可以向总管理处检核组投诉。从报纸的内容到广告、发行等环节都不能马虎。成舍我的《世界日报》较早采用新式簿记，实行成本会计，设立会计处，由赵家骅负责。1933年以后，报社的总管理处下设总务、监核、扩充、仓库四组。编辑、营业、印刷改称处，加上会计处，总共有四个处，总管理处的权力最大。成舍我把经济核算抓得很紧，各种制度都很严格。这些严格的管理方法对于减少浪费、积累资金和扩大再生产有重要的意义。

2. 史量才的多元发展、横向扩张之路

《申报》是一份由英商美查（F. Majer）创办的报纸，后来为国人所收购，成为名副其实的民营报纸。清末民初，《申报》在民众中的影响力很大。"乡下、内地的城市，不论什么报纸，都叫做'申报纸'，足见《申报》的势力了。"[①]《申报》易手国人之后，最初的经营并不算好，直到史量才购得该报之后才扶摇直上，成为国内经营成效最显著的企业化大报。

（1）强基固本：砥砺前行，练就内功

《申报》易手国人之前，比较重视华人人才队伍的引进与培养。比如，该报初期的经理为赵逸如，主笔为蒋芷湘，后来的经理和主笔均由华人担当。这样，该报能够更好地融入中国文化，在民众中产生影响。1888年，美查打算回国，着手收回成本，增添外股。于是，美查将该报改为美查有限公司。1906年，该报以"营业不振"为由以现

---

① 金瑞本：《申报与史量才》，《浙江青年》1934年第1卷第2期。

款 75000 元出让给席子佩。这时候，该报名义上是外报，但实际上无论是报业经营，还是报纸业务等均为国人所掌控。1912 年，史量才从席子佩手中以 12 万元购得《申报》。随着申报馆盈利水平的不断改善，史量才逐渐增加对报馆基础设施的建设，报馆的印刷设备、办公大楼、员工宿舍等硬件设施在当时处于领先地位。20 世纪 20 年代，《申报》取得较大的发展，据到该报参观的记录显示，该报"重楼高耸，气象巍峨，大规模之组织也"。不仅仅办公条件越来越好，员工的生活条件也得到有效改善。"大餐堂、藏书室、会议室、客厅、会食堂、弹子房、洗浴室、职员卧室且有屋顶花园，以备办事人员工余之休息地。"①《申报》对于办公条件和员工生活条件的大力投入，是有前瞻性的。这样，报纸的印刷质量在当时处于一流，在竞争中处于领先地位；报馆的员工具有很强的归属感，其职业忠诚度明显高于其他报纸的员工，这是《申报》长盛不衰的根基。

（2）横向扩张：购进股权，强强联合

经过 10 年的发展，《申报》的发行量从不足 1 万份增加到 2 万份；1925 年，发行量增加到 10 万份以上。1916—1918 年间，史量才花了 70 万两银子建设了拥有一百多间的五层大楼，作为新的报馆办公楼。此后，申报馆不断改善办公条件，取得较大成效，其报馆大楼在全国报业中属于比较宏伟的。报馆的印刷、发行等环节不断改善，广告业务不断增加，报业经营蒸蒸日上。20 世纪 20 年代末，史量才不仅把《申报》打造成为国内一流的民营大报，还力图购买《新闻报》的股权，在此基础上控制上海乃至中国的报业市场。《新闻报》的股份以 1916 年在美国特拉华州注册的 2000 股为准，福开森拥有占 65% 的股份，即 1300 股，史量才与福开森初步达成协议，以 70 万元的代价购买《新闻报》的股份，并于 1929 年 1 月签订草约。后来由于受到国民党当局和买办资产阶级的干预，引发了著名的《新闻报》股权风波。②最终，史量才让出 300 股，购买 50% 的股份，其余股份由吴在章（字

---

① 汝津：《工厂调查：上海申报馆参观记》，《经济汇报》1923 年第 2 卷第 2 期。
② 秦绍德：《上海〈新闻报〉股权风波》，《新闻大学》1988 年第 1 期。

蕴斋)、钱永铭(字新之)等购买。吴在章为上海金城银行经理,任《新闻报》的总董(后来改称董事长),汪伯奇任总经理,汪仲韦任协理,总主笔依然为李浩然。经过此次改组,《新闻报》的主权完全回到中国人手上,而史量才想全权控制《新闻报》的设想并没有实现。不过,史量才依然购进了较多股份,从经营的角度来看,他的投资还是有眼光的。

(3) 拓展业务:围绕主业,多元发展

史量才购买《申报》以后,围绕报纸的主业兼营其他副业,主要包括以下几方面。第一,建设"申报流通图书馆"。1932 年 12 月 1 日,《申报》创办了"申报流通图书馆",地址为上海南京路大陆商场,藏书几千册,普通的市民均可办理借阅手续。图书馆开业一个月,就接待了 400 多名读者。当年年底的统计显示,图书馆平均每天接待读者有 700 人。两年之间,共向外借出图书 19 万次。第二,利用《申报》的资源开办系列教育。1933 年 1 月,申报馆创办了"申报新闻函授学校",先后运作了 4 年多,共培训了 800 多人。1933 年 3 月,创办了"申报业余补习学校",成为青年进修的重要场所。后来由于学生数量不断增加,设立了 5 个分校。第三,编辑出版《申报年鉴》。1932 年 7 月,申报馆开始筹备编辑出版《申报年鉴》,从 1933 年 4 月到 1937 年,共出版了四卷《申报年鉴》。第一本年鉴邀请了 30 多位专家,涉及重要的统计 700 余种,共计 180 多万字。除此之外,申报馆还邀请地理学家绘制《中华民国新地图》以及《中国分省地图》等。这些副业的社会效益和经济效益是明显的:一是为报馆带来了额外的经济收入;二是为申报馆赢得了社会资本和声誉;三是为中华民族文化事业发展留下了宝贵的文献资料。

从报业经营的角度来讲,经营副业是一种多角化经营策略。所谓的多角化经营,是指"企业采取在多个相关或不相关产业领域中谋求扩大规模、获取市场、创造效益的长期经营方针和思路"。[①] 在

---

① 芮明杰、方统法:《相关多角化发展战略的另一种诠释——兼评两种相关多角化战略理论》,《财经研究》2000 年第 3 期。

第三章 中国现代民营报业的经营战略

企业经营管理中，为了避免"将所有的鸡蛋放在一个篮子里"引发的风险，管理者常常采取多角化经营，以降低企业风险。相关研究表明，对于某一媒体来说，其广告经营额占所有收入的比重超过70%，某一类型的广告抑或某一家公司的广告占该媒体收入的30%，这家媒体将有较大的经营风险。[①] 20世纪初，多数民营报纸将广告作为最重要的收入来源。对于《申报》这样的民营大报来说，其广告来源非常丰富，但史量才并没有满足于单一的广告盈利模式，而是积极拓展新的盈利渠道，这种做法有一定的前瞻性，对当时民营报纸的经营具有一定的示范作用，对如今的报业经营改革也有一定的参考价值。

史量才主导的多角化副业有其现实针对性。史量才开展了一系列与《申报》主业相关的副业，也就是说，史量才所开展的多元化建设是同心多角化[②]，即这些业务都是与报业相关的，并非远离报业，重新涉入不相关、不熟悉的领域。同心多角化不同于复合多角化，前者以主要产品为中心，利用相关技术或者市场优势，不断拓展业务链，生产与主打产品相关的产品，这样，既能充分利用现有的技术和设备，又能充分利用现有的销售网络；后者则指企业向与原产品、技术和市场等无关的经营领域拓展。由于需要开辟新的领域，运用新的技术，复合多角化存在的风险相对较大，其创新成本明显比同心多角化要高一些。史量才在报业经营方面属于行家里手，他没有贸然选择复合多角化的发展战略，而是选择风险较小的同心多角化发展战略。这种选择能够契合当时的社会环境。因为中国现代民营报业面临较为复杂的社会环境，政治格局随时发生变化，报业管理者对其他行业不熟悉的话，贸然进入其他领域，失败的概率较大。选择与报业相关的图书、新闻教育等领域，与《申报》这一主业相关性较大，市场进入壁垒较低，所需的工作人员、设备、技术等条件比较容易满足。此类投入基本上不存在沉没成本，并且这些业务能够与主业相互配合，互相促进。

---

① 喻国明：《变革传媒：解析中国传媒转型问题》，华夏出版社2005年版，第12页。
② 一般来说，同心多角化是指企业增加与现有产品或者服务类似的新产品或者服务。

另外,《申报》投资的副业基本上属于公共文化事业,史量才除了赚钱外,也为社会做了相应的服务。史料显示,《申报》所从事的文化传播事业并没有给报馆带来多大的经济收入。① 但是,《申报》文化事业工作为报馆积累了人气和声誉,报纸的影响力和公信力随之提升,报馆的发行营销与广告经营均从中受益。

3. 张竹平的联合经营之路

20世纪20年代,尽管民族资产阶级在报业集团化发展方面的尝试没有取得成功,但是,也积累了一些经验与教训,对于后来的报业经营者有一定的借鉴意义。著名的民营报人张竹平在报业托拉斯方面做了一些探索,显示了当时上海报业向集团化发展的新动向。

(1) 联营节奏:稳扎稳打,步步为营

1922年,张竹平(1886—1944)进入申报馆工作。在工作中表现出卓越的才能,受到史量才的青睐,担任《申报》经理兼营业部主任。张竹平一方面对自己的待遇不太满意,另一方面不甘心寄人篱下,在工作之余一心想打造自己的报业王国。1924年7月,张竹平联合《申报》《时事新报》的同人,合作创办了申时电讯社,社址在《申报》馆内部。1928年,申时电讯社增资,业务范围也相应扩大,并搬迁了社址,向全国招聘通讯员,使其成为具有一定影响的全国性私营通讯社。1928年,张竹平又同汪英宾、潘公弼等一起买下《时事新报》的产权。1930年6月,张竹平等组织股份有限公司,向实业部重新注册《时事新报》,资产为20万元。《时事新报》股份有限公司的董事会由张竹平、汪英宾、潘公弼、陈沧波、熊少豪等组成,由张竹平担任董事长兼经理,1931年10月,公司又吸纳新股,资金增加为35万元,董事会成员也增加到7人。四年之中的两次成功运作,为张竹平做大自己的报业奠定了基础。

1931年2月,张竹平又同董显光等报人合作,以26万两白银买下经营不善的《大陆报》,经过重新改组,成立了股份有限公司,理事会由四名外国人和四名中国人组成,张竹平担任总经理。经过张竹平

---

① 甘家馨:《中国各大报经营实况》,《苏衡》1936年第17—18期。

的改革，《大陆报》的经营很快得到改观，报纸的发行和广告均翻倍。经过几年的运作，张竹平的事业越做越大。1932年2月12日，张竹平联合董显光、曾虚白等出版了《大晚报国难特刊》，是年4月15日改为《大晚报》，该报4开1张，出版后广受读者欢迎，很快从几千份增加到4万多份。该报最高销售量为7万，是当时上海销量最大的晚报。

《大晚报》创刊之后，张竹平将《时事新报》、《大陆报》以及申时电讯社联合起来，组成了"时事新报、大陆报、大晚报、申时电讯社四社联合办事处"。"四社"的合作业务主要包括：新闻报道方面的合作；联合建立资料室；纸张、油墨、制版等资源的共享；成立四社出版部；成立"四社业务推广部"；等等。在当时多数民营报纸处于分散竞争，资源分散的情况下，张竹平的"四社"明显具有规模经济效应。"四社"联合购买纸张、油墨等资源，属于大宗客户，拥有与其他企业议价的能力。另外，各家报纸的新闻可以相互分享，降低了报纸新闻的采制成本。因此，其办报成本比一般的报纸要低一些。从单个媒体的实力来看，"四社"的每家媒体在全国均没有明显的竞争优势。但是，几家读者定位、市场定位不同的媒体相互合作，形成了全覆盖的格局和强大的集合竞争优势，对当时多数分散竞争的民营报纸构成较大的冲击。

（2）联营优势：人才济济，媒体齐全

"四社联合办事处"（以下简称"四社"）相当于一个报业托拉斯的实体。四家新闻机构中，张竹平分别占有接近三分之一的股份，具备一定的话语权，在经营上也有较大的主动权。如果当时的外部环境许可，依张竹平的运作能力和管理水平，建设一个新型的报业托拉斯指日可待。"四社"拥有几个明显的优势：首先，张竹平及其同人具有丰富的报业实践经验，"四社"拥有张竹平、董显光、曾虚白等一些懂新闻、善经营、会管理的民营报人，其报业经营与新闻业务水平在全国处于领先地位。其次，"四社"已经初具规模，并且拥有一个通讯社，报纸的新闻资源获取渠道有了保障，这是一般报纸所没有的。再次，"四社"的媒介形态比较齐全，拥有日报、晚报等形态，《时事新报》注重时政新闻和学术信息传播,《大晚报》《时事新报》《大陆报》在发行时间上实现错位。这样,这几家报纸能够占领更大的发行市场,在经营绩效和影响力上具有更大的提升空间。当然,"四社"还是一个相对松散的组织,并没有形成具有合力、达到实质性整合的报业组织结构,这是张竹平一直努力想达到的目标。然而,当时的政治环境并不允许张竹平、史量才等自由运作其报业集团,张竹平的报业托拉斯之梦最终没能实现。

(3) 联营结果:被逼抛售,丧失阵地

1933年秋,国民党第十九路军在军长蔡廷锴和总指挥陈铭枢的带领下,在福州成立了"中华共和国人民革命政府",与李济深、蔡廷锴、陈铭枢等势力联合起来,共同反蒋。张竹平的"四社"曾经被国民党第十九路军列为舆论宣传阵地,两者达成意向,后者拟向"四社"投资20万元,帮助张竹平改善"四社"资金链。"四社"也发表过有关国民党第十九路军战事的新闻。后来,福建人民政府最终被蒋介石镇压。尽管"四社"与国民党第十九路军之间联系的内情并不一定被国民党所掌握,但是"四社"的言论导向令国民党当局不满。国民党当局以《时事新报》刊登违禁文章而对该报实施禁邮处罚,蒋介石下令:除了租界外,其他地方禁止"四社"发行其报纸,也不准举办其他文化宣传活动。此后,蒋介石当局不顾民意,直接劫夺"四社",由孔祥熙委派人员向张竹平施压。张竹平原打算只出卖《时事新报》的股份,没想到远远不能满足当局的"胃口"。无奈之下,张竹平只能将"四社"的全部股份以法币20万元让出去,而国民党当局又指使银行以"四社"欠债而拒绝付款给张竹平。最终,张竹平几乎将自己苦心经营的"四社"亲手送给国民党当局,只拿到孔祥熙"赠送"的法币5万元作为补偿。1935年,张竹平在各大报纸刊登启事,称自己因病需外出治疗,"四社"由杜月笙代为处理。杜月笙同时登报回应接手"四社"业务。国民党当局表面上以自由买卖的方式获得"四社",掩盖了其欺压报界、玩弄舆论的丑行。1935年5月,"四社"的几家报纸刊登声明说,从1934年9月开始,当局宣布取消"四社"邮电登记,共计8个月,现在政府已经允许"四社"恢复邮寄报纸。"本市租界以外，亦得行销无阻"，"国内外直接订阅者……自即日起，继续照寄"。①

"四社"既有报纸，又有通讯社，拥有日报、晚报和英文报三种报纸，形成错位格局，类似于国外的报业托拉斯组织。不过，"严格地说，四社还只是一个报团的雏形。三报一社的联合，仅是，业务上的部分联合，不是资本的联合"。② 从"四社"联盟的结构来讲，只是松散的联合体。③ 在"四社"中，只有申时电讯社是张竹平独资经营，其余的《时事新报》《大陆报》和《大晚报》均为股份公司，董事会各自独立，且张竹平在每一家报纸中所占的股份均少于三分之一，并非"四社"的董事长。

4. 陈铭德、邓季惺的内生式扩张之路

(1) 小试牛刀：日晚两刊，公司运作

1929年，《新民报》初创时报社员工只有十五六个人，且多是陈铭德的亲戚朋友，报社并不给员工支付工资，只给少量零用钱。《新民报》前几年的内容主要刊登中央社所发布的稿件，有点类似于公报。因为《新民报》的创办资金为军阀刘湘支持，该报经常发表刘湘部队的"战绩"。在报业竞争较为激烈的南京市，没有什么特色的《新民报》很难崭露头角。每期发行2000份，且以赠阅为主。报社的广告收入只有200元左右，报馆经营得不温不火。由于陈铭德对办报非常专注，又善于笼络人才，到了1935年，该报的发行量攀升至1.5万份；1936年，该报发行1.6万份；1937年达到2万份。报纸广告收入也逐年上升，达到总营业额的50%以上。由于发行量不断攀升，原有的印刷设备满足不了市场需求，《新民报》经理张君鼎和陈铭德、邓季惺专门去日本，从《读卖新闻》报社购回一部旧轮转印报机，改善了该报的印刷条件。

1937年7月1日，南京新民报股份有限公司成立，陈铭德与邓季

---

① 《申报》1935年5月2日。
② 方汉奇：《中国新闻事业通史》（第二卷），中国人民大学出版社1996年版，第457页。
③ 张立勤：《1927—1937年民营报业经营研究——以〈申报〉〈新闻报〉为考察中心》，浙江工商大学出版社2014年版，第58—124页。

惺准备大干一场。之所以成立股份有限公司，也是迫于当时的政治经济环境。从政治上讲，《新民报》崭露头角之后，经常主持正义，引起国民党的不满，压力大增，仅仅靠个人与家庭的力量难以应对；从经济上来讲，随着业务的不断拓展，现有的人手和经济力量越来越不能适应报纸业务的发展了。因此，陈铭德与邓季惺几经权衡，筹集了5万元，依法成立了股份有限公司。但由于日本全面侵华战争开始，南京失守，《新民报》不得不于1937年11月27日停刊，并西迁至重庆。1938年1月15日，《新民报》重庆版创刊，尽管初创时条件较差，但是，陈铭德与邓季惺善于管理，该报很快站稳脚跟，汇聚了张恨水、赵超构、浦熙修等名记者。《新民报》在言论上倾向进步，开始支持共产党的主张。不仅如此，该报的经营管理很快走上正轨，1941年11月1日，《新民报·晚刊》正式出版，晚刊的发行量很快就超过日报发行量，达到4万份。这样，《新民报》就由原来的单纯日刊变为日晚两刊，晚刊更加生活化、大众化。在报纸经营上，晚刊也更加灵活，发行量增加了，广告也纷至沓来，为后来报业扩张打下了坚实的基础。

（2）大显身手：五社八版，内生扩张

1943年6月18日，《新民报》成都版（华阳版）创刊。由于国民党市党部对《新民报》在成都办报不予批准，陈德铭与邓季惺通过关系最终在华阳县登记出版，但实际上出版机构设在成都市中心。《新民报》成都版总编辑为赵纯继，经理为邓季惺。为了在短时间内打开局面，陈铭德发挥《新民报》的人才优势，将重庆版的主笔张友鸾、张慧剑、赵超构等一起带到成都助阵。《新民报》成都版与重庆版在政治态度、编辑方针、报纸风格保持一致。由于《新民报》成都版管理有方，重庆与成都距离不远，读者的接受习惯相差不大，报纸创刊后很快占领市场，发行量超过1万份，跃居成都报纸发行量首位。随着发行量和影响力的不断扩大，成都版的广告量也逐渐增加，很快即有盈余。

陈铭德、邓季惺一直力图组建民营报业托拉斯。全面抗战胜利之后，陈铭德与邓季惺积极筹划建设"新民报报系"，以实现其报业集团的建设目标。在多年的办报实践中,陈铭德与邓季惺已经明白,民营报业托拉斯的建立往往需要"在自身繁衍的基础上扩大,而不是如同国外的大的报业集团,采取兼并的方式,来组建报业托拉斯"。① 史量才力图通过兼并重组的方式接手《新闻报》,受到国民党当局的阻挠,最后虽说获得《新闻报》的大部分股份,但是,并没有实质性地把握住该报的舆论主导权。对于史量才的这一经历,陈铭德和邓季惺有着切身体会。鉴于此,陈铭德与邓季惺准备"发展《新民报》自成报系的道路","多办地方版,一步一步地扩大"。② 于是,陈铭德和邓季惺积极招募人才,筹集资金,先后在重庆、成都、南京、上海、北平等地分别设立报馆,成为当时报界极具发展潜力的民营报业公司。南京《新民报》于1945年10月10日复刊,这是南京复刊的第一家民营报纸。1946年元月,南京《新民报》晚刊创刊。这样,《新民报》已经有重庆、成都、南京三地六版了。尽管规模扩大了,办报的区域也扩展了,陈铭德和邓季惺并没有就此停下来,而是马不停蹄地继续筹备北平版和上海版《新民报》。经过几个月的筹备,1946年4月4日,《新民报》北平版创刊;1946年5月1日,《新民报》上海版创刊。这样,《新民报》拥有了五社八刊的规模,八刊的总销量达到12万份,成为当时全国知名的民营报系(参见表3-4)。与《申报》的横向式扩张不一样,《新民报》完全走的是内生式扩张之路,靠自力更生,不断积累,"一跃而成为中国最大的民营报业集团,创造了中国报业发展史上的奇迹"。③

表3-4　　　　　　　《新民报》五社八版分布表

时间	地点	主要工作人员
1938年1月15日	重庆版	张恨水、张友鸾、张慧剑、赵超构等
1941年11月1日	重庆《新民报·晚刊》	

---

① 新民晚报史编纂委员会:《飞入寻常百姓家:新民报——新民晚报七十年史》,文汇出版社2004年版,第97页。

② 新民晚报史编纂委员会:《飞入寻常百姓家:新民报——新民晚报七十年史》,文汇出版社2004年版,第98页。

③ 杨雪梅:《陈铭德、邓季惺与〈新民报〉》,中华书局2008年版,第33页。

续表

时间	地点	主要工作人员
1943年6月18日	成都版（华阳版）《新民报》晚刊	总编辑赵纯继，经理邓季惺，张友鸾、张慧剑、赵超构担任主笔、言论、副刊、新闻等采编工作
1945年2月1日	成都版（华阳版）《新民报》日刊	
1945年10月10日	南京版复刊	邓季惺、张友鸾、程大千、郑拾风、曹仲英、宣谛之、浦熙修、郁风、叶冈等
1946年1月1日	南京《新民报》晚刊	
1946年4月4日	北平《新民报》	邓季惺、张恨水等
1946年5月1日	上海《新民报》晚刊	总主笔赵超构、总编辑程大千、张慧剑、夏衍、吴祖光、袁水拍先后任副刊《夜光杯》主编

资料来源：根据《飞入寻常百姓家：新民报——新民晚报七十年史》（新民晚报史编纂委员会编，文汇出版社2004年版）的相关资料整理。

从1945年10月10日到1946年5月1日，在短短的半年多时间内，陈铭德和邓季惺在南京、北京、上海三地创办了4个版报纸，这种能力和魄力为人称道。晚清以来，南京、北平和上海都是报业发达的大城市，报纸竞争非常激烈，陈铭德和邓季惺要管理这么多的报纸，主要得益于陈铭德的知人善任和邓季惺的管理有方。陈铭德和邓季惺夫妇配合意识强，各具优势。陈铭德善于网罗人才，社会资源丰富，能够很好地运用其社会资本，为《新民报》各版的发展确定了战略方向和人才、社会资源；邓季惺擅长报业经营，对报社的管理有条不紊。在他们齐心协力地配合下，《新民报》的系列报纸很快走上了现代化企业的运行轨道。《新民报》上海版刚创办的时候，经营效益很差，第一年亏损4亿元，甚至依靠邓季惺从南京提一皮箱现金去维持报纸运营。此后，由于报馆员工齐心协力，上海版扭亏为盈。陈铭德和邓季惺之所以创办《新民报》上海版，主要是从报业发展战略的角度来考虑的。首先，上海是国际大都市，其国际化程度高，经济发展水平高，报业发达，对于陈铭德和邓季惺来说，这是能够立足报业市场，获得一席之地的需要；其次，上海人文荟萃，信息流动量大，能为《新民报》其他几个版提供大量有价值的信息；再次，在上海设立报馆有助于为其他城市的报馆提供纸张和印刷材料。由此可见，陈铭德和邓季惺在上海布点的意义尤为明显，不仅仅影响上海的舆论，更重要的是为其五社八版提供可靠的信息、廉价的材料等，同时也为提升《新民报》的公信力和影响力奠定了基础。

比起一般的民营报纸来说，新民报系管理相对科学。该报的五社八版职工总数超过300人，经营管理人员占据50%左右。报馆管理得有条不紊，令人称道的是该报系的总管理处，充分发挥其综合管理职能，起到了管理中枢的作用。新民报系在南京设立了新民报股份有限公司总管理处，陈铭德任总经理，下设稽核、业务、秘书和供应部。并在各分社派驻稽核，常年审查各分社的财务运行情况，每月向总管理处汇报。其汇报事项主要包括七个方面：会计报表之审查情况、库存现金之审查情况、库存材料之审查情况、广告发行业务之审查情况、副业方面之审查情况、印刷方面之审查情况、办事手续之审查情况等。由于该报系管理较为规范，实行严格的会计制度，很少发生贪污渎职情况。在发行上，尽力拓展发行范围，该报重庆版在车船能够到达的地方设立分销处。该报实行订户卡片制度，相当于给每个订户建立了简单的档案。这样，能够掌握报纸发行情况，有助于稳定订户。

（3）转型发展：时局变化，公私合营

1948年7月，《新民报》南京版因违反"出版法"被国民党查封。1949年7月23日，《新民报》成都版被国民党反动派武力接收，报馆的主要负责人被捕。反动派利用报馆的设备继续出版"伪新民报"，读者极为不满。"伪新民报"出版的时间不长，报馆原有的物资储备耗尽之后即告停刊。1949年6月，《新民报》南京版复刊；1950年1月18日，《新民报》成都版复刊。但由于两地报馆均遭到国民党的破坏，原有资源已被消耗，报纸维持了几个月最终难以支撑，宣告停刊。《新民报》重庆版复刊后继续出版的时间较长，在继续出版两年两个月后因经济困难于1952年2月11日自动停刊。《新民报》北京版于1949年10月复刊，后来经营了3年3个月。1952年3月，陈铭德、邓季惺与北京市人民政府达成协议，后者收购了《新民报》的资产，用于办《北京日报》，《新民报》的员工也一并转入《北京日报》。这样，到1952年4月，《新民报》的五社八刊只剩下上海《新民报》晚刊了。

二 民营报业集团化建设的基本特点

近现代以来,部分民营报人展现出一定的魄力,在国内政治环境不稳定的情况下,锲而不舍地推动报业集团化建设。民营报业的集团化运作并非来自报人的凭空想象,而是参考了国内外报业以及相关行业的经营方略:一是国外报业集团化发展给中国报业发展带来了值得借鉴的经验;二是国内相关产业的集团化发展为民营报业发展提供了一定的参考。民营报业集团化建设表现出以下特点。

1. 竞争力与影响力:集团化建设的两大目标

五四运动以后,一些知名的民营报业老板对国外的报业经营状况比较了解,尤其是对欧美发达国家报业发展的考察与借鉴,直接影响着中国报业的发展。中国报界也不断关注国外的报业发展状况,这对中国民营报业发展起到一定的引领作用。如1949年,《报学杂志》专门报道了美国印第安纳的报界大亨普廉购买新闻报,与自己手中的明星报合并,巴黎的两家报纸合并。这表明,在发达国家,报业集中趋势正在加剧。[①] 一些有抱负的民营报人,力图通过民营报业集团化建设达成两大目标,即提高报业竞争力,或者提高媒介的影响力。

对于多数民营报纸来说,上述两种经营发展目的兼而有之。不过,各家报纸会在其发展规划中有所侧重。有的报纸重视提升盈利水平,有的报纸重视报纸的社会影响力。如新记《大公报》《文汇报》《新民报》等民营报纸的主要目标并不是赚钱,而是力图通过新闻报道提升报纸的影响力。而当时的多数民营小报以及部分民营大报很重视报纸的盈利能力和盈利状况,其主要发展规划就是立足于赚钱。当然,在民营报业经营中,这两大目标并不能截然分开,民营报业的竞争力提升了,其报业影响力也会不断提升。而影响力较大的民营报纸,发行量也相对较大,报业竞争力也随之提升。

民营报业集团化建设的两大目标往往是相辅相成的。报纸经营水

---

① 塔布衣夫人无恙:《报业集中趋势益显,美法四大报近分别合并》,《报学杂志》1948年第1卷第2期。

平和盈利水平提高了，竞争力也随之提升，在此基础上建设的报业集团，其经济效益较好，为报纸影响力的提升奠定了物质基础。民营报纸新闻舆论影响力大，其发行量自然会攀升，广告也纷至沓来，报业经营与盈利水平也会不断提升。但是，民营报业集团化建设往往很难实现。因为，经济实力强、舆论影响力大的报业集团，往往会引起当局的警觉，其规模扩张会受到一定的限制，最终导致集团发展受阻。

2. 内生式与外延式：集团化扩张的两种方式

20世纪初到中华人民共和国成立，民营报业集团化建设并不多见，主要因为当时的政治条件、经济发展等因素并不适合建设报业集团。中国民营报人试图模仿西方发达国家的做法，通过兼并其他报纸实现规模扩张，最终做大做强报业集团，这种思路在中国很难行得通。民营报业集团化建设有两种路径，一是内生式扩张，二是兼并重组。较少报纸采取兼并重组的发展模式，史量才的《申报》是其中典型的代表，他希望通过兼并《新闻报》走上集团化发展的道路，但是他遇到极大的阻力，尽管占有了《新闻报》的股份，但他也不得不做了较大让步。张竹平想沿袭史量才的思路，刚迈开步子，即被国民党当局叫停。成舍我的世界报系、陈铭德的新民报系、新记《大公报》的各地不同版面等，均走得是以内生式扩张为主的道路。陈铭德和邓季惺夫妇经历了多年的办报实践，他们对中国报业发展史有一定的认识。他们认为，"在中国的新闻史上，特别是民间的私营报纸，在有了一定的基础之后，它的发展往往是在自身繁衍的基础上扩大，而不是如同国外的大的报业集团，采取兼并的方式，来组建报业托拉斯"。[①]

纵观民营报业发展的历程，可以看出，主要有两种具体的内生式规模扩张路径：一是通过报馆所具有的人力、资产和业务，提高报纸的竞争力，扩大报纸的市场份额，来实现规模扩大、销售和利润增加；二是报馆在长期的经营中积累大量的流动资金、固定资产和人力资源，在此基础上另外创办报纸，从而实现规模扩张和利润提升的目的。进

[①] 新民晚报史编纂委员会：《飞入寻常百姓家：新民报——新民晚报七十年史》，文汇出版社2004年版，第97页。

入现代以来，新记《大公报》、成舍我的世界报系、陈铭德的新民报系均采用过上述两种内生式发展的路径，并且，两种扩张路径一般是前后相继、互为支撑的。在民营报纸发展的初期，报社通过自身的力量不断提升发行量，盈利稳步增加，这属于前期的内生式扩张，为后续的发展积累了资本和资源。随着规模的不断扩展，在条件允许的情况下，民营大报采取异地办报的方式进一步拓展规模，从而向现代报业托拉斯迈进。不过，需要说明的是，有些民营报纸所采取的异地办报方式，并不仅仅从经济绩效方面来考虑的。如新记《大公报》《新民报》等民营大报，之所以采取异地办报的做法，既有时局方面的因素，也有新闻信息传播方面的考虑。

民营报纸规模扩张的两种途径各有利弊。内生式扩张风险较小，可操控性较强，一般不会引起竞争对手的过度警觉，具有一定的隐蔽性，便于报纸积聚力量。内生式扩张是民营报纸利润积累的结果，这一扩张模式具有连续性，伴随着民营报纸发展的始终，是民营报纸兼并重组的基础。

3. "夹生饭"与"肥皂泡"：集团化建设的两种结局

国民党当局对民营报馆组织结构的扩张表现得比较敏感，民营报业经营受到极大的限制，这是民营报业托拉斯幻灭的重要原因。在缺乏稳定的社会基础和发达的工商业经济基础的情况下，民营报业没有自由发展的环境，在夹缝中生存，最终只能在国民党当局的限制、摧残中放弃报业集团化建设行为。无论是成舍我、陈铭德的内生式扩张策略，还是史量才的横向兼并策略、张竹平的联盟式合作策略均受到政治力量的限制，具有雄才大略的民营报人不可能完全摆脱政治力量的制约。国民党当局不仅用政治手段限制新闻托拉斯的发展，还打着"民主主义"旗号，以"节制私人资本"为由，制约新闻托拉斯的发展。成舍我和陈铭德采取异地扩张的方式拓展了报业规模，但是仍然在不同的节点受到当局的限制，导致集团化建设受阻。史量才的同城兼并行为引起当局的不满，国民党插手此事，致使史量才做出让步。最终，当时国内两家经营最好的民营报纸《申报》和《新闻报》名义上归史量才管理，实际上，史量才对《新闻报》的新闻业务并不过问。甚至,史量才都没有迈进《新闻报》的大门一步。纵观中国现代报业经营史,可以看出,"中国资产阶级报业,终其在大陆存在的历史,也始终未能形成一个新闻托拉斯体系"。①

如果按照市场的规律来运作,史量才完全有能力组建欧美那样的报业集团。但是,在当时中国的政治、军事格局之下,民营报纸不可能做到大而强。因此,当史量才怀揣宏图大略,力图构建中国首屈一指的报业航母时,国民党当局马上"顺应民意",悄悄地破了史量才的报团之梦。史量才兼并《新闻报》的初衷是想在新闻业务和报纸经营等方面完全控制该报,仅凭汪氏兄弟的反对,还不足以破坏史量才的远景规划,因为史量才可以采取循序渐进的方式来控制《新闻报》。除此之外,史量才还可以另辟蹊径,收购其他的民营报纸,构建自己的报业帝国。然而,国民党当局的插手,让民营报业兼并超出了企业经营的范围,变成了一种企业行为与政治干预的复杂局面。史量才原以为自己可以在报业领域大展宏图,但最终囿于政治压力,只能做出让步,他所打造的报业集团只能成为自己并不期待的"夹生饭"。

之所以出现这种情况,主要原因在于报纸行业属于新闻舆论的发动机,国民党当局不可能让私人在舆论领域为所欲为。国民党中央宣传机构在1938年就大肆宣传"一个政党、一个领袖、一个主义、一个军队",民营报纸则奉行"不偏不倚""超党派""不党、不卖、不私、不盲"②等信条,显然不利于国民党统一思想。如果报纸的宣传处于中立或者偏左的基调,就会严重扰乱国民党当局的部署,给其统治带来不利。因此,从政治稳定性的角度来讲,国民党当局采取各种手段阻挠民营报纸组建报业集团,完全符合其统治需要。

新民报系所秉承的"中间偏左,遇礁即避"的方针并不能保证其不触礁,除了《新民报》成都版和重庆版外,其余几个城市的《新民报》被迫先后停刊。成舍我曾经满怀希望地规划蓝图,建设与世界接轨的民营报业托拉斯,最终成为一场空。张竹平苦心构建的联营框架

---

① 新民晚报史编纂委员会:《飞入寻常百姓家:新民报——新民晚报七十年史》,文汇出版社2004年版,第98页。
② 张季鸾:《本社同人旨趣》,《大公报》1926年9月1日。

也难以幸免,张竹平最终被逐出报馆,"四社"几乎拱手送与国民党。这样,一些即将冉冉升起的报业集团,成为国民党国家资本主义发展模式的一部分。由此看见,中国现代民营报人均不可能放开手脚建设报业集团,那些力图打造民营报业集团的报人最终发现,他们的宏伟目标不过是一个个美丽的"肥皂泡"。

三 民营报业集团化建设的力量博弈

1. 主体力量:身单力薄,缺乏根基

中国现代民营报纸走集团化建设之路并非一帆风顺的。从当局的管理角度来看,集团化建设导致对言论的垄断和舆论的控制,这是当局不愿意看到的现象。因此,当局会想尽一切办法阻止报业托拉斯化。国民党政府对民营报业集团化运作的管控充分地说明了这一问题。从新闻从业者的角度来讲,由于多数记者、编辑并没有机会亲历国外报业托拉斯的运作,不了解报业托拉斯能够给报馆员工带来怎样的实际好处,也就是说,业界对这一问题的认识并不是很充分,只有少数具有前瞻性的报馆领导大力提倡报业托拉斯化。因此,报业托拉斯化在业界的认同度并不高。对于普通民众来说,他们更不可能了解报业托拉斯化的利好与不足。当国民政府公开反对报业托拉斯化的时候,只有极少数人是报业托拉斯化的坚定支持者和践行者,多数人抱着无所谓的态度。因此,报业托拉斯运作难以推行下去,最终导致流产,这是当时政治、经济与文化环境决定的。现代民营报业的经营主体是中国民族资产阶级,他们的发展受到了时代环境的影响,存在先天的不足。在经济上,民族资产阶级没有形成与外国资本和国家资本相提并论的实力;在政治上,民族资产阶级的地位没有得到有效的巩固,其政治话语权相对较小。因此,民族资产阶级在经营民营报业的时候,往往陷于身单力薄的境地,存在明显的短板。

2. 舆论危机:同行倒戈,缺乏支持

现代民营报业托拉斯的发展并没有引起舆论的共鸣与支持。对于报业托拉斯的组建,各界见仁见智。在《申报》准备大张旗鼓地开展收购工作的时候,与《申报》实力相当的其他民营报馆负责人的心态比较微妙。这些报纸在与《申报》《新闻报》的竞争中并不占有什么优势,甚至在全国民营报纸经营方面,《申报》《新闻报》属于典范,两家报纸的实力相当,对其他报纸的发行与广告构成较大的威胁。因此,多数民营报纸并不希望两家报纸强强联合,如果两家报纸组建报业集团,其他报纸的生存将更加困难。以《大公报》为例,该报从1929年1月13日开始,连续刊发18篇消息和评论,对史量才收购《新闻报》一事进行报道和评论,尽管报纸采用相对客观的手段报道此事,但是从其报道倾向来看,《大公报》是极力反对史量才收购《新闻报》的(相关报道参见表3-5)。

《大公报》就史量才收购《新闻报》这一事件的报道,大体上表达了五个层次的意思。一是史量才想垄断中国报业。《申报》和《新闻报》均属于中国比较大的民营报纸,都集中到史量才手里,他就会垄断上海望平街的报纸。这一观点是各家报纸反对史量才建立报业托拉斯的最主要因素,但是,按照当时的报业发展的实际情况,这种反对声音并没有抓住史量才的要害,因为法律并没有明确禁止报纸的兼并,并且在现实中也存在各种形式的垄断,而垄断本身是一种经济行为。从《大公报》登载的新闻可以看出,其倾向性非常明确,坚决反对史量才的收购行为。二是报业垄断将导致私人意见垄断,出现颠倒黑白的情况。这种观点就将史量才在经济上的垄断上升到思想领域,这为进一步找准史量才收购行为要害打下了基础。三是各家商业协会、新闻媒体、《新闻报》的多数股东反对史量才的报业垄断行为。《大公报》通过报道各家商业协会、新闻机构以及新闻报馆自身的态度,形成一种舆论包围形势,进一步孤立《申报》的收购行为。四是认为此次收购行为牵涉反动分子意欲收购报纸,控制报界,这基本上抓住了这次收购行为的要害。不论收购报纸的股东中是否有反动分子,只要这种舆论能够吸引公众的注意,当局就可以拿着这一"恰如其分"的理由干预收购行为,史量才的报业托拉斯计划就会无疾而终。国民党当局显然不希望史量才成功收购《新闻报》,仅仅是一份《申报》就已经足够强大,不容易对付。全国数一数二的两大民营报纸强强联合,不仅报业经营实力大增,其新闻舆论力量也将变得更为强大,这是国民党当局最不想看到的。因而,找到这样一个非常充分的理由,就可以彻底击垮史量才的收购计划。五是上海市党部发出警告,阻止史量才收购《新闻报》。这是当时多数民营报纸以及国民党当局均愿意看到的结果。

从《大公报》的言论可以看出,该报明确反对史量才收购《新闻报》。在民营报纸激烈的市场竞争中,民营大报的争夺几乎达到了白热化。几家势均力敌的民营报纸相互竞争,可以形成寡头垄断的格局,每家报纸都不具有压倒性的竞争优势,报纸之间可以达成默契,共同赚取利润。如果一家媒体对发行与广告市场形成绝对的垄断,就会对其他报纸的生存发展构成极大的威胁,甚至将其他报纸逐出市场,这一点在晚清时期的上海报业市场中已经有过先例。因此,史量才意欲打造大型报业集团的计划遭到了各家民营报纸的极力反对。当然,国民党当局不支持史量才的收购计划是最主要的因素,而这种因素与其他因素交织在一起发挥作用,最终导致其报业托拉斯建设计划破产。关于史量才收购《新闻报》所引发的舆论热潮很快就消失了,而这一争议性收购行为也成为近现代新闻史上争议最大的报业兼并行为。尽管史量才开始阶段的保密工作做得很好,但是,最终还是在经济因素与政治因素的合力之下暂时放弃了报业托拉斯计划。这次收购计划的失败,也预示着在中国现代的政治局势中,报业托拉斯建设之路是行不通的。

表3-5 《大公报》就史量才收购《新闻报》所发表的系列报道与评论

序号	时间	版次	题目	报道主题
1	1929-01-11	3	福开森卖股票	新闻报福开森以七十万元售与他人,已付定金,事前其他股东并不知情
2	1929-01-13	3	沪市党部干涉新闻报股票出售,呈请中央备款收回	市党部以新闻报股份出售情节可疑,应予以警告,不准将福开森股份任意出售,并呈请中央备款收回股票
3	1929-01-14	3	新闻报拒绝新股东	新闻报同人拒绝新股东,决定自行收回福开森股份

续表

序号	时间	版次	题目	报道主题
4	1929-01-15	3	史量才欲垄断报业	史量才、吴蕴齐等人欲购买新闻报福开森所拥有的1500股，以史量才为中心，拟改组新闻报，统一望平街
5	1929-01-16	3	沪报界之轩然大波，反对托拉斯之空气甚浓	1. 报业托拉斯的计划有：(1) 组建全国范围各报联合办事处；(2) 设立大通讯社统一宣传；(3) 操纵其他报纸。 2. 新闻报组建股东临时干事会，坚决反对股权出售。 3. 国闻社、上海三商会发声，反对收购新闻报股权
6	1929-01-17	2	报托拉斯问题，新闻报第二次宣言，双方皆有人赴宁奔走	1. 史量才收购《新闻报》的计划所引发的矛盾，双方都派人赴南京寻求政治支持。 2. 沪总商会县商会闸北商会认为报纸收购会纵容私人意见，颠倒黑白，影响独立精神
7	1929-01-18	4	中宣部与新闻报问题，认为反动分子确有计划	中宣部极为重视新闻报事件，认为反动分子确有计划，希望各方对新闻报加以援助
8	1929-01-19	3	报托拉斯问题与中央	中央对报托拉斯已有设法打破之意，福开森股份已经交割清楚，需要找一个妥善的解决办法
9	1929-01-20	2	新闻界之新闻，收买新闻报之波澜	全国商会声援新闻报，广东各界发反对收购行为。认为新闻报的股份出售给反动分子，将导致报纸被反动分子控制，这是一场阴谋，是公然操纵新闻事业的反动行为，不能容忍
10	1929-01-21	2	收买新闻报风潮扩大，全国商联会宣言发表，各方同情收回旧股权	1.《新闻报》不应该被操纵者把持，已经请中央下令，福开森的股份由旧股东承受。 2. 全国商会发表宣言，认为福开森的股权应该由报社同人优先收回
11	1929-01-23	3	报托拉斯问题，新闻报将发表拒股办法，钱新之谈系事后被邀出面	钱新之谈论受史量才之邀参与收购，碍于情面不好拒绝

续表

序号	时间	版次	题目	报道主题
12	1929-01-24	3	报托拉斯，疏通党部之新步骤	报托拉斯方、冀市党部出面调查新股内是否有反动分子，该报拟收回股权，款已筹齐，现正办收回手续
13	1929-01-25	3	报托拉斯问题，沪全体商界之反对声，现拟三日内调停解决	1. 商会主席：股票自由转移固合法，但报纸情形不同，该会因政治上商业上两个原因反对包办。2. 新闻报旧股东及报馆同人不准福开森之股让渡他人，应由上海特别市总商会监督收回反动分子股份
14	1929-01-25	4	中央宣传部，第四次记者谈话会，解释党的标准与理论，盼记者注意新闻报事	中央宣传部希望各报记者关注新闻报事件
15	1929-01-25	3	上海报托拉斯风潮，沪商界调停无结果	报纸托拉斯，一方在辩解，一方仍在秘密计划收购，虽然经商界调停，但没有结果，仍将起波澜
16	1929-01-28	3	指桑骂槐，陈冷为买新闻报而发	《申报》主笔陈冷每日在报纸上指责团体滥用权利，干涉他人的事情。叶楚伧奉命到申报馆会晤史量才，并有所忠告
17	1929-01-29	3	新闻报问题，史量才不肯放手，调停人无法推行	新闻报调停之事，已经决裂，对方仅仅让出二百股，新闻报以外的势力占有一千一百多股，新闻报将不接受调停
18	1929-02-03	3	新闻报问题，让出三百股解决	1. 因经理方面不愿多事，新闻报王氏兄弟收回三百股，新旧各得千股。同人方面虽反对托拉斯，但大势已定，无能为力，托拉斯之局已定。2. 新股东对职员加以保障，职员认为满意，事情已经解决

资料来源：根据《大公报》1929年1—2月的相关连续报道整理。

《大公报》对史量才收购《新闻报》所发表的言论，代表了相当一部分民营报纸的态度。与党政机关报不同，民营报纸主要依靠发行和广告经营维持发展，报纸之间的竞争非常激烈。《申报》《新闻报》

· 178 ·

《大公报》《世界日报》《新民报》《文汇报》等民营报纸规模相对较大，在全国范围内具有较强的竞争实力，彼此之间的市场争夺更加激烈。尤其是《申报》《新闻报》《大公报》这3家报纸，存在的时间长，属于老牌民营大报，在各个领域和各个地区都有极大的影响力，并且在全国主要城市均设有发行部门，在跨地区经营方面都有一些规划。如果几家报纸能够形成势均力敌的格局，对于每一家报纸来说，都是可以接受的。而《申报》《新闻报》二报联合起来，《大公报》将突然面临更大的竞争压力。《大公报》对于当时各方的心态了如指掌，很好地利用了各方的想法，掀起舆论热潮。纵观《大公报》的新闻报道与评论，可以看出，围绕收购事件，报界舆论经历了转型。前期的报道集中于报业经济垄断，接着转移到私人意见垄断，最后转移到政治风险。对于《大公报》的做法，学界人士认为这是"酸报"的一种体现，因为，"在地域上讲，报托拉斯之计划可根本影响北方某报的专横独霸"。① 这一评论基本上点出了《大公报》当时所处的位置以及该报所持态度的根源。

3. 制约力量：多重打压，缺乏掩护

现代民营报业集团化建设遇到多重困难。首先，政治力量左右着民营报业的发展。一些主持正义的民营报纸因为得罪当权者遭受各种处罚。对于实力雄厚、有一定话语权的民营报纸，当局尤为警惕。史量才、张竹平、陈铭德、成舍我等力图建设报业托拉斯，国民党当局不可能充当旁观者。因为一旦报业托拉斯实力壮大，影响力随之增大，当局更难控制报纸的言论，这是民营报业集团化建设受阻的终极原因。其次，民营报业总体上是代表民族资产阶级利益的，民族资产阶级发展与成长并不顺利。民族工业发展主要体现在部分轻工业方面，重工业极为薄弱，没有形成完整、独立的工业体系。外资在部分工业部门占据重要的地位，自给自足的自然经济仍然占有相当大的比例。民族工业、商业等行业与民营报业的发展存在紧密的关系，上述行业的快速发展为民营报业提供了广告以及信息需求。而近现代中国民族资产

---

① 金学：《由上海报潮谈到报托拉斯》，《认识周报》1929年第1卷第4期。

阶级的发展速度缓慢，在一定程度上影响了民营报业集团化建设的推进。最后，战乱纷争的军事格局影响了民营报业集团化建设。军事力量的不断冲击，导致物价上涨，物资供应不足，民营报业所需的印刷、纸张等短缺。并且，军事势力经常排斥异己，往往对一些民营报纸造成致命打击。在多重力量的打压下，一些民营报纸被迫退出市场，民营报业发展缺乏稳定的外部环境，处于畸形发展之中，这是民营报业集团难以成型，并最终退出历史舞台的主要原因。

史量才收购《新闻报》所引发的讨论较为广泛，政治力量、经济力量、报业同行、专家学者都给予较多关注，并通过各种途径表明态度，给史量才和申报馆带来巨大的压力。尤其是国民党当局的反对，直接导致史量才的报业托拉斯计划落空。尽管国民党当局以及舆论界认为有反动分子介入收购《新闻报》之事，但这种说法并没有现实依据。"就各家的报告，也只能证明'野心家'方面是在营业上注目，政治上至少在短期内不会有影响"。在当时的情况下，报纸被反动分子收购的可能性极小，其原因在于："一、中央有自己的宣传机关；二、党部有专人会同各大小当局审察稿件；三、中央颁布的宣传条例规定，随时都可援引令你关门大吉"。① 这一观点具有一定的道理，从史量才的角度来讲，他的主要目的在于获取报业经营方面的竞争优势，并不是想垄断舆论。然而，无论是当局，还是商业协会、其他民营报馆，都无法接受全国排名前两名的报纸组建报业托拉斯，这样给各界都会带来不同程度的影响。

老唐认为，当时中国报业发展的主客观条件均不具备实行托拉斯化的条件，硬走托拉斯化是一种畸形的发展模式。20 世纪 30 年代，中国报业"发生托拉斯化的客观条件——企业的极度发展——还没有具备，怎能谈到事实上的托拉斯化呢？"，报纸是最好的教育者，需要在国民教育中发挥独特的作用，因此，中国的报纸"应当有所觉悟，而不应托拉斯化，专谋利益的独占……是要在以一般民众的利益的前提下，去努力创造新的灿烂的环境"。托拉斯化必然导致报纸"专事

---

① 金学：《由上海报潮谈到报托拉斯》，《认识周报》1929 年第 1 卷第 4 期。

营利忽视人民知识",同时也会摧毁地方报纸,导致小报停办,工人失业。① 可见,即便是当时的新闻研究者,对民营报业托拉斯的认识也不太深入,普通民众对民营报业托拉斯更是缺乏认知,不可能在舆论上和行动上支持组建民营报业托拉斯。

---

① 老唐:《中国报馆应否托拉斯化》,《新闻学期刊》1934 年。

第四章　中国现代民营报业的经营策略

但凡经营效益较好的民营报纸,一方面比较重视战略规划,另一方面也非常重视战术层面的经营行为,形成自身的经营策略。现代民营报业相互之间竞争异常激烈,主要体现在五个层面的竞争。第一,民营报纸与政党报纸之间存在一定的竞争,主要表现为新闻竞争和舆论影响力的竞争,如《申报》《新闻报》《大公报》《文汇报》等在政治主张、价值观等方面与政党报纸之间需要保持一定的张力,否则有可能遭致打压。第二,在华外报与国人自办民营报纸之间的竞争。现代在华外报的办报目的有多种,主要包括政治价值取向、宗教价值取向、商业价值取向等。其中,商业报刊与国人自办民营报纸在经营方面形成直接竞争,包括发行、广告等方面的竞争。第三,民营大报之间存在较为激烈的市场竞争。同一城市之间报纸竞争尤为激烈,在上海、北京、天津等报业发达的大城市,民营大报形成了寡占趋势,几家民营大报基本上控制了各自所在城市的发行与广告经营。但是,由于民营报业市场呈现出寡占型市场结构,并非独占型市场结构,因此,民营大报之间的竞争也非常激烈,报纸在新闻、人才、发行、广告等方面展开全方位的竞争。当政治、军事、经济等外部因素发生变化的时候,民营大报的经营条件将会发生较大的变化,最终会影响民营报业的经营行为。第四,民营大报与民营小报之间的竞争。尽管民营大报与民营小报在办报方针、内容定位、受众定位、市场定位等方面存在一定的差异,但是这不代表两者之间没有竞争。民营大报和民营小报之间的竞争主要体现在发行竞争方面,同一城市的民营大报和民营小报之间往往围绕读者资源展开激烈的竞争,众多民营小报的出现对

第四章　中国现代民营报业的经营策略

民营大报的发行会带来不同程度的冲击。第五，民营小报之间的惨烈竞争。在政治环境、经济环境允许的情况下，民营小报会大规模地进入报业市场，形成直接对垒，争夺读者资源。

民营报纸在经营过程中，经常会与市场中其他各种类型的报纸展开对各类资源的争夺，尤其是民营报纸之间的竞争则更为激烈。为了获得更好的生存空间和更多的资源，民营报纸会采取各种办法去压倒其他报纸，通过研发新的产品、不断地做宣传、互挖人才、在报纸发行和广告等方面展开竞争，其经营行为也会表现出不同的特征。

第一节　民营报纸的人才竞争

报纸对人才的要求比较高，既需要善于采写的人才，又需要能够摄影的人才，还需要善于经营的人才，等等。由此可见，能否网罗到合适的人才，是报纸维持良好经营状态的重要保证。纵观中国现代经营效益较好的各家民营报纸，可以看出，每家报纸都拥有各类人才，有的报纸还拥有身兼多职的全能型人才。很多民营报纸非常重视人才队伍的建设，通过各种渠道吸引外界人才，并通过各种手段留住人才。

民国的成立，宣告封建专制时代的终结，为人民言论、出版自由提供了一定的外部条件。报纸的新闻舆论受到人们的重视，报业发展进入一个新的时期。一些民营大报的商业化运作取得较大的成功，报纸的营业收入日益增加，报人的经济地位和社会地位得到一定程度的提升。尤其是一些知名记者，如黄远生、邵飘萍、徐凌霄、林白水等受到不少报纸的追捧，身价渐涨。各家民营报纸为了更好地发展，纷纷加入报业人才竞争的行列。现代报纸的人才总体上表现出"求过于供"[①]的格局。20世纪二三十年代，报纸行业既表现出

[①] 钱鹤：《教育与报纸关系》，载黄天鹏《新闻学演讲录》，上海现代书店1931年版，转引自龙伟等编《民国新闻教育史料选辑》，北京大学出版社2010年版，第35页。

"人才缺乏"的状态,又,表现出"品类不齐"的状态①,加剧了民营报业市场的竞争程度。

一 多种手段争夺人才

现代报业的人才可以称为报人,包括新闻记者和一般的经营人员。早在1948年,曾虚白就专门发文章论述新闻记者与报人的区别。曾虚白认为,新闻记者即"处理新闻之从业员",包括新闻采访人员、评论人员、编辑人员。报社的经理人、发行员、广告员、排字校对人员不宜称为新闻记者,否则太泛,而称其为"报人"更为合适。② 由此可见,报人的内涵更为宽泛,包括报业中的所有从业者。也有人将报业人才细分为四类,即探访、编辑、排字工人、送报夫等。

不论是新闻采编人员还是报业经营管理人员,都是民营报业经营不可或缺的人才。因此,民营报馆都会想尽办法去争夺人才。

1. 提高待遇挖掘人才

最常用的办法是通过提高待遇从其他报馆挖掘人才。《正言报》的副社长王晋琦在一次座谈会上谈到他的一次经历,该报以前有一位特约写文章的老记者,资历很深,文章也很出色。有一天,这位记者跟王晋琦说,很抱歉,现在不能继续在该报工作了。因为,这位记者已经答应了另外一家报馆的邀请,去他们那里工作,这家报馆为他提供的工资比《正言报》的要高三倍。这家报馆提出的要求是,今后不能替其他报馆写文章了。③ 由此可见,现代民营报业的人才竞争尤为激烈,实力强劲的民营报纸可以借助优厚的薪水或者其他福利吸引高水平人才,而民营小报在人才竞争中往往处于劣势。报人金雄白曾经在一年半之内三易其职,1929年在《京报》工作,1930年跳槽到《中央日报》工作。由于金雄白声名鹊起,当年夏天,《时事新报》开出比《时报》高出几倍的薪水诚邀金雄白,金氏最终没有抵挡住高薪

---

① 邵飘萍:《新闻学总论》,载肖东发、邓绍根编《邵飘萍新闻学论集》,北京大学出版社2008年版,第193页。
② 曾虚白:《记者与报人有别》,《报学杂志》1948年创刊号。
③ 王晋琦:《报业界的大鱼吃小鱼》,《上海文化》1947年第12期。

的诱惑，于1930年夏又跳槽到《时事新报》工作。其频频跳槽的原因各异，但是，这种行为不利于民营报纸进行长期规划。相对于民营大报而言，民营小报在人才争夺方面往往处于劣势。民营大报一般经济实力雄厚，而民营小报则经济拮据，很难网罗到有才干的新闻人才。在小型报里，员工"工作既然清苦，待遇又复微薄，使优秀的人才望而却步"。[①] 由此可见，民营小报在人才招揽方面往往不具备优势。很多民营小报为了保证报纸的正常生产，往往从大报聘请记者或者编辑，这些大报的员工也乐得将小报作为自己兼职的地方。这样，大报的员工既能够有相对体面的工作，又能得到额外的收入，民营小报也借此弥补了人才竞争方面的劣势。

除了从其他报馆挖掘人才外，民营报纸还通过各种途径从社会各界以及高等学校招贤纳士。一些民营大报的社会影响力大，待遇相对较好，成为社会贤达表达观点、实现自我价值的途径之一。因此，一些民营大报能够从社会上吸引人才，充实报纸的人才队伍。

2. 不拘一格选拔新人

从工作经验的角度来讲，民营报业的人才可以分为两种情况：一种是有过从业经验的熟练工，另一种是没有从业经验的新人。前者往往有较为丰富的办报经历，能够直接完成报社布置的任务，甚至在工作中能够独当一面；而后者则缺乏从业经验，需要进一步栽培才能够适应报社的工作。除了在其他报纸挖掘有实力的人才以外，不少民营报纸还很重视选拔新人。相比从其他报社挖掘的人才，选拔新人的好处在于，新人往往更具有可塑性，所支付的劳动报酬也相对较低，有助于报社节约办报成本。善于经营的民营报业管理者，都会利用各种机会选拔人才。纵观优秀民营报馆的做法，有些很值得称道。

一是管理者任人唯贤。新记《大公报》的胡政之非常注重选拔新人。王芸生同张季鸾在报纸上打笔墨官司，胡政之看到他是可造之才，就把他引进报馆；范长江、萧乾还在读书的时候就经常给《大公报》投稿，后来被《大公报》看中，进入报馆工作；等等。其他的如张高

---

① 汤炳正：《小型报的缺点及其改善办法》，《报学季刊》1935年第1卷第4期。

峰、陈纪滢、徐盈、彭子冈、杜文思等都是被《大公报》发现之后引进报馆的。《大公报》还通过招考引进一批人才,包括曹世瑛、曾敏之、陈凡、徐铸成、王文彬、罗承勋、金庸、孔昭恺等。《大公报》极为重视人才,但历来不养冗员。报馆的吴、胡、张"三驾马车"从来不以权谋私、以个人名义介绍自己的亲朋好友进入报馆。燕京大学的许多新闻系的学生到《大公报》实习,能力较强的学生刚毕业,就被《大公报》选拔为工作人员。除此之外,《大公报》还在报纸上刊登告白,招收毕业生,由张季鸾、胡政之面试,录取之后作为练习生,在报社里实习一段时间,然后随记者外出采访。

二是管理者注重兼收并蓄。与政党报纸相比,民营报纸的用人权限主要在报馆的负责人。一些成功的民营报馆经营者往往善于发掘新人,用人所长。《新民报》的创办者陈铭德是一位知人善任的报人,甚至被誉为"刘备",他学习蔡元培办燕京大学的做法,将不同党派的人士网罗起来,做到兼收并蓄,用人所长。① 在《新民报》的历史上,20岁出头的小伙子赵纯继担任过总编辑,刚出狱的阳翰笙当过该报副刊编辑,各党各派的学人给该报供稿,左中右的人士共同滋养这朵抗战之花。

三是给新人足够的信任与锻炼机会。现代民营报社是实习生锻炼的好地方。民营报纸为了节约办报成本,往往愿意吸纳青年学生入职锻炼。同时,民营报纸的政治属性没有政党报纸那么强,更适合初学者。不少民营报馆为青年学生提供了这样的锻炼机会,如《大公报》《世界日报》等,经常让实习生参与采写新闻、印刷报纸等工作,这样既能锻炼青年学生,也为报馆节约了不少人力成本。

3. 大力启用报业买办

清末民初,买办阶层在中国商业领域诞生并取得较大发展。买办阶层主要指受雇于外商,协助其在中国从事贸易活动的经理人。有学者认为,买办是这样一个阶级:"这个阶级在近代中国的社会经济结构中,和外国资产阶级结成直接的人身雇佣关系或直接的资本合作关

---

① 陈铭德等:《〈新民报〉春秋》,重庆出版社1987年版,第28页。

系；他们处在投靠、勾结和支持外国资产阶级入侵中国的帮凶者的'地位'"。① 20世纪20年代以后，买办早已不是新现象。早在鸦片战争之前，中国已经出现买办。到了19世纪末，中国的买办总数超过一万人。② 在中国近代的重大政治活动中，买办往往扮演着显著的角色。买办资产阶级在外国人的操纵与指使之下，成为其剥削与压迫中国人民的中介。在此过程中，一些买办不断地积累资本，经历了职业转型与身份转换，从买办转化为非买办，摇身一变，成为官僚资本或者民族资本。③ 买办是特殊的经纪人阶层，由于买办具有洋行的雇员与独立商人的双重身份，他们往往能够得到外国势力的庇护，又可以代理央行的相关业务，因此很多买办最终成为富商阶层。买办是中国历史上极具特色的集团，成为帝国主义在中国侵略的工具。随着近代西方报刊业的兴起，传教士和商人纷纷在中国办报。由于这些外国人对中文和中国文化不甚了解，他们往往需要找一些通晓中文、了解中国文化的人作为报馆主笔或者翻译，这些中国人后来成为外报的买办。部分买办参与报业经营，他们后来成为中国现代报业经营的能手。《申报》《新闻报》等报纸"虽已转为华人承办，而这些承办者都是正牌的买办阶级"。④ 由此可见，外报所聘请的买办对于后来报纸人才队伍的建设起到一定的作用。尤其在清末民初民营报业经营中，有相当一部分经营管理人才曾经于外报中从事相关工作，积累了大量的从业经验，推动了中国民营报业的发展，使其与西方发达国家报业发展模式接轨。

《申报》创办不久先后聘请华人赵逸如、席子眉、席子佩担任报纸买办。席家自明代开始从事出版业，先后在松江、苏州、洞庭等地开办出版机构。从明代沿袭下来的出版机构扫叶山房成为中国近现代以来著名民营出版机构。出生于青浦珠里的席氏兄弟席子眉、席子佩，

---

① 严中平：《中国近代经济史（1840—1894）》（一），人民出版社2012年版，第387页。
② 郝延平：《十九世纪中国的买办——东西方之间的桥梁》（Yenn-p'ig Hao, *The Comprador in Nineteenth Century China*, Bridge between East and West），哈佛大学版，1970年，第102页。
③ 汪熙：《关于买办和买办制度》，《近代史研究》1980年第2期。
④ 张炳钧：《一年来华北新闻纸的鸟瞰及其改进》，《众志月刊》1935年第3卷第1期。

继承了洞庭席家的传统——书业与出版。英商美查创办《申报》之后，很快邀请席子眉共谋大业。《申报》先后设立了点石斋书局、图书集成局等，席子眉帮助美查打理出版事宜，协助出版《点石斋画报》《古今图书集成》等。与赵逸如相比，席子佩算是见过大世面的买办，在经营管理方面具有大家风范，他将《申报》的发行网络不断向外埠拓展，形成了一张发行网，广告业务也逐步走上正轨，并协助美查开展多种经营。席子眉去世之后，席子佩接过了其兄长的买办职务，成为点石斋印书局的经理，他"陆续添置石印机达十余部之多"。① 大张旗鼓地走报纸商业化道路。

清末民初，买办阶级在外报中参与办报的现象比较普遍。在这批买办之中，汪汉溪是最为著名的报业经营管理能手。尽管汪汉溪不任职于洋行，也没有与《新闻报》签订类似于买办的合同，但是，汪汉溪所从事的工作即报业买办需要承担的任务。② 由于汪汉溪在外报拥有较为丰富的工作经验，他的报业经营管理能力和策略得到有效的锻炼，这为《新闻报》易手国人之后顺利地打开市场奠定了良好的基础。

二 加大力度培养人才

现代以来，有些民营报纸为了在激烈的报业竞争中站住脚跟，经常运用多种渠道为报馆培养人才，这一点在民营大报中表现得更加明显，主要手段有以下几种。

1. 创办新闻学培训、学习基地

现代新闻界的仁人志士积极推进新闻人才的培养，在这方面，成舍我、史量才等著名报人做了大量的工作。成舍我创办的北平新闻专科学校、史量才创办的申报新闻函授学校等，解决了报馆人才紧缺的问题。这些新闻专业人才培养的途径与当时新闻院系的教育存在较大

---

① 张静庐辑注：《中国现代出版史料》（丙编），中华书局1957年版，第449页。
② 汪汉溪之子汪仲韦撰文认为其父是《新闻报》的总经理而非买办，原因在于，上海当时的买办是由国外洋行大班（即洋行的主人）招聘中国人为其推销货物，称之为买办。买办需要与大班签订合同，交一笔现金作为担保，大班利用这笔现金作为流动资金，并在营业额中抽取提成作为买办的回佣。参见汪仲韦（徐耻痕整理）《我与〈新闻报〉的关系》，《新闻研究资料》1982年第2期。

的差异。因为成舍我、史量才等民营报人所开展的新闻教育能够与报业经营实际紧密接轨，培训的人才很快就能够上手。

1931年，申报馆创办了申报新闻函授学校，由马荫良、张蕴和等负责教务管理工作。该函授学校很注重宣传工作，还在《申报年鉴》上打广告宣传学校的办学情况。该校极为重视课程建设，将课程分为必修课程和选修课程两大类别。必修课程中，涉及报业经营方面的主要有《印刷常识》《报馆组织与管理》《广告学》《报纸推广学》等。该校还组织编写了17种教材。其中，《报纸发行学》（徐润若编）、《报纸印刷术》（章先梅编）、《广告学》（赵君豪编）、《报馆管理与组织》（钱伯涵、孙恩霖编）等教材与报业经营息息相关。申报新闻函授学校加强与新闻业界的沟通与联系，校长史量才是知名的报人，副校长张蕴和担任《申报》总主笔，两人对于报纸的经营与管理有丰富的经验，其教育理念非常契合民营报纸的人才需求。该报所聘请的教师中，有不少来自民营报纸，如张先梅为《新闻报》印刷部主任，赵君豪为《申报》记者，凌其翰为《申报月刊》的编辑，孙怀仁为《申报年鉴》的编辑，郭步陶为《新闻报》的评论记者，等等。这些教师既参与办报刊，又给函授班的学员上课，对于学生了解报业运作情况有很大的帮助。

2. 开展继续教育工作，在媒体里历练人才

徐铸成刚刚入职新记《大公报》的时候，只有21岁，在报馆担任练习生。胡政之发现徐铸成是有思想的青年，让其主持北平国闻通讯社，徐铸成诚惶诚恐，心里没有底，胡政之鼓励他接下这个担子。经过几年的历练与培养，胡政之又将26岁的徐铸成派往汉口，担任《大公报》汉口办事处的主任。汉口办事处当时的地位很高，与北平、上海和南京并列为该报的四大办事处。由此可见，胡政之在用人方面大胆而坚决，敢于起用年轻有为、有开拓精神的后辈。新记《大公报》的胡政之、张季鸾和吴鼎昌一直重视培养年轻记者，这是该报后备人才充足的重要原因。浦熙修在初入《新民报》的时候并没有担任记者职务，在一次偶然的机会里，《新民报》的记者都外出采访，报社有一个新闻线索，情急之下委派浦熙修去救场，没料到她采写的稿

件受到一致好评。陈铭德后来给了浦熙修不少锻炼的机会,这对她的成长来说意义深远。

当然,对于大多数民营小报来说,其员工培养方面面临难以解决的困难。由于民营小报的人手有限,报纸的编辑、校对、发行等工作均由几个人包办,他们"日夜孜孜,精神已感不继,哪有充分的时间去读书,去研究,去吸收一切现代的知识?"因此,报纸的员工整天忙于应对事务性的工作,对报纸的前途往往怀着"得过且过"的态度,"并无发扬光大的企图,这岂不是小型报的绝大危机吗?"① 小型报的危机,即当时民营小报的危机,这既是人才培养的危机,也是民营小报所面临的全面危机。

3. 新闻院系积极培养报业经营人才

现代新闻教育机构已经开始开设新闻事业经营与管理方面的课程,为民营报馆输送了必要的人才。从中国现代各大学新闻系所开设的课程来看,几乎所有的新闻系均开设了与报业经营管理相关的课程(参见表4-1)。

1931年11月1日,燕京大学新闻系专门招待北平新闻界知名记者三十余人。此次招待报纸记者的目的是想开展合作关系,燕京大学新闻系的教师认为,新闻学校,如欲培养职业化与学术化的完美人才,就需要学习密苏里新闻学院的做法,不能关起门来办学。重视报业营业,实行职业化;重视报纸印刷,实行工人化。② 报界记者建言献策,并开展讲座。燕京大学新闻系非常重视学生的实习工作,其实习分为三种,即课内实习、报纸编写管理实习、报馆实习等。新闻系创办了《燕京新闻》报纸,由学生自己经营。该系规定,暑期学生必须到媒体实习,既包括新闻业务的实习,也包括报业经营方面的实习。

表4-1　现代中国主要新闻院系开设的媒介经营管理课程

时间	学校	院系或专业	课程名称
1926年	平民大学	新闻系	新闻经营法

---

① 汤炳正:《小型报的缺点及其改善办法》,《报学季刊》1935年第1卷第4期。
② 《燕大新闻系力谋革新》,《记者周报》1931年第1期。

续表

时间	学校	院系或专业	课程名称
20 世纪 30 年代	复旦大学	新闻系	报馆组织、报馆管理、新闻广告、新闻发行、印刷研究、杂志经营与编辑
1934—1948 年	燕京大学	新闻系	营业与印刷法、报业管理
1943 年	国立政治大学	新闻系	报业管理
1947 年	国立复旦大学	新闻系	印刷研究
1939 年	中国新闻学院	新闻	报馆经营法、广告学、印刷常识
1940 年	国民党中央宣传部、中央政治学校合办	新闻事业专修班	报馆会计、广告与发行、工厂管理、印刷术

资料来源：根据以下资料整理：廖声武、罗以澄：《中国新闻学教育中课程设置的历史考察》，《现代传播》2016 年第 10 期；《中国国民党中央宣传部、中央政治学校合办新闻事业专修班课程纲要》，《新闻学季刊》1940 年第 1 卷第 2 期；等等。

现代新闻教育者极为重视新闻事业经营管理人才的培养。复旦大学新闻系整体上比较重视新闻采写和报业经营管理方面的课程。该校新闻系课程分为基本课程、专门课程和必修课程三种，在专门课程里，除了新闻学概论、中国新闻事业、新闻文字练习、采访实习等基本课程外，还开设了印刷研究（半年）、新闻发行（半年）、报馆管理（半年），在必修课程里，开设了广告学（一年）、工厂管理（一年），这些课程与报业经营极为密切，对于提高新闻人才的经营管理理论和能力帮助很大。除此之外，该校还有专门的印刷所，由学校管理，供给学生实习。学校还组织学生到南京的《中央日报》、中央通讯社总社以及上海、南昌、成都各分社、上海《新闻报》《时事新报》《民报》《立报》以及其他各地报纸实习。[1] 复旦大学新闻系教授黄天鹏认为，报馆的独立，主要靠广告的收入，这项收入差不多占全部收入的三分之二。因此，黄天鹏鼓励学生在校园报刊中设立营业部，在学生和校友中招徕订阅者，并且在报刊上刊登广告。"广告费以发行额为标准，在能抵偿新闻纸三分之二的程度，可向学校有关系的如书店体育店衣服店等招揽。或由广告代理社也可。"[2]

---

[1] 《上海的新闻教育 复旦大学文学院新闻学系》，《大公报》（上海版）1936 年 7 月 22 日。
[2] 黄天鹏：《新闻记者之教育》，《新学生》1931 年第 15 卷。

现代大学新闻专业所培养的人才的就业去向主要是报刊行业，很少人从事专门的理论研究，在学以致用的原则之下，新闻专业课程设置非常强调应用性。各个高校新闻专业尤为重视报刊实务方面的课程，既包括采写编评方面的实务课程，又包括报刊经营管理方面的实务课程，这为学生以后从事新闻实务工作奠定了良好的基础。不仅如此，很多新闻系重视学生的实习，留出专门的时间段供学生到报馆实习，参与报刊新闻采访、编辑、报纸印刷、发行、广告制作等，这些实践对于以后的工作很有帮助。尽管中国现代大学新闻系没有开设媒介经营管理专业，但是，那时候的课程建设做得很好，既有基本理论方面的考量，又有经营管理实践方面的锻炼，甚至有的学校还办有专门的印刷厂，创办了报纸，为学生的新闻实践活动提供了基本的平台，为民营报业输送了大量合格的经营管理人才。

4. 中国现代报纸发行一线人员的培养——以报童教育为例①

现代民间慈善团体和先进教育人士将一部分难民和报童组织起来，创办了报童学校。在报童教育过程中，民营报纸在资金上、实训实习以及就业等方面给予大力支持，培养了报纸发行人员。报童教育呈现出基础教育与职业教育相结合的特征，既体现了民间团体的公益性，又体现了民营报纸的商业性，报童们不仅学习了基础知识，还走出学校参加实训实习。报童教育所倡导的认真好学、独立自主、团结爱国的精神，对于提升中国近现代报业发行人才综合素质起到较大的作用。

近代商业化报纸出现之后，报纸的发行推广工作成为报馆各项工作的重中之重，这项工作主要由报纸发行队伍来承担。报纸的发行队伍大体上可以分为两大类，一是发行管理人员，是发行队伍中的高端人才，报馆对这部分人才的综合素质要求较高；二是报纸推销人员，包括报馆的送报人员和派报社的报贩群体等，这些人是发行队伍的中下层人员，报馆对其文化水平和综合素质的要求并不是太高。关于报纸发行人才的培养，主要有两方面，一是多数新闻院系的课程设置中均注意到了报纸发行，并设有专门的报纸发行学课程，主要针对报馆

---

① 关于报单教育这部分内容，为课题负责人陶喜红与党李丹共同执笔撰写。

的高层经营管理人才。但仅仅是新闻院系的理论教学解决不了现实问题，很少有专门的机构负责培养报馆的中下层发行人才。在一线报纸发行队伍中，有一大批年纪很小的报童，他们家庭贫困，很早就辍学，甚至根本就没有上学，只能靠卖报维持生存，有的报童甚至是失去双亲的孤儿。其实早在1872年7月17日，《申报》就已经开始雇用报童贩卖报纸了，但报童并未形成一个有纪律的团体，只是别人口中的"小蟊贼""小瘪三"。这些出自穷苦家庭的报童"为生活逼迫，风雨晦明，沿途叫卖，幼年失学，至怜悯怜爱"。[1] 经常看起来像"一群面目黧黑的乞丐"。[2] 他们大多数没有上过学，父母因生活困难，经常打骂孩子，不少孩子形成"骂人、偷盗、暴躁、狠心等不良的行为"。[3] 报童们不得不每天为生计而奔跑，为了能够卖出多一点报纸填饱肚子，想尽各种法子。比如拦车挡人、乱喊乱叫："看哪，大姑娘跟着人家跑的新闻，小媳妇大现世的新闻啊"，[4] "女招待的新闻啊"。[5] 在局势紧张之时，有些报童甚至"以无作有，任意叫喊"。[6] 不少史料记载，上海的一些路段出现报童拦截路人，强行卖报的现象，还有的报童拦住公交车卖报，造成公交混乱。为此，国民党上海市政府召开第七次中区交通会议，要求禁止报童强行贩卖报纸，杜绝交通隐患。[7] 有些报童还会把隔日的宿报夹在当天的报纸里售卖，社会上一些人利用报童的无知，让他们为自己乱喊冤等，对于这些不文明现象，普通公众十分不满。可见，报童的知识教育和素质提高在当时显得很有必要。

一首关于卖报童子的诗歌里这样写道：

---

[1] 《国际劳工通讯》1940年第7卷第11期，国际劳动局中国分局出版，第22页。
[2] 菁如：《社会一角：生活中的斗争：卖报童生活之一斑》，《大公报》（天津版）1933年4月14日。
[3] 菁如：《社会一角：生活中的斗争：卖报童生活之一斑》，《大公报》（天津版）1933年4月14日。
[4] 《取缔报童，不准胡喊，希图多卖》，《益世报》1929年11月1日。
[5] 菁如：《北平妇女职业的又一调查 女店员的生活》，《大公报》（天津版）1933年3月9日。
[6] 萧湘：《天津市：报童生活的一斑——由报童想到了中国的教育》，《益世报》1933年7月15日。
[7] 《报童拦车 概予取缔》，《大公报》1947年8月9日。

> 几阵卖报的吆喝声，
> 波浪般的打入我的耳鼓。
> 西北风里，
> 一个卖报的童子！
> 垢敝单薄的衣服，
> 和秋风挣扎！
> 冰凉的早晨，
> 不知何时才找到买主！
> 在这冷清静的街衢中，
> 小小的一个卖报童子！①

这首诗真实地记录了报童的生活与工作状况。社会各界真切地感受到报童所处的环境，有识之士很想改变这一状况。1935年10月，陶行知将一批流浪于街头的儿童组织起来举办"上海卖报儿童工学团"，并在上海威塞路建立校所。1938年，受陶行知影响，上海儿童保育会主持成立了上海报童学校，上海儿童保育会董事长、教育家陈鹤琴担任负责人，多家民营报纸参与其中。至1938年9月25日，已办10所报童学校。由于受到战争的影响，报童学校停办了一段时间。1938年11月，上海报童学校恢复办学。到1938年底，上海报童学校招收学生超过500人，次年3月，上海报童学校的办学规模扩大到21所学校。上海各家报纸的报童人数大约2000人，如果按照上海报童学校的规划，很快就可以完成全员培训工作。但到了1941年，战事趋紧，物价飞涨，在当局的干预下，上海报童学校停止招生。1948年2月，著名教育家陈鹤琴先生又与上海中华基督教青年会合作创办了上海市报童学校，一直持续至今。当然，后来的报童学校逐渐成为义务教育的一部分。

除此之外，1940年初，中国儿童教育协会联合中报馆先后在南京创办了5所报童学校，进一步完善了报童教育的组织，加强了同民营

---

① 若友：《卖报童子》，《大公报》1931年10月31日。

第四章　中国现代民营报业的经营策略

报社的合作。1947 年 4 月 4 日，天津《新生晚报》创办报童义务学校，报名的学生达到 108 名，教师有 20 多人。1948 年 3 月 1 日，由上海市国民教育实验区、青年会、派报业公会、报馆业同业公会 4 个团体联合筹备的报童学校在四川路青年会注册报到，3 月 4 日开学。该校每天授课 2 小时，教务方面的事宜由国教区和青年会负责。① 1947 年 12 月，共招收 4 期 180 名学生，生源主要为以前各家报馆中的报童，占 80% 的比重。其余的生源主要是社会上擦皮鞋、流浪街头的儿童、年青的三轮车夫等。1949 年 5 月 23 日，基督教青年会少年部在重庆开设一所报童学校开学。

报童学校将报童集中起来培训，提高其素质，实现独立自主，并在这过程中与民营报纸经营存在较为紧密的联系。国内目前对于民国报童教育的研究寥寥无几，本书主要以陈鹤琴创办的上海报童学校为中心，从中探讨民营报纸发行人才培养的一种方式，以期管中窥豹，弄清楚当时中下层报贩群体的培养问题。

（1）校媒联合：报童教育的基本模式

中国现代通商口岸的增多以及经济的迅猛发展催生了大量的民营报刊，战乱不断使得报纸阅读需求上升，同时也导致了流民的增多，这些都为报童的出现提供了条件。这些穷苦家庭的孩子没有接受过完整的教育，频繁出现于各个大街小巷，是城市文化的重要组成部分，如若一直处于社会最底层不能接受良好的教育，他们势必会对城市和社会造成一定的负面影响。上海儿童保育会意识到这一问题，将报童们组织起来，团结在一起，施以训练，创立报童学校。报童学校"以训练成健全之报贩，健全之国民为目的"，② 通过提供指导服务和研究工作技术等方式"解决报童间困难问题及举行正当娱乐。俾以改善报童生活，使忠实为社会服务，传播文化"。③ 其中提高报童基本素质和谋生能力成为教学中重要的目标。

在陶行知先行办报童学校后，陈鹤琴等也在上海办起了报童学校，

---

① 《报童学校　今日开学》，《大公报》1948 年 3 月 1 日。
② 《报童学校鸟瞰》，《战时记者》1921 年第 2 卷第 8 期。
③ 《各报童学校组织报童团》，《新闻报》1939 年 4 月 16 日第 13 版。

至 1939 年 3 月底，儿童保育会设立报童学校 14 所，共教育报童 600 余人。[①] 而后，邵鸣九等也在南京办起了报童学校。对于这些民间慈善团体而言，他们的教育经费捉襟见肘，上课地点只能借用收容所且不固定，因此就容易造成"各学校力图填充，各收容所漂移不定，致上课时间与教室常常变更"[②] 等现象，报童日常的有序教学并不能得到完全保证。另外，教学经费的紧张导致对报童培养的不足，对于报童而言，他们的最终的去处主要是民营报纸。因此，报童学校的最佳合作伙伴是民营报馆。在当时上海和南京的民营大报也主动承担起筹措办学经费的任务，比如申报馆、中报馆、《新闻报》和《华美晨报》等。

在《上海儿童保育会 申报馆 合办报童学校办法》中写道：

一、由申报馆选定十校用儿童保育会申报馆合办名义；

二、十校所需经费每月国币三百元由申报馆负担；

三、教育方针由申报馆与儿童保育会商定之；

四、学校行政及教务仍由原有人员主持，惟由申报馆另加聘书；

五、申报馆随时派员视察及讲演；

六、申报馆定期在指定地点举行全体训话；

七、十校报童马夹及制帽费用由申报馆捐赠；

八、先行试办六个月。[③]

从 1938 年 11 月开始，申报馆就大力支持上海报童学校的教育教学工作。为报童学校的学生提供每月 300 元经费支持，并给每位报童配备马夹、制帽、校徽等必备物品。在后期报童学校经费不足的情况下，《申报》通过报纸发函，向社会征集书画作品，希望征集到价值

---

① 陈征帆：《上海慈幼事业概况》，《申报》1939 年 4 月 3 日第 13 版。

② 《上海儿童保育会 申报馆 合办报童学校第一期工作总报告》，上海儿童保育会印，1939 年 4 月，第 32 页。

③ 《上海儿童保育会 申报馆 合办报童学校第一期工作总报告》，上海儿童保育会印，1939 年 4 月，第 11 页。此为第一期合作办法。

较高的书画作品，通过义卖捐助上海报童学校。上海的另一家民营报纸《新闻报》也捐助1000元，用于报童日常生活开支。在教学中，申报馆提出"组成报童团，施以训练"，比较适合报童教育。由于"报童终日度其马路生活，流浪成性，实施训练，颇非易事。根据申报馆提议组成报童团，组织报童，以组为最小单位，组以上为队，队以上为团"。[1] 将报童根据贩报地点分为不同的组、队、团，并分为正副组长、队长、团长，组成一个有序的报童教育模式，使"全市报童养成团结合作服务社会之精神"。[2] 除此之外，各大民营报社还为报童提供实践基地，让报童有了到大报社实习和工作的机会，不仅在资金上，更在职业技术和生存路径上对报童的发展提供了帮助。

从表4-2可以看出，上海报童学校先期开班的总共有10个班，每个班31—56人不等，合计448人，平均每个班接近45人。

表4-2　　　　　　　　　　上海报童学校概况

学校地址	静安寺路卡德路卡德收容所	贝勒路康悌路安顺小学	爱尔近路北河南路群益女中	威海卫路西摩路智仁勇女子中学	海防路马崎路翊武小学	愚园路胶州路民光中学	广东路河南路永宁收容所	汉口路广西路永固收容所	宁波路永清里弘道学校	劳动生路小沙渡路沪西公社
筹备时间	6.1	7.20	8.1	8.1	8.16	9.1	9.7	9.7	9.10	9.10
开学日期	6.7	8.10	8.8	8.10	8.20	9.10	8.15	9.15	9.24	9.20
学生人数	36	56	52	54	31	58	40	40	32	49
上课时间	13：00—15：00	19：30—21：30	19：30—21：30	19：30—21：30	12：00—14：00	19：30—21：30	13：00—15：00	13：00—15：00	13：00—15：00	19：30—21：30

资料来源：《上海报童学校工作概况》，《教育杂志》1938年第28卷第12期。

注：表中广东路河南路永宁收容所筹备时间为9月7日，开学日期为8月15日，逻辑上有误，应该属于打印错误，筹备时间在开学日期之前，开学日期可能为9月15日。为方便大家阅读，此图表数据已做简化处理。

---

[1]《上海儿童保育会　申报馆　合办报童学校第一期工作总报告》，上海儿童保育会印，1939年4月，第4页。

[2]《上海儿童保育会　申报馆　合办报童学校第一期工作总报告》，上海儿童保育会印，1939年4月，第4页。

从上海保育会和民营报业合办报童学校的经验来看，这无疑是有利的，两者能够形成有效的互补，既尊重了儿童教育的基本规律，又为报童的亲身实践提供了保障。报童学校的组织工作主要由保育会负责的，而民营报馆主要从财力和实践等方面提供支持。从双方的权责关系来看，申报馆的责任并非强制性的，而其通过这种合作所带来的收益也是隐性的，并不能通过现实的收益得到体现。另外，这种合作呈现一定的松散性。作为投资方，申报馆和新闻报馆属于民营性质，没有强制性力量对其进行约束，一旦开展报童教育无法给报馆运作带来实际的好处，这种合作的根基就会变得不稳固。如果遇到不可抗力量，双方的合作也很容易终止。

（2）多重属性：报童教育的主要特点

①基础教育与职业教育相结合

来自贫苦家庭的大部分报童，对于报纸的内容不是很清楚，这对于报童的职业收入以及今后的成长无疑是有影响的，在报童中开展基础教育就显得很有必要。在当时流行的一首儿歌里这样说道："卖报童子多苦恼，街头巷口声声叫。卖报卖给别人看，自己看了不知道。现在报童有学校，排队进门迷迷笑。卖报空了去读书，读书懂了看会报。"① 报童学校采取"小先生制"② 和复式教学，将基础教育和职业教育结合起来，非常契合双方的设想。

在上海儿童保育会和申报馆合作办学的工作报告中指出："报童教育目的，旨在指导职业，改善生活。"③ 参加培训的报童，每天上课两小时，学制一年，所有报童每两个星期在申报馆集合一次，参加由申报馆组织的集训。报童学校所开设的课程有：国文、算术、常识课等。对报童的要求包括：第一，国文：会认识一千个字，会讲二十个中国故事，会写信，记日记，会新文字，会看报等；第二，算术：会心算，会记账等；第三，常识课，包括科学的认知、个人卫生、礼仪

---

① 黄河清：《报童上学》（附图），《儿童知识》1948 年第 20 期。
② 叶圣陶主张，小先生指的是认字多的，小先生制采用认字多的带认字少的，以便节约师资。
③ 《上海儿童保育会 申报馆合办报童学校第一期工作总报告》，上海儿童保育会印，1939年 4 月，第 4 页。

知识以及体能训练等。① 这些课程立足报童自身发展，有较强的兼容性，既为报童的基础教育打下基础，又提高了报童对职业的适应能力。在重庆的报童学校里，上午10—12点是基本课程，主要包括国文、英文、常识、算术、音乐等课程。根据学生的教育程度来划分他们的教育等级，那些程度比较低的学生，就将其英文课程去掉，更换为唱歌和游戏两门课程。

职业教育是报童学校区别于一般小学的重要特征。报童学校将报童的职业教育落到实处，如参加报社实训和实习，以帮助其实现自力更生。为了强化报童的职业素养，报童学校的教师自编教材，提高教学的针对性。教师们先后编辑了《报童生活算术》《报童生活常识》《读报指导》等具有实用性、针对性和普及性的报童通用教材。《申报》《华美晚报》等常年为报童学校免费提供报纸，报童学校的教师分类整理报纸上的时事信息，粘贴起来，供报童学习。曾经在报童学校就读的肖舟先生回忆，他们在河南中路广东路口的一栋楼上课，是报童学校开设的第七所报童学校，"我们读的课本，是我们卖的进步报纸、时事手册"。② 由此可见，基础知识和报纸发行相关的知识是报童重点要掌握的内容。

②公益性和商业性相结合

在战火纷飞、社会动荡的日子，穷苦人家的孩子大多缺少教育，要不流浪街头乞讨，要不干着处于社会底层的苦力活，捡煤核、拉黄包车、做童工等，若不接受教育则将会"流为乞丐，流为盗贼，为社会的蟊贼，为社会所唾弃"，③ 上海专门产生的一个地方名词——"小瘪三"就是说的这些难童。著名的《卖报歌》就是1933年聂耳为在霞飞路遇到的一个卖报女童所作的，其中歌词也形象地描述了报童的生活："不等天明去卖报……七个铜板两份报……饥饿寒冷只有我知道……耐饥耐寒地满街跑，吃不饱，睡不好，痛苦的生活向谁告，总

---

① 参考《上海儿童保育会创设报童学校详记》，《国际劳工通讯》1938年第12期。
② 肖舟：《孤岛时期报童学校的抗日活动》，施仲华、章大鸿《报童之歌——上海市报童学校师生回忆文集（1948—1953）》，上海教育出版社2004年版，第9页。
③ 邵鸣九：《社会教育的新开展：报童学校》，《教育建设》1940年第1期。

有一天光明会来到!"朴实生动又诙谐的语言深刻地描绘了当时报童生活的困苦,但不改对未来的期望。民间慈善组织和教育爱心人士等认识到难童生活的困苦之后,创办了难童教育学校及报童教育学校,报童教育当属于难童教育,但更属于社会教育,一方面弥补了公办教育的不足,另一方面聚合了流浪儿童,使其不至于沦为乞丐或是盗贼,能够通过教育获得自力更生的能力。

民营报社的加入无疑让报童教育的道路走得更加顺畅,这些报社不仅为报童学校提供资金上的支持,并从多方面为报童职业训练和教育提供了帮助。据肖舟先生回忆,申报馆为每位报童送一件蓝士林布背心,前面的口袋上印有黄色的"报童"两个字,后背上是"申报馆赠"等字样。正面左边心口位置印有钟型符号,"殆含有晨钟暮鼓、发聋振聩之意"。① 申报馆还为报童提供了冬帽,用来防寒御冷。上海的另一家民营大报《新闻报》也不甘落后,为每位报童赠送了一只报袋。② 在两家民营大报的帮助下,每位报童基本上能够"武装整齐",有了卖报的鲜明的标识,同时也为两家民营报纸做了广告。

申报馆赞助的报贩培训班深刻地体现了公益性和商业性相结合的特征。当时上海已有报贩2000多人,但这些报贩多"知识低落,积习甚深",③ 不仅毁坏报童的衣帽,阻止报童上学,还会对申报馆营业和声誉有一定的影响。为了"嘉惠报贩,便利报童",④ 同时为了自身的声誉和营业,申报馆厚赐赞助。入学的报贩由申报馆赠送报袋一只,以五班为计。此外申报馆对于报童学校和报贩班还提供免费报纸供阅读,无论是学生还是老师皆可取阅。⑤

民营大报支持报童学校是比较有远见的做法,报童学校所培养的

---

① 《报童学校举行新年同乐大会》,《申报》1939年1月3日。
② 肖舟:《孤岛时期报童学校的抗日活动》,载于施仲华、章大鸿《报童之歌——上海市报童学校师生回忆文集(1948—1953)》,上海教育出版社2004年版,第10页。
③ 《上海儿童保育会 申报馆 合办报童学校第一期工作总报告 附录十》,上海儿童保育会印,1939年4月,第27页。
④ 《上海儿童保育会 申报馆 合办报童学校第一期工作总报告 附录十》,上海儿童保育会印,1939年4月,第27页。
⑤ 参考《上海儿童保育会 申报馆 合办报童学校第一期工作总报告 附录十》,上海儿童保育会印,1939年4月,第27—28页。

学生主要是为民营报业发行服务的，机关报的发行可以借助行政力量，而民营报纸则主要靠自身来解决。民营报纸为报童支付的生活费和发行费相对低廉，既做了公益，也为自身做了宣传，影响较大，为报馆赢得了声誉，体现出隐性广告的商业性，为民营报纸吸引了大量的忠实用户。有关回忆录显示，上海报童学校培养的学生对报童学校有着高度的认同，这种认同也有一定的传导效应，他们对资助自己的民营报纸也有较高的认同感。因此，从这个角度来讲，《申报》《新闻报》捐助报童学校是一种双赢的战略，对于报纸的发行工作起到直接的推动作用，对于报童学校和就读的学员也有较大助益。

③实习实训与就业指导相结合

报童学校以实现报童自力更生为基本目标，鼓励报童不断地发展并就职于报社，传播社会文化。从报童自身职业来说，同民营报纸有着深切的联系，一来服务于报纸，二来承担着报纸新闻内容的传送，属于为报纸工作，但又不是真正的编内人士。无论是哪一种发展，都要深入社会就业，因此，为报童组织相关的实习实训就很有必要。

为了实现报童的就业，报童学校进行以下相关培训。第一，从读报开始，学校要求每位报童要会读1000个字，会讲童话故事，学习天体科学道理等，培养他们的知识储存，并且要求报童会看报，了解国内外大事。第二，在卖报礼仪中，教授报童们日常生活的礼貌及个人和公共卫生。第三，对报童进行体能训练，开展丰富多样的文艺活动丰富报童心灵。普及个人保护及医疗知识，比如防暑避雨等，定期对报童进行体检，征集鱼肝油，改善报童健康。这些都能和报童的实际工作和生活结合起来，以适应其就业的要求。第四，报童需要学习与贩报相关的会计能力，切实让报童从日常生活和职业的方方面面得到提高，让他们能够做到自力更生。① 第五，开展家访活动，加强家校联系。经常派教师到报童家里访问，了解具体情况，提高报童教育和就业的针对性，并整理"报童家庭"一册，供社会参考。

对于报童的进一步发展，报童学校更倾向于采用接近培养发行人

---

① 参考《上海儿童保育会创设报童学校记详》，《国际劳工通讯》1938年第12期。

才和新闻人才的方式让报童落位于报社。报童需要会读报了解国内外新闻大事，还需要学会表达，不仅是书面表达更是口头表达能力，在上海报童学校制定的课程计划中就有体现：会写信、会记日记、会新文字、会看报，知道国内外的大事。① 要求报童们学会语言表达和文字表达，让报童们做发言主席，或者让他们参加每周的演讲活动，要求会写信写日记等。对于要求报童们学会文字表达，《申报》"大众周刊"则会择取优秀的习作发表，比如作品《卖报的第一天》《我的卖报生活》等，此时的报童已经扮演了"小记者""通讯员"的角色，参与了新闻的制作。《申报》《华美晨报》《译报》这些大报将自己的报纸赠予报童学校，供报童和老师们免费阅读，老师们也都会定期举行集体进修，讨论新闻选题，将自己的想法供报童参考，指导报童们立足于自身的职业，不断上进。对于民营报纸的赞助，1939年1月2日，上海报童学校举行新年同业大会时，申报馆知名摄影记者蔡仁抱说这些行为绝非出自同情，是希望培养更多德业并修，服务彬彬有礼，对社会有实用的人才。

报纸发行是实践性很强的工作，对于开展报童的实习实训和学业指导工作，报童学校主要从以下三个方面来实行。一是通过中心训练提升报童的核心能力。每周安排中心训练项目，提高报童的实践能力；二是开展职业指导，提高报童的职业水平。每月安排两次职业指导，上海的报纸负责接送报童，并安排专人开展指导工作，其目的是使报童会做事、会做人，拥有敬业、乐业精神。此时申报馆负责召集报童学校的学生，并由报馆派卡车接送，实施职业指导。例如：报童要学习印刷技术以及完成报馆实习工作等，或至少要进行实习参观，学习报纸发行等工作。三是经常安排报童参观上海市的著名学校或者比较好的收容所，开拓报童的视野。

（3）报童精神：报童教育的核心价值

上海儿童保育会以"养成中华民国之健全国民"② 为宗旨，让报

---

① 《上海儿童保育会创设报童学校记详》，《国际劳工通讯》1938年第5卷第12期。
② 陈征帆：《上海慈幼事业概况》，《申报》1939年4月3日第13版。

童得以实现自力更生；中国儿童教育协会"以报童的各项现实问题为研究对象，并以联系文化新闻界吸取资料，以为中心教材，藉以养成报童应具之知识与技能，以谋其生活之自立"。① 申报馆提出的组成报童团，对报童施以训练，不仅规范了报童们内部学习方式，更"使全市报童养成团结合作服务社会之精神"。在南京联合中报馆创办5所报童学校。综其所指，报童教育均以提高报童素养和实现报童自力更生为目标，但现实中报童的回馈远远超乎于此。

为落实报童自力更生，报童学校鼓励报童节约储蓄，以实现其养活自我的资本。报童学校会组织家庭访问和经济调查两项活动，家庭访问是为了推广教育，而经济调查则是为了改善报童生活。在以往的调查中发现部分报童将售卖报纸的钱用来买零食和赌博。为了指导报童职业和改善生活，报童学校要求报童节约储蓄并推行节约救难运动，不定时对报童每日贩报份数、批发价格、所售款项及上交家庭数额进行核查。在爱国救难的号召下，"从十二月份到（次年）一月，由报童认捐五元计"，"二月份鼓励报童节约储金后，第一校左久隆小朋友每月储蓄九元，各报童每月储蓄一角钱或一元不等"，② 除此之外，在上海报童学校发起的卖报救难运动中，各报童也是大显身手，为丐童教育和国家振兴不断努力。报童除了养活自身和家庭外，还将更多的能力投入到国家救亡和民族振兴上，这在很大程度上已经超出报童学校创办之初的预设目标。

除了在生活中的自立自强，在学习上，报童们展现的自立自强和团结协作精神更为可贵。晨起的一声呼喊，报童一天的生活就要开始了，作为"文化的接线生""新闻的绿衣人"，他们在第一时间获得最新消息后，奔走于大街小巷，高呼各大报刊的重要新闻，为市民提供最新的资讯，在市民文化的形成中扮演了不可或缺的角色。卖报结束后，他们急奔至课堂开始学习生活，"小先生制"让他们学会互帮互助，共同进步。上海报童学校制定的课程计划中第十九条和二十条分

---

① 邵鸣九：《报童教育与报童学校》，《国民杂志》1942年第1期。
② 《上海儿童保育会 申报馆合办报童学校第一期工作总报告》，上海儿童保育会印，1939年4月，第30页。

别记载：拿自己认得的字和别的学问，至少另外教一个人；用自己的劳动，至少捐一元钱作为救国储金之用。① 有些人还会把自己学到的知识教给更多的人，比如弄堂里的朋友、其他报童和家人。通过学习基础知识、礼仪和交往方式，参与各式各样的演讲活动和体能训练等，报童在素养、专业上能够实现独立自主，其中有些人完全具备养活一家人的能力。

在报童学校编印的"小爱迪生信条"中，时刻指导报童养成"爱己爱人""团结合作"的观念。上海报童团组织章程中要求：报童们以"改善生活，服务社会，传播文化造福国家"为宗旨，以"爱团员、守纪律、有礼貌、讲卫生、肯节约、求知识和要互助"为信条，遵守"不自私、不骄傲、不依赖、不懒惰、不赌博、不吵架、不撒谎以及不卖汉奸报"② 为纪律，切实实现独立自主、团结爱国、传播文化。在国难当头之际，报童们开展的"义卖救难"，参加爱国救亡运动，在日伪高压统治下，他们抵制汉奸报纸《中华日报》，分送进步刊物《上海周刊》，扮演"小把关人"的角色。什么样的信息传播，什么样的信息不传播，通过卖报或通过自己口头的一个个"号外"，宣扬爱国运动。在后期，报童学校的报童积极投身革命活动，建立"报童近卫军"，他们团结更多的流浪儿童，多次参与解放军行动，利用自己熟悉的街道和灵活优势，调查敌人情报等，在革命战斗中留下了一抹靓影。电影《报童》就讲述了周恩来总理率报社人员和报童们上街散发报纸的故事，使"皖南事变"大白于天下。上海解放以后，不少报童申请加入中国共产党。

现代以来，报童在社会中和家庭中扮演的这些角色是合乎其家庭境遇的，而正确认识自己的责任，同样可以成为有学问、对现代化建设有用的人。③ 在战乱频繁的特殊时期，在报童学校的培养下，报童们不仅实现独立自强之宗旨，更具备专业知识之技能，不仅在完善自

---

① 《上海儿童保育会创设报童学校记详》，《国际劳工通讯》1938年第12期。
② 参考《上海儿童保育会 申报馆合办报童学校第一期工作总报告附录八》，上海儿童保育会印，1939年4月，第23页。
③ 刘媛：《上海儿童日常生活中的历史》，博士学位论文，华东师范大学，2010年，第209页。

我上得到了提高，更能够团结协作，在社会文化和革命中贡献自己的力量。该校教师总共有8名，他们的劳动基本上是义务性质的，没有给教师发津贴，报童学校每月给他们发一张公共汽车的月票作为报酬。而民营报馆则发挥了自身的优势，既资助了报童学校，又为报馆培养了发行人员，为以后报业经营奠定了基础。

三 提高待遇留住人才

中国现代民营报业的人才竞争不仅仅体现在争夺、选拔人才上面，还要从多方面着手留住优秀人才。现代以来，新闻工作者队伍的社会地位已经得到官方认可。1929年，国民政府官方文件中首次使用了"自由职业者"这一概念，用以界定当时的医生、记者、工程师、会计师和教授等职业群体，这就意味着包括记者在内的工作者已经成为社会公认的职业群体。[①] 在《申报》《新闻报》《大公报》等民营大报中，不仅重视记者、编辑业务技能的培养，还对其日常生活给予较多的关注。一些有实力的民营报纸为报馆员工提供了较好的工资待遇，不断改善其福利。对于全国知名的记者，报馆付给的工资和福利尤为可观，有些报馆能够为其员工提供退休后的社会保障，甚至报馆员工的家属也能够享受相关福利，子女入学、医疗方面也有相关政策倾斜。这样，基本上解决了报人的后顾之忧，这为民营报馆留住人才，稳定人才队伍奠定了基础。新记《大公报》壮大之后，报馆不断提高员工的福利待遇，并在管理中体现出一定的人文关怀。该报实行年资加薪制度，其具体做法是，员工为报馆服务满5年，报馆就按照年资每月增加一定比例的薪水。如果报馆员工或者员工的父母整寿、报馆员工本人及其直系亲属婚丧嫁娶，报馆均送上相当于员工两个月工资的赠金，其中一个月属于代报馆同人赠送。新记《大公报》这种充满人文关怀的做法为报馆集聚了人气，提高了报馆员工的满意度和忠诚度。由于采取了一系列稳定人才的措施，该报前后招揽了大批知名记者。

[①] 徐小群：《民国时期的国家与社会——自由职业团体在上海的兴起1912—1937》，新星出版社2007年版，"导言"第3页。

1991年出版的《中国大百科全书》（新闻出版卷）中介绍了108名著名的新闻工作者，曾经在《大公报》工作过的记者有12人，占了九分之一。① 据《大公报》的记者李侠文回忆，该报的总编辑张季鸾总是"以鼓励为主，奖掖有加"，"对人一团和气，全无架子，却不是面面俱圆的好好先生，他外圆内方，有强烈的是非观念，处事极有原则"。总经理胡政之爱惜人才，对待青年甚是宽厚，循循善诱。两位先生"对同人的确有一种凝聚力"。在报馆中，他们是老板，"但他们却使人不觉得有这种关系的存在，总是把报馆看做大家共同的事业"。②

一些民营大报会聚了大量能作文、擅交往的知名记者与经营人员，如《申报》的陈景韩、张竹平、黄远生、邵飘萍、汪英宾、张蕴和、戈公振等，新记《大公报》的张季鸾、胡政之、王芸生、范长江、萧乾等，《新闻报》的汪汉溪、汪伯奇、金煦生、李浩然等。这些知名的报人为民营报业的采编业务、经营管理等做出巨大的贡献，是民营报纸发展的顶梁柱。

1936—1946年间，申报馆经历了战争的打击，其职工人数变化较大，其他年份中，申报馆的职工人数基本上保持在400人以上，参见表4-3。据申报馆1935年的统计表明，在《申报》连续工作5年以上的员工164人，10年以上的员工134人，15年以上的员工112人，20年以上的员工64人，25年以上的员工有26人。③ 申报馆1947年的统计数据显示，该报馆服务5年以上的职员人数有70人，工友有94人，合计为164人；在该报馆服务10年以上的职员人数为60人，工友人数为74人，合计为134人；在该报馆服务15年以上的职员人数为48人，工友人数为64人，合计为112人；在该报馆服务20年以上的职员人数为30人，工友人数为34人，合计为64人；在该报馆服务30年以上的职员人数为6人，工友人数为6人，合计为12人，具体参见表4-4。由此可见，在改馆服务10年以上的工作人员超过130人，

---

① 方汉奇：《〈大公报〉百年史》，中国人民大学出版社2004年版，第2页。
② 李侠文：《我所认识的张季鸾、胡政之两先生》，参见文昊《民国的报业巨头》，中国文史出版社2013年版，第232—244页。
③ 王敏：《上海报人社会生活》（1872—1949），上海辞书出版社2008年版，第136页。

员工的忠诚度相对较高，对报馆的工作流程比较熟悉，更容易适应报馆的工作环境和管理制度，有助于该报馆保持稳定性。同时，一些优秀的人才对报馆的认同度和忠诚度较高，也有助于留住人才，为报馆的发展做出更多的贡献。从报馆经营的角度来讲，留住优秀人才对于报馆的长远发展大有裨益。

表4-3　　　　申报馆职工人数变化情况（1936—1946）　　　单位：人

年份	职员人数	工友人数	总计
1936	161	332	493
1937	145	312	457
1938	161	316	477
1939	164	306	470
1940	154	293	447
1941	143	288	431
1942	140	277	417
1943	133	216	349
1944	120	200	320
1945	126	143	269
1946	212	229	441

注：每年以12月份的人数为统计标准。
数据来源：《本馆十年来职工人数比较》，参见《申报馆内通讯》1947年第1期。

表4-4　　　　　　　　申报馆职工服务年期表

服务年期	职员	工友	总计
不足一年者	76	86	162
一—五年者	64	54	115
五—十年者	10	20	30
十一—十五年者	12	10	22
十五—二十年者	18	30	48
二十一—二十五年者	16	22	38
二十五—三十年者	8	6	14
三十年以上者	6	6	12

数据来源：《本馆职工服务年期表》，参见《申报馆内通讯》1947年第3期。

申报馆比较重视员工的福利待遇，并采取多种办法加强企业文化建设，为员工营造比较温馨的氛围。从《申报馆内通讯》刊登的内容可以看出，该报馆给报纸员工比较多的露面机会，比如，在《申报馆内通讯》刊登员工出去春游、运动会、员工工作心得体会等信息。如，1947年，申报馆采访室主任吴嘉棠与谢宝珠喜结连理，该报在《申报馆内通讯》刊登漫画，庆贺两位新人。这种做法有助于形成积极的报馆文化氛围，对于留住新闻人才有较大的帮助。

与经营效益好的民营大报相比，多数民营小报的经营效益相对较差，报馆员工的福利待遇也没有保障，在激烈的人才竞争中，民营小报的人才流失现象比较常见，甚至有些民营小报的工作人员如"走马灯"似的经常更换，最终导致报纸的风格不能维持稳定，报纸的发行、广告业务也失去连续性，报纸经营难以步入良性循环。

提高待遇往往能够激发报社员工的工作热情和效率，这是很多民营大报通常采用的重要手段。据汪仲韦的回忆显示，1918年，他从圣约翰大学毕业后，在沪杭甬铁路车务处当练习车务段长，后担任全路货物段长。1928年，汪仲韦离开铁路部门，担任新闻报馆副总经理职务，管理报馆的经理处和营业处。在铁路部门工作时，他看到路局对员工有一套劳资两利完整的福利制度，就将其引入新闻报馆，拟定了相应的优待职工的办法，其主要内容包括：1. 报馆员工工作上勤恳，没有犯过错误，每年可以加薪一次；2. 每年阳历年给员工发双薪，给股东发红利，给一般职工发相当于三个月工资的花红；3. 对于离职的职工，发给一定的退职金（退职金数额＝在职年份×最后一个月工资）；4. 由报馆给在职员工投保；5. 病假、医药费报销等制度；6. 职工死亡，其家属除了领取保险费外，还可以根据职工工作年限向报馆领取一定数额的薪水，其子女可以到报馆当学徒。除此之外，报馆还配备了宿舍、浴室等，为员工提供膳食津贴。[①] 由此可见，《新闻报》从铁路部门引入的福利制度比较完备，为员工提供了相对优厚的福利条件，为其解决了后顾之忧。

近现代民营报纸工作人员的薪资水平与当时民营经济发展水平呈

---

① 汪仲韦（徐耻痕整理）：《我与〈新闻报〉的关系》，《新闻研究资料》1982年第2期。

正相关。因为民营经济发展状况好,盈利能力强,就会在民营报纸上做广告,民营报业的盈利水平会提高,报社的员工工资也随之增加。当然,报纸员工工资水平的高低受很多因素的影响,主要包括报馆的大小、盈利状况、员工在报馆中的地位和作用等。以《申报》为例,1904年前后,其一般的编辑每月薪水在28元左右,报馆总经理的薪水是一般编辑的3倍以上。随着该报经营业务的不断拓展以及盈利状况的改善,报社员工的薪水不断增加。1927年,《申报》成立了工会,史量才与工会在薪水待遇上达成一致,工人的最低月薪为29元,每年春节前多发一个月薪水,再根据工作业绩补发相应的奖金。不过,一般的员工与总经理、总编辑和总主笔之间的薪水存在巨大的差异,最大的差距达到数十倍。申报馆还专门为员工上下班配备了接送班车。《申报馆内部通讯》的资料显示,1947年,申报馆接送员工的开车时间分别为上午7:30和下午6:00,单程途经10个站,每个站均有固定的时间,为员工上下班乘车提供了极大的方便。

  从总体来看,报馆的记者和编辑的薪水在当时属于相对较高的收入水平。据1927年南京国民政府教育行政委员会发布的《大学教员薪俸表》的数据显示,大学教授的月薪为400—600元,副教授的月薪为260—400元,讲师的月薪为160—260元,助教的月薪为100—160元。[1] 1914年,全国人均国民收入为41.22元;1936年,全国人均国民收入为51.51元。[2] 根据1930年全国27个城市工人月工资的状况,最高月薪为50元,最低为3元,通过计算可以得出,当年城市工人平均月薪为14.35元。[3] 在1917—1927年间,中国的物价涨幅不算很大,大学教员的收入在当时可以算是高收入群体了。实力雄厚的民营报纸的总经理、总编辑、总主笔等职工与大学教员的收入相当,而一般的记者和编辑的收入比副教授略少,但比一般企业中层干部的薪水高一些。因此,

---

  [1] 关永强:《近代中国的收入分配:一个定量的研究》,人民出版社2012年版,第128页。
  [2] 刘佛丁、王玉茹:《中国近代的市场发育与经济增长》,高等教育出版社1996年版,第49页。
  [3] 根据关永强(2012)的相关数据计算所得。参见关永强《近代中国的收入分配:一个定量的研究》,人民出版社2012年版,第144页。

那些实力较强的报馆,其记者、编辑的福利待遇相对较好,已经达到高收入阶层了。当然,那些实力较弱的民营小报,其报馆收入没有保障,员工的薪水较低,甚至难以保证按月发放。

每月的薪水是民营报纸福利待遇的重要组成部分,除此之外,一些经营较好的民营报纸还有其他福利待遇。如新记《大公报》于1943年成立了同人福利委员会,公布了十四条会章。员工的薪水分为三个部分,即月薪、津贴和酬劳金。也就是说,除了每月的薪水外,报馆的员工还有可能享受退职赡养费、子女教育补助费、婚丧补助费、医药补助费等。当然,上述补助要根据员工为报馆服务的年限以及所做的贡献来确定。比如,在《大公报》任职10年以上,年龄达到55岁的员工,由于身体条件不能坚持工作的,可以享受退职赡养金;对于服务10年以上的员工,其直系亲属身患重病,可以给予补助;在《大公报》服务5年以上的员工,其子女达到初中以上的可以给予教育补助;等等。这些规定,有助于解决那些为报馆做了较大贡献的员工的实际困难,增加了报馆的凝聚力,提升了员工对报馆的忠诚度,使员工能够安心地从事报馆的工作。

上述数据至少说明两个问题。一是在中国民营经济发展水平不断提高的情况下,民营报业的发展也逐渐步入正常轨道,报馆的经营取得了较好成绩。这样,报馆才能够有余力为其员工提供相对较好的福利待遇,这是民营报纸经营能够走上良性循环的重要条件。二是报馆的记者和编辑的人均待遇水平远远高于一般的职员和工人,这为民营报业吸引人才提供了保障参见表4–5。

表4–5　　　　　近代新闻出版业部分单位员工工资情况

时间	职业	月薪	资料来源
1903	商务印书馆编译所所长(张元济)	350元	姚福申《中国编辑史》,第273页
1904	《申报》编辑	28元	包天笑《钏影楼回忆录》,第317页
1906	《时报》外埠新闻编辑(包天笑)	80元	
1912	《时报》特约通信员(黄远生)	200元	王敏《上海报人社会生活(1872—1949)》,第212页

第四章 中国现代民营报业的经营策略

续表

时间	职业	月薪	资料来源
1916	上海商务印书馆编译所编译（矛盾）	18—60元	茅盾《我走过的道路》（上）人民文学出版社1997年版，第119页
1916	《湖南新报》总经理	100元	陶菊隐《记者生活三十年》（2005），第12、34页
	《湖南新报》总编辑、主笔	80元	
	《湖南新报》编辑	30—60元	
	三等地区通讯员	24元	
20世纪20年代上海各家报纸	报馆总经理	300元左右	戈公振《中国报学史》，第204—205页
	报社总编辑	150—300元	
	编辑长	150元左右	
	要闻编辑、地方新闻编辑	80元左右	
	报纸特派员	100元左右	
	驻国内要埠专任记者、兼任者	40、10元	
	翻译	50—80元	
	校对和译电员	20元左右	
	本埠编辑	80元	
	特别访员	40—60元	
	普通专业访员	30元左右	
	普通兼职访员	10—30元	
	副刊编辑	60元左右	
	营业部部长	100元左右	
	广告、发行、出纳	30元左右	
	排字、工人、打纸版浇铅版、印刷工人	10—20元	
	制铜版锌版的师傅	30—40元	
	印刷工人	15元左右	
20世纪20年代	《晶报》编辑袁寒云	30元	姚吉光、俞逸芬《上海的小报》，第229页
1920	《新闻报》长沙通讯员（陶菊隐）	24元，后涨到100元	王润泽《北洋政府时期的新闻业及其现代化（1916—1928）》，第257页
1921	《小说月报》主编（矛盾）	100元	茅盾《我走过的道路》（上）人民文学出版社1997年版，第192页

续表

时间	职业	月薪	资料来源
1921	商务印书馆37名职员	100元	李明伟《清末民初中国城市社会阶层研究（1897—1927）》，第338页
1921	中华书局编辑（田汉）	100元	陈明远《历史上银元的购买力》，第112页
1922	上海《新闻报》总编辑	200元	上海地方史资料（五），第39页
1922	上海《新闻报》一般主任编辑	100元	
1922	上海《新闻报》"经济新闻"版编辑	180元	王润泽《北洋政府时期的新闻业及其现代化（1916—1928）》，第257页
1922	商务印书馆编译（顾颉刚）	100元	陈明远《历史上银元的购买力》
1923	上海《时报》记者（顾执中）	80元	王润泽《北洋政府时期的新闻业及其现代化（1916—1928）》，第257页
1924—1926	《世界晚报》《世界日报》总编辑	80元	张友鸾《世界日报兴衰》，第60页
1924—1926	《世界晚报》《世界日报》编辑	30元	
1924—1926	《世界晚报》《世界日报》练习生	10—20元	
1925	《时报》编辑	60—100元	王敏《上海报人社会生活（1872—1949）》，第211页
1925	《时报》校对	25—40元	
1925	《时报》练习生（金雄白）	12元	
1927	天津《大公报》张季鸾、胡政之	300元	王润泽《北洋政府时期的新闻业及其现代化（1916—1928）》，第257页
1927	天津《大公报》徐铸成（刚毕业）	30元	
1927	《时事新报》特约撰述（陈布雷）	150元	王敏《上海报人社会生活（1872—1949）》，第212页
1927	"四社"驻京办事处主任	186元	王敏《上海报人社会生活（1872—1949）》，第212页
1927	《申报》总主笔（陈景韩）	600元	陈明远《历史上银元的购买力》
1929	中华书局编辑（徐志摩）	200元	陈明远《历史上银元的购买力》

续表

时间	职业	月薪	资料来源
1930	一般报馆总经理	200—400 元	黄天鹏《中国新闻事业史》，第 93 页
	报馆总主笔或总编辑	150—350 元	
	编辑主任	120—200 元	
	编辑	60—100 元	
	驻外地记者	100 元	
	本地采访记者	50 元	
1935	上海《新闻报》采访科主任	170 元	陈明远《历史上银元的购买力》
1935	上海《时报》采访科主任（顾执中）	170 元	王润泽《北洋政府时期的新闻业及其现代化（1916—1928）》，第 257 页
1936	《新闻报》资深通讯员（陶菊隐）	300 元	王敏《上海报人社会生活（1872—1949）》，第 212 页
抗战前夕	著名作家（鲁迅、茅盾、巴金等）	400 元以上	陈明远《历史上银元的购买力》
	成名作家（夏衍、胡风等）	200 元左右	
	知名作家（丁玲、萧红、周扬等）	100 元左右	
1938	《大公报》资深编辑	100 元左右	陈明远《历史上银元的购买力》
1938	《文汇报》初创时（徐铸成）	400 元	王敏《上海报人社会生活（1872—1949）》，第 212 页

资料来源：根据以下相关数据整理所得：关永强：《近代中国的收入分配：一个定量的研究》，人民出版社 2012 年版，第 130—131 页；戈公振：《中国报学史》，岳麓书社 2011 年版，第 205 页；王润泽：《北洋政府时期的新闻业及其现代化（1916—1928）》，中国人民大学出版社 2010 年版，第 257 页；等等。本表以关永强制作的表格为蓝本，在此基础上补充了一些数据。

从表 4-6 和表 4-7 可以看出，冀察平津地区大报和小报新闻记者的待遇存在很大的差别，并且报纸所在的区域不同，工资待遇的差别也比较大。1936 年前后，北平和天津地区的大报记者待遇最高者可以达到每月 300 元，最低则只有 12 元。小报的记者最高待遇为每月 200 元，最低者只能拿到 3 元钱。由此可见，各家媒体经营效益不同、所处的区域不同，其获利情况存在较大的差异，进而影响到记者的待遇。另据相关资料显示，1934 年前后，中国报馆的主笔年收入最高为 5000 元，普通记者为 600—3000 元不等。而当时记者待遇较好的美国，大报的主笔年收入在 10 万美元，次之为 3 万美元，普通的记者为 2 万美元。英国的大报主笔年薪为 3 万华币，论说记者年薪为 1.5 万—2 万华币，普通记者为 1 万华币。德国大报主笔年薪为 2.5 万华币，较小的报馆主笔年薪为 1 万—1.5 万华币，各报的记者月薪在四五百元至千元不等。①

表 4-6　　　　冀察平津大报新闻记者待遇比较表（月薪）

省市	最低	最高
河北省	—	—
察哈尔省	40 元	60 元
北平市	12 元	300 元
天津市	20 元	200 元

数据来源：《冀察平津大报新闻记者待遇比较表》，《冀察调查统计丛刊》1936 年第 1 卷第 2 期。

表 4-7　　　　冀察平津小报新闻记者待遇比较表（月薪）

省市	最低	最高
河北省	4 元	30 元
察哈尔省	15 元	30 元
北平市	3 元	100 元
天津市	5 元	200 元

数据来源：《冀察平津小报新闻记者待遇比较表》，《冀察调查统计丛刊》1936 年第 1 卷第 2 期。

民营报纸的人才竞争策略存在较大差异，这与报馆规模的大小、经济实力的强弱、报馆管理者的管理水平与经营理念等因素存在紧密的关系。民营大报往往能够为员工提供相对优厚的待遇和福利保障，在人才竞争中具有较大的主动性。并且，民营大报的管理者具有一定的战略意识，在人才锻炼与培训方面往往能够从长远的角度出发。与民营大报相比，民营小报的经济实力和竞争力较小，在人才争夺中处于劣势，其人才培养方面投入少，人才流动大。从管理理念的角度来说，不同的民营报馆的管理者拥有不同的管理理念，其人才竞争策略也各不相同。成舍我注重人才培养，但是，并不注重改善人才的薪资待遇，其报馆是锻炼人才的地方，但人才流失现象也很严重。陈铭德

---

① 《世界新闻记者的年俸》，《新闻学期刊》1934 年，无刊期。

非常重视笼络人才，很会处理与报馆员工的关系，经常从员工的角度考虑问题，待人和善，协调能力强。所以，《新民报》会聚了一批有才干的知名记者。史量才具有战略眼光，能够放手让手下创造性地发挥各自的潜能。同时，史量才比较重视报馆的人才储备，在报馆人才流动不可避免的时候，史量才也能够泰然处之，有良好的应对之策。

但凡那些运营较好的民营报纸，在报馆人才争夺、人才建设等方面都有各自的战略及手段，这是这些民营报纸得以发展壮大的重要原因。

第二节 民营报纸的发行经营

关于发行，有广义和狭义之分。从广义上讲，包括出版、编辑和推销等各方面。狭义的发行包括书、报、刊的发送和贩卖等。其中，发送包括分送和装车。贩卖包括自贩、托报头贩和邮车装运贩卖三种。[①]

中国民营报纸的发行受到诸多因素的影响，发行量普遍不高。20世纪30年代中期，一些发达的资本主义国家报纸的发行已经走向大众化的趋势，普通的民众完全具备消费报纸的经济实力。而中国普通民众的生活水平有限，并且报纸的售价相对偏高。当时，英国普通劳工每月的最低工资在10磅左右，相当于2400便士，而一份报纸每月的订阅价格为30便士，订阅一份报纸的费用占月收入的比重为八十分之一。在法国，这一比例大概还不到百分之一。但是，在中国，一份报纸每月的订阅价格大概为1元，而当时小学教师以及普通店员每月的收入还不到10元钱。因此，订阅一个月的报纸要用去工资的百分之六七，这个比例明显偏高。[②] 由此可见，报纸的售价已经超出普通老百姓的消费水平，这是当时报纸难以普及的重要原因。在中国一些经济发达的大城市中，出版的报纸较多，但是，由于受识字人数和消费水平所限，整个报业的读者市场开发并不算太好。民国初年，民营报业

[①] 魏九如：《新闻纸发行论》（上），《上海记者》1944年第2卷第5—6期。
[②] 小记者：《小型报纸之将来》，《绸缪月刊》1935第2卷第2期。

的发展状况欠佳，20世纪20年代以后，民营报纸的发展空间慢慢好起来，尤其是1927—1937年间，中国民营报纸获得比较好的发展空间。抗日战争胜利之后，中国的报业渐渐恢复了，一些大城市的报业竞争显得尤为激烈。

与党政机关报相比，民营报纸的发行竞争更趋激烈。因为前者在发行上有行政支持，并且没有成本上的压力，而后者则依靠广告生存，发行量太少就无法招揽广告。为了提高报纸的发行量，这些民营报纸各显神通。

一　民营报纸发行网络建设

上海的老牌民营大报《申报》采取多种发行渠道，在上海本埠，主要通过报贩、代销点、报童沿街叫卖、脚踏车送报等方式；在上海之外，主要采取代派处、分馆和邮局投送等。由于《申报》经济实力雄厚，能够建立独立、强大的发行网络。与《申报》竞争的一些实力比较弱的报纸，往往几家报纸联合建立代派处，以减轻租金和人力资源方面的压力，降低报纸的发行成本。

《新闻报》的总经理汪汉溪为了提高报纸发行量，在营业部下面专设推广科。推广科有明确的推广规划，不仅仅重视大城市的推广工作，一些偏远地区也采取积极的推广措施。为此，报馆派专人与一些偏远地区的邮局和水运部门合作，拓展新的发行空间。这样，报纸的发行量的确提高了，但仅仅就新增加的发行量来考量其收入，往往是得不偿失。从整体来看，报社实际上是赚了，因为在发行上的投入可以通过广告经营来补偿。《新闻报》报馆内部还悬挂有全国分省地图，读者订报，发行部门即可以抽开读者所在省份的地图，能够迅速查清楚哪条发行线路最经济、最迅速。有些城市的发行部或者分馆在当地很有影响力，为推动报纸发行做了大量的工作。这个发行地图可以自动伸缩，设计非常精巧，独具匠心。《申报》在初创的时候就积极建立外埠发行网点，到了1934年，该报在全国各重要城市均设有代售地点。从1936年开始，该报在外埠设立分馆，其发行网点一度扩张到日本、朝鲜以及欧美等国。抗战胜利之后，《申报》复刊，在南京、苏州、杭州、南通等地先后成立分馆，并在一些重要的城市设立特约推销员，积极推动报纸发行。《大公报》积极拓展报纸发行区域，在全国主要城市设立分馆。1932年，《大公报》（天津版）在北平、上海、汉口、开封、太原、西安等12个城市设立了分馆；1937年，《大公报》（天津版）在南京、上海、汉口、郑州、太原、福州、杭州、镇江、广州等35个城市设立了分馆，并在报纸上公布各个分馆的具体地址，便于读者联系，提高了报纸发行服务的质量。

为了提高报纸的发行量，一些民营报纸会与其他的报纸、企业等展开合作活动。有的民营报纸为了渗透到外地报业发行市场，与当地的报馆或者派报公司建立合作机制；有的民营报纸为了提高报纸的影响力，与社会上的一些企业合作，开展相应的优惠活动，既提高了报纸的发行量，又为企业带来了新的发展机遇；一些民营小报与派报公司合作，将外埠发行业务交给派报社，甚至由派报公司开展"捆绑式销售"，这样既拓展了报纸的发行市场，也提高了派报公司的利润空间。

1936年3月，《新闻报》为了提高在苏州的发行量，与当地的早报合作刊登广告，实行《新闻报》与《早报》特约联合发行。如果订阅两报，可以享受以下优惠：同时订阅两份报纸，读者只需付出以前订阅《新闻报》的价格即可。两报还通过合约规定，在合作期间，两家报纸不允许与其他报纸展开类似的合作。两报联合发行之后，其发行量合计增长了4000余份，广告额也呈增长趋势。这对当时的其他民营报纸构成较大的威胁。为此，苏州市场上的《吴县日报》《苏州明报》等报纸联合起来坚决反对两报的这种合作方式，登报发表《请全国新闻界同业公论并敬告上海新闻报》一文，认为《新闻报》与《早报》的联合发行企图以托拉斯的方式打压其他民营小报，不惜自贬身价，与鸡鹜争食。《苏州明报》《吴县日报》坚决反对《新闻报》和《早报》联合发行，甚至外地的报纸也群起攻之。如《大公报》、南京的《中央日报》《中国日报》《朝报》《新民报》等都以不同的方式表达反对意见。由此可见，报纸联合发行在一定程度上影响了其他报纸的发行，或者对其报业经营构成潜在的威胁。不仅如此，两家报纸联合发行还引起了送报夫的不满,因为此前,送报夫每月为每户送《新闻报》,可以从中获取一元三角五分的收入,送《早报》则可以获得一元八角五分的收入,两家报纸联合发行,送报夫只能获取一元三角五分的收入,减少了一大半。① 由此可见,报纸之间的发行竞争非常激烈,哪一家报纸破坏了既定的规则,获得额外利润,其他的报纸就会站出来维护既定的规则,这是民营报纸合作发行机制难以建立的主要根源。外界批评两家报纸"将中央功令,同业情谊均置不顾,殊为遗憾"。②

在吴县报业发行纷争之前,国民党当局已经针对类似的情况做了规定:各家报纸的附刊,只能附在本报上发行,不能单独发行。如果查出有报纸附刊单独发行的情况,将由地方报业同行提出损失赔偿。江苏省吴县的报业同业工会就申、新两报在吴县的联合发行诉诸内政部,针对此事,内政部在文件中明确规定:"查报纸附在别报发行,殊失独立性质,实际无异附刊,而长期无代价赠阅,则为破坏同业惯例"。③ 由此可见,民营报业跨区域发行引发更为复杂的竞争,一旦损害其他报纸的利益,这些报纸就会采取相应的措施应对。吴县的报业发行危机中,当地的报纸极力反对申、新两报与其他报纸联合发行,并援引内政部此前的文件精神,有针对性地投诉两报的行为,最终,两报被迫取消与其他报纸的联合发行。

除了与其他报纸展开合作外,民营报纸还会与其他企事业单位合作,举办各类活动,推动报纸发行,形成共赢的局面。作为中国现代的老牌民营报纸,《申报》在发行经营方面做了很多工作,不断激发民众的订报热情。1947年7月,《申报》联合多家企业,举办了"优待申报读者"的"联合大赠送"活动,一直持续到当年11月份。参加该活动的厂商,最开始有20多家,后来增加到80多家。每个月的赠品的总价值由最开始的5000余万元增加到7000余万元,5个月合计2.5亿元。在分发赠品的前两天,由申报馆组织企业举行盛大的游行活动。

---

① 《新闻报与早报联合发行纠纷》,《苏州民声》1936年3月22日。
② 上海市档案馆馆藏档案 Q430-1-171《新闻报》与外地同业纠纷卷。
③ 《部咨报纸附在别报发行及长期无代价赠阅者应准援用中央第六二次决议办理》,《福建省政府公报》1934年第396期。

第一排为乐队，第二排为各家厂商的彩车，后面为申报的巨型彩车。这一活动收效显著，报纸销路扩充。"大赠送举办以来，读者极感兴趣，新订户纷至沓来。故本报销数，已突破历来之纪录"①。

1936年4月，上海的十几家民营小报联合起来，委托上海画报公司代理订阅各家小报。上海画报公司专门在《大公报》天津版刊登广告，广告内容如下：上海小报已经有30年的历史，小报种类繁多，读者选择起来比较困难，上海画报公司受各家小报馆的委托，开展赠阅与廉价两种方式，方便各位读者。参加的小报主要有：《立报》《晶报》《社会日报》《时代日报》《东方日报》《大晶报》《铁报》《福尔摩斯》《罗宾汉》《金刚钻》《明星日报》《小小日报》《世界晨报》等。具体活动办法为："如蒙惠寄邮票十分，则赠阅样报十份。寄邮票一元，可以订阅三种各一个月。如此既可免去数处订报麻烦，又比较报馆订价可省去一半。且订阅半年，另赠自来水笔一枝（支），价值两元。"② 对于一些民营大报来说，在全国经济发达的大城市设立发行机构比较容易，但是，对于绝大多数民营小报来说，其经营范围有限，资金匮乏，根本没有实力在外埠设立发行机构。因此，这些民营小报联合起来，委托一家公司专门代理外埠的发行工作。从这则广告不难看出，这些民营小报为了打开外埠市场，在价格上做了较大的让步，邮寄邮票十分，就可以赠阅样报十份，这样往往能够通过内容吸引读者，使其继续想办法订阅报纸，不失为一种很好的营销方法。同时，还采取了"捆绑式"销售的方法，邮寄邮票一元，可以订阅三种报纸一个月。可见，民营小报比较重视推广发行，通过相互合作的办法寻找发行空间。

二 采用多种营销手段促销

1. 运用低价营销策略

在报纸发行中采用低价策略，是民营报纸发行营销的重要手段。在面临强大竞争对手的时候，新创办的民营报纸绝不能硬碰硬，而应

---

① 《MYM250000000，联合大增赠送，中国报纸创举，同业纷起效尤》，参见《申报馆内通讯》1947年第1卷第1期。
② 《赠阅上海小小报》，《大公报》（天津版）1936年4月2日。

该采取迂回的策略，以"市场追随者"的姿态示人。这样，往往能够避免与"市场领导者"发生正面冲突，最终能够保全自己，甚至超越"市场领导者"。在上海的报业市场中，《新闻报》后来居上，成功地赶上了《申报》，其中一个原因就得益于该报在创办初期采用了避免正面冲突、低价竞争的策略。该报初创时，售价7枚铜钱，比《申报》便宜，因此很快推广开来。抗战时期，《申报》经历过几次停刊和复刊，该报也曾经采取过低价营销的策略，在短期内提升了报纸的发行量，使其能够与《新闻报》在发行上并驾齐驱。①

1949年1月，新记《大公报》还登报宣布，该报每天采用六种纸张发行，报价各不相同，为读者提供多种选择，这种策略很有效。20世纪20年代，成舍我在推销其《世界晚报》《世界日报》《世界画报》的时候，采取了低价营销的策略。这几份报纸的定价均不高，后来价格上调，日报零售铜元6枚，每月大洋8角，半年4.5元，全年8元；晚报零售铜元6枚，每月大洋4角6分，半年2.5元，全年4元。如果日报和晚报都订阅，画报直接奉送。也就是说，1元钱可以订阅一个月的日、晚、画报，订阅三份报纸全年价格为11元钱。成舍我打出"一块钱可看三份报纸""物美价廉，世罕其匹"等标语来宣传其旗下的报纸。成舍我的几份报纸能够在短时间内立足北京，取得突破性的发展，其适销对路的发行营销策略起到了较大的作用。《立报》创刊的时候，也采取了低价营销的策略，这种做法使该报能够在极短的时间内迅速扩大发行量。《立报》提出"一元钱看三个月"的口号，每份报纸卖4枚铜元，相当于1分2厘。每月订阅一份报纸合计3角6分左右。而同一时期晶报每份售价为2分8厘，每月订阅费为8角4分左右；《申报》的售价更高，每份售价4分5厘，每月订阅费为1元3角5分左右，远远超出订阅《立报》的价格。对于普通家庭来说，订阅一份《申报》显得有些奢侈，而《立报》的售价则是可以接受的。低价营销是民营小报最常用的竞争策略之一。20世纪30年代初，每份民营大报的定价一般在3分以上，而民营小报则在3分以下。比

---

① 魏九如：《新闻纸发行论》（上），《上海记者》1944年第2卷第5—6期。

如，上海市的《申报》《新闻报》《时事新报》等报纸的定价为每份4分5厘，《时报》每份3分4厘，《晨报》每份3分5厘。而一些民营小报的定价显然更低，如《大日报》《社会日报》《晶报》《小日报》等售价为每份2分至2分8厘不等。总体上来看，每份民营大报的均价为3分8厘，而民营小报的均价为2分6厘。与民营大报相比，民营小报没有太多的优势，只能采用低价营销的策略，这样能够寻找一定的生存空间。现代民营大报和政党报纸的售价相对较高，这与报纸的新闻采制成本以及纸张价格等因素密切相关。多数民营小报的新闻采制成本以及纸张成本相对较低，因此，低价营销策略一直是各类民营小报所采用的有效办法。

1937年11月，日本侵占上海，上海的民营报纸受到了极大的打击，很多报纸纷纷停刊，连老牌民营大报《申报》也没能幸免。1937年12月15日，《申报》停刊，1938年1月15日，该报创刊汉口版，1938年3月1日，该报创刊香港版，1938年10月10日，该报在上海以外商的名义复刊。复刊之后的《申报》在经营上就遇到了困难，主要原因在于：一是《申报》原来的订户已经改换门庭，订了别的报纸；二是《申报》原来的广告客户也与别的报纸签订了合同。《申报》为了推广发行，主要采取了"倾销政策"，"所谓的倾销政策，非但出报的时间竭力提早，而且还顾到读者的购买力，将报纸的售价减低"。[①]一个月之后，《申报》的发行量明显增加，由1万份增加到2万份，并很快增加到6万份，接近《新闻报》的发行量了。由此可见，在必要的时候，采取低价营销的办法往往能够帮助报纸发行打开局面。不过，从长远的角度来看，不能一直采取低价营销的方法，毕竟这种策略对报馆的经济实力是巨大的考验。

2. 利用好奇心打开市场

对于刚创刊的民营报纸来说，打开销路是最紧要的事情。为了尽快拓展市场，民营报人往往采取一些非常规的手段来吸引读者的注意力。比如，《新民报》刚创刊的时候，陈铭德就时常和吴竹似、刘正

[①] 魏九如：《新闻纸发行论》（上），《上海记者》1944年第2卷第5—6期。

华等到夫子庙茶馆附近，他们扮演成"忠实读者"的模样，纷纷抢购报纸，并向周围的群众宣传《新民报》如何吸引人、如何公正等。成舍我也曾利用人们的好奇心来推广报纸，使新创办的报纸迅速打开市场。《立报》刚刚在上海创刊的时候，并没有多少读者注意该报。上海是报业比较集中、办报水平很高的地方，报业竞争异常激烈。一般的报纸很难在短时间内获得读者的认可，《申报》《新闻报》两报争雄的格局延续了数十年。为了打开市场，《立报》的员工几乎全体出马，到马路上去宣传自己的报纸。他们兵分两路，一路扮着卖报者，另一路人马则扮演买报的读者，在人多的地方故意营造抢购报纸的局面，以吸引潜在读者的注意力。刚刚上市的《立报》很快被抢购一空，围观的人群对这份报纸产生了兴趣。"渐渐地真主顾代替了假主顾，立报也渐渐地立起来"。①《大公报》学习国外报纸的做法，在街道上摆出"活动电灯新闻"，就是利用读者的好奇心，吸引读者的注意，以期提高报纸的发行量。②

3. 利用各种重大活动推动报纸发行

1936年10月，《立报》发起"以一日贡献国家"运动，引起当时89家国货厂商的关注，参与该项活动，并纷纷捐款支持。1937年1月，《立报》发起了月份牌日历展览，在上海引起一定的反响。《新闻报》的信鸽在新闻传递中起到很大的作用，尤其在重大活动中能够为报纸赢得时间，提高报纸的发行量。《新闻报》在1929年秋天开始饲养信鸽，从欧美购得优良品种，到1933年累计有80只信鸽。1933年，全国运动大会在南京举行，信鸽在传递消息方面独树一帜，为新闻报争得了荣誉，对于稳定读者队伍，带动报纸发行起到较大的作用。

除了报馆举办的活动外，各家民营报馆非常重视利用全国性的大型活动大显身手，扩大报纸的影响力，提升报纸的发行量。1948年5月，第七届全国运动会在上海江湾体育场举行，申报馆尤为重视。该报在3月17日举行了第一次全运会报道筹备会，讨论宣传与营业等各

---

① 陈寿：《成舍我及其事业》（中），《人人周报》1947年第4期。
② 费彝民：《从大公报谈报纸的管理与经营》，《周末观察》1948年第4卷第5期。

项事务。该报编印了全运会手册,与业余无线电协会合作,设立了采访专车。该报在运动会现场设立了"申报全运会办事处",为工作人员制作了专门的工作服。在闭幕式上,与中国胜利信鸽协会合作举行了大队信鸽表演,阵容庞大,蔚为壮观,吸引了大批观众。申报馆的一系列活动既扩大了报纸的影响力,也带动了报纸的发行工作。

《大公报》也非常注意开展各类活动,比如,《大公报》经常提倡为军队、贫困地区募捐活动。1947 年,该报动员全体同人每天增加两小时工作,募集的资金和寒衣全部捐出去了。这种活动直接提升了报纸的发行量,因为募捐的人第二天会购买报纸看看自己募捐之后,报纸是否刊登了自己的姓名。①

4. 通过广告、报道等推销报纸

有一些民营报纸很注重报纸的发行宣传,在一些知名的报纸上刊登发行广告,吸引读者的注意力。1931 年,上海的一些民营小报在《大公报》天津版上刊登广告,主要包括《克雷斯》《金刚钻》《福尔摩斯》《罗宾汉》《大晶报》《铁报》《向报》《梨园公报》《社会日报》《太阳报》《小日报》《情潮日报》等,有的报纸是三日刊,有的是日报。在广告中,对订阅办法做了详细的说明,订阅一份三日刊,每个月二角钱;订阅三份,每个月五角钱;订阅七份,每个月一元钱。订阅日刊,每个月每份四角五分;订阅两份以上,每份四角钱。② 也有民营小报独自在知名报纸上刊登广告,以引起读者的关注。1935 年 6 月,《新闻报》连续在报纸上刊登订阅广告《请订阅上海新闻报馆出版之晨刊新闻报及晚刊新闻夜报》,详细说明这几份报纸的内容、价格及订阅办法。广告中说:"国内外之重要消息及本埠政治社会商业经济等种种新闻均可详细悉无遗,新闻报馆每日分晨晚两次以最迅速之方法将正确详尽之消息向君报告。"③ 不仅如此,广告中还详细说明了订阅的优惠办法,可以看出,新闻报馆将捆绑式销售和赠送礼物等办法结合起来推销报纸。其具体做法是:如果付费三元六角即可以获

---

① 费彝民:《从大公报谈报纸的管理与经营》,《周末观察》1948 年第 4 卷第 5 期。
② 《请阅有趣味有价值的上海小报》,《大公报》(天津版)1931 年 3 月 16 日。
③ 《请订阅上海新闻报馆出版之晨刊新闻报及晚刊新闻夜报》,《新闻报》1935 年 6 月 23 日。

得如下报刊和优惠券:《新闻夜报》六个月（三元六角）、《美术生活》图画杂志六册（三元）、航空公路建设奖券一条（一元）或商务书馆书券（一元）或中华数据礼券（一元），如果是外埠订户，另加邮寄费六角。按照《新闻报》的宣传，订户出三元六角（外埠四元二角），就可以得到七元六角（外埠八元二角）价值的书刊或者其他有价证券，并有机会获得五万奖金。《新闻报》的宣传攻势比较大，对于读者来说有较大的吸引力。

1933年，天津新出版的《大众日报》在《大公报》（天津版）上刊登广告，向读者宣传该报。"本市新刊小报名大众日报，样式新颖，新闻甚多，且有社评一栏、公平论事，颇有大报之风，文艺栏除四篇小说外，辟有大众园地，登载一切饶有雅趣之小品，绝无风花雪月之俗词，闻发刊后，阅者颇多，实小报中后起之秀。"① 一个月之后，《大众日报》又在《大公报》上刊登新闻说，该报为具有大报风格的小报，从"双十节"起，大范围更新内容，包括要闻、市闻、社会琐闻、大众园地等尽量符合读者口味。很多民营小报在创刊之初，找一些知名的大报，在上面刊登广告，开展自我宣传。上海的《新闻报》是民营大报中销售数量领先的报纸，该报非常重视发行宣传，赶上订报的季节，该报就会通过刊登订阅广告的方式吸引读者。

除了上述各种竞争手段外，改进报纸内容也能够在一定程度上提高报纸的发行量。比起政党报纸，民营报纸在发行上所下的功夫往往更大，也更注重内容是否具有吸引力。对于内容的舆论引导方面的功能，不同的民营报纸的重视程度有很大的差异。《文汇报》《大公报》《申报》等时政类民营大报既重视新闻稿件的舆论引导效应，也关注报纸内容是否具有吸引力，从而提高报纸发行量。而多数民营小报则更重视新闻报道能否扩大发行量，从而带动报纸的广告经营。著名民营小报主持人胡雄飞认为，报纸可以分为营业化和党派化两种类型。其中，营业化的报纸"以发展其本身为唯一目标"，"故所以维持报纸之生命者，厥惟售报与广告之收入耳，希冀销数之激增，非研求内容

---

① 《大众日报 销行日广》，《大公报》（天津版）1933年9月9日。

之精美丰富不可"。① 胡雄飞主办的《社会日报》即依靠内容的精美来扩大发行,以此提高报纸的竞争力。

三 改进报纸发行服务质量

在企业经营中,企业通过提供额外的价值争取客户是常有的现象,一般将这种额外的价值称为附加值。从产品营销的角度来讲,附加值指的是"由于产品创造并满足了客户更高层次的需求而使企业获得的超额回报"。② 在媒介竞争过程中,有的媒介经常为受众提供额外的内容产品或者更多、更好的服务,我们可以将其称为媒介产品附加值,即在原有媒介产品价值的基础上,通过生产经营过程中的有效劳动或者改善服务质量所创造的新价值。可见,这是附加在媒介产品原有价值上的新价值。③ 媒介产品附加值可以分为机会附加值、策略附加值、渠道附加值、品牌附加值。现代民营报纸为了扩大发行量,争取更多的广告客户,常常各显神通,采用提高报纸附加值的办法来提高发行量,从而带动广告营销。

20世纪以后,很多民营报纸采取赠送额外的媒介产品或服务的办法提高读者的忠诚度和满意度,以期留住老读者,增加新读者。如《申报》采取附送画报的方式来拓展读者群,与之形成直接竞争的《新闻报》不甘示弱,也通过赠送附刊的方式赢得读者。20世纪20年代,《新闻报》在杭州的发行面临着两方面的竞争,一是老牌劲旅《申报》的正面封堵,二是杭州本地报纸的强力冲击,形成夹击之势。与《申报》相比,《新闻报》的时效性稍差,优势不明显。为了摆脱不利形势,《新闻报》采取了印刷杭州附刊的办法,利用其丰富的信息源采制更多的新闻。④ 在出版时间上,附刊与杭州当地的报纸一致。这样,《新闻报》的订户每天出同样的报费可以看两份报纸,报纸的附加值明显提高了,读者的满意度和忠诚度也随之提高。

---

① 胡雄飞:《本报三年来的总报告》,1931年《社会日报纪念专刊》。
② 韩志辉:《创造附加值》,北京大学出版社2007年版,第3页。
③ 陶喜红:《媒介产品附加值的特性及意义》,《新闻界》2008年第2期。
④ 汪仲韦:《又竞争又联合的"新"、"申"两报》,《新闻研究资料》1982年第5期。

新记《大公报》在读者心中的地位不断提高之后，该报开始在天津以外设立分销处。1930年，新记《大公报》在全国设立的分销处有293个，1936年，分销处增加到1300多个。报馆将外埠增收的邮费发给分销商，分销商的工作积极性被调动起来，形成了良性循环的态势。除此之外，报馆还积极更新印刷设备，将出报时间提前。天津市的订户，一律送报上门。报馆还在人口密集的码头、公路、车站等主要交通线上设立发行站，方便读者买报、订报，提高了服务质量。

一般的报纸采取集中发行，《新闻报》的汪汉溪采取就近原则，分区发行，将上海市分为东南区、西南区、中西区、西北区、北区等五个区域。专门为每个区域租一家电影院作为报纸的集散中心，负责各自区域的报贩清晨直接到该区域所在的电影院取报纸，能够在最短的时间内将报纸送到读者手上。在发行时间竞争上，《新闻报》走在了前面。民营报纸为了提高外埠发行效率，在管理人员配备、发行方式等方面不断探索，取得一些成效。比如，《申报》与《新闻报》合作，在无锡火车站设立发报处，既节约了经费，又提高了效率。报纸刚运到火车站，发行人员立即用自行购买的橡皮轮货色车装运出站，首先发出。①

第三节　民营报纸的广告经营

对于民营报纸来说，发行和广告两项业务是其生存和发展的生命线。在经营过程中，民营大报一般会两者兼顾，相互促进，这样才能更好地发展。新记《大公报》创刊之初，就在报纸上刊登《本报营业部启示》，明确地说："本报系营业性质，刊登告白，概须按章收费，所有义务广告，均不登载……广告部聘有图画专员，承办

---

① 《京沪路沿线本报的发行网》，《申报馆内通讯》1947年第1卷第1期。

广告图样。"①

一 在头版刊登广告：利用首因效应，吸引读者注意

民国以前，中国报业经济发展水平较低，报纸发行量有限，企业对刊登广告的效用也没有很深入的认识，报纸的广告经营绩效一般。早期的《申报》头版以论说、新闻为主，即便有告白，也不会以整版处理，而是将绝大多数版面留给论说和新闻。翻阅1912年之前的《申报》可以发现，当时的报纸头版广告较少，很多时候头版没有广告。即便有广告，也没有大幅图片，而是以文字为主，并且给广告的空间较小。以1899年6月27日头版为例，报头两侧刊登了《外埠售报处》和《刊例告白》，主要是推广该报本身的发行与广告。报纸的右侧刊登了《售报杜弊告白》，是该报本身澄清售报点作弊事宜，这几处的广告占当天头版面积的五分之一，头版其余的部分均为论说和消息，占整个头版面积的五分之四。这样的版面设置并不是偶然现象，早期的《申报》头版刊登广告的数量较少，所占的空间比较小。

中国经济发展水平的不断提升，推动了报业经济的发展。报纸刊登广告的数量越来越多。民国以后，《申报》的广告量不断增加。报纸的头版刊登广告成为很普遍的现象。以1931年4月26日头版广告为例，该报当天头版刊登了两则广告。第一则为"克雷斯"香烟广告，占据了头版一半的空间，"克雷斯"3个字采用立体字呈现，很有冲击力，上面为"名贵香烟"，左侧为香烟的包装盒以及散落出来的5根香烟。整个广告呈现出的视觉效果较好，对于吸烟的烟民来说，具有较大的吸引力。当今的媒体上，已经没有烟草广告了，吸烟有害健康已经成为共识，但在当时，多数报纸没有这方面的禁限，烟草广告大行其道，甚至整个头版都是烟草广告。当日头版下面一半刊登的是上海绪论公司"绸缎大同业春节大减价"广告，并在广告中注明了销售的日期和地址。报纸折叠之后，头版并不是最重要的位置。但是，相比较而言，头版的作用依然比较重要，因为头版有报头、

---

① 《本报营业部启示》，《大公报》1926年10月19日。

出版日期等基本信息，报纸利用头版刊登广告往往能够取得比较好的传播效果。

本书选择了4个年度《申报》的头版广告，从中可以看出，1899年，该报的广告量较少，以文字叙述为主，所占的版面较少，在五分之一左右。到了1913年，头版的广告数量明显增加，这个时候，报纸头版的广告所占的版面已经提升到四分之三。20世纪30年代后，企业的经营水平得到提升，利用报纸传播产品信息的意识明显增强，民营报纸的广告量大幅增加，广告呈现形式更加多样，广告经营额明显提升，头版刊登广告更为普遍。在很多情况下，头版全部为广告，甚至整版只刊登1—2家企业的广告，广告的冲击力大大提升。

二 变换字体与图片：利用版面美感，强化视觉冲击

中国现代民营报业非常重视报纸广告经营，通过版面设计、广告策划等方面来吸引读者。从版面设计来说，一些民营报纸经常采用新奇的方式来吸引读者，将文字与图画紧密结合，提高广告的冲击力，优化报纸广告的传播效果。民国以后，各家民营报纸比较重视广告的排版、字体搭配、图片处理等细节，增加报纸广告的视觉冲击力。不少报纸采用了宋体、隶书、楷书、行书等多种字体，字体的大小变化多端，并且将印刷体和手写体结合起来。在图片使用上，民营报纸越来越注重广告图片，有的报馆还专门配备设计师为企业提供广告设计服务。"不论广告内容怎样编辑得好，加入他的图画、字体、边线及整个的情调不动人，也是枉然。"[①] 1920年4月至1925年7月之间，南洋兄弟烟草公司在《申报》上连续刊登系列广告，推广其旗下的"爱国牌"香烟。包括"请阅读名家小说篇""爱国歌篇""权字篇""觉悟篇""春闺燕语篇""爱国征文揭晓篇""征文第一名作品篇""抢看救国良方篇""解放的真谛篇""壮夫断腕篇""多难篇""烟叶篇""烟草权利篇""钟前人语篇"等一系列图文广告。通过这种大幅度、连续性的广告，一方面，号召国人使用国货，推广自己的产品；

---

① 刘汉兴：《各国报纸广告的比较》，《新闻学季刊》1940年第2期。

另一方面，激发了国人的爱国情绪，取得较好的传播效果。

现代民营报纸刊登广告较多，报馆一般预先拟定好广告的版式，这样有四个好处：一是有助于维持报纸每版的平衡，很多广告是固定的，但是新闻稿件则并不固定。报纸广告版式固定了，更容易考虑新闻的刊登。二是使广告更容易接近新闻，便于读者发现广告。读者阅读新闻的时候，往往会扫视报纸的其他部位，增加了广告被发现的概率。三是广告本身的文字与图画也需要做好配置，提前设计好有其必要性。[①] 广告的刊登一般经过以下几个阶段：一是登记，就是把广告的标题登记下来。二是发稿，就是由发稿者将广告发给排字房。三是整理和画样，在这个阶段里，需要计算广告的数量，然后再分配给各个版面，这样能够保证报纸的新闻与广告合理地分布。四是拼排，主要是夜班的工作人员，对日班工作人员的广告排版进行补充检查与督导，保证各版大样最终不出问题。[②] 民营报纸所刊登的广告是否有冲击力，主要取决于版面的大小，设计得是否精良等因素。其中，版面的大小取决于广告客户所出的广告费的多少，而广告的设计是否精良则取决于设计者以及报馆的版面安排等因素。因此，广告的整理和画样、拼排等工作对于广告传播效果产生一定的影响。一些民营大报有专门的广告设计人员，协助广告客户做好广告设计，有助于优化广告传播效果。社会上有一些广告社或者广告公司，专门为企业提供广告设计、广告洽谈等服务工作。这些广告中介部门通过各种渠道提高知名度和影响力，为民营报纸提供了专业化的服务方案。1928年2月9日，天津的《北洋画报》刊登了一组广告画，这些广告画是天津新中国广告社主办的"报纸上广告画竞赛大会"的参赛作品，无论是动态的人物，还是静态的景物，都惟妙惟肖，极具感染力。当时，民营报纸的广告设计工作并不局限于报纸工作人员，社会的广告社和广告公司已经有一定的规模和实力了，能够为民营报纸广告设计提供相对专业化的服务了。

[①] 刘汉兴：《各国报纸广告的比较》，《新闻学季刊》1940年第2期。
[②] 《申报二十四小时：一张报纸的诞生史》，《申报馆内通讯》1947年第1卷第2期。

三 广告推广与兜揽：利用多种手段，拓展广告业务

报纸广告与发行之间存在紧密的关系。胡雄飞认为，报纸广告的兜揽，虽然有时候可以依靠情谊获得。"然徒以情谊之请求，而不顾所刊广告之效能若何，则情谊亦有穷尽之日，而将无以维持此遥遥之岁月。"① 因此，民营报纸广告兜揽依靠报纸的发行，而报纸发行量如何，最终还是依靠报纸的内容。对于民营报纸来说，报纸的内容、发行和广告三者之间似难兄难弟之关系，哪个环节出问题，最终都会对其他两个环节造成影响。史量才接手《申报》之后，聘请了广告能手张竹平主持经理部工作，并设立了广告推广科，积极地派外勤人员到处拉广告，该报的广告业务逐渐增多，占据报纸版面的50%以上。与《申报》分庭抗争的《新闻报》更加重视广告经营，《新闻报》设立了广告准备科，并根据每天广告的数量来决定当天报纸的版数。可见，广告已经成为该报生存的头等大事，以至于有人称《新闻报》为"广告报"。②

为了争取广告客户，民营报纸往往多管齐下。世界各国报纸招揽广告的方式并不一样，英美等国的报纸广告来源主要有两种：一是直接从广告客户那里获得，二是间接从广告社那里获得。法国的报纸有不少是通过哈瓦斯通讯社获得。日本报纸的广告既有从电通公司获得，也有的从其他广告社获得。与其他国家的报纸相比，中国民营报纸的广告获取途径更加灵活。如当时《申报》的广告获取途径主要有三条：一是自动刊登；二是广告公司；三是由交际员向各界招揽。③ 由于报纸招揽广告的方式灵活，其广告总量也很多，广告的类型不拘一格，涉及面极其广泛。

为了招揽广告，不少民营报纸与一些大商家联合起来，共同开展活动，既帮助商家拓展了市场，也为报纸拉到了广告，读者也能够从活动中受益。从1947年7月开始，《申报》与80余家企业合作开展

---

① 胡雄飞：《本报三年来的总报告》，1931年《社会日报纪念专刊》。
② 秦绍德：《上海资产阶级商业报纸的发展道路》，《新闻研究资料》1991年第2期。
③ 刘汉兴：《各国报纸广告的比较》，《新闻学季刊》1940年第2期。

"联合大赠送活动",活动期间,《申报》的广告经营成效明显有所提升。在活动刚开始的时候,《申报》每天刊登的商家广告只有一版。随着参加活动的商家逐渐增多,广告刊登数量也增加到两个版面,甚至三个版面。除了参加活动的商家所刊登的广告外,"一般广告,亦因此强有力之吸引,而呈显著之增加"。① 1947年6月28日,申报馆邀请上海市广告代理商负责人一起游览宁波雪窦山和育王山,以期这些广告代理商能够更加尽力地为申报馆拉广告。因为当时的广告商一般会代理多家民营报纸的广告业务,民营大报往往会通过多种手段拉近与广告代理商之间的关系,这样就能够在广告业务竞争中处于有利地位。1948年3月13日,申报馆组织上海市37名广告代理商到南京游览,申报馆南京办事处派了10辆汽车分别送这些广告代理商在南京市游览,先后到明孝陵、中山墓、灵谷寺、栖霞山、玄武湖等景点游览。申报馆的这一做法,为其培养了大批忠诚度较高的广告招揽人员,对于维持报馆广告经营的稳定性起到至关重要的作用。

四 广告管理与策划:成立管理部门,提高服务效率

为了提高广告经营管理的效率,一些民营大报成立了广告管理部门,专门负责广告的兜揽、设计与相关服务工作,大大提高了广告经营的专业水准和总体质量。比如,20世纪20年代,《申报》专门成立了营业部。当时,张竹平为《申报》的经理,并兼任广告营业部主任。张竹平改变过去等着广告客户上门的做法,在经理部下面设立了几个科室,每个科室设主任一名。其中,广告推广科有8名员工,外勤广告人员6名。并专门设立了广告管理股,负责整理第二天报纸拟刊登的广告稿件,日夜班均有人值班,白天有6人值班,晚上有2人值班。广告校对员6名,广告审查人员1名,广告收账人员13名。② 不少想刊登广告的企业不了解广告刊登的要求,随便将一些素材给报

---

① 《本馆十年来职工人数比较》,参见《申报馆内通讯》1947年第1卷第1期。
② 黄天鹏:《中国新闻事业》,上海联合书店1930年版,第57页。

馆，难免出现错误。一些报馆加强广告管理，使报纸广告处理过程更加有序，广告经营效益得到提升。比如，《申报》在报纸上刊登《本馆广告处启事》："各界惠登广告须用毛笔或钢笔誊写清楚，以昭慎重而免讹误，以铅笔所书稿件送登者恕不收受尚希。"①

对于多数准备刊登广告的企业来讲，没有必要设立专门的广告设计部门。一些民营大报所设立的广告科方便了广告客户，为其提供了全面的服务。广告科的工作人员既了解报纸的版面设计，又了解广告市场行情，即所谓"专业人做专业事"，大大地提高了服务效率，能够为广告客户提供更好的建议，避免了广告客户的诸多周折。

第四节 经营性业务外包②

晚清以后，中国报业经历了曲折的发展历程。国家政策与社会秩序的不断变动给报业经营带来较大的风险。19世纪初，外国传教士开启了创办近代华文报刊的序幕。其后，国人自办近代报刊推动了我国报业转型。具体表现在两个方面，一是从外国报人垄断我国报业转向国人主导报业发展；二是报业的功能从单向转向多元。早期的办报活动主要目的在于从事宗教传播，后来出现了宗教、政治、商业报刊等多元报业格局，报纸的功能得到拓展。尤其是商业报刊的勃兴提升了报纸的经济功能，为报业竞争增添了活力，推动了我国报业的现代化进程。随着国内经济发展和办报条件的改善，民营资本逐渐渗透到报纸行业，形成了新的报业种类——民营报纸。从经营来看，民营报纸与政府、政党报纸有显著的区别。前者重视报纸的经济功能，并且靠盈利维持生存，而后者重视报纸的政治功能，靠政府、政党拨款、津贴以及捐款等维持日常运营。民营报纸往往把一些经营

---

① 《本馆广告处启事》，《申报》1929年3月5日第4版。
② 本节内容为课题负责人公开发表的学术论文，该论文为本课题的阶段性研究成果。参见陶喜红《晚清民国时期民营报纸经营性业务外包现象探析》，《中南民族大学学报》（人文社会科学版）2012年第3期。

性业务[1]承包给报馆之外的人来经营。业务外包这种经营模式在其他行业中比较常见，一般来说，外包指的是"某一公司（称为'发包方'）通过与其他企业（称为'承包企业'）签订契约，将传统上由公司内部人员负责的业务或机能外包给外部的专业服务提供商的一种经营形式"。[2] 在现代企业经营中，利用业务外包的方式可以有效地降低成本，弥补企业某些能力上的欠缺，提高企业的核心竞争力。另外，业务外包可以分散企业的经营风险。晚清以后，这种经营模式在民营报业发展中得到广泛的应用，并取得很好的绩效。民营报纸的业务外包主要包括采编业务和经营性业务，本书专门研究后者。

一 民营报纸经营性业务外包的必备条件

20世纪20年代以后，民营报业的崛起改变了中国的报业结构。民营报纸在资本运作、人才管理、报社组织结构调整等方面不断改革，并尝试将部分经营性业务外包出去。这种经营模式的大量涌现与当时的经济社会发展存在紧密的联系，其中，工业发展、资本结构的变化以及行业分工等为报纸经营性业务的外包提供了必备条件。

1. 近代工业的发展为民营报纸经营性业务外包奠定了物质基础

晚清以后，由于受到社会体制和战事的影响，中国经济增长表现出跳跃性变化的趋势。从总体来看，民国时期，我国工业经济增长情况良好，1912—1936年间，我国工业经济年均增长率为9.4%[3]。工业经济相对较高的增长率为其他产业发展提供了可靠的物质保障，使民营报业经营性业务的外包成为可能。首先，工业经济的发展大大改善了民营报业的印刷设备，为印刷业务的外包奠定了物质基础。清朝末年，手抄、雕版、铜活字排版、手工印刷等信息生产方式严重限制了报业经营，取而代之的是现代化的机器印刷设备。其次，工业经济的

---

[1] 经营性业务是相对于报刊采编业务而言的，指的是与报纸经营相关的技术活动、商业活动、财务活动、会计活动和管理活动等，包括报纸的广告、发行、印刷、财务管理等业务活动。本书主要探讨报纸的广告、发行、印刷等经营性业务的外包现象。

[2] 邵金菊、姜丽花、刘冬林：《服务外包：经济效应和影响因素研究》，浙江大学出版社2011年版，第3页。

[3] 龚会莲：《民国时期工业发展绩效刍议（1912—1936）》，《社会科学辑刊》2010年第2期。

发展改善了报纸发行的各个环节，报纸发行途径更多样，运输工具更先进，为报业发行外包奠定了基础。再次，工业经济的增长为民族工商业发展积累了大量财富，这些企业需要在媒体上宣传自己的产品，广告公司应运而生。广告公司有专门的广告设计、广告营销和公关人员，可以作为代理人与报社沟通，成为报纸广告业务的承包机构。

2. 民营资本的迅速增长是民营报纸经营性业务外包的坚强后盾

19世纪60年代到19世纪末是我国私人资本主义现代工业发展的起始阶段。一些华侨、地主、商人和手工业者投资建立了工商企业，积累了大量民营资本。尤其是民国初年，民营资本在经济发展中的地位不断提升。根据经济史学家的推断，清末民初，民营资本增幅较大，民间产业资本在1894年为官僚资本的42%，1913年为官僚资本的60%；而在官僚资本进入颓势的1911年以后，民营资本表现出强劲的发展势头。① 民营资本的持续增加对于报业的发展大有裨益，一方面，可以为印刷所、广告公司等机构带来充足的资金，使这些行业有足够的财力用于改善设备，招揽业务。1919年，我国近代印刷工业中心上海市的产业工人中，印刷业大约有1万人，印刷厂有16家。② 这些印刷企业基本上都是民营资本创办的。另一方面，大量民营资本的积累为报业发展提供了新的资金来源。晚清以后，报业的民营资本来源比较广泛，其投资主体呈现多元化的态势。总体来看，主要包括买办分子、政治党派、民间职能性社团、民间个人和官僚士大夫等投资主体。③

3. 专业化的行业分工使民营报纸的业务外包成为现实

近代资本主义的发展以及早期市场化经营模式的开启为民营报业经营改革带来了机遇。清末民初，传统的农业、丝织业、棉织业等行业得到一定程度的发展，新兴的冶铁、铸造业、造纸业、印刷业、商业等迅速崛起。在一些行业中，社会分工日益专业化，大大提高了生产力，为报纸行业实现专业化经营打下基础。在各行各业的社会分工

---

① 许涤新、吴永明：《中国资本主义发展史》（第二卷），人民出版社2003年版，第14页。
② 上海社会科学院历史研究所：《五四运动在上海史料选辑》，上海人民出版社1980年版，第11页。
③ 唐海江、吴高福：《晚清报业中民间资本的若干问题》，《新闻大学》2002年第4期。

不断细化的大趋势下，报纸行业的生产与传播过程也不断细化、专业化。随着民营资本对各个行业的不断渗透，出现了专业化的印刷、发行与广告公司。与报社自身的印刷、发行和广告队伍相比，这些专业化的企业员工拥有良好的技能，其设备也更先进，能够产生规模经济效应。一些实行企业化经营的民营大报具有较强的实力，能够靠报社的实力购买先进的设备，其印刷、发行业务的专业化程度是多数民营小报难以企及的。如史上著名的《新闻报》，其印刷部门共分为活版科、印刷科、浇铸科、机械科、纸版科和物料科等六个科室，每个科室又分为2—3个股，印刷设备先进。《申报》的组织结构设置也非常完备，分工很细，报社员工数1925年为350人，1928年为416人，其中，编辑部48人，营业部66人，发行部25人，印刷部272人。① 可见，新闻采编人员在报社里占的比例较小，而经营性业务广告、发行和印刷员工占87%。一般来说，民营小报不愿意在固定资产上投资过多，因为一旦经营失败，这些固定资产就可能成为沉没资本。② 因此，在行业分工日益专业化的情况下，只要有一批采编人员和少量成本就可以办一份民营小报，其经营性业务往往外包给专业化的公司。

二 民营报纸经营性业务外包的实现途径

一般来说，民营报纸的经营性业务外包主要出于两方面因素。一是部分民营报纸经营状况和新闻业务的发展水平均较高，为了专注于新闻业务，报纸将部分经营性业务外包给具有资质的单位或个人。这样，报纸能够更好地做好新闻业务工作。二是部分民营报纸的经济实力不济，为了缓解经济压力，不去购买印刷设备，而是将这部分业务外包给具有印刷能力的报馆、出版社或者专门的印刷厂；部分民营报纸人手不够，其发行业务只能外包给报贩或者专业的派报社。

民营报纸的经营性业务主要为广告和发行。除此之外，一些大型民营报纸还包括印刷、图书出版等业务。在报馆组织结构中，"广告

---

① 《申报同人统计之一斑》，《申报二万号特刊》，参见《申报》1928年11月19日。
② 在经济学领域里，沉没成本指的是付出了但不能收回的成本。在报纸行业，沉没成本主要指报纸退出市场时，报社所添置的房屋、印刷设备以及解雇报社员工等所产生的不能回收的费用。

属于营业部,营业部另有发行业务,与广告同为报纸的利源"。① 晚清时期,民营资本投资报业的现象逐年增加。清朝政府创办的官报不到10%,民营资本和外资办报占绝大多数。民营报纸的大量涌现改变了政党报纸僵化的管理模式,大大推进了报业经营改革。我们将对民营报纸的发行、广告和印刷等业务的外包现象加以分析,以此总结民营报纸经营性业务外包的实现途径。

1. 报纸发行业务的外包

曾虚白认为,从经手人的角度来看,报纸的发行可以分为直接发行和间接发行两种。前者主要指的是报馆派员工分送或者通过邮局发行;而后者主要指在各地设立分销处。② 1928年1月1日起,天津《大公报》实行批销办法。该批销办法规定:"批销本报,以五份起码,概不退换。每日销数在五十份以下者,统称待派处;三百份以下者,称分销处;三百份以上者,称分馆。概不得擅自改易名称。"③ 为了扩大报纸的销售量和影响力,《大公报》先后特地设立了朝鲜、日本、越南、印度等国分销处,通过航空运送报纸。有趣的是,当时各家报纸的分馆与现在的分馆乃至记者站等不大一样,其分馆主要负责发行与广告业务,很少涉及新闻采编业务。"其实分馆仅司销售报纸近或兼揽广告。名义不相符,然因此则责有所专,而收数不至虚悬。"④ 据《大公报》报道,1933年年底,国人在天津创办的报纸有40多种,大多数为民营报纸。各家报纸的销路不一样,有的销售几千份甚至数万份,有的只有几百份甚至几十份。这些报纸的发行途径各不相同,"有的便自己发行,批发给各派报社,有的则不用'发行'人员,只托派报社代发……派报社因此实与报馆有极密切的关系"。⑤

晚清时期,报纸的发行方式不断增多。其发行模式主要包括以下几种:一是自办发行模式,报社自行设立发行机构,负责本市、外埠读者

---

① 曾虚白:《中国新闻史》(第六版),三民书局1989年版,第385页。
② 曾虚白:《中国新闻史》(第六版),三民书局1989年版,第385页。
③ 黄天鹏:《中国新闻事业》,上海联合书店1930年版,第85—90页。
④ 姚公鹤:《上海报纸小史》,《小说月报》1917年第8卷第2号。
⑤ 《天津市的新闻纸 大小四十余种晚刊画刊具备 派报者十八处通讯社二十家 四开纸小报刊发状况与报贩生活的素描》,《大公报》1933年12月14日。

的订阅和零售批发业务，市内的报纸一般直接投送，市外的报纸主要靠邮局寄送。二是外包发行模式，报社没有专门的发行机构，报纸全部委托私营的派报社销售。派报社是适应近代报业快速发展，人们阅报需求量不断增加而产生的专门代理报纸发行的机构。三是组合发行模式，即一部分报纸由报社直接发行，一部分则通过邮局、分馆、派报社或者代销处来发行。其中，第二、第三种报纸发行模式都涉及报纸发行业务的外包。由此可见，民营报纸的发行离不开卖报人，而卖报人的身份大体上可以分为两种情况：一种情况是，卖报人为报馆的员工，或者与报馆有明确的雇佣关系的个人，其工资由报馆直接支付；另一种情况是，卖报人为派报社的员工，受派报社的委派，为报馆售卖报纸，其工资由派报社支付。与前者相比，后者受到了派报社的额外盘剥，工资收入相对更低。

（1）将报纸发行业务外包给报贩

①报贩的产生

早在清朝初年，我国报纸发行外包现象就初现端倪。从清朝的《京报》开始，就出现了以私人名义从事传抄官报的活动，并产生了民间报房。"此辈见有利可图，乃在正阳门外设立报房，发行《京报》，其性质犹南方之信局也。"[①] 民间报房的出现开了近代报纸发行业务外包的先河。此后，《京报》的发行业务一直被山东人负责经营的六家报房垄断。随着民营报纸的出现，这些报房的业务范围不断扩展，并逐渐发展成为一个个派报社，派报社雇用数量不等的报贩。历史上著名的《申报》《新闻报》《时报》等民营报纸都曾经将报纸的发行业务外包给不同的报贩，报贩从发行费用中分成。

上海是中国近现代历史上报业最发达的城市，其报业发行模式也走在全国的前列。中国早期有名的派报公司——捷音公所，就创办于上海，将很多报贩笼络为会员，各家报馆也很乐意将报纸的发行任务交于捷音公所，这样会免去很多麻烦。后来随着业务的发展，一家捷音公所满足不了派报的需求，派报工作逐渐成为一个行业，捷音公所就改组为派报公会的一部分。当然，捷音公所改组为派报公会不仅仅

---

① 戈公振：《中国报学史》，岳麓书社2011年版，第29页。

是经济方面的原因,还有政治方面的原因。那时候,国民军北伐成功,进驻上海之后,将地方上的民众事业团体改为党化,派报业因为与宣传方面有一些联系,就纳入改组范围,捷音公所即被改组为派报工会。派报工会"掌握着全上海市派报的大权,无论那一张报纸的推销,都得经过这工会的手"。①

报贩这一职业是报馆发展到一定程度,社会分工相对更细的情况下产生的。当民营报馆规模不断扩充,业务范围不断扩大的时候,其运作成本逐渐提高。为了节省开支,报馆需要将部分业务外包给非报馆员工来做。其中,发行业务是比较容易外包的业务。因为发行是报馆每天都要做的工作,人手需求量大,对工作人员的智力水平要求不高,所以,一些大型报馆就会将报纸的发行交给报贩来解决。报贩行业发展到一定规模的时候,就出现了专业的派报社,承接一家或者多家报纸的发行工作。报馆委托派报社推销其报纸,会付适当的发行费用,也称为"酬劳"。一般来说,酬劳分为三种,即"房钱""月钱"及"加报"。② 房钱一般为两块钱;月钱不等,要根据售报情况来决定,发行量在三千份上下的小报,其月钱在四五元左右;加报即派报社每销售一百份报纸,报馆另外免费赠送若干份报纸,以所赠报纸代替付现金,作为售报的劳资。派报社相当于批发商的角色,将大量报纸从报馆里拿来,再分发给报贩,由报贩售卖。报贩从派报社拿报大体可以分两种情况:一是报贩"自取自销",二是报贩将取来的报纸再次转包给其他小报贩,被称为"发报的"。"发报的"每月从转包中获得十五六元钱的利润。"发报的"并非单纯做转包工作,有些"发报的"也参与零售,挣双份钱。从总体来看,小报贩和一般"发报的"均为报贩的底层,其盈利能力有限,只有那些派报社,知名的"掏报人"才是报业发行中的"大鳄"。

②报贩的职业要求

报贩的文化程度一般不太高,主要是从社会闲杂人员中招聘,此

---

① 陶然:《上海报贩的特殊势力》,《华文大阪每日》1940年第5卷第10期。
② 功士:《平市的报贩生活》,《市政评论》1935年第3卷第21期。

类招聘广告在报纸上经常看到。从《大公报》上刊登的招聘报贩的广告可以看出端倪，一则小广告的内容如下："招雇报贩，年龄不拘，除给相当工饭外并予特别折扣。"① 另一则为大公报社安东分社招聘派报员和派报童子的要求如下：派报员专门负责派报责任，以能够多卖报纸为合格，担任派报员职务的人，也同时可以兼任其他职务。派报童子要求在12岁以上，"粗通文字者为合格"，主要负责在车站、旅馆和街市销售报纸。② 1933年9月，《大公报》在一则招请分销处的广告中要求："凡无本报分销处之市县乡镇，如有愿任本报分销者，请函本报发行部接洽，当将详细分销章程寄奉；销五份报即可成立分销处，批价低廉待遇优厚销一百份报在乡间能供给十五个人的生活；分销本报，并可代销国闻周报，及本报出版书籍与代办书籍。利益优厚。"③ 由此可以看出，报纸发行业务外包的门槛相对较低，在文化程度方面，粗通文字即可；在年龄上，没有什么限制；对于报纸分销处的设立标准也没有具体的规定，只是要求最低销售五份报纸，并且属于"无本报分销处之市县乡镇"，符合这些条件就可以设立分销处。较低的发行市场进入壁垒为报纸打开市场奠定了良好的基础，当然也会给报纸发行带来一些问题，尤其是管理上的混乱问题容易影响报纸的形象。

③报贩的人员群体

民国初期，报纸行业发行规模较小。20世纪30年代之后，报纸的种类和发行量不断增加，报纸发行外包现象比较普遍。在一些大城市，沿街叫卖报纸的小报贩数量较多。比如，在北京，仅街头的小报贩就达一千多人。这些报贩并非随处都可以叫卖，而是各有"领地"。一般来说，一个小报贩负责几个胡同，或者具体几家单位、街道等。小报贩中，有相当一部分是儿童，他们没有什么本钱，所售报纸数量有限，赚钱也不多。有的儿童与"发报的"混熟了，就采取先取报，

---

① 《招雇报贩》，《大公报》1927年10月18日。
② 《本报安东分社招聘派报员卖报童子启示》，《大公报》1931年1月14日。
③ 《分销利益　要解决生活问题！请分销大公报！销一百份报能供给十五个人的生活》，《大公报》（天津版）1933年9月17日。

卖完后第二天付报资。当然,"发报的"也可以采取这种办法与派报社结算。

上海是中国现代民营报业最为发达的城市,其民营小报的发展水平在中国新闻传播史上也是首屈一指的。我们可以通过上海市民营小报在报摊上的销售来分析其发行外包情况。当时的民营报纸销售工作主要外包给报贩,上海的报贩总数尚未见到准确的数据。有人经过调查后认为:"上海报贩的总数,据调查所得一千二百余人,其中摆摊的凡三百余个。"[①] 上海的三百多家报摊分布于各个主要路口,报摊最多的有南京路、静安寺路、四川路、爱多亚路等,摊位主要设在车站、旅社、大戏院、十字路口等旁边。这些报摊是报贩的固定售报地方,是其承揽报纸销售业务的主要据点。在上海的报贩群体中,著名的"四大金刚"占据着重要的地位。第一位是姜冬狗,文化程度不高,但是,他从十几岁开始就卖报,干报贩工作有几十年的经验,起早贪黑,忠于职守,在报贩行当受人尊敬。每天早上天不亮就来到望平街,守候在《新闻报》门口,等报纸印出来之后,立即取报分发给其他小报贩,而他的儿子、儿媳妇也按照他的安排,在其他报馆门口完成报纸的分发工作。由于姜冬狗资格老,有敬业精神,在报贩行业有较高的威望。第二位是王春山,其资格不及姜冬狗,但是,在报纸发行领域一样有较大的影响力,很多报贩的小头目都是王春山提拔起来的。第三位是蒋润清,他比较年轻,最初是姜冬狗培养起来的,蒋润清有魄力,很快打下一片天地。不过,蒋润清经常打骂小报贩乃至普通群众,因而人缘不及姜冬狗。第四位是陆开庭,在"四大金刚"中是最年轻的一位,他做事稳健,很多报馆都比较信任他,因而他也成就了一番事业。[②]

天津的 18 家派报社里,有数百个依靠卖报生活的报贩,这几百个人又分为若干个阶层。第一个层次的报贩,每天从报馆或者派报社取价值在三元以上的报纸,当天可以赚一元左右。第二层次是那些较小的报贩,每天可以赚取四五角钱左右,在当时足够养活一个小家庭了。

---

① 徐旭:《上海小报摊之调查》,《教育与民众》1934 年第 5 卷第 7 期。
② 陶然:《上海报贩的特殊势力》,《华文大阪每日》1940 年第 5 卷第 10 期。

第三层次是那些没有准定路线的报贩,他们只注意在某一地方,第一层次、第二层次的报贩往往只喊各报的名称,而第三层次的报贩吆喝的口号不是那么体面,他们的口号多为"某胡同的新闻""某里的新闻""看带像片的新闻"等,以引起居住在某胡同或某里人的注意力。有些报贩站在电车站上吆喝卖报,往往会把"军国大事""某某下野的新闻""开火的新闻""小某某倒霉的新闻"作为噱头,大声吆喝,以招徕购买者。甚至还有一些极小的不知名报纸,因为派报社根本不愿意替他们发行,只能雇用一些"白面客"①、乞丐代为推销,有时候甚至连报费都不要。② 而"白面客"则借着卖报的身份能够自由进入租界,乞丐则借着卖报的机会乞讨,甚至将卖出的报纸再要回来。人们看到乞丐手里只有几份报纸,也不好意思争执。报纸本身是社会公益性事业,看起来比较体面,但是,不同时代、不同规模、不同地位的报纸所具有的身份存在很大的差异,而这些因素在报纸的销售中体现得淋漓尽致。有影响力的民营大报自然有人关注,不愁销路,而影响力较小的民营小报则不受人待见,销路不好,只能找一些地位较低的人销售报纸,其发行量自然无法保障,进而影响到报纸的广告经营。

20世纪30年代中期,除了上海、天津外,北京、广州、南京等城市的报业也较为发达,报贩群体的人数相对较多。南京城有报贩五百多人,其中,中年人居多,有三百多人,青少年有六七十人,一百多老年人。③ 这些报贩多数并非以卖报为业,而是迫不得已,"半路出家",基本上处于社会底层。尤其那些青少年报童,出生寒苦,生活无着落,以卖报为生。

④报贩与报馆之间的业务关系

在民营报纸的发行过程中,报贩的影响力和控制力是有区别的,那些实力强劲的报贩处于金字塔的顶层,被称为"掏报人",他们控制着大量的报纸订户和小报贩;地位稍低的是一般的大报贩,后面依

---

① 白面客指的是吸食毒品白面的人。
② 《天津市的新闻纸　大小四十余种晚刊画刊具备　派报者十八处通讯社二十家　四开纸小报刊发状况与报贩生活的素描》,《大公报》1933年12月14日。
③ 《南京报贩》,《市政评论》1936年第4卷第3期。

次是地位不等的小报贩。这些报贩"佣金高达报纸零售价格的一半或三分之一"。① 并且，报贩组成的派报会有较为严格的管理体系。"派报会之组织，素称严密，其规例亦至严，入会者无敢或违，如甲之派报地，乙不能擅入，而乙之派报地，甲亦不能擅入，地为界，不相通融也"。② 一些大型的民营报纸在外地设立分馆或代销处，分馆或代销处与报纸之间一般只有营业关系，大多数不存在经济上的隶属关系。《申报》《新闻报》《大公报》《世界日报》等民营报纸都曾经在国内多个大城市设立分馆或者代销处，这些报纸的外埠发行工作就由分馆或者代销处来运作。

  民营小报发行业务的外包往往是无奈之举，报贩基本上控制了大城市的报业发行市场，因而，民营小报"除了偶然一二家自己拆报（即批与卖报人之谓）的外，其余多是托报贩代拆的。报贩全权办理"。③ 很多民营小报将报纸的发行任务委托给派报社，由其指派报贩代卖。民营小报与派报社的交易方法非常简单，小报的定价在二三个大铜，发行价格一般要低几倍，而卖给派报社需要再降低价格。比如，一张民营小报卖一个大铜，卖给派报社则实收7—9个制钱。天津规模较大的派报社主要有张万有派报社、张公道派报社、三盛派报社、杨记派报社、新华派报社、共和派报社、华昌派报社、李茂林派报社、华兴派报社、光明派报社、新声派报社等。规模较小的派报社有墨卿派报社、谢记派报社、曾记派报社等。1937年之前，天津共有18家派报社。④ 其中光明派报社和华昌派报社的生意最好，获利最多。⑤ 每到下午5时之前，在天津市河东的一些报馆附近，"便可见络绎不绝的

---

  ① 王润泽：《北洋政府时期的新闻业及其现代化（1916—1928）》，中国人民大学出版社2010年版，第275页。
  ② 青风：《派报公会之稽查员》，《大公报》1931年3月15日。
  ③ 乒乓生：《办小报的经验》，《上海常识》1928年6月11日。
  ④ 天津的18家派报者分别为：海记运报社、张公道、杨记、张万有、李茂林、华北、华昌、新华、三盛、刘建章、王玉林、华兴、杨国臣、金华林、刘长有、李宝成、共和、光明等。其中，河东的海记运报社专门办理外埠发行业务。参见《天津市的新闻纸　大小四十余种晚刊画刊具备　派报者十八处通讯社二十家　四开纸小报刊发状况与报贩生活的素描》，《大公报》1933年12月14日。
  ⑤ 俞志厚：《一九二七年至抗战前天津新闻界概况》，《新闻研究资料》1982年第4期。

第四章　中国现代民营报业的经营策略

自行车队，如潮般涌出，多一半是各派报社的专人取报，少一半是小报贩在买，各派报社于派发本埠各报外，并代发上海北平各大小报纸"。①

对于本埠读者来说，他们一般更愿意从报贩那里购买报纸，并非选择从邮局订阅。因为，"报馆派送均交邮局到达时间必在贩报者之后，一则向贩报人订阅各报均有而价目反较报馆订购为廉，职是之故，贩报人向报馆趸购，既不患销路之减少，而报馆则以趸售之故，价虽稍廉，收入乃却有把握矣"。② 这说明，与邮局发行和报馆自主发行相比，报贩的经营方式更为灵活，更市场化一些。报贩可以将几家报纸都以批发价拿到手里，给读者更多的选择，而报馆则不能这么做。报贩的卖报过程有其分工明确的分发网络，这样可以保证报贩能够将报纸在最短的时间内送到读者手中。由于一些大报贩拥有较强的议价能力，报馆往往不敢得罪他们，只能以较低的价格将报纸批发给他们。因此，报贩所售的报纸价格反而比报馆直接售卖更为便宜。20世纪30年代，报纸的发行方式相对简单，"除去邮寄及发往外埠不论，并有直接订阅及由派报社发售两种"。③

《新闻报》刚创刊的时候，《申报》在上海属于报界的龙头老大，《新闻报》如果与《申报》直接竞争，就可能遭受打击。《新闻报》，一方面，摆低姿势，廉价售报；另一方面，通过发行外包的方式拓展外埠业务，扩大自身影响力。当时，火车未通，外埠的报纸主要靠小轮船或者信局脚划船投递。对于大部分外埠订户，《新闻报》均采用上述两种方式邮寄，读者均看不到当天的报纸。而离上海较近的苏州，报馆专门雇用一位挑报人，每天晚上12点以后，将印制好的第二天的两大包报纸挑到南翔镇河边，并事先雇用好一艘脚划船，在第二天中午即可将挑报人送到苏州，由都亭桥分馆当天批售。《新闻报》专门雇用的挑报人和脚划船即可认为是将该报的部分递送业务外包给个人。

---

① 《天津市的新闻纸　大小四十余种晚刊画刊具备　派报者十八处通讯社二十家　四开纸小报刊发状况与报贩生活的素描》，《大公报》1933年12月14日。
② 姚公鹤：《上海报纸小史》，《小说月报》1917年第8卷第2号。
③ 功士：《平市的报贩生活》，《市政评论》1935年第3卷第21期。

当然，挑报人和脚划船的主人还不能算是后来的报贩，因为他们并没有参与卖报，只是承担了《新闻报》的一部分运送业务而已。

报贩群体形成规模之后，就会为自身的利益结成相应的组织，与报馆讨价还价，以便获取更多的利润。1931年4月，上海的《申报》《新闻报》设在徐州市的分馆依据总部的加价指令，与当地的报贩接洽，欲增加报价。徐州市的报贩于4月3日聚集在车站报贩公会开会，讨论反对加价的做法。后来《新闻报》暂缓加价，因而报贩群体将矛头指向《申报》，报贩组织发出罢工宣言，所有的报纸一律不再派送，给各家报馆带来巨大的压力。①

各家报纸的发行规则不太一致，有的发行章程里规定可以退报。也就是说，报贩卖不完的报纸，第二天可以退还给报馆，根据实际卖出的数量计算所售报纸的价钱。有的报馆则规定不能退报，因此，报贩需要核实订户的准确数量，以免出现偏差，导致亏损。如果派报社或者报贩与报馆之间的关系维持得比较好，大家相互熟悉，派报社或者报贩取报的时候就不用付现金，否则就需要拿现金来买卖。

20世纪20年代以后，很多民营报纸在外埠设立分销处，由分销处代理报馆的发行和广告等业务，分销处往往再将报纸外包给当地的报贩，《新闻报》《申报》《时事新报》等都在各地设立分馆或者分销处（参见表4-8）。

表4-8　　　　　　中国现代部分民营报纸分销机构设立情况

年份	报纸名称	分馆、分销处、推销处、代销处等设立情况	资料来源
1923	新闻报	在苏州、南京、北京、汉口、天津、济南、杭州、宁波、安庆、镇江、嘉兴、湖州、常州、绍兴、无锡、扬州、松江、峡石、当涂等19个地区设立分馆；前后在各地设立分销处500余处，国外如南洋群岛以及各国首都、各大商埠等设有分销处	王润泽《北洋政府时期的新闻业及其现代化（1916—1928）》，中国人民大学出版社2010年版，第278页；姚福申《解放前〈新闻报〉经营策略研究》，《新闻大学》1994年春季刊

① 《徐州报贩罢工　反对沪报加价》，《大公报》1931年4月8日。

续表

年份	报纸名称	分馆、分销处、推销处、代销处等设立情况	资料来源
1935	新闻报	在全国设有分馆 86 处，分销处 118 处。具体如下：苏（32，17，注：32 指分馆，17 指分销处，下同）、浙（18，0）、皖（13，30）、鲁（6，11）、赣（3，10）、豫（2，12）、冀（2，2）、陕（1，0）、远（1，5）、滇（1，0）、晋（1，0）、鄂（1，11）、桂（0，1）、湘（1，6）、川（0，3）、闽（1，5）、吉（0，4）、黑（3，1）等	甘家馨《中国各大报经营实况》，《苏衡》1936 年第 17—18 期
1934	申报	在全国 28 个省市以及国外设有分销处，发行量为 155900 份。其中，上海本地占 36%的发行量，外地发行量为 64%	王润泽《北洋政府时期的新闻业及其现代化（1916—1928）》，中国人民大学出版社 2010 年版，第 278—279 页
1935		在全国各地设立的分馆和分销处 700 余所	甘家馨《中国各大报经营实况》，《苏衡》1936 年第 17—18 期
1935	时事新报	在全国各地设立的分馆和分销处 20 所	甘家馨《中国各大报经营实况》，《苏衡》1936 年第 17—18 期
1934	世界日报	共有 80 多处分销处或代办所。其中，天津与河北保定、石家庄等 8 处；察哈尔、张家口等 10 处；太原、运城等 7 处；郑州、开封等 16 处；济南等 7 处；西安等 2 处；南京、浦口、蚌埠、广州等若干处	张友鸾等《世界日报兴衰史》，重庆出版社 1982 年版，第 140 页
1927—1936	新记《大公报》	1927 年，在全国设立代销点 293 个；1931 年，共有 293 处分销点；1935 年，全国设有分馆 60 余所，分销处 300 所，代售处 1000 余户；1936 年，在全国共有分销机关 1300 余处，在伦敦设有办事处。除了天津版之外，从 1936—1941 年，新记《大公报》先后设有沪版、汉版、港版、渝版、桂版等	罗国干《新记〈大公报〉的经营管理——媒介经营管理研究之三》，《广西大学学报》（哲学社会科学版）2006 年第 5 期；胡太春《中国报业经营管理史》，山西教育出版社 1998 年版，第 69 页；甘家馨《中国各大报经营实况》，《苏衡》1936 年第 17—18 期；吴廷俊《新记〈大公报〉史稿》，武汉出版社 2002 年版，第 8 页

续表

年份	报纸名称	分馆、分销处、推销处、代销处等设立情况	资料来源
1939	新新新闻	在重庆设立推销处，还在各县设分销处，在市郊的牛市口、铁门坎、四川大学、华西坝、花牌坊、茶店子设代销处	王伊洛《〈新新新闻〉报史研究》，四川出版集团、巴蜀书社2008年版，第136页

资料来源：根据相关文献叙述整理。

⑤报贩的收入

不同地位的报贩，其收入大相径庭。一些年龄较小的报童，他们的资本较少，只能批发较便宜的报纸。那些沿街叫喊卖报的小报贩的地位较低，"他们的收入，确乎异常可怜的，一天得不到几毛钱"。① 因为报贩这一职业进入壁垒较低，"一角钱就可以做资本"，他们"大都是批一点几个铜钱一份的报纸，卖完了再来买。这样循环着，一天也可赚到两三角钱"。② 部分派报社并不一定回收小报贩卖不完的报纸，一旦遇到雨天，他们就可能蚀本。"雨天顾客们都深居简出，尤其是春天雨多，往往春雨连绵，数日不止，以致'吃烧饱'。"③

部分报贩所分得的地段较好，每月的收入可以达到二三十元钱，而那些负责为机关送报的报贩子，每月甚至可以赚到一二百元钱。至于报贩的收入，普通的报贩，每月可赚到二三十块钱，而运气好的报贩，如果能够承包机关单位的派报差事，一个月最多可以赚到二百多块钱。南京当时的报贩群体中，有二百多个报贩拥有脚踏车，大大改善了报贩的运输条件。

中上阶级的报贩以及少数具有领袖地位的报贩，他们不仅雇有专门的账房先生，自己的家庭成员还能够参与管理报贩，其待遇非同一般。比如，这些中上阶级的报贩每天负责分发一万份报纸，每份报纸赚一分钱，这样一天下来，他就可以赚一百元钱，收入相当富足。那

---

① 陶然：《上海报贩的特殊势力》，《华文大阪每日》1940年第5卷第10期。
② 《南京报贩》，《市政评论》1936年第4卷第3期。
③ 范渭：《报贩自传》，《新上海》1946年第14期。"吃烧饱"是报贩术语，指的是卖不掉的报纸，只好给包子摊包馒头用。

些小报贩每天只能吃大饼油条，但是这些中上级的报贩则住着条件很好的房屋，过着奢华的生活。

⑥报贩的管理

报贩行业的自律行为是维持该领域正常运作的管理方式之一。报贩的数量众多，卖报行为涉及面非常广，容易产生市场混乱。报贩在发行之中存在竞争行为，有些报贩不遵守公共秩序，采取不良竞争手段，引起其他报贩的反感。还有一些报贩为了多赚钱，违反报馆的规定，给报馆造成一定的损失。由此可见，报贩在售报的过程中存在一些有损社会形象、竞争秩序和报馆利益的行为，引起社会各界的关注，政府机构、报馆也采取了一些纠正的办法，以便维护良好的报纸发行秩序。为此，报贩群体也会自发形成一些不成文的行业规范。每位派报人都有一定的地段，不能出现越界销售行为。比如，一个报贩的地段是大马路，该地段的商店和住户购买报纸，都由这个报贩负责，其他人不能在此售报。"他们贩起报来，界限分明，纪律森严，都有地段，有区域，有专走公馆的，有专送学堂的，有专派机关的，有专分店铺的……各做各的生意，各显各的神通。"① 如果有报贩违规，则可以上报到派报公会，如果经调查属实，则可以由派报公会取消其派报资格。如果被处罚者不服从，派报业的领头人就可能采取暴力手段制止违规者，这种权威往往给报贩带来巨大的压力，使他们不敢轻易违规。

仅仅依靠行业的自律，终归不能解决报贩行业的违规行为，甚至会引起垄断或者暴力行为，产生更大的不规范行为。为了加强对报贩的管理，中国国民党中央执行委员会于1932年出台了《各书摊报贩登记领证办法》，要求报贩营业者到中国国民党中央执行委员会的相关管理部门登记，核发营业许可证。报贩卖报的时候要随身携带许可证，不得贩卖反动以及淫秽书刊。此后，不少地方相继出台了各种关于报贩经营行为的管理规定，在一定程度上规范了报贩的售报行为。1935年，社会上对一些卖报童子的喊嚷表示反感，甚至有些报童还拦住电

---

① 仰莽：《平民生活之一：报贩生活》，《机联会刊》1931年第26期。

车和行人，强行卖报，造成不良的影响，当时的北平市专门下发禁令，管理这一行为。"据报本市沿街卖报童子，每以怪声喊嚷引人购买，佯作危词或故为讥语不惟扰乱人心，并且有碍风化等情自应立予纠正合行令仰该局遵照即便转饬所属，严予取缔以端风化，免渎听闻为要此令。"①

因为报贩人数较多，当局也注意到这一现象，甚至在工商法规管理条例的设置方面，还专门将报贩这一群体考虑进去。1948年6月，社会部颁布的《工商团体分类标准》中，专门发文《社会部解释派销报纸为业之报贩应另组商业公会》，明确指出："凡以派销报纸为业之报贩，设有地址者，应赐饬退出派报业职业工会，另组商业公会，除分令外，合行令仰转饬遵照。"②

尽管社会各界以及政府当局采取各种办法规范售报行为，但是，报贩在售报过程中难免出现不守规矩的现象。上海市派报业公会还专门出台《报贩营业暂行规则》，其主要内容包括："①营业地盘应采取立体式，不准占住宽阔面积，以不妨碍交通、市容、影响商店营业、居民出入为原则。②一切荒淫书报及无发行人姓名和地址的书籍刊物，一律禁卖。③营业地区由公安局协同派报业公会商酌再划定区域。"③

（2）将报纸发行业务外包给信局

报贩一般承担的是本埠报纸的发行工作，在外埠发行工作中，信局的作用不容忽视。信局又称民信局，是私人经营的信件邮寄递送机构。唐代开元年间，民间较为先进的通信方式为"驿驴"，明永乐年间（公元1403—1424年），出现了更为先进的民信局，主要承揽信件和其他物品的邮寄业务，并经办汇兑业务。到了清朝末年，全国民信局数量剧增，达到数千家。国内的上海、宁波等城市的民信局业务发达，设立专门的总店，并在经济相对发达的城市设立民信局分店或者

---

① 袁良：《命令：训令公安局：据报本市售报纸童子沿街怪声喊嚷并出危词秽语有伤风化各节令仰饬属严予取缔出（训令第一八九六号）》，《北平市市政公报》1935年第306期。
② 社会部训令：《社会部解释派销报纸为业之报贩应另组商业公会》，《工商法规》1948年第1卷第10期。
③ 《派报公会拟定报贩营业规则 协助取缔荒淫书报 报摊禁售无发行人的书刊 设摊以不妨碍交通为原则 营业地点尚待划分》，《大公报》（上海版）1949年6月28日。

代办店。民信局的业务由内地延伸到亚洲、澳洲和太平洋地区,形成了贯通全国主要城市、联网周围国家的非官方通信机构。清代的民营报纸发行业务可以分为京城和外埠两种情况,京城的报纸比较好解决,外埠的报纸发行主要依靠民信局或者专门的送报人,历时较长,待报纸送达目的地,已经过了些时日。清朝末年,上海、天津等地的报业渐渐兴起,报纸的发行工作成为信局的潜在业务。尤其是上海的印刷业非常发达,报馆较多,"派报社及订阅者,亦不无托报馆交由信局转寄"。① 根据当时信局的发展情况来看,信局在民间有较大的认同度和普及率。《新闻报》创刊之初,火车还没有开通,"发行外埠的报纸,都由小轮船及信局脚划船递送",一般在下午寄出去,只有苏州能够看到当天的报纸,其余的地方收到报纸已经是第二天之后了。②

当然,报纸发行工作并非信局的主要业务,因为还有私人物品、信件以及汇兑业务,显然比递送报纸更加赚钱。但是,就报纸经营来说,信局是民营报纸发行业务的重要选择之一。民营报纸比较重视控制办报成本,经营者往往会精打细算,将一些与新闻采编关系不大的业务外包出去,报社将主要的精力放在采编方面。在中国邮政史上,宁波的信局业发展得最早,影响极大。在全盛时期,全国有数千家信局,营业范围遍及全国,远及南洋诸岛。③ 宁波信局的业务包括普通信业和代派报纸,前者包括特别信业、代寄包裹、挂号信物和汇兑款项;后者则主要是向外埠派送报纸。在宁波,"信局多与各地报馆联络,批发大宗日报杂志,带往各埠,令送信人随时发,藉得报馆折扣之利益"。④ 早在1884年中法战争期间,儿时的包天笑就惊叹:不同城市的报纸递送为什么这么快?后来才明白,是信局开展了送报业务,信局雇用"脚划船"送报纸,"在十余钟头之间,苏沪两处,便可以送达呢"。⑤ 在中国报业史上,上海的民营报业比较发达,这些民营报

---

① 《信局安妥银货流通》,《申报》1897年4月1日。
② 胡道静:《新闻报四十年史(一八九三——一九三三)》,《报学杂志》1948年第1卷第2期。
③ 张梁任:《中国邮政》,民国丛书(第二卷),上海书店1990年版,第11页。
④ 张梁任:《中国邮政》,民国丛书(第二卷),上海书店1990年版,第14页。
⑤ 包天笑:《钏影楼回忆录》,香港:大华出版社1971年版,第106页。

纸极为重视报纸发行工作。本埠的报纸主要靠报社发行部门和报贩负责发行工作，外埠的则大多由信局代理派送工作。① 上海的民营报纸经常通过官方的邮政部门和民间的信局销往其他地区，江苏的泰州信局就承揽了代销上海报纸的业务。除了正常的订报送报业务外，泰州的信差还将没有售完的报纸"出租"给别人看，按照报纸售价的四分之一收费，看完之后，信差第二天再送上新报纸，将旧报纸收回。读者甚至花一份订阅费可以看到两种报纸，因而，这种发行手段吸引了不少读者。②

（3）由官方邮政部门代为邮寄

由于信局起步较早，在民营报纸发行中起到举足轻重的作用，在外埠发行中，更是起到无可取代的作用。长期以来，很多信局已经积累了大量的客户资源，并建立了信用，形成了良好的合作关系。不过，民信局也有其不足之处，主要表现在：一是民信局完全为商办，能否盈利是其最重要的标准，其营运路线的设置不会考虑社会公益性，偏远地区、不赚钱的地区都不会设置路线。二是民信局数量众多，各家信局的规模不一，承担风险的能力存在巨大的差异。三是部分民信局的信用存疑，民信局的付款方式是先送货，后付款，其本身就说明客户与信局之间存在信用分歧的问题，顾客担心货物不能安全送到，所以才选择货到之后付款，这种双方约定的付款方式恰恰说明普通民众对民信局的信用有一定的担忧。③ 正是由于存在信用危机，也给官方开展邮政业务提供了现实依据。

早在1866年12月，镇江就设立了海关邮政，④ 但是，由于社会需求有限，业务量始终不大。与其形成鲜明对比的是，民信业的发展势头迅猛，让带有官办色彩的邮政业毫无颜面。1896年3月20日，清朝开设了大清邮政官局。从此，报纸的发行多了一条选择方式，而官方

---

① 楼祖治：《中国邮驿史料》，人民邮电出版社1958年版，第56页。
② 冯翀：《泰州早期报刊事业追述》，中国人民政治协商会议江苏省泰州市委员会文史资料研究委员会：《泰州文史资料》第5辑（内部资料），1991年，第69页。
③ 徐迟、丁乐静：《清末民初邮政近代化中的官民之争——以镇江民信局与国家邮政的关系为中心的历史考查》，《江苏科技大学学报》（社会科学版）2014年第4期。
④ 中国近代经济史资料丛刊编辑委员会：《中国海关与邮政》，中华书局1983年版，第45页。

邮政与民间信局关于报纸发行竞争也开启了新的一页。

《申报》很快在报纸上刊发《阅本报信局拉杂论之》认为，过去，外埠报纸由信局负责递送，现在邮政局可以代办报纸递送业务，今后，"凡民局开在设有邮政局处所应赴邮政局挂号领取执据为凭，无须另纳挂号规费，是明明邮政与民局可以并行不悖，而且相资相助，交获利益"。[①] 由此可见，在政府当局行政力量的干预下，一些民营大报不得不将发行业务转一部分给邮政部门，导致信局所承担的报纸发行业务出现下降的趋势。

1927年，南京国民政府成立之后，曾多次发布条文，拟取缔民信局，但是一直没有效果。究其原因，主要在于，官方没有建设起完善的邮政网络，同时取缔民信局也涉及重重障碍，民信局系统的反对力量不容忽视。不过，国民党当局自始至终没有打消取缔民信局的念头，甚至在1928年的全国交通会议上再次发出最后通牒，要求各地在1930年彻底取消民信局。此后，国营的邮政局借助行政垄断力量，采取价格打压、直接排挤和业务封杀的措施，使民信局逐渐走向衰落。到了1935年，各地民信局逐渐退出市场。一些民信局采取走私的方式，继续承揽业务，但是其影响力明显大不如前。在民信局与国营的邮政部门开展业务竞争的时候，实际上有利于民营报纸开展发行业务。因为存在业务竞争，各方就会在价格上做出让步，进而吸引民营报纸的业务，这样有助于民营报纸节约发行成本。随着国营的邮政业垄断了邮政业务，民营报业的外埠发行业务也逐渐被邮政局所控制，这也使官方能够更加方便地控制民营报纸的舆论。

随着国内的航空运输业的不断发展，采用航空运输报纸成为一种快捷、方便和高效的途径，一些民营大报最先与邮政部门合作，通过航空运送报纸。航空业还成立了航空新闻社，专门负责运送报纸业务。1934年，中国航空公司与上海航空新闻社签订了新闻纸航空运输合同。合同规定：以后航空公司除了接受邮局交寄的新闻纸外，不得为他人运送，形成了航空运送新闻纸业务的垄断趋势。航空运送报纸的

---

① 《阅本报信局拉杂论之》，《申报》1896年7月20日。

费用为每公斤 3 元，上海航空新闻社每月至少交寄 100 公斤新闻纸，如果不足 100 公斤，将按照 100 公斤收费。①

1936 年，浙赣铁路部门出台《浙赣铁路运输报纸试行办法》，对铁路运送报纸的费用做出规定："运费不论程途远近，每件每公斤或不满一公斤收费三分，渡江装卸等费，概不另收。"② 1943 年，当时的邮政部门将报纸邮寄种类分为三类，分别为平常新闻纸、立券新闻纸和总包新闻纸。凡在中国境内出版的报纸或者其他刊物，需要向报刊社所属的邮政管理局登记挂号，作为报纸缴纳邮费。如此操作，方可"享受新闻纸类交寄之利益，称为平常新闻纸，寄费较普通印刷品为廉"。③ 立券新闻纸则比平常新闻纸的邮寄费更加便宜，邮寄速度也明显更快，主要针对中国知名报馆、出版机构的邮寄业务，或者定期刊物数量在 500 份以上、每份在十公分以上的邮寄业务。对于外埠邮寄业务来说，选择总包新闻纸业务显然更为合适。因为外埠邮寄业务数量较大，单份报纸分别邮寄非常麻烦，为了更加便捷地邮寄报纸，邮政局参照其他物品的邮寄业务，设立了总包邮寄新闻纸的业务。"总包新闻纸可以五十份以上报纸装束成总包，即可向邮寄交寄，邮费且按重量计算。"④

一些小报的发行系统比较脆弱，一旦得罪信局，其发行业务就会陷入停滞。1948 年，泉州市的一张小报由于曝光了一名挂名经理，该经理旋即通知各家信局停止代理销售该报纸。⑤

2. 报纸广告业务的外包

大多数民营报纸靠广告盈利，因此，广告竞争是报业竞争的主要领域。各家民营报纸在广告经营中各显神通，不断革新。现代报纸广告的来源主要有三种："（一）商人直接送至报馆者；（二）由报馆派人招揽者；（三）由广告掮客或广告社介绍者。"⑥ 广告掮客是顺应报

---

① 《邮运航空之推广——新闻纸类运售合同之订立》，《政治成绩统计》1934 年第 7 期。
② 《浙赣铁路运输报纸试行办法》，《浙赣铁路月刊》1936 年第 2 卷第 10 期。
③ 顾锡章：《邮政常识》，全国邮务总工会宣传部发行 1943 年版，第 114—115 页。
④ 顾锡章：《邮政常识》，全国邮务总工会宣传部发行 1943 年版，第 115 页。
⑤ 蒋文涛：《德盛信局点滴》，中国银行泉州分行行史编委会《闽南侨批史纪述》，厦门大学出版社 1996 年版，第 193 页。
⑥ 戈公振：《中国报学史》，岳麓书社 2011 年版，第 180 页。

第四章 中国现代民营报业的经营策略

纸广告发展需要产生的,不是报社的正式员工,只是报社与广告客户之间的联络人,帮助报社拉广告,并从中获利。广告掮客是广告代理的滥觞,早期的民营报纸为了招揽广告,往往请掮客代为处理。《申报》在其创刊号上就已经申明:外地的广告可以通过卖报者代为办理,苏杭等地有需要刊登广告的,可以直接与售报处联系。业务办完之后,付一部分钱作为回报。由此可见,卖报人在广告招揽过程中起到较大的作用,充当了广告"掮客"的角色。从现代的广告代理方式来看,那时候刊登广告的人付给卖报者的"饭资"即为广告代理费。这种广告招揽模式可以算得上是广告代理的雏形,也是报业广告专业化经营的起始阶段,是广告社和广告公司的前身。[①] 随着其业务的增加和管理的不断规范,广告掮客逐渐演化为广告社,而那些规模较大的广告社一般被称为广告公司。广告社和广告公司的出现是广告代理制的早期表现形式。广告社产生于20世纪初期,如美、英商创办的麦克广告公司、克劳广告公司、彼美广告公司等。同时,国人自办广告公司的现象也风生水起。1910年前后,我国先后出现了明泰广告社、陈泰广告社、新新广告社和国际广告社等,这些广告社是早期报社广告业务外包的主要机构。广告社的兴起和发展使报纸的广告业务有了较为正规的操作模式,报社逐渐摆脱了受制于广告掮客的状况。报馆的广告交给广告公司代理要给一部分代理费,这个比例要根据多方面因素来决定,比如报馆的影响力、代理广告的额度、广告公司的实力等。当时,《新闻报》平均给广告公司二成回佣。[②]

20世纪20年代,上海、天津等地的广告社业务越来越多,有的开始大规模招揽生意。天津的广告社有华洋广告社(1920)、新中国广告社(1920)、北洋广告社(1922)、大陆广告社(1925)、新中华广告社(1928),此外,还有五洲广告社、长城广告社、武昌广告社、兴业广告社、北华广告社、贵阳广告社、中外广告社,还有一些小广告社。据1935年的一项全国性调查显示,当年,全国共有华商广告公

[①] 黄升民:《广告观》,中国三峡出版社1996年版,第8页。
[②] 汪仲韦(徐耻痕整理):《我与〈新闻报〉的关系》,《新闻研究资料》1982年第2期。

司28家，外商广告公司24家。① 这些广告公司的业务主要包括：代理报社、杂志、路牌、招贴、火车、轮船等广告。民营报纸的广告一般会外包给相对固定的一家或数家广告公司。在一些报业比较发达的城市，其广告公司或广告社的业务也相对较好，数量较多。比如，上海、北京、天津等城市的报业比较发达，其广告公司的发展状况也相对较好。1937年前，天津的广告社数量达到30多家。②《大公报》与新式广告社的关系密切，将报馆的广告业务外包给广告社。据记载，"天津《新民意报》的广告部主任李散人，熟悉广告业务，后来进入《益世报》和《大公报》，承包了两版广告业务，不久成立了天津第一家广告社——新中国广告社"。③ 这些广告公司也通过各种渠道向外界宣传自己，如与《大公报》合作关系较好的新中国广告社就在该报上刊登广告："本社专包办——报纸广告、传单广告、电影广告、电车广告、粘贴广告、游行广告，办事妥稳，信用可托……"④

到了20世纪30年代，报业广告的外包现象很普遍，仅上海市就有30多家广告公司。⑤ 各家广告公司主要业务是为报社招揽广告，同时兼营路牌、霓虹灯、汽车广告等。民营报纸一般会与固定的广告公司保持一定的业务关系。20世纪初，新记《大公报》的广告业务主要外包给新中国广告社、大陆广告社、杨广贤广告社等。20世纪30年代，史量才经营的《申报》广告业务主要外包给联合广告公司，该公司是由耀南、商业、一大、大华四家广告公司合并而成，具有很强的经营能力，能够承接上百家报社的广告业务。联合广告公司的四位主持人还承包了《申报》《新闻报》的本埠增刊、本埠附刊的封面和《申报》图画周刊的广告，如果广告客户或者其他广告公司想在上述版面刊载广告，必须与四位主持人洽谈。现代报业广告代理运作逐渐为报社所接受，很多报社的广告业务由广告社或者广告公司负责联络。

---

① 《全国广告业调查》，《报学季刊》1935年第1卷第4期。
② 俞志厚：《一九二七年至抗战前天津新闻界概况》，《新闻研究资料》1982年第4期。
③ 方汉奇等：《〈大公报〉百年史》，中国人民大学出版社2004年版，第135页。
④ 《大公报》1921年7月1日。
⑤ 忻平：《在上海发现历史——现代化进程中的上海人及其社会生活（1927—1937）》，上海人民出版社1996年版，第438页。

除了华商广告公司外，也有洋商广告公司，其业务大抵相同，主要包括招揽报纸广告、策划广告方案、绘制路牌广告等。

民营报纸广告业务外包给广告公司、广告社抑或掮客等广告中介组织，提升了报业广告经营的专业化程度，因为这些组织或个人对于整个广告市场显然了解得更加透彻，对报业的读者市场也比较了解，能够很好地将报纸广告与读者的消费联系起来，提高了广告的效益。更为重要的是，广告中介组织或个人参与报纸广告业务之后，减少了报馆员工人数，进而降低了报馆的运营成本和经营风险。一般情况下，民营报纸与广告中介组织就业务代理达成一定的协议，广告中介组织会从客户提交的广告费用中抽取一定比例的费用，作为其代理广告的酬劳。这样，就给广告中介组织一些自由处理的空间。一些广告中介组织为了拉拢客户，往往采取不正当竞争手段。最常见的手段是，广告公司或者掮客给广告客户更多的价格优惠。从经济上讲，民营报馆不会有太大的损失，因为报馆给这些中介组织的提成的比例是固定的，中介组织只是在自身利润范围内调整价格。但是，这种做法会影响到其他广告客户的判断，认为报馆的广告价格混乱，直接影响报馆在公众心中的形象。

3. 报纸印刷业务的外包

近代以来，民众对图书、报刊等传媒的需求量不断增加，带动了民间印刷机构的发展。西方较为先进的机械印刷术传入中国，报业印刷技术得到有效的提升。早期的报业印刷机器为手板架，人工上墨；此后出现了轮转机和自来墨，并以蒸汽或者火力代替人工动力；20世纪初的单滚筒机和双轮转机进一步提升了报纸的印刷速度。传统的印刷技术不断被先进的印刷技术取代，印刷企业的经营模式也发生了变化，一批专营或者兼营印刷出版业务的印书馆、书局逐渐受到报社的青睐，为报纸的批量印制提供了技术保障。据统计，1911年，仅上海一地加入书业公所的书局、印刷所就有110多家。[①]

经营状况较好的民营大报如《申报》《新闻报》《大公报》《时事

---

① 宋原放：《中国近代出版大事记》，《出版史料》1990年第2期。

新报》《时报》等具有较为完备的机构设置，自设印刷机构，报社不断更新印刷设备。少数具有实力的民营小报如上海的《立报》《晶报》，北京的《实报》《京话日报》等也置办了印刷设备，但多数民营小报在报社的硬件设备上无法与大报相提并论，没有自己的印刷设备，而是将报纸的印刷业务外包给专业或兼营的印刷机构。规模较小的一些民营报纸如《小日报》《硬报》《社会日报》《大罗天》《正报》等限于经济实力和影响力，没有印刷部门，不得不将报纸外包给民间小型印刷所代为印刷。现代小型报由于经济拮据，"能够购买机器的十无一二，大多数还是委人代印"。[①] 清末以后，民营报纸的印刷业务一般会选择以下几种印刷途径。一是经济状况稍好的民营报纸会请一些书局代为印刷，其质量和效果一般是有保障的。如当时亚洲最大的出版机构商务印书馆，除了出版书籍外，还承印《外交报》《东方杂志》等多种报刊。二是将报纸印刷业务外包给民营大报印刷。三是请印刷所代为印刷。当然，也有少数民营小报创办的印刷所承揽其他民营报纸的印刷业务，如冯梦云在《大晶报》的基础上开办了"大晶印刷所"，承印多家民营小报。20世纪20年代，报纸的印刷多"托印字局"，以每天1000份计算，如果印一大张，每月印刷费要150元左右，如果印两大张，印刷费在200元左右。[②] 这对于每月盈利不多的民营小报来说，是一笔不小的开支。因此，多数民营小报将报纸印刷业务承包给其他印刷机构，这样就不用置办印刷设备，减少了报社的固定资产投入。不同的时期，报纸的印刷价格会有一定的差异。20世纪30年代初，物价相对稳定，委托印刷机构代印的价格也比较稳定。"代印的价格，一张四开小报每千份要百元以上，以一千份或两千份起码，加印每千份五角。"[③]

报纸印刷业务外包给印刷厂大大减轻了民营报纸的生产压力，也

[①] 汤炳正：《小型报的缺点及其改善办法》，《报学季刊》1935年第1卷第4期。

[②] 王润泽：《北洋政府时期的新闻业及其现代化（1916—1928）》，中国人民大学出版社2010年版，第223页。

[③] 《天津市的新闻纸　大小四十余种晚刊画刊具备　派报者十八处通讯社二十家　四开纸小报刊发状况与报贩生活的素描》，《大公报》1933年12月14日。

为民营报馆节省了不少人力、物力和财力。对于一些民营大报来说，报馆有实力设置印刷厂、购买印刷机器等，也有实力支付相关人员的薪水。对于民营小报来说，由于经费所限，报馆难以维持印刷厂的运营。因此，报纸印刷业务的外包为民营小报提供了极大的便利。

三 民营报纸经营性业务外包的双重影响

中国现代民营报纸经营性业务外包是我国报业经营改革的有益尝试。尤其是 20 世纪 30 年代，经营性业务的外包现象大量涌现，使民营报业呈现良好的发展势头。经营性业务的外包有助于推动民营报业经营模式创新和现代化进程，带动民营报业经济的发展。同时，部分民营报纸的经营性业务外包也滋生一些不利于民营报业升级的因素，反过来制约了报业现代化的发展。

1. 民营报业经营性业务的外包推动了报业现代化进程，提高了报社的生产效率

唐代以来的封建社会中，官报为合法的报纸。中国历代官报传达的是皇族的意志，其办报目的在于维护封建权力，并不是以营利为目的，因而官报均没有经营意识。尽管北宋以来我国出现了以盈利为目的的民营小报，但是，由于历朝政府都视小报为非法刊物，采取限制、打击措施，小报始终难以获得很好的发展机遇。并且，小报的经营是作坊式的，不存在规模经营。因此，小报的经营管理水平非常有限。清末以后，民营报纸的兴起与快速壮大推动了近现代报业经营模式的变革和报业现代化进程。民营报纸将发行、广告和印刷等经营性业务外包给有资质的机构和个人，提高了报纸经营的专业化程度。派报社、广告公司和印刷所等机构是近代社会分工细化的背景下出现的专业化机构，其技术、设备相对先进，工作人员大多受过专门的训练，专业性较强。民营报纸的经营性业务承包给此类企业或个人，有助于提高报社的生产力。因为，一些大型派报社、广告公司和书局等承接的业务较多，能够产生规模经济效益，有效地降低了运营成本，为报社减轻了负担，从而提高了生产效率。

2. 报社可以专心于其擅长的采编业务，降低管理成本

民营报纸一般靠广告和发行维持日常运营，经营较好的民营报纸

能够实现盈余。为了获得更多的利润，民营报纸总是在经营模式上不断创新。除了一些实力很强的大型民营报纸外，一般的民营报纸为了减少开支，尽量精简工作人员。鼎盛时期的民营大报如《申报》《新闻报》《大公报》等，其报社员工多达数百人，而一些民营小报则只有十余人，甚至三五个人。报社的采编人员是必不可少的，精简人员只能从经营性业务上着手。在市场化经营的条件下，社会分工日益成熟，部分民营报纸保留其新闻采编这一核心业务，将报纸发行、广告和印刷等经营性业务外包给社会上的专业公司。这样，报社借助社会力量实现经营模式的转型，报社的员工能够专心于新闻采编业务。而报纸的经营性业务转包给相关企业，减少了报社的管理成本，提高了报社的盈利水平。

3. 在一定情况下，经营性业务的外包容易导致民营报纸受制于人的局面，阻碍了民营报业改革与创新

经营性业务的外包，一方面，促进了报业经营模式的创新；另一方面，也会带来消极影响，民营报纸的经营实践印证了上述情况。报贩和派报社的目的在于获取更多的利润，如果报社的改革损害到他们的利益，报贩和派报社就会联合起来对付报社。有一次，民营大报《新闻报》没能满足报贩的要求，报贩为此撕毁了数千份报纸，《新闻报》只能忍气吞声，请客了事。《申报》为了对其副刊《自由谈》进行改革，专门征求报贩大王徐志钦的意见，并按照他的意见改革副刊。《大公报》创办上海版的时候，前三天市场上根本见不到报纸，报贩给了踌躇满志的《大公报》一个下马威，最后《大公报》不得不邀杜月笙出面宴请报贩，化解危机，直到第四天，《大公报》才开始在报摊上露面。① 可见，报贩在报业改革中扮演着举足轻重的角色。"这种组织常常在报业现代化的道路上设置障碍，阻挠进步，而报社老板似乎对这种现象也无计可施，不想或不能改变它。"② 报纸的广告业务外包也会给报社的声誉带来消极影响。部分广告公司为了获得利润，

---

① 徐铸成：《报海旧闻》（修订版），生活·读书·新知三联书店 2010 年版，第 243 页。
② 王润泽：《北洋政府时期的新闻业及其现代化（1916—1928）》，中国人民大学出版社 2010 年版，第 278 页。

不惜对产品大肆吹嘘,其至采取隐瞒、欺骗的方式让报纸刊登虚假广告和低级广告。中国现代医药广告占民营报纸广告收入的份额很大,以至于西药行业"几乎全靠广告上的噱头欺骗谋利,经营这类广告的广告社,就藉此要挟报社"。报社对此无可奈何,因为广告已经"成为报馆的命脉,广告户变成了报馆的'衣食父母'"。①

民营报纸的印刷业务外包给外界的印刷厂也容易使报社陷入被动。20世纪20年代以后,印刷工人的工作任务重,压力大,待遇低,因而经常出现劳资纠纷。1925年3月22日下午,北京300多名印刷工人举行罢工,尽管警察出面干涉,仍然没能够控制局面。当天晚上,永华、同新、光明、同昌4家印刷厂的工人也加入罢工行列,直接导致《黄报》《商业日报》《铁道时报》等12种报纸未能出版。印刷工人提出4项要求:一是增加工资6元;二是发清所有的欠资;三是先付资,后做工;四是从罢工之日起休息三天。按照工人的要求,每人月薪12—14元不等,如果增加6元,则最终的经费会分摊到各家报馆,每月需要增加印刷费60多元,给报馆带来较大的经济压力。②印刷业务外包给印刷厂还会出现印刷质量不符合要求的情况。20世纪20年代以后,有很多民营报纸经常出现印刷质量不佳、印刷错误等情况,对报纸的发行带来一定的影响。印刷厂为了盈利,会采取压低印刷工人薪水的情况,而印刷工人则会争取自己的利益,甚至采取罢工、暴力讨薪等行为来满足自己的诉求,民营报纸则因为业务外包给印刷厂而成为受害者。对于印刷工人罢工,民营报馆的态度往往是暧昧的。一方面,民营报纸同情印刷工人的境遇;另一方面,印刷工人罢工会影响报纸的印刷和发行,民营报馆也不愿意看到这种情况。除此之外,如果满足印刷工人的诉求,最终会导致民营报馆多支付印刷费,增加报纸的成本,这是民营报馆经营者不愿意看到的情况。针对北京印刷工人罢工一事,《大公报》认为,满足印刷工人的要求,就会使报馆每月增加印刷费,"营业上必须受莫大之影响,且现时工人地位,并

---

① 徐铸成:《报海旧闻》(修订版),生活·读书·新知三联书店2010年版,第250—252页。
② 《北京印刷工人大罢工详情 昨天有十二家报停刊 风潮汹涌尚未解决》,《大公报》1925年3月25日。

非特别苦痛，不过多半受外界之鼓惑"。① 民营报纸更多地是从报纸经营的角度去考虑此事，并不是很愿意损失自身利益，去满足印刷工人增资的要求。由此可见，如果不能很好地应对危机，报纸经营性业务的外包往往会使报社陷入被动，进而影响报纸的改革与创新。

　　有人认为，报纸的发行可以分为直接发行和间接发行，前者指的是报馆直接安排人送报到读者手上，后者指通过报贩送到读者手上，也就是通过外包的方式发行报纸。利用报贩发行报纸的缺陷在于以下几方面：一是报馆收入的减少，报纸销售的价格不能增加，但是，报贩以及报贩所属的报贩工会从中获利，报馆的发行收入自然要减少；二是报贩一般都贩卖多家报纸，报贩往往卖完手上所有的报纸才会收工，不会专门替某一家报纸鼓吹，因而会埋没报纸的优点；三是报纸的递送有可能延迟，部分报贩疏懒，影响报纸的发行；四是报贩成为产销的中介，容易使报纸产销之间产生隔阂，影响报纸的推广。② 可见，无论是报馆本身，还是学术界人士，对报纸的发行业务外包给报贩的缺点都有较为清醒的认识，但是，随着报纸经营水平的不断提高，报馆不会再盯着眼前的利益，而会将眼光放得更远。毕竟，报纸发行业务的外包意味着能够在更广阔的空间范围内推销报纸，将在更大程度上提高报纸的经济绩效和社会影响力。

　　实践表明，民营报纸经营性业务外包是一把双刃剑。一方面，经营性业务外包大大提升了报纸的营销能力、经营绩效和管理水平，加快了民营报业迈向现代化的步伐。另一方面，经营性业务外包也会引发管理危机和消极影响。因此，这种经营模式是值得总结和反思的。尤其在当今传媒经营改革不断深入，经营性业务外包的现象越来越普遍的情况下，如何最大限度地发挥经营性业务外包的作用，减少外包带来的负面影响，是摆在传媒经营管理者面前的一道现实难题。我们可以吸取民营报纸业务外包实践中的积极因素，减少不良影响，进一步提高传媒的经营绩效。

---

　　① 《北京印刷工人大罢工详情　昨天有十二家报停刊　风潮汹涌尚未解决》，《大公报》1925年3月25日。
　　② 唐忍安：《地方报纸》，《报学季刊》1934年创刊号。

第五章　中国现代民营报业的经营绩效

报纸的经营绩效指的是报纸经营效益和业绩，其衡量的指标主要包括报纸的销售量、销售额、广告经营额、投资回报率等。中国现代民营报业经营绩效受到多重因素的影响。首先，外部环境对民营报纸的经营管理产生极大的影响，进而影响报纸的盈利水平。20世纪20年代以后，政治风云变幻，战事此起彼伏，经济饱受摧残。这些外部条件对民营报业的经营绩效产生极大的影响。其次，民营报业的结构性因素对整个报业的经营绩效产生较大的影响。在各个沿海沿江的大城市，民营报纸比较集中，相互之间的竞争很激烈。为了赢得读者和广告客户，民营报纸常常采取低价竞争的策略，报纸的售价很难提高，这对民营报纸的经营绩效产生较大影响。由于众多民营报纸均希望获得更多的广告，都采取打折的办法来获取广告，最终导致民营报纸整体利润降低。再次，民营报馆的经营行为对民营报纸的经营绩效产生直接的影响。民营报纸采取策略性竞争行为、技术创新行为、经营业务外包行为、组织结构改革行为等，对于提高民营报纸的经营绩效起到重要的作用。最后，民营报纸的绩效还应当包括社会效益。报业不同于一般企业，盈利是后者最重要的目的，而前者还要考虑社会效益。报纸是新闻传播的载体，其意识形态属性较强。不管在任何时代、任何国家和地区，报人都很难抛开社会效益，仅仅为经济利益而办报。一旦报人那样做，其报纸就很难长时间生存下去。

在现有的史料中，关于中国现代民营报纸经营绩效的统计很少，即便有一些数据，也比较分散，缺乏连续性，为我们研究民营报业经营绩效带来了很大的困难。本书主要从发行经营、广告经营、多元化经营和社会效益四个方面来考量民营报纸的经营绩效，以期为我们理解和认识民营报业经营提供参考。

第一节 民营报业的发行经营绩效

民营报纸的发行经营绩效指的是，民营报纸的发行经营业绩，主要表现为民营报纸发行的盈利能力、运营水平以及发行对其他经营业务的带动作用。报纸的发行经营绩效往往不是通过盈利能力体现出来的，而是通过发行量的提升来强化报纸的影响力，从而带动报纸的广告经营。因而，民营报纸的发行经营绩效主要通过民营报纸发行的影响力和竞争力来实现，最终通过报业广告经营反映出来。

民营报纸比较重视发行工作。报纸的发行量上去了，读者增多，影响力就会逐渐增大，其广告客户也会纷至沓来，报纸的经营效益也随之提高。对于多数报纸来说，报纸的真实发行量是一个讳莫如深的问题，这一点在历史上也是如此。"报纸销数的多寡，除去主办人和几个重要职员以外，是没有人知道的……就连呈报中央宣传会和内政部的数目，也是没有确实性的一种公文。"[①] 当然，从当时这些粗略的统计数据大体上可以了解报纸发行的基本情况。

一 民营报纸的发行量

与官报、党报和一般组织机构所属的报纸相比，民营报纸更为重视发行营销，报纸销量也相对较好。中国现代民营报纸发行存在一些特点：一是多数民营报纸的发行量波动较大，其原因主要在于，民营报纸的发行受到当时的政治、军事、经济环境等因素的影响非常大，一旦政治格局动荡、军事形势吃紧或者经济环境恶化，就会给报纸发行带来较大的影响，导致报纸发行出现一定幅度的波动；二是不同的民营报纸发行量存在较大的差异，一些民营大报靠长期积累的人气提

[①] 尸载：《我的编辑经验与最近平市新闻界趋势》，《报学季刊》1935年第1卷第2期。

升了报纸的影响力,报纸发行量较大,而一些民营小报则在夹缝中生存,很难获得发展空间,其发行量很小;三是报纸发行基本上是亏本的,多数民营报纸并不是靠发行赚钱,而是靠发行提升报纸的竞争力和影响力,进而带动其他渠道盈利。

1. 民营大报发行状况

清末民初,民营报纸的发行量不大。这种情况与当时的经济发展水平、民众对新闻信息的需求以及科技发展水平等密切相关。即便是当时在全国有一定影响的《申报》《新闻报》等,其发行量也比较小,其他规模较小的民营报纸更是难以扩大发行规模。

(1) 民营大报的发行量

在近现代报业发展史上,民营大报的发行区域较为广阔,发行量较大,这样可以扩大报纸的影响面,进而帮助报馆获取更多的广告客户。历史上比较著名的《申报》《新闻报》《大公报》《世界日报》《新民报》等民营报纸非常重视发行经营,能够保持相对稳定的发行量,为报馆的广告经营以及其他经营活动奠定了良好的基础。

我们搜集了1875—1936年之间《申报》与《新闻报》的发行量数据,从中可以看出民营大报发行的基本情况。有两点需要说明:一是早期的《申报》《新闻报》并非民营报纸,但是为了便于比较,我们将早期的发行数据也纳入分析范围;二是两家报纸的发行量数据并不完整,缺乏部分年份的数据,不过从总体上能够看出两家报纸的发行量变化趋势,具体发行量数据参见表5-1。从表5-1可以看出,19世纪70年代至20世纪30年代,《申报》《新闻报》等民营大报的发行呈现出如下特征。

第一,总体来看,民营大报发行量呈现出阶段性变化的特点。20世纪20年代以前,民营大报的发行量较小,发行经营绩效并不突出。1920年以前,《申报》的发行量基本上在3万份以下,《新闻报》的发行量在5万份以下。进入20世纪20年代以后,民营报纸的发行经营情况出现一些变化,发行量逐渐提升,尤其是20年代后期到全面抗战爆发以前,中国的经济增长情况较好,为民营报纸发展提供了良好的外部条件。

第二，民营大报经历了较长时间的稳定发展期，其发行量变化较小。从 1928 年到 1936 年，《申报》和《新闻报》的发行量基本维持在 15 万份左右，波动幅度不大。按照当时的报纸发展态势和公众的新闻信息需求情况，《申报》《新闻报》还有继续提升报纸销量的可能性，但是由于两家报纸的版面较多，发行并不赚钱。因而，当报纸影响力达到一定程度之后，民营大报并不刻意地去提升发行量，而是通过报纸的影响力去获取广告客户的信任，以带动广告经营，提高报馆的收入。因此，从这个角度来讲，报纸的发行收入并不是民营报纸的主要盈利点，但发行是其盈利的最重要的支点，有了这个支点之后，广告这一重心才能真正被撬动。

第三，民营大报的发行区域相对集中，同时也具有一定的区域辐射力。《申报》《新闻报》等民营大报的发行量较大，且相对稳定，为报纸经营奠定了良好的基础。这些报纸基本上以各自所在的地区为轴心，向外扩散。距离中心区域越远，其发行辐射力越小。《申报》《新闻报》《大公报》《新民报》《世界日报》等民营大报都有明确的发行区域定位，主要集中于各家报馆所在地，然后向周边地区、全国经济比较发达的区域扩散，形成"中心—边缘"的发行区域布局。

第四，由于民营大报的定位各不相同，其发行方面也表现出不同的特征。比如，《新闻报》的定位与《申报》不同，其发行定位更加精准，主要读者群为商人，发行量与《申报》相差无几，在多数情况下，其发行量略超过《申报》。

表 5-1　《申报》《新闻报》发行量统计（1875—1936）

年份	申报（份）	新闻报（份）
1875	1200	—
1876	2000	—
1877	5000	—
1893	—	300
1894	—	3000
1900	—	12000
1909	—	14486

续表

年份	申报（份）	新闻报（份）
1912	7000	19418
1916	14000	33045
1917	20000	—
1919	—	45782
1920	30000	50788
1921	45000	59349
1922	50000	74284
1923	—	81737
1924	—	105727
1925	100000	127719
1926	141440	141717
1927	109760	144079
1928	143920	150152
1929	143120	150150
1930	148240	150028
1931	—	150356
1932	—	150594
1933	—	149015
1935	155950	150000
1936	150000	—

资料来源：申报档案《七十五年来本报的广告发行及其他》，上海档案馆：Q78-2-15745；方汉奇：《中国新闻事业通史》（第二卷），中国人民大学出版社1996年版，第178页；胡道静：《新闻报四十年史（一八九三——一九三三）》，《报学杂志》1948年第1卷第2期；甘家馨：《中国各大报经营实况》，《苏衡》1936年第17—18期。

注："—"表示该年份发行数据不详。

（2）民营大报的外埠发行状况

多数民营大报定位于全国性报纸，在发行方面不仅仅局限于某一个区域，而是向周围地区以及其他经济、文化比较发达的区域推进。以《申报》为例，该报不仅重视上海市的发行销售情况，还积极向周围区域扩展。在申报馆所编印的《申报概况》中，1935年，该报发行155950份，在全国属于发行量较大的民营报纸，该报在各个地区的发行量大体上可以分为四个层次。第一层次为上海、江苏、浙江、安徽等4个区域,《申报》在这些区域的发行量超过了10万份,占据了该报发行总量的75.47%。该报在上海和江苏的发行量非常可观,分别为56050份和34950份,在浙江和安徽分别为14300份和12400份。由此可见,地缘接近性在民营报纸的发行经营中占有重要的地位,江苏、浙江和安徽距离《申报》创办地上海的距离较近,该报在这些区域的发行量相对较大。第二层次为江西、河南、山东、湖北、福建、广东、河北、湖南等8个区域,其日发行量超过了1000份,《申报》在这些区域的发行量占该报发行总量的23.06%。第三层次为广西、山西、四川、陕西、云南、甘肃、贵州等7个区域,发行量在100份以上,《申报》在这些区域的发行量占该报发行总量的1.05%。第四层次为察哈尔、绥远、西康、宁夏、新疆、青海、西藏和内蒙古等地区,其发行量在100份以下,《申报》在这些区域的发行量占该报发行总量的0.23%。这些区域的发行代理机构较少,普通公众缺乏阅读报纸的习惯,因而发行量很难提升。从表5-2的数据可以看出,1935年,《申报》在国外的发行总量为310份,占该报发行总量的0.20%。可见,尽管《申报》比较重视国外发行工作,但是并没有达到预期效果。

上述可见,民营大报发行的区域定位较广,发行量相对较大。很多民营报纸除了在本埠发行外,还在外地拓展发行空间。不过,这些民营大报在国内各地的销数差距很大,表现出如下特点。一是发行区域集中度较高,表现出明显的区域性特点。比如,《申报》发行量排名前8个省份所发行的报纸占总发行量的比重为93.27%,发行量排名前10个省份所发行的报纸占总发行量的比重为96.61%。这说明,尽管《申报》号称全国性的民营大报,但是,从其实际发行区域来看,主要集中在上海、江苏、浙江、安徽、江西等沿海、沿江地区,报业发行的区域性特点比较突出。比如,《申报》在苏州的发行情况一直较好。苏州读者喜欢在茶坊里看报,尽管当地已经有4家报纸,但是,各家茶坊销量最大的还是《申报》,或者是从上海运过去的《新闻报》《大公报》等。① 二是报纸在外埠发行数量的多少不仅仅与经济发展情况有关,与各个地区

---

① 《京沪路沿线本报的发行网》,《申报馆内通讯》1947年第1卷第1期。

发行人员的工作方式和工作能力也有一定的关系。申报馆在江西、河南等地的发行负责人具有一定的开拓性，采取各种促销手段，在一定程度上提高了报纸的发行量。三是有相当一部分省市的发行工作做得不好，甚至只有100份以下，基本不在报馆的盈利范围之内。民营报馆对这些地区采取了"选择性遗忘"的策略：一方面，这些地区读者的阅读习惯不太好，报纸发行市场不容易打开；另一方面，这些地区的经济相对落后，即便发行量提高了，广告市场也不一定能够打开，往往不能带来实际收入。因此，民营报馆只是在这些区域发行极少量的报纸，以便对外宣称报纸覆盖面大，影响广泛，为报纸经营奠定基础。

按照当时国内经济发展情况，《申报》《新闻报》在外埠的发行量还有进一步提升的空间，但是，两家报纸的发行量基本上保持相对稳定状态。究其原因，主要是各地公路交通逐渐变得便利起来，地方报纸的送报速度明显比《申报》《新闻报》《大公报》等外地民营大报更快一些，在这种替代竞争中，当地的报纸具有区域接近性，更为本地读者所认同，外地报纸并不占多大优势。另外，由于报纸发行并不赚钱，民营大报并非一味地想提高在外地的发行市场份额。"张数多于他报一倍，而售价所多无几，在发行上竞争，殊为不值，不如保持现状，使广告信用不至坠落，以全力增加广告收入，反为合算。"[1]

表5-2　　　　　　　1935年《申报》在各省市及国外发行状况

序号	地区	发行数量（份）	所占百分比（%）
1	上海	56050	35.94
2	江苏	34950	22.41
3	浙江	14300	9.17
4	安徽	12400	7.95
5	江西	8650	5.55
6	河南	6800	4.36
7	山东	6250	4.01
8	湖北	6050	3.88

---

[1] 甘家馨：《中国各大报经营实况》，《苏衡》1936年第17—18期。

续表

序号	地区	发行数量（份）	所占百分比（%）
9	福建	3050	1.96
10	广东	2150	1.38
11	河北	1550	0.99
12	湖南	1450	0.93
13	广西	400	0.26
14	山西	300	0.19
15	四川	260	0.17
16	陕西	220	0.14
17	云南	200	0.13
18	甘肃	160	0.10
19	贵州	100	0.06
20	察哈尔	80	0.05
21	绥远	75	0.05
22	西康	65	0.04
23	宁夏	42	0.03
24	新疆	38	0.02
25	青海	24	0.02
26	西藏	16	0.01
27	蒙古	10	0.01
28	国外	310	0.20
总计		155950	100.00
东北四省		暂停	

资料来源：申报馆编：《申报概况》，申报馆1935年版，第26页。

民营报纸比较重视在外埠拓展发行空间，这样能够缓解报纸在本埠的竞争压力。更为重要的是，报纸能够在外埠扩大影响力，为报纸吸引外埠的广告打下基础。20世纪初，《申报》《大公报》《新闻报》等老牌民营大报非常重视外埠报纸的发行工作。尽管外埠报纸的发行量较小，但是其社会影响力较大，对于报纸的声誉和整个经营工作产生较大的推动作用，战略意义较为明显。从表5-3可以看出，在南通的报业市场中，有好几种外埠报纸，其中《申报》在南通的发行量最大，这主要得益于申报馆的发行推广工作。申报馆专门设立了南通分馆，分馆在报纸推销上采取了一系列办法，主要包括以下几点。一是在分馆设立"正声广播电台"，南通人都可以听到，通过广播反复播放："申报消息最快，新闻最多，历史最久，销路最大。订阅申报请到申报分馆，申报分馆在……"后来，这座电台停播了，不过很快又设立了新的电台。二是在分馆设有无线电收音机，通过无线电收音机播放各种专电，吸引周围的群众。三是分馆将申报广播新闻记录下来，分送到各报社，供其使用。这种做法可谓一举两得，一方面，可以丰富地方报纸的新闻；另一方面，也可以加深读者对《申报》的印象。正因为申报分馆所采取的一系列措施，使报馆与地方报纸保持良好的关系。"地方报因得到这种帮助，对申报，对分馆也都另眼相看，每到需要他们协助的时候，他们无不乐于协助。"①

表5－3　　　　　　　南通现销外埠报纸、本埠报纸比较

报纸出版地区	报纸名称	报纸性质	发行量（份）
外埠报纸	申报	民营报纸	1460
	大公报	民营报纸	750
	新闻报	民营报纸	630
	和平日报	由国民党国防部机关报《扫荡报》改组	500
	前线日报	国民党第三战区政治部军报	200
	正言报	工会报纸	160
	中华日报	党报	100
	中央日报	党报	65
	商报	民营报纸	55
本埠报纸	国民日报	党报	1300
	通报	民营	1200
	五山日报	党报	700
	其他各种小报	—	500

资料来源：《南通现销外埠报纸比较表》，《申报馆内通讯》1948年第1卷第8期。

---

① 丛永枢：《南通分馆在做些什么》，《申报馆内通讯》1948年第2卷第12期。

(3) 中国近现代民营大报发行量的比较

从表 5-1 可以看出，民国时期，《申报》《新闻报》比晚清时期的发行量增加了不少。1912 年以前，《申报》《新闻报》的发行量在 1 万份以下。而民国之后，两家报纸的发行量逐渐提升，尤其是 20 世纪 20 年代之后，发行量增加更为明显。晚清时期，民营报纸的发行量普遍较低。《神州画报》曾经以漫画的形式展现中西报纸销售数量，该画报认为："西人之看报人各一纸，虽妇女小孩亦必看报；中国人识字的少看报的亦少，所以销路比西报少多了。"[①] 尽管该画报没有用详细的数字来说明这一差距，但是，图画形象、直观地对比了中西方报纸发行方面的差异，对于把握清末年间报纸销售有一定的帮助。

晚清以来，近代报纸经营已经取得了一定的成效，报纸的发行推广工作比近代以来的任何时期都要好。但是，由于报业发展的整体水平有限，报纸的发行量始终不高。当时的一些民营大报在全国经济发达的大城市设立了不少发行部门，但是发行的数量比较少。有资料显示，1903 年，《新闻报》每天在杭州的销量为 230—240 张，主要销往官场、商家、学堂和普通居民等；《申报》每天在杭州的销量在 500 多张，阅读者主要为官场和商家人士；《杭州白话报》的销量为 700—800 张，阅读者主要为普通居民，参见表 5-4。从表 5-4 可以看出，《申报》1903 年在杭州的销量在 500 份左右，其市场行情明显不好。到了 1935 年，《申报》在浙江省的销售量为 14300 份，浙江省的报纸销售主要集中在杭州、宁波等大城市，由此可见，民国之后，《申报》在周边地区的发行量大幅度增加，其社会影响力也随之提升，对于该报开展广告经营大有裨益。

表 5-4　　　　　　　　　1903 年杭州报纸的销售情况

报社名称	销数	所销处
中外日报	约五百张	官场商家学堂住民皆备
苏报	约五十张	学堂为多

---

① 《中西报纸销数之比较》，《神州画报》1909 年第 11 期。

续表

报社名称	销数	所销处
新闻报	约二百三四十张	官场商家学堂住民皆备
申报	约五百数十张	官场商家为多
杭州白话报	约七八百份	普通住民
新民丛报	约二百份	学堂学生为多
译书汇编（现改名政法学报）	约二百五十份	学堂学生为多

资料来源：《调查会稿：杭城报纸销数表》，《浙江潮》（东京）1903年第3期。

2. 民营小报发行状况

（1）民营小报的发行量

民国时期，小报主要有消遣型、宣传型、营利型、风头型、工具型、广告型等几种类型。① 民营小报靠市场化经营获得利润，维持报纸运营。不少民营小报的广告经营不佳，对报纸发行的依赖性较强。如果民营小报的广告不能盈利，其发行量要达到8000份才能维持生存。② 对于很多民营小报来说，销售2000份已经算了不起的成绩了，绝大多数民营小报的发行量在1000份左右。③ 与民营大报相比，多数民营小报在价格上并没有什么优势。民营大报的影响力较大，其广告经营额较多，可以填补报纸发行方面的亏损，而很多民营小报的广告经营额较少，只能在价格上做点文章。有学者曾经对《新闻报》和一般的小报发行价格和版数做了统计，得出的结果是，同样版数的民营小报价格是民营大报的十倍。④ 尽管这种统计不一定具有普遍性，但是，从侧面反映了民营小报与民营大报竞争所面临的困局。

在众多的民营小报中，成舍我创办的《立报》发行量最大。《立报》的发行主要集中于上海及其周边地区，其中上海的销量占60%，在北平、甘肃、广西等地也有一些读者。《立报》最初的销量在六七千份左右，到1935年9月，该报的销量达到7万份，在上海的报纸销量中排

---

① 洪煜：《近代上海小报与市民文化研究（1897—1937）》，上海世纪出版集团2007年版，第80—89页。
② 乒乓生：《办小报的经验》，《上海常识》1928年6月8日。
③ 《办理小规模报纸之内幕》，《常识》1927年2月19日。
④ 汤炳正：《小型报的缺点及其改善办法》，《报学季刊》1935年第1卷第4期。

名第四。一年以后，其发行量进一步增长到 10 万份，在上海排名第三。

与《申报》《新闻报》《大公报》等民营大报相比，民营小报的办报规模要小一些，人员配备、设备条件等明显不及民营大报。多数民营小报的生命周期不长，发行量较小。也有影响力较大的民营小报，发行量较大，甚至超过民营大报的发行量。比如，成舍我所创办的小型民营报纸《立报》，其最高发行量超过 20 万份，社会影响力和经济效益都远远超过一般的报纸。《立报》《晶报》《社会日报》等小报的发行量较大，影响力也随之提升。但是，对于绝大多数民营小报来说，其生存发展存在很大的问题。很多民营小报的发行量在 1000 份以下，有的民营小报只能靠政客收买，为他们发津贴维持生存，所以发行量的多少，对这些报纸来说，并不太重要。读者的行为会或多或少地影响报纸的发行，20 世纪二三十年代，有不少读者早上以 5 分钱买了报纸，看完之后中午以两分钱出售，或者次日以一分钱出售。[①] 对于报馆的发行部门来说，这种行为在一定程度上影响了报纸的发行绩效。当然，这种行为依然可以提高报纸的传阅率，扩大报纸的读者群和影响力。

民营小报主要靠报贩来售卖，一般分为沿街叫卖和报摊售卖两种方式。1934 年 11 月 4—9 日，有人对上海市 10 个小报摊所销售的小报做了调查，发现上海小报日销售量为 7 万份，10 个小报摊共销售民营小报 47 种，其中有两种已经停刊，剩余 45 种。这些小报基本上都属于民营的，大体上可以分为体育、科学、戏剧以及杂类四大类。这次调查发现，1934 年上海销量最好的小报是《社会日报》，其次为《晶报》《时代日报》等，参见表 5-5。

表 5-5 　　　　　1934 年上海市 10 个小报摊所销售的小报情况

序号	报摊地址	销路最好的报纸名称	种数（种）
1	南洋桥	社会日报、时代日报、罗宾汉、晶报、金刚钻	5
2	爱多亚路（大世界门口）	社会日报、福尔摩斯、时代日报、晶报、金刚钻、小日报	6

① 蒋国珍：《中国新闻发达史》，世界书局 1928 年版，第 61 页。

续表

序号	报摊地址	销路最好的报纸名称	种数（种）
3	爱多亚路（杭州饭庄门口）	上海报、福尔摩斯、社会日报、时代日报、罗宾汉、金刚钻、小日报	7
4	南京路（日升楼下）	上海报、福尔摩斯、社会日报、晶报、金刚钻	5
5	爱多亚路（成都路口）	电声日报、无线电周报、社会日报、罗宾汉	4
6	北车站界路	上海报、社会日报、时代日报、罗宾汉	4
7	北四川路（靶子路口）	社会日报、东方日报、时代日报	3
8	四川路（北京路口）	社会日报、时代日报、晶报	3
9	老西门（电车站旁）	社会日报、晶报、福尔摩斯	3
10	南京路（抛球场）	福尔摩斯、社会日报、晶报、金刚钻	4

资料来源：根据《上海小报摊之调查》的相关数据整理，参见徐旭《上海小报摊之调查》，《教育与民众》1934年第5卷第7期。

（2）民营小报的发行渠道

从1933年《上海统计》的数据可以看出，1930年，上海市的7家中文三日刊报纸均为民营小报，其发行总量为74000份，每种报纸日均发行量为10571份。其中，《晶报》的发行量最大，每天发行3万份，《金刚钻》每天发行1.5万份，其余的报纸发行量都在1万份以下（参见表5-6）。从报纸发行方式来看，主要包括邮局发行、报贩发行等，只有少量的民营小报能够实现自办发行。比如，《立报》《晶报》等曾经建立了自办发行队伍，避免了被报贩控制发行市场的局面。1930年，上海市几家民营小报邮递发行占总发行量的44.76%，其余的则通过报贩与自办发行来解决。另外，本埠邮递只占总发行量的20.16%，外埠的邮递占总发行量的24.59%。

表5-6　1930年上海全市各种中文三日刊报纸邮递数统计表

报纸名称	每版印数（份）	每期邮递数（份）	
		本埠	外埠
沪报	4000	120	1300
晶报	30000	100	6000

续表

报纸名称	每版印数（份）	每期邮递数（份）	
		本埠	外埠
金刚钻	15000	9000	6000
大报	4000	2000	1000
报报	9000	2900	2000
梨园公报	4000	4000	900
新报	8000	600	1000
统计	74000	18720	18200

资料来源：《上海统计》，上海市地方协会，1933年，第10页，转引自洪煜《近代上海小报与市民文化研究（1897—1937）》，上海世纪出版集团2007年版，第323—324页。

注：除了邮局邮递报纸外，民营小报会委托报贩送报，也占一定的比例。

（3）民营小报发行的区域差异

20世纪20年代以后，上海、北京、天津、南京等城市民营报业的发展情况较好，曾经出现过发行量较大、经营效益较好的民营小报。从表5-7的数据可以看出，1935年，北京、天津的民营小报发展较好，北京有25种小报，天津有22种小报，这些报纸绝大多数为民营小报。其中，发行量超过1万份的小报具有一定的影响力，此类报纸在北京有8家，天津有6家。而当时的河北省和察哈尔省的小报发行量均在5000份以下。

相对于上海、北京、天津、南京等大城市的民营大报来说，中小城市的民营小报的发行量要小得多。1935年，无锡市共有政党报纸、民营报纸合计11种，发行量约12900份。其中，政党报纸4家，民营报纸7家，并且以民营小报为主。报纸一般为对开一张或者四开一张，民营小报多数为四开一张。除了几家依靠津贴生存的政党报纸外，无锡的民营报纸发行量都比较小，平均发行量为950份，绝大多数在1000份以下，参见表5-8。镇江市的民营报纸发行状况与无锡市差不多，日均发行量为937.5份，参见表5-9。与上海、北京、天津等大城市的民营报纸相比，中等城市的民营报纸发行量相对较小，市场影响力很有限，随时可能退出市场。民营小报发行量的大小与城市的大小、经济发展状况、城市居民文化程度等各方面因素息息相关。经济发达、人口数量较多的城市，能够为民营小报提供更好的生存空间，而在中等城市里，民营报纸的发行量较小，普通市民对于报纸的需求量不大，影响了报纸的发行与广告经营。

表 5-7　　　　　　　　冀察平津小报每日出报份数比较　　　　　　　单位：份

出报份数（份）	社数（家）			
	河北省	察哈尔省	北平市	天津市
总计	8	3	25	22
1000 以下	4	2	2	—
1001—5000	4	1	4	11
5001—10000	—	—	11	5
10001—15000	—	—	2	3
15001—20000	—	—	3	2
20001—30000	—	—	1	1
30001—40000	—	—	1	—
40001—50000	—	—	—	—
50001—60000	—	—	—	—
60001—70000	—	—	—	—
70001—80000	—	—	1	—

资料来源：《冀察平津小报每日出报份数比较表》，《冀察调查统计丛刊》1936 年第 1 卷第 1 期。

表 5-8　　　　　　　　1935 年无锡市报纸发行情况一览

序号	报纸名称	刊期	收入来源	张数	发行量
1	锡报	日刊	营业收入（广告及报费）	对开一张	3000
2	人报	日刊	营业收入、机关津贴	对开一张	2700
3	国民报道	日刊	党部津贴、营业收入	对开一张	1500
4	无锡新闻	日刊	营业收入、主干津贴	对开一张	1100
5	新民报	日刊	营业收入	对开一张	800
6	风报	三日刊	营业收入	四开一张	300
7	发报	三日刊	营业收入	四开一张	300
8	明报	三日刊	营业收入	四开一张	1000
9	镜报	三日刊	营业收入	四开一张	500
10	公报	三日刊	营业收入	四开一张	300
11	春秋	周刊	营业收入	四开半张	1400

资料来源：杨令德等：《各地新闻事业之沿革与现状》，《报学季刊》1935 年第 1 卷第 2 期。

表5-9　　　　　　　　1935年镇江市报纸发行情况一览

序号	报纸名称	刊期	经费来源	张数	发行量
1	苏报	日报	党政津贴、营业收入	对开二张	3400
2	新江苏报	日报	营业收入、政党津贴	对开二张	3100
3	江苏省报	日报	营业收入、政党津贴	对开二张	2000
4	自强报	日报	营业收入与津贴	对开一张	1200
5	三山报	日报	营业收入与津贴	对开一张	860
6	新省报	日报	营业收入与津贴	对开一张	700
7	镇江晨报	日报	营业收入与津贴	对开一张	1200
8	扬子江报	日报	营业收入与津贴	四开一张	700
9	商报	日报	营业收入	四开一张	1000
10	市报	日报	营业收入	四开一张	1950
11	江苏晚报	日报	营业收入与津贴	四开一张	840
12	大江南晚报	日报	营业收入与津贴	四开一张	500
13	醒报	三日报	营业收入	四开一张	500
14	平报	日报	营业收入	四开一张	300

资料来源：杨令德等：《各地新闻事业之沿革与现状》，《报学季刊》1935年第1卷第2期。

3. 全国主要民营报纸与其他报纸发行量的比较

与政党报纸、宗教报纸等相比，民营报纸更注重发行与广告经营，其发行量相对较大。据1932年8月国民党中央宣传部的调查显示，当时全国日出四大张以上，发行数在十万份以上的日报有《申报》《新闻报》，发行量为15万份；日出三大张，发行数在五万份以上的日报有《时事新报》《大公报》《时报》《益世报》《午报》《公评报》《民国日报》《国华报》《中央日报》《广州民国日报》《庸报》《大中华报》等。由此可见，发行量较大的报纸中，民营报纸所占的比例较大。

从表5-10可以看出，1932年，全国日出一大张以上、发行数在5000份以上的日报合计32家，总发行量72.55万份。其中，民营报纸有18家，占56.25%，民营报纸发行总量为50.05万份，占68.99%。在全国日出一大张以上、发行数在5000份以上的日报中，政党报纸、宗教报纸等平均发行量为1.88万份，而民营报纸的平均发行量为 2.78 万份。影响较大的党政机关报的发行量在 1.5 万份左右，如国民党的《中央日报》，日发行量为 1.5 万份，《广州民国日报》日发行量为 1.5 万份。而影响力相对较小的党政机关报的日发行量在 1 万份以下，如《华北日报》的发行量为 6000 份，《杭州民国日报》的日发行量为 5000 份。在全国的主要日报中，民营报纸的平均发行量和发行总量均明显高于其他报纸，报纸的最大发行量更是远远高于政党报纸、宗教报纸以及其他类型的报纸，发行量排名前 4 名的报纸均为民营报纸。由此可见，民营报纸比其他报纸的发行经营成效要好得多。报纸发行是报业经营能否取得成功的基础，一些主要民营报纸在发行环节做足了功夫，为改善其经营绩效奠定了良好的基础。

表 5-10　　　　　　　1932 年全国主要日报发行情况

类型	日报名称	每日发行份数（份）	总发行地址
日出四大张以上、发行数在 10 万份以上的日报	申报	150000	上海
	新闻报	150000	上海
日出三大张以上、发行数在 5 万份以上的日报	时事新报	50000	上海
日出二大张以上、发行数在 1 万份以上的日报	大公报	35000	天津
	时报	35000	上海
	益世报	35000	天津
	午报	25000	天津
	公评报	20000	广州
	民国日报（已停刊）	20000	上海
	国华报	16000	广州
	中央日报	15000	南京
	广州民国日报	15000	广州
	庸报	15000	天津
	大中华报	12000	广州
	广州七十二行商报	10000	广州

续表

类型	日报名称	每日发行份数（份）	总发行地址
日出一大张以上、发行数在5000份以上的日报	益世报	9000	天津
	中国晚报	9000	上海
	新报	9000	天津
	商业日报	8700	北平
	世界日报	8500	北平
	北平全民报	8000	北平
	京报	7300	北平
	北平晨报	7000	北平
	华北新闻	7000	天津
	现象报	7000	广州
	武汉日报	7000	汉口
	汉口中西报	7000	汉口
	越华报	7000	广州
	华北日报	6000	北平
	共和报	5000	广州
	杭州民国日报	5000	杭州
	河南民报	5000	开封

注：上海于民国二十一年（1933年）新出《晨报》《民报》《大晚报》《中华日报》四种，日出均二大张以上。每日发出份数，内政部登记册未发表。

资料来源：《全国主要日报调查》，载张梓生、章倬汉《申报年鉴》，美华书馆1934年版，第1017—1019页。

  当然，对于各家民营报馆所公布的发行量，并不一定是准确的数字。"（这些报纸）不敢发表所印分（份）数的确数……因为估计常过于夸大。这样，销数常成为讳莫如深的极大秘密。"[①] 近现代的报刊领域，没有专门的公证机构负责报纸发行量的公正。现有的对报纸发行量的统计主要源于各家报纸公布的数据，或者当时的统计公报、政府机关发布的报告等。无论从何种途径获得的发行量数据，其最终的出处往往是报馆自身对外公布的数据。在激烈的报业竞争中，民营报

---

① 葛思恩：《报纸的销路》，《新闻学季刊》1947年第3卷第2期。

第五章　中国现代民营报业的经营绩效

纸都想扩大自身的影响力和竞争力，因而会出现夸大发行量的情况。甚至那些民营大报，也难免出现浮夸的情况。关于报纸发行量的统计，只能是一个相对的数据，很难找到准确的数据。即便是官方的统计数据，大多也是报馆经营者所报送，而报馆所报送的数据，可能有一定的水分。不过，即便是不太准确的发行数据，也能在一定程度上反映民营报纸的发行经营状况，有助于我们更全面地评估民营报纸的经营绩效。

在近现代报纸行业中，不同区域的报纸发行情况存在一定的差异，其中，民营报纸的发行量相对较大。即便是同一个区域，受政治、经济、战争格局等因素的影响，报纸的发行情况也存在较大的差异。据1936年的《冀察调查统计丛刊》的统计数据显示，1936年，在冀察平津地区报纸发行市场中，北平市和天津市的报纸出版种数稍多，北平有大报19家，天津有大报7家。北平市发行量最大的报纸为管翼贤创办的《实报》，每天发行8万份。其他发行量较大的如《北平晨报》《世界日报》《世界晚报》等，每天发行1.7万—2.7万份不等，参见表5-11。从表5-11可以看出，北平市的民营报纸发行经营呈现出两极分化的趋势，少数民营报纸的发行量较大，但是更多的民营小报发行量很小。所统计的44家报纸中，有1家报纸没有发行数据，其余的43家报纸平均每天发行9935.58份，只有13种报纸平均每天的发行量超过1万份，占报纸总数的30.23%，而这13家报纸的日发行总量占全市报纸日发行总量的69.80%。日均发行量在7000份以下的报纸有24家，占55.81%。由此可见，超过半数的报纸发行量较小，社会影响力不大，其经营盈利状况不容乐观。

据《冀察调查统计丛刊》的统计数据显示，1936年，天津市发行最大的报纸为新记《大公报》，每日发行量在7万份左右，在全国居于显著地位，其社会影响力和品牌竞争力均比较大，报馆的经营水平较高，经济实力较强。在天津发行的29种日报中，日发行量在1万以上的有10种，这10种报纸的发行总量占所有日报发行总量的比重为71.99%。其中，民营报纸的发行量较大，如《天津晨报》《天津午报》《天津晚报》《庸报社》等。天津的日报日均发行量为11018.97份，略

· 279 ·

高于北平市日报的日均发行量。① 从各地报纸发行量的数据来看，发行量较大的报纸以民营报纸为主，因为民营报纸定位于一般市民，其内容贴近市民生活，具有可读性，因而更容易销售。另外，民营报纸都重视发行工作，会采取各种途径增加发行量。

表5-11　　　　　　　北平市报纸发行概况一览（1936）

序号	报社名称	每日出报份数（份）	销行地域
1	十字日日新闻	600	各地红十字会
2	亚洲民报社	1000	全国
3	中和报社	5000	国内外
4	日知报社	1000	华北各省市
5	北平报社	2000	本市及河北省
6	北平商报社	3500	平津京河
7	北平晨报社	27200	国内外
8	北平益世报社	10000	国内外
9	北平新报社	7000	国内
10	全民报社	6200	华北及京汉
11	世界日报社	17000	华北、华南及国外
12	民国日报社	3500	国内
13	京报社	3000	国内
14	英文北平时事日报社	3500	国内外
15	法文北京报社	900	国内外
16	法文天津报社	—	国内外
17	华北日报社	6000	国内外
18	导报社	4500	国内
19	铁道时报社	1000	各道路及交通机关
20	小小日报社	8000	平津张保
21	大路报社	6000	平津
22	中报社	13000	本市山东冀察
23	公民报社	20000	华北

---

① 天津市日报发行数据根据《天津市报社概况一览》（刊载于《冀察调查统计丛刊》1936年第1卷第2期）的相关数据整理计算。

续表

序号	报社名称	每日出报份数（份）	销行地域
24	平报社	5000	平津
25	北方晚报社	830	本市
26	北平晚报社	6500	平津
27	北平白话报社	10000	平冀
28	立言报社	9000	平津京汉
29	民声报社	12000	国内
30	世界晚报社	17000	—
31	东方快报社	9000	国内外
32	星星日报社	1200	冀省
33	时言报社	28000	各省市
34	新兴报社	6000	平津及日本
35	新北平报社	37000	华北
36	群强报社	17000	平津保
37	现代日报社	10000	国内、本市
38	健报社	7000	本市
39	真报社	6500	本市
40	时事白话报社	8000	平津通保
41	实报社	80000	国内及日本
42	实权日报社	5000	国内
43	燕京新闻社	300	燕京大学校内
44	燕京时报社	2000	国内

资料来源：根据《北平市报社概况一览》（刊载于《冀察调查统计丛刊》1936年第1卷第2期）的相关数据整理。

二 民营报纸销售价格

民营报纸的销售渠道多种多样，包括零售、邮局邮寄、信局寄送、外包给报贩等，每种销售渠道的价格存在一定的差异。一般来说，民营报纸都会在第一版上刊登报纸的销售价格，了解报纸的销售价格有助于我们分析民营报纸的发行营销绩效。本书收集了《申报》《大公报》《新闻报》等报纸的售价情况，以便为我们分析民营报纸发行绩效提供参考。

1912—1926年,《申报》的零售价格基本没有什么变化,每天售价为大洋三分。1912年1月3日,《申报》在头版显著位置刊登《本馆定报价日》显示,"每份售大洋三分,中国境内,全年逐日寄大洋十二元,半年六元;日本全年十二元,半年六元;欧美各国全年十四元四角,半年七元二角"。当时,《申报》的发行量在7000份左右,如果按照定价计算,全年的售价为八万四千大洋。当然,这只是一个估算值,具体的报纸售价是比较复杂的,因为有零售、订阅、赠阅等差异,报纸售价总额难以准确计算。《申报》的零售价格一直比较稳定,到1926年,该报的零售价格仍然为大洋三分。这期间,该报出版的张数会有浮动,尤其是节假日、重大事件发生的时候,报纸出版的张数会大幅增加,不过,报纸的零售价格始终保持不变。《申报》的外埠订阅价格呈增长态势,尤其是欧美各国的订阅价格,1912年,半年价格为7元2角,全年14元;1915年,半年价格为10元8角,全年21元6角;1923年,半年价格为16元2角,全年价格为32元4角。基本上每隔几年,外埠报纸的订阅价格就会有所增加。订阅价格之所以增加,主要原因是邮寄费用增加,报纸售卖价格基本上没有什么变化,参见表5-12。

表5-12　　　　　　《申报》历年售价(1912—1937)

年份	零售每份价格	订阅价格
1912	大洋三分	中国境内,全年逐日寄大洋十二元,半年六元,日本全年十二元,半年六元,欧美各国全年十四元,半年七元二角,报资先惠,邮票不收
1913	大洋三分	中国境内,全年逐日寄大洋十二元,半年六元,日本全年十二元,半年六元,欧美各国全年十四元,半年七元二角,报资先惠,邮票不收
1914	大洋三分	中国境内,全年逐日寄大洋十二元,半年六元,日本全年十二元,半年六元,欧美各国全年十四元,半年七元二角,报资先惠,邮票不收
1915	大洋三分	中国境内,全年逐日寄大洋十二元,半年六元,日本全年十二元,半年六元,欧美各国全年十八元,半年九元。由西比利亚寄全年二十一元六角,半年十元八角。报资先惠,邮票不收

第五章　中国现代民营报业的经营绩效

续表

年份	零售每份价格	订阅价格
1916	大洋三分	中国境内，全年逐日寄大洋十二元，半年六元，日本全年十二元，半年六元，欧美各国全年十八元，半年九元。由西比利亚寄全年二十一元六角，半年十元八角。报资先惠，邮票不收
1917	大洋三分	中国境内，全年逐日寄大洋十二元，半年六元，日本全年十二元，半年六元，欧美各国全年二十五元二角，半年十二元六角，报资先惠，邮票不收
1918	大洋三分	中国境内，全年逐日寄大洋十二元，半年六元，日本全年十二元，半年六元，欧美各国全年二十五元二角，半年十二元六角，报资先惠，邮票不收
1919	大洋三分	中国及日本境内逐日寄洋一元，三个月起每三个月洋三元，每六个月洋六元，全年洋十二元，欧美各国全年洋二十五元二角，半年洋十二元六角，报资先惠，邮票不收
1920	大洋三分	中国及日本境内逐日寄洋一元，三个月起每三个月洋三元，每六个月洋六元，全年洋十二元，欧美各国全年洋二十五元二角，半年洋十二元六角，报资先惠，邮票不收
1921	大洋三分	中国及日本境内逐日寄洋一元一角，每三个月洋三元二角，每六个月洋六元三角，全年洋十二元，欧美各国每月洋二元三角，每三个月洋六元七角五分，每六个月洋十三元，全年洋二十五元二角，报资先惠，邮票不收
1922	大洋三分	中国及日本境内逐日寄洋一元一角，每三个月洋三元二角，每六个月洋六元三角，全年洋十二元，欧美各国每月洋二元三角，每三个月洋六元七角五分，每六个月洋十三元，全年洋二十五元二角，报资先惠，邮票不收
1923	大洋三分	中国及日本每月洋一元一角，每三个月洋三元二角，每六个月洋六元三角，全年洋十二元，欧美各国每月洋二元七角，每三个月洋八元一角，每六个月洋十六元二角，全年洋三十二元四角
1924	大洋三分	中国及日本每月洋一元一角，每三个月洋三元二角，每六个月洋六元三角，全年洋十二元，欧美各国每月洋二元七角，每三个月洋八元一角，每六个月洋十六元二角，全年洋三十二元四角
1925	大洋三分	中国及日本每月洋一元一角，每三个月洋三元二角，每六个月洋六元三角，全年洋十二元，欧美各国每月洋二元七角，每三个月洋八元一角，每六个月洋十六元二角，全年洋三十二元四角
1926	大洋三分	中国及日本每月洋一元一角，每三个月洋三元二角，每六个月洋六元三角，全年洋十二元，欧美各国每月洋二元七角，每三个月洋八元一角，每六个月洋十六元二角，全年洋三十二元四角

续表

年份	零售每份价格	订阅价格
1927	大洋四分	中国及日本每月洋一元二角,每三个月洋三元四角,每六个月洋六元六角,全年洋十二元八角,欧美各国每月洋二元七角,每三个月洋八元一角,每六个月洋十六元二角,全年洋三十二元四角
1928	大洋四分	中国及日本每月洋一元二角,每三个月洋三元四角,每六个月洋六元六角,全年洋十二元八角,欧美各国每月洋二元七角,每三个月洋八元一角,每六个月洋十六元二角,全年洋三十二元四角
1929	大洋四分	中国及日本每月洋一元二角,每三个月洋三元四角,每六个月洋六元六角,全年洋十二元八角,欧美各国每月洋二元七角,每三个月洋八元一角,每六个月洋十六元二角,全年洋三十二元四角
1930	大洋四分	—
1931	大洋四分五厘	—
1932	大洋四分五厘	—
1933	大洋四分五厘	—
1934	大洋四分五厘	—
1935	大洋四分五厘	—
1936	国币四分五厘	—
1937	国币四分五厘	—

资料来源:根据历年《申报》报头下方所刊登的售价说明整理。

注:每天报纸出版的张数不同,但是零售价格不变,同一年度中,本埠和外埠的长期订阅价格基本保持不变。

表5-13　　新记《大公报》售价情况(1926—1937)

年份	本埠	外埠日本	其余国家或地区
1926	每日两大张售铜元八枚,全月大洋七角	一个月,大洋九角;三个月,大洋二元五角;半年,大洋四元八角;全年,大洋九元	外蒙外国:一个月,大洋一元五角;三个月,大洋四元二角;半年大洋八元;全年大洋十五元
1927	每日两大张售铜元八枚;一个月,大洋七角;半年,大洋三元八角;全年,大洋七元	一个月,大洋九角;半年,大洋四元八角;全年,大洋九元	外蒙外国:一个月,大洋一元五角;三个月,大洋四元二角;半年大洋八元;全年大洋十五元
1928	三大张售大洋四分,一月大洋一元,半年大洋五元五角,全年大洋十元	外埠及日本另加邮费,一月三角,半年一元八角,全年三元六角	欧美各国另加邮费,每月一元二角,半年七元二角,全年十四元四角
1929	三大张售大洋三分六厘,一月大洋一元,半年大洋五元五角,全年大洋十元	外埠及日本另加邮费,一月三角,半年一元八角,全年三元六角	欧美各国另加邮费,每月一元二角,半年七元二角,全年十四元四角

续表

年份	本埠	外埠日本	其余国家或地区
1930	四大张售大洋四分，一月大洋一元，半年大洋五元五角，全年大洋十元	外埠及日本另加邮费，一月三角，半年一元八角，全年三元六角	欧美各国另加邮费，每月一元二角，半年七元二角，全年十四元四角
1931	三大张零售每份大洋四分，一月大洋一元，半年大洋五元五角，全年大洋十元	外埠及日本另加邮费，一月三角，半年一元八角，全年三元六角	欧美各国另加邮费，每月一元八角，半年十元八角，全年二十一元六角
1932	两张半零售每份大洋四分，一月大洋一元，半年大洋五元五角，全年大洋十元	外埠及日本另加邮费，一月三角，半年一元八角，全年三元六角	欧美各国另加邮费，每月三元，半年十八元，全年三十六元
1933	两张半零售每份大洋四分，一月大洋一元，半年大洋五元五角，全年大洋十元	外埠及日本另加邮费，一月三角，半年一元八角，全年三元六角	欧美各国另加邮费，每月三元，半年十八元，全年三十六元
1934	三大张零售每份大洋四分，一月大洋一元，半年大洋五元五角，全年大洋十元	外埠及日本另加邮费，一月三角，半年一元八角，全年三元六角	欧美各国另加邮费，每月三元，半年十八元，全年三十六元
1935	三大张零售每份大洋四分，一月大洋一元，半年大洋五元五角，全年大洋十元	外埠及日本另加邮费，一月三角，半年一元八角，全年三元六角	欧美各国另加邮费，每月三元，半年十八元，全年三十六元角
1936	两张半零售每份大洋四分，一月大洋一元，半年大洋五元五角，全年大洋十元	外埠及日本另加邮费，一月三角，半年一元八角，全年三元六角	欧美各国另加邮费，每月三元，半年十八元，全年三十六元
1937	三大张售洋四分，一月大洋一元，一月国币一元，半年五元五角，全年十元，邮票代款九五实收，批销章程函索即寄	外埠及日本另加邮费，每月三角	欧美各国另加邮费，每月二元四角；香港澳门每日四分，挂号九分，快递一角三分，航空三角一分五

注：每天报纸出版的张数不同，但是零售价格不变，同一年度中，本埠和外埠的长期订阅价格基本保持不变。

资料来源：根据历年《大公报》报头下方所刊登的售价说明整理。

1926年9月，新记公司接办《大公报》，其售价情况如表5-13所示。从表5-13可以看出，《大公报》售价变化较大，由于该报只有两大张，其售价比《申报》稍微便宜一些。该报在报头处注明："凡订阅本报者概收现洋，若以邮票代洋，按九五扣，报费先惠。"①1926年9月，该报每日两大张，零售价格为铜元8枚，每月大洋7角。外埠的售价根据距离的远近有一定的差异，其中，日本半年4元8角，全年大洋9元；其余国家或地区半年大洋8元，全年大洋15元。此后的几年里，外埠的售价有所降低。到了1931年，外埠的售卖价格明显增加了，半年价格为10元8角，全年价格为21元6角。报纸会采取一些方式优惠读者，比如，报纸经常出增刊一张，但是并不增加报价。

不同的报纸价格会有一定的波动。民国之初，《新闻报》的售价低于《申报》；到了1935年前后，《新闻报》的售价高于《申报》。由于各家报纸的张数不同，售价也有差异，比如，《申报》《新闻报》的张数明显多于《大公报》，其零售价格也高于《大公报》。其中，《新闻报》与新记《大公报》相关每份的售价参见表5-13和表5-14。另外，物价上涨也会对报纸售价产生一定程度的影响，尤其是报纸印刷所需的耗材，如纸张、油墨等耗材的价格调整对报纸的价格产生直接的影响。因此，报纸的售卖价格相对稳定，只有在物价波动的时候报纸的价格，才会出现明显的动态变化。1931年2月20日，《新闻报》刊登的"本报增加售价启事"提出，因为"金贵银贱纸价飞涨"，所以增加报价，从1931年2月16日起，《新闻报》售价由原来的每份大洋四分增加到每份大洋四分五厘。1937年，《大公报》（上海版）刊登了报纸的价格。抗日战争结束后，物价飞涨，报纸也不断提高价格。天津市报纸价格不断调整，1947年9月，对开报纸每份法币1000元，11月，对开报纸每份法币2000元；1948年3月，对开报纸每份法币6000元，从1948年3月16日起，该市报纸售价改为对开报纸每份1万元。

---

① 《大公报》1926年9月1日。

表 5-14　　　　　　　　　《新闻报》售价情况

年份	中国境内暨日本朝鲜各埠	欧美各国暨新疆库伦香港蒙古海参崴及南洋群岛
1928	每月一元一角,单挂号每月另加一元五角,快邮每月另加三元	每月二元七角,单挂号每月另加三元,快邮每月另加六元
1930	每月一元一角,单挂号每月另加一元八角,快邮每月另加三元六角	每月二元七角,单挂号每月另加四元五角
1934	中国境内暨日本朝鲜台湾及日本租界地,每月一元三角五分,单挂号每月另加二元四角,快邮每月另加三元六角;香港澳门,每月三元	欧美各国暨新疆库伦海参崴蒙古及南洋群岛,每月五元七角,单挂号每月另加起源六角
1935	中国境内暨日本朝鲜台湾及日本租界地,每月一元三角五分;香港澳门,每月三元	每月五元七角

注:每天报纸出版的张数不同,但是零售价格不变,同一年度中,本埠和外埠的长期订阅价格基本保持不变。

资料来源:根据历年《新闻报》报头下方所刊登的售价说明整理。

与全国性知名的民营大报相比,区域性民营报纸的销售情况往往不太好,尤其是那些不知名的民营小报,其版面少,广告盈利少,因而报纸销售价格并不便宜,发行数量很难提升。各个地区的报纸售价存在一定的差异,其原因是多方面的,如报纸的影响力大小、各个地区的经济发展状况、物价水平等因素,都会在一定程度上影响报纸的售价。由表5-15可以看出,1934年,江苏、浙江、安徽、江西、湖北等省份的报纸售价各不相同,同一省份不同城市的报纸售价也有一定的差异。

表 5-15　　　　　1934 年苏浙皖赣鄂五省部分报纸售价

序号	省份	报纸名称	刊期	每份张数	报纸大小	每份定价
1	江苏省	《徐报》	日刊	二张	对开纸	2 分 5 厘
2	江苏省	《南通报》	日刊	一张	四开纸	2 分
3	江苏省	《人报》	日刊	一张半	对开纸	2 分 5 厘
4	江苏省	《镇江商报》	日刊	一张	四开纸	1 分
5	江苏省	《明报》	日刊	一张	四开纸	1 分
6	江苏省	《新扬报》	日刊	一张	对开纸	2 分
7	浙江省	《浙江商报》	日刊	三张	对开纸	3 分 5 厘

续表

序号	省份	报纸名称	刊期	每份张数	报纸大小	每份定价
8	浙江省	《宁波商报》	日刊	二张半	对开纸	3分
9	浙江省	《硖石晨报》	日刊	一张	四开纸	1分
10	浙江省	《新湖报》	日刊	一张	对开纸	2分
11	浙江省	《绍兴商报》	日刊	二张半	对开纸	3分
12	浙江省	《时事公报》	日刊	三张	对开纸	3分
13	安徽省	《新皖铎报》	日刊	二张	对开纸	2分5厘
14	安徽省	《安徽商报》	日刊	一张	对开纸	2分
15	安徽省	《皖北时报》	日刊	一张	对开纸	1分6厘
16	安徽省	《安庆晚报》	日刊	一张	四开纸	2分
17	安徽省	《皖报》	日刊	二张半	四开纸	每月9角
18	安徽省	《玲珑小报》	三日刊	一张	八开纸	3分
19	江西省	《丰城剑锋报》	三日刊	一张	四开纸	每月2角5分
20	江西省	《九江时事日报》	日刊	一张	四开纸	每月5角
21	湖北省	《荆沙日报》	日刊	一张	四开纸	铜元十枚

资料来源：《苏浙皖赣鄂五省报纸调查》，《报学季刊》1935年第1卷第2期。

20世纪二三十年代，普通公众的消费能力有限，很难拿出费用来购买报纸，这是报纸发行量普遍较低的主要原因，也是报纸大众化难以真正实现的重要原因之一。不少民营报纸采取低价营销的办法，力图扩大报纸的销售量，通过广告经营来弥补发行上的亏损。不过，报纸的发行还是受到经济条件、消费习惯和文化水平等因素的影响，发行量难以大幅度提升。民众"本来不大喜欢购买报纸，若是报价太贵，益发没有人购买了"。[①] 由此可见，当时的民营报纸基本上不靠发行盈利。

三 民营报纸发行收入

从报纸经营的角度来说，民营报纸发行量较小，不利于扩大报纸的影响，很难打开广告市场，不可能获得好的经营绩效。因此，民营报纸的老板们拼命扩大报纸的发行量，以吸引广告客户，从而获取利润。当然，单纯从发行的角度来看，绝大多数民营报纸遵循这个规律：

---

① 吴成：《非常时期之报纸》，中华书局1937年版，第25页。

发行量越大，亏损越多。因为"报纸之售价均在其成本以下，故在其发行本身言之，销数愈多，蚀本愈巨。"① 以《申报》为例，该报在1935年的成本为4分左右。报纸在上海本埠的批发价为2分2厘，在外埠的批发价为2分7厘。也就是说，在上海每出售一份报纸，报馆亏损1分8厘，在外地每出售一份报纸，报馆亏损1分3厘。

《新闻报》的发行经营与《申报》差不多，按照汪汉溪的计算，1923年，《新闻报》每份售价大洋3分6厘，实际上批发给报贩每份小洋2分2厘。折算成大洋不到1分8厘。假设每份报纸5张，纸张的价格需要3分多，邮局收费1分多。外埠批发均以大洋计算，这样下来，每发行一份报纸就亏损2分多。② 《申报》每天的版面为8—10张，加上油墨、人工成本等，一份报纸总成本大概要1角多。③ 由此可见，当时《申报》《新闻报》的发行并不能帮助报馆获利。相反，发行量越大，报纸亏得越多。另据徐铸成回忆，一张对开的白报纸为7厘到1分钱，以每天出报3张来计算，成本为2分1厘到3分之间。《申报》和《新闻报》除了正常出刊外，还有本埠增刊，每天大概8—9张，节假日为10张。每份报纸定价3分6厘，按5—6折批发给报贩，每份实际收入为2分1厘左右。加上油墨和机器折旧等成本，"卖出一份报，就要亏损几厘到六七分，还不计房屋设备职工开支"。④

对于一些不善于经营的民营报纸而言，其亏损额可能更大。尽管如此，发行工作依然是民营报纸生存的根本，因为，报纸的发行做不好，其广告经营也是空中楼阁。当然，也有少数民营报纸的发行是赚钱的。比如，《世界日报》的报价一般要高于当时的纸价，其每份报纸可有盈余0.5分钱。1934年前后，《世界日报》的日发行量在1万份左右。这样算下来，报馆每天在发行上可以赚50元钱，一个月下来，合计赚1500元钱。如果发行量超过1万份，其每份报纸的盈余就更多，整个报馆在报纸发行上的收入就会明显增加，基本上能够维持

---

① 甘家馨：《中国各大报经营实况》，《苏衡》1936年第17—18期。
② 汪汉溪：《新闻事业困难之原因》，新闻报馆编印：《新闻报馆三十年纪念册》，1923年。
③ 王润泽、孟鹏：《中国报纸定价涨跌的历史轨迹》，《新闻与写作》2009年第2期。
④ 徐铸成：《报海旧闻》（修订版），生活·读书·新知三联书店2010年版，第252页。

报馆员工的薪资开支。①

对于一些实力相对较弱的民营报纸，其发行经营则不甚乐观。20世纪30年代初，在汉口经营的《大光报》属于小规模商业性质的民营报纸，每月发行收入1000元左右，加上广告2000多元的收入，该报总收入在4000元左右，除去报社开支，基本上入不敷出。相比较而言，这家民营报纸属于亏损较少的报纸。实际上，多数民营小报的经营异常惨淡，在民营大报、机关报、政党报纸以及报贩等竞争压力与排挤之下，生存空间较小，这也是民营小报寿命较短的重要原因。

徐旭对上海报摊销售情况的调查显示，10家报摊每天平均销售额为3元，上海当时有300家以上的报摊，每天销售小报和期刊的收入达1000元以上。其中，小报的销售收入在700元左右。② 当然，这只是一个估计的数据，并且不包含民营大报的销售收入。民营小报的销售价格随着物价的变化而变化，20世纪30年代初，民营小报的销售基本上入不敷出。"每一份小报的纸价即已需一个小铜元了，再加上印费，若按每份一个小铜元计算，（报纸的销售收入）根本不够纸钱。局外人都在羡慕新闻小报事业，却不道这是一种赔钱的买卖。"③ 因此，如果报纸的发行和广告经营效益不好，经营民营小报往往会亏本。一般来说，新创办的民营小报，由于发行不好，难以获得广告，大多数在创刊的一个月或者几个月内自行停刊。那些经营不好的报纸，往往"只消几个月，便会因赔累不堪不能赓续而终停刊，像这样报馆，一年中或为新出版或为复活，此起彼伏，不知有多少，寿命最短只刊行一月半月的"。④ 由此可见，大多数小报的发行量较小，经营状况较差，很难在市场中立足。

民营报纸的主要盈利渠道是刊登广告。相比较而言，发行收入在盈利结构中所占的比例极其有限，并且很多民营报纸的发行是亏本的。

---

① 张友鸾等：《世界日报兴衰史》，重庆出版社1982年版，第140页。
② 徐旭：《上海小报摊之调查》，《教育与民众》1934年第5卷第7期。
③ 《天津市的新闻纸　大小四十余种晚刊画刊具备　派报者十八处通讯社二十家　四开纸小报刊发状况与报贩生活的素描》，《大公报》1933年12月14日。
④ 《天津市的新闻纸　大小四十余种晚刊画刊具备　派报者十八处通讯社二十家　四开纸小报刊发状况与报贩生活的素描（续）》，《大公报》1933年12月15日。

20世纪30年代，民营报纸发行收入在总收入中所占的比重大概为四分之一，而广告收入在总收入中所占的比重大概为四分之三。由此可见，发行收入并不是民营报纸的主要收入来源。但是，发行的意义远非发行收入能够体现的。民营报馆依靠发行带动广告，依靠广告养活报馆，这是其生存之道，发行与广告两者必须并驾齐驱。

当然，根据各家报纸的具体情况的不同，发行与广告所占的比例有一定的差异。除此之外，有些民营报纸还依靠津贴和政府的纸张供应获取利益。不同类型的报纸，收入来源也不尽相同。一些具有商业性质的民营报纸，其"发行收入占四分之一，广告收入占四分之三"。[①]与德国、英国相比，中国报纸对广告的依赖程度更高。表5-16的数据显示，德国、英国和中国的报纸收入中，发行收入所占的比例分别为35.90%、29.50%和25.00%。由此可见，德国、英国、中国三国的报纸都存在对广告的依赖现象，不过，中国报纸对广告的依赖程度更高。从盈利结构来看，报纸的盈利渠道非常单一，广告占据75%的比例。这样，报纸的经营风险就比较大，因为过分依赖一种渠道，就存在单点支撑的缺陷，一旦这一个盈利渠道出现问题，就会导致报馆陷入危机。

表5-16　　　　　　　德国、英国、中国三国报纸收入结构　　　　　　单位：%

收入项	德国	英国	中国
发行	35.90	29.50	25.00
广告	64.50	70.50	75.00

资料来源：根据魏九如论文整理所得。参见魏九如《新闻纸发行论》（上），《上海记者》1944年第2卷第5—6期。

民营报纸的发行与广告之间存在紧密的关系，两者不可偏废。"广告之能得巨大刊费，须有多数之广告，广告欲得多，须报纸销路广。故业新闻者，以经营新闻之策略，宁愿牺牲发行上之损失，取得多数读者，以求广告之增加。"[②] 民营报纸并不是靠发行赚钱，而是靠发行拓展读者市场，靠读者市场吸引广告客户，靠广告费获取利润。

---

① 魏九如：《新闻纸发行论》（上），《上海记者》1944年第2卷第5—6期。
② 郑瑞梅：《报纸营业之方针》，《新闻学期刊》1934年，无刊期。

这种盈利模式在中国持续了上百年时间,尽管有些报纸做了一些改进,但是,报纸在多元化盈利方面依然没有多少进展。

第二节 民营报业的广告经营绩效

民营报纸的广告与发行经营之间存在紧密的联系,往往表现出明显的正相关性。有学者曾经将报纸的发行比喻为"牛鼻子",广告则为牛的身体,只要抓住牛鼻子,牛就会很顺从地跟着走。[1] 因此,一些办得很成功的民营报纸,不会放弃发行营销,一味地拉广告,而是以发行带动广告,让发行与广告两个轮子一起转。除了部分政治功能、传教功能等较强的报纸外,多数民营报纸比较重视广告经营。如果论及盈利,民营大报多依靠广告盈利,而发行的价格尽量压低,以扩大读者群。"一报之经济状况,自以广告收入之多寡为断。一般发行,报费大率以低廉为原则,以适应读者群之经济环境。"[2] 政党报纸、宗教报纸等有其特定的传播功能,由相应的组织委托报馆来经营报纸,并为报馆的日常运营提供相应的经费。因此,这些报纸不会因为没有广告而无法生存。民营报纸则没有这样稳定的经费来源,主要靠报纸的发行与广告经营来维持运营,尤其以广告经营的贡献最大。20世纪20年代以后,民营报纸通过多种途径提升广告制作水平。具体来讲,一是广告由通告式转向推销式;二是广告的呈现方式由过去的依靠大字转变为利用美术。[3] 普通民众对于广告的认知有一个过程,企业对于刊登广告同样有一个认知的过程。晚清时期,一般的企业对于广告的效果没有多少认识,较少在报纸上刊登广告,"今则渐知广告效力之宏大,已逐渐改为'如何登载广告'了"。[4] 正是由于企业和普通民众对于广告呈现方式和社会功能的认知更加全面,民营报

---

[1] 汪仲韦(徐耻痕整理):《我与〈新闻报〉的关系》,《新闻研究资料》1982年第2期。
[2] 周钦岳:《广告与发行》,《中国新闻学会年刊》1942年第1期。
[3] 陆梅僧:《中国报纸的广告》,《报学季刊》1934年创刊号。
[4] 陆梅僧:《中国报纸的广告》,《报学季刊》1934年创刊号。

纸才更加重视广告经营，几者的良性互动推动了民营报纸广告经营绩效的提升。

民营报纸刊登广告的价格与报纸发行量的大小存在密切的关系，那些发行量较大的民营报纸所收取的广告费明显较高，而发行量较小的民营报纸广告费很低，甚至很难招揽广告。每一份报纸，根据版面的不同，广告费也有较大的差异。比如，刊登于报名旁边的广告、重要版面的广告、整版广告等，其费用较高；刊登于不太重要的位置上，其广告费用相对较低；广告的字体大小、字数多少、图片信息等，都会影响报纸广告的价格。每一家民营报纸都会有广告刊登的具体办法，有的通过广告刊例告知客户，有的则由广告掮客负责招揽广告。从报纸广告刊登的版面情况可以看出，利用报纸广告提升销售量的企业很多，在一定程度上提升了民营报纸的经营水平和经营绩效。

一 民营报纸的广告刊登情况

20世纪初，民营报纸的经营者通过各种渠道招揽广告，为广告预留充足的版面，广告的数量不断增多，广告设计的水平也逐渐提升，大大地提升了广告的经营绩效。为了分析民营报纸广告刊登的状况，我们以《申报》《新闻报》《大公报》3种报纸为个案，对几家报纸的广告刊登情况进行抽样分析。民营报纸发展最为繁荣的时期是1927—1937年，被称为"黄金十年"。在"黄金十年"之前，民营报纸发展的总体水平还不太高，报纸发行量和广告刊登数量相对较少，经营水平相对较低。1937年以后，全面抗战爆发，纸张供应减少，物价上涨，经济社会发展受到全面的影响，报纸经营遭受的打击异常明显。因此，"黄金十年"的民营报纸经营最能够代表中国现代的报业经营水平，本书选择这一时期最具竞争力的《申报》《新闻报》《大公报》作为个案，分析其广告刊登情况，以便为理解民营报纸广告经营绩效提供参考。本书采取等距离抽样的方法来确定分析对象，抽取每年第4月、8月、12月的报纸，每种报纸抽这几个月第二周周一、第四周周一的报纸。这样，共抽取《申报》《新闻报》各65天报纸，《大公报》62天报纸，相关数据参见表5-17、表5-18和表5-19。

1. 民营报纸广告版面情况

20 世纪 20 年代以后，不少民营报纸采取增版的方式提高广告刊登数量。如《申报》于 1924 年创办本埠增刊，主要刊登上海市的商店和戏院等方面的广告。《新闻报》也不甘落后，于 1926 年创办本埠附刊，刊登大量的分类广告、半版乃至整版广告。当然，各家报纸日常刊登的广告最能体现这些报纸的广告经营情况，从表 5-17、表 5-18 和表 5-19 的数据可以看出，1927—1937 年，《申报》《新闻报》《大公报》3 家民营报纸广告版面上呈现出如下特征。

第一，几家民营报纸广告刊登量普遍较大，广告经营日益繁荣。《申报》平均每期有 19 版，刊登 242.02 条广告，广告版面占报纸版面的比例为 55.95%；《新闻报》平均每期有 17.82 版，刊登 254.40 条广告，广告版面占报纸版面的比例为 59.69%；《大公报》平均每期有 12.71 版，刊登 168.61 条广告，广告版面占报纸版面的比例为 48.83%。由此可见，这 3 家民营报纸都非常重视广告经营，每天刊登大量广告，尤其是《新闻报》，最为重视广告经营，刊登的广告量最多，广告版所占的面积最大，接近 60%，最多的时候一天刊登 581 条广告。

第二，由于报纸的读者定位、功能定位等方面存在一定的差异，几家民营报纸在广告刊登上也存在差异。《申报》的广告量比《新闻报》稍微少一些，《大公报》的广告刊登量最少。不过，该报广告版面占整个报纸版面的比例也接近 50%，可见，尽管报纸广告经营是各家民营报纸都高度重视的经营环节，但是，《大公报》更加重视新闻报道的引导功能，广告量明显少于《新闻报》和《申报》。

第三，民营报纸广告版面安排上有一定的规律性。从民营报纸广告版面分布来说，多数民营大报第一版专门用来刊登广告，第二版广告约占 70% 以上。第三、四版基本是新闻，其余广告分插在经济新闻、体育新闻、文化新闻或者当地新闻中，当地新闻中广告版面占比最多，其次是经济新闻版面中广告的占比，再次为文化产品（如电影剧院）方面的广告，这方面的广告量也比较大。

第四，民营报纸比较重视广告设计和广告配图，提高了广告经营水平。1927—1937 年，《申报》平均每天为广告配图 45.09 幅，最多一天有93幅广告图片;《新闻报》平均每天为广告配图25.40幅,最多一天有82幅广告图片;《大公报》平均每天为广告配图26.34幅,最多一天有43幅广告图片。由此可见,各家民营报纸都会通过各种方式提高广告的吸引力,有助于优化广告的传播效果,提升民营报业的经营绩效。

表5-17　　　　　　《申报》广告刊登情况（1927—1937）

报纸名称	报纸版数（版）	配图（幅）	广告数量（条）	广告版所占的比例（%）	最大幅广告占整版的比例（%）
均值	19.00	45.09	242.02	55.95	63.46
最大值	30	93	445	73	100
最小值	4	2	77	39	10

资料来源：根据《申报》（1927—1937）抽样统计所得。

表5-18　　　　　　《新闻报》广告刊登情况（1927—1937）

报纸名称	报纸版数（版）	配图（幅）	广告数量（条）	广告版所占的比例（%）	最大幅广告占整版的比例（%）
均值	17.82	35.40	254.40	59.69	91.43
最大值	32	82	581	80	100
最小值	4	2	68	40	25

资料来源：根据《新闻报》（1927—1937）抽样统计所得。

表5-19　　　　　　《大公报》广告刊登情况（1927—1937）

报纸名称	报纸版数（版）	配图（幅）	广告数量（条）	广告版所占的比例（%）	最大幅广告占整版的比例（%）
均值	12.71	26.34	168.61	48.83	31.21
最大值	16	43	238	70	100
最小值	8	4	46	35	10

资料来源：根据《大公报》（1927—1937）抽样统计所得。

20世纪20年代以后,一些民营大报的广告客户数量较多,刊登的广告量也相对较多。很多报纸的广告所占的版面已经超过新闻的版面。即便是与世界发达国家的报纸相比,中国民营大报的广告刊登量也丝毫不逊色。刘汉兴（1940）在世界报展期间,对当时中国、美国、日本、苏联等国报纸的广告面积做了统计,参见表5-20。从表5-20可以看出,《申报》每天的报纸版面总面积为3780平方吋,而广告面积为2699平方吋,占整份报纸面积的75%。无论从广告的实际面积,还是广告面积所占比例方面来看,《申报》均明显高于当时其他国家的报纸。只有日本的大阪《朝日新闻》和大阪《每日新闻》两家报纸的广告刊登面积所占的比例较高,但是,这两家报纸的广告面积占比依然比《申报》低20%以上。上海的另一家民营大报《新闻报》的广告刊登情况与《申报》不相上下,其他民营大报的广告刊登量也比较大。由此可见,中国民营报纸的广告刊登量还是很可观的。

表5-20　　　　　　　　各国报纸广告面积比较表

报纸名称	报纸总面积（平方吋）	广告面积（平方吋）	百分比（%）	最大（平方吋）	最小（平方吋）	销数（份）
申报（中）	3780	2699	75	315	20	150000
大阪朝日新闻	3780	2092.5	55	315	45	11500000
大阪每日新闻	3780	2040	54	157.5	45	—
巴黎晨报（Le Matin）	3410	186	24	86.25	—	—
纽约泰晤士报（N. Y. Times）	11424	3578	31	336	8	—
伦敦泰晤士报（London Times）	7480	1811.5	24	77	27.5	—
每日快报（Daily Express）	5456	792	14	341	40.5	460000
真理报（Prawada）	2400	25	1	—	—	—
人民观察报（Volkischer Beobachter）	15476	7816	50	288	21	—

附注：A. 取材以各国最著名或销数最多之报纸为标准；
B. 单位以平方吋为标准。
资料来源：刘汉兴：《各国报纸广告的比较》,《新闻学季刊》1940年第2期。

民营大报的广告在整个报纸版面中所占的比例较大,这主要是因为此类报纸的影响力较大,能够招揽到更多的广告。民营大报将主要的版面都安排给了广告,对新闻内容也产生一定的冲击,广告的版面远远超过新闻的版面,以至于"消息及言论的文字,只能很费力地在广告堆里去寻"。① 民营报纸注重广告经营是正常的事情，但是，如果过于看重广告而忽视新闻本身的内容，就会引起读者的不满。一些民营大报的广告客户较多，报纸上充斥着广告，读者也因此生厌。《新闻报》刊登的广告面积几乎占整个报纸面积的 70% 左右，以至于有人评价："偏偏名称倒是《新闻报》，毫无腾挪余地，可是买报的人究竟是要看新闻呢？还是要看广告？"②

1946 年，有人对《新闻报》八个版面的文字面积做了统计，并计算出文字面积占整个版面的比例。数据显示，《新闻报》第一版的文字所占的面积较多，达到 56.3%，第四版的文字面积次之，达到 48%。其余的版面中，文字所占的面积均为 26.6%，而总体来看，文字占版面面积的比例为 29.7%，因而，广告占整个版面的比例为 70.3%。由此可见，当时《新闻报》的版面中，新闻所占有的面积被极度压缩，所占的比例不超过三分之一，而广告所占的面积则超过了三分之二，参见表 5-21。20 世纪 30 年代，《世界日报》处于鼎盛时期，该报已经不需要派人到处招揽广告，因为该报已经拥有较大的影响力，很多广告客户主动上门洽谈广告业务。1934 年，《世界日报》每天出 4 大张，合计 12 版，广告所占的面积超过 50%。从报纸刊登广告的情况来看，当时的广告需求量比较大，企业对于刊登广告有较好的认知，愿意通过刊登广告增加收益，这是民营报纸广告经营业务较好的重要原因之一。

表 5-21　　《新闻报》新闻和广告面积占比情况（1946）

版面	文字所占面积（平方吋）	占全版的比例（%）	广告占全版的比例（%）
第一版	169	56.3	43.7
第二版	80	26.6	73.4
第三版	80	26.6	73.4
第四版	144	48	52
第五版	—	—	—

---

① 《新闻报乎？广告报乎？》，《大光明》1946 年第 8 期。
② 《新闻报乎？广告报乎？》，《大光明》1946 年第 8 期。

续表

版面	文字所占面积（平方吋）	占全版的比例（%）	广告占全版的比例（%）
第六版	80	26.6	73.4
第七版	80	26.6	73.4
第八版	80	26.6	73.4
共计	713	29.7	70.3

资料来源：根据《新闻报乎？广告报乎？》（刊载于《大光明》1946年第8期）的相关数据整理计算所得。

与民营大报相比，民营小报的广告客户数量较少，其广告在报纸版面中所占的比例也相对较少。刘汉兴（1940）的统计显示，《新民报》《朝报》的广告在报纸版面中所占的比例分别为45%和53%，属于广告量比较大的民营报纸。相比较而言，带有军方色彩的《前线日报》以及其他类型的小报《正报》《老百姓》的广告量明显要少得多，其广告版面在整个报纸版面中的占比在11%以下，参见表5-22。可见，小型报在广告招揽方面比较困难，不仅如此，一些小型报的广告版面价格低廉，因而小型报盈利空间较小，只有少数报纸能够通过广告盈利，这是很多小报生命周期较短的重要原因。当然，一些非民营的报纸并不依靠广告维持生存，因而，广告数量和广告经营额相对较少。

表5-22　　　　　　　　　　小型报纸版面安排比较

类别	新民报	朝报	正报	前线日报	老百姓
社评	3.2%	3.2%	4.0%	4.0%	13.0%
小评	—	—	—	1.0%	—
国际新闻	13.0%	13.0%	24.0%	18.0%	—
国内新闻	18.0%	18.0%	34.0%	0.18%	8.0%
地方新闻	11.0%	11.0%	8.0%	20.0%	12.0%
转载	—	—	3.0%	17.0%	15.0%
特载	—	—	—	—	8.0%（服务7.0%）
副刊	8.0%	13.0%	12.0%	—	—
广告	45.0%	53.0%	11.0%	11.0%	1.0%
总面积	100%（504）	100%（504）	—	—	100%

资料来源：刘汉兴：《小型报纸的检讨》，《新闻学季刊》1940年第3期。

2. 民营报纸的广告主分布

从广告主的情况来看，民国初期，民营报纸的广告版面相对较少，并且单个广告所占的面积较小。究其原因，主要在于广告主实力较弱，广告比较分散。看起来报纸广告很热闹，实际上，报馆所获得的广告费是有限的。到了20世纪20年代末，随着经济发展水平的提升以及企业营销意识的加强，民营报纸广告主的实力越来越大，大篇幅广告的数量越来越多，甚至不少民营报纸刊登大量的整版广告。另外，外国广告主的数量逐渐增加，并且发生了一些变化。例如，20世纪20年代末，《大公报》的外商广告占30%左右的比例。其中，日商广告所占的比例最大，主要包括日本铁道株式会社、三井洋行、三菱汽车公司以及国外医院等，后来其他国家的广告主逐渐增多，包括美国的工业（汽车）、商业（银行和彩票为主要体现形式）企业、英国的商业、工业企业、德国的工业广告（工业材料和产品）、印度的布匹广告等。由于社会的动荡和外国企业的入驻，后期出现了不少外语培训班以及外语书目广告，以日语和英语居多。1925年以前，外国广告占整个报纸的面积达60%—70%。到了1927年之后，国货运动渐渐兴起，各家民营报纸大量刊登国货广告，正好顺应了当时国内民族资产阶级发展的浪潮。1929年7月，南京国民政府审议通过了关于免收国货广告税的提案，并且将"加重非国货广告税，以资提倡国货"。[①] 由此可见，民营报纸的广告主出现大规模的变化，与当时政府的引导有一定的关系。

分类广告的广告主一般是实力较弱、影响力较小的企业主。20世纪20年代以后，不少民营报纸为这些小广告主提供了刊登广告的机会，比如，《晨报》在1921年就开设了分类广告，主要刊登关于拍卖、招租、声明等方面的信息，刊登费用较低，刊登者多，信息量大，也有助于提升报纸的收益。《新闻报》较早设立了分类广告，不过该报不太重视分类广告，因为那些大多是小广告主刊登的广告，价格较低，该报将其安排在报纸最不显眼的地方，主要集中于底版。张竹平了解到这一情况，就在《申报》上为这些小广告主留下版面，并于

---

① 《工财内三部审核免征国货广告税办法》，《工商半月刊》1929年第1卷第20期。

1924年专门设立了分类广告版面。这样，不同的广告客户都能够找到合适的报纸来刊登广告。上述可见，中国现代民营报纸的广告主呈现如下的变化趋势：一是早期的外国广告主较多，后来转变为国货广告主为主；二是早期的广告主实力较弱，所刊登的广告篇幅较小，后来一些实力较大的广告主热衷于刊登半版或者全版的广告，提升了广告的视觉冲击力，在一定程度上推动了民营报纸广告的繁荣，提高了报纸广告的经营绩效；三是各家报纸的分类广告逐步增多，也提升了民营报纸的广告经营绩效。

3. 民营报纸广告涉及的领域

从广告内容来讲，中国现代民营报纸广告内容涉及面很宽，医药、教育、工业、商业等各个领域的广告都经常出现在民营报纸上，尤其是医药广告、商业广告、工业广告、文娱广告等，充斥着报纸。比如，1928年，《大公报》开始出现全版的电影广告，并且广告形式多样，电影明星的广告异彩纷呈。除娱乐广告外，招生广告在每年的七八月也很多，基本上是文字广告。在后期出现了胶片广告和唱片广告等，以柯达公司为主，另外回力球赛也成为人们生活中重要的文化活动。在1930年以后，书籍广告也开始增多。医药广告集中体现在医治肺部的广告和保健品的广告方面，在后期，戒烟、戒毒药品成为广告中每日主打产品，医药广告主要受众集中于男人和小孩，女性药品广告也时常出现，主要集中为调经和治疗头疼的阿司匹林的广告。生活用品广告体现出多样繁杂的特点，主要用品有日化产品——集中为牙膏、香皂、花露水等。除此之外，生活中的服饰和绸缎占了广告的很大部分，尤以中原公司的广告最为突出。在20世纪30年代，洋服、旗袍等深受人们的喜爱，这方面的广告较多。

工业广告的广告主以政府国有企业和大型民营企业为主，比如铁路广告、招标招商债券广告等。民营企业的广告包括国内和国外的，国内的以工业材料为主，如油漆煤炭等；国外的以工业产品为主，比如汽车、打字机、家居用品等。商业广告最初以银行、招租、地皮出售等为主，后来出现了保险产品广告。1930年储蓄会开始打广告，出现债券彩票等新的广告形式。

二 民营报纸的广告收入状况

报纸的广告收入是报馆的商业秘密，一般不对外公布。并且，报馆对报纸广告数据的统计往往缺乏连续性，现有的资料记载相对较少，为研究民营报业广告经营带来不便。我们搜集了部分民营报纸广告经营刊例价、广告盈利等方面的数据，为分析民营报纸广告收入状况提供一定的参考。

1. 民营报纸广告经营刊例价

民营报纸一般会在报纸的显要位置刊登广告刊例价，为广告客户提供参考。如果民营报纸真的按照刊例价来收费，我们就可以通过广告刊例价大体上估算各家报纸广告的毛收入。不过，各家民营报纸在刊登广告的时候往往会根据情况给广告客户打折扣，并且，报馆还要给捐客、广告公司一定的折扣，因此，民营报纸的实际广告价格远远低于广告刊例价。民营大报的广告价格明显较高，随着物价上涨，民营报纸的广告刊例价也会大幅提升。本书拟分析《申报》《大公报》《新闻报》《世界日报》等报纸的广告刊例，以便为理解民营报纸广告盈利情况提供参考。

1912年1月9日，《申报》在显著位置刊登《告白刊例》："论前二行起码每行以第一版为准，第一日每行八角半，第二日起每行六角半，多则按行照算。后幅长行三行起码，短行五十字起码，多则以十字递加，第一日每字五币，第二日至第七日每字三币，第八日后每字二币半。"到了1918年4月30日，《申报》第一版报头下面所刊登的《本馆告白刊例》中详细说明了刊登广告的价格："论前二行起码第一日每行一元二角，第二日起每行七角五分，中缝价例同。后幅长行三行起码第一日每行四角半，第二日至第七日每行三角，第八日起每行二角五分。短行五十字起码，多则以十字递加，第一日每字六厘，第二日至第七日每字四厘，第八日后每字三厘。"1930年4月24日，《申报》第八版刊登《本馆广告处启事》，将广告分为特等、甲等、一等、二等几个类别。其中，特等广告包括报名之下的广告，二十六字高为一行，共二十一行，每天为洋十六元五角。

从1922年《大公报》刊登的《小广告刊例》可以看出，当时的小广告大体上分为六类：一是集会即公私团体成立解散及开会诸事；二是职业即有人图事或有事招人等项；三是房地即租买房地等；四是买卖各种商号、新货出售以及欲买卖何物等；五是各类声明；六是游艺凡剧场、电影院、各游园等。这些小广告的收费标准是，"以五号字三行为限，每行三十字，逾此按大广告价格计算；此项小广告只能登载三日逾此另议；此项小广告每行每日仅收大洋一角"。① 1937年1月12日，《大公报》的广告刊例价为"三方寸起码，每寸国币八角，前页加半倍"。②

1945年，通货膨胀之后，《大公报》的广告价格也随之上涨，广告分报头下、长行、中行、短行、分类五种：

报头下：每日每方国币四万元；

长行：每日每行国币三千元（每行八十八字）；

中行：每日每行国币一千五百元（每行四十三字）；

短行：每日每行国币一千元（每行二十八字）；

分类：每日每行国币五百元（每行十四字）；

（以上每行字以六号字为标准）

分类广告主要包括：征求、待聘、聘请、遗失、招寻、召租、召顶、声明、受盘、出售等，上项广告倘以英寸计算每方寸计国币二千七百元。

一、无论长短期广告，刊费概须先付；

二、池位大小以二行或二方寸起码；

三、所有广告概由本报按照一定程序排版如广告户指定地位刊者概照定价加半倍收费；

四、本报备有信箱代刊户经收信件信箱租费国币二百元租期以一星期为限。③

---

① 《小广告刊例》，《大公报》（天津版）1922年3月5日。
② 《广告》，《大公报》（天津版）1937年1月12日。
③ 《本报改订广告刊例》，《大公报》（上海版）1945年12月11日。

到了1949年，物价波动进一步影响了报纸广告刊登价格，《大公报》（上海版）刊登的广告刊例价进一步提升。其刊例价如下：

本报广告分报头下、封面半版、封面左旁、封面长行、第二版横条、双长、长行、特短、提要、戏目、经济分类广告十种：
报头下：每方三十字高二十行阔（每日每方金圆八万五千元共二方）；
封面左旁：每日每条金圆二万三千四百元（每条以一百十二字 高十五字阔）；
封面长行：每日每行金圆七千八百元（每行五十六字高）；
第二版横条：每日每条金圆三十万元（每条十八字高，一百一十六字阔）；
双长：每日每行金圆五千二百元（每行五十六字高）；
长行：每日每行金圆二千六百元（每行二十八字高）；
特短：每日每行金圆一千三百元（每行十四字高）；
提要：每日每方金圆一万九千五百元（每方十四字高十字阔）；
戏目：每日每行金圆一千二百元（每行二十一字高）；
经济分类广告：每日每行金圆四百元（每行七字高以二十行为限超过全部照特短计算）；
招寻、待聘、声明、遗失：每日每行金圆三百元；
（以上每行字数以本馆六号字为标准）[①]

《新闻报》将广告分为特等、头等、二等、三等等级别。1930年，该报特等广告为四十字为一行，至少刊登三行，每天每行七角；头等广告主要是报名旁边，每版189元，从下封面到评论之前，80字为一行，至少刊登二行，每天每行1元4角；二等广告每行20字，4—100行，每天每行3角；三等广告20字一行，至少刊登4行，每天每行1角6分。

成舍我的《世界日报》非常重视广告经营，1932年，该报的广告

---

① 《本报启事　大公报广告价目表（上海）》，《大公报》（上海版）1949年3月14日。

分为甲、乙、丙3个等级,甲等广告主要在第3、4版,每平方时每天1元2角;乙等广告主要在第1、2版,每平方时每天6角;丙等广告主要为普通广告、中缝广告等,每平方时4角,刊登的时候,至少要3平方时。成舍我充分利用报纸版面的灵活性,尽量多刊登小广告。尽管每则小广告的价格较低,但是累计起来,刊登小广告甚至比大版面的广告更赚钱。50字的小广告费用为1角5分钱,22字的小广告价格为1角钱。用一个版专门刊登小广告,比起刊登整版的广告,往往收入更多。① 成舍我所创办的另外一份小型报纸《立报》也极为重视广告经营,由于该报发行量较大,编辑精良,引来不少广告客户。该报的广告分为三种情况,第一种为特种广告,在报名两侧,每天每平方时价格为:日刊30元,晚刊15元;第二种为甲种广告,分布在新闻版,每天每平方时价格为:日刊1元4角,晚刊7角;第三种为乙种广告,主要是中缝以及各类小广告,每天每平方时价格为:日刊5角,晚刊2角。② 由于《立报》采取大众化的办报方针,内容通俗易懂,比较贴近生活,发行量较大,在社会上产生较大的影响力,其广告价格也相对较高。按照当时的广告刊例价格,《立报》比《申报》的广告刊例价略高。由于《立报》的读者后盾比较强大,该报广告价格具有一定的稳定性,基本保持不变。③ 由此可见,民营报纸的发行量较大,往往能够在广告竞争中获得更多的优势。

  全面抗战爆发之后,物价逐渐上涨,报纸广告的价格也逐渐增加。汉口《大刚报》明显低于一些民营大报的广告刊例价,该报每短行为国币80元(以新五十号字计算);经济广告每则每天费用为300元(限50字以内);报名下每天刊费国币3000元。④ 同一时期,《新华日报》的广告价格则要明显高一些,长行每行每天600元,至少刊登3行。报名两旁每格每天10000元,报名下方15000元,中缝每行每天200—300元。经济小广告有两种情况,一种是80字以内的,每天400元,另一种是

---

① 张友鸾等:《世界日报兴衰史》,重庆出版社1982年版,第138—139页。
② 《广告刊例》,《立报》1936年3月16日。
③ 李时新:《上海〈立报〉史研究(1935—1937)》,暨南大学出版社2012年版,第104页。
④ 《广告刊例》,《大刚报》1945年11月10日第1版。

50字以内，每天300元。由此可见，大型政党报纸的广告刊例价格相对较高，明显高于影响力不大的区域性民营报纸的广告刊例价格。

2. 民营报纸广告盈利状况

民营报纸广告盈利状况存在明显的差异，发行量和影响力较大的民营报纸往往能够获得更多的广告，其盈利状况相对较好，而那些发行量和影响力较小的民营报纸，往往只能获得很少的广告，甚至常常入不敷出。一些较大的民营报纸，尽管看起来很风光，但是在创办的初期，其广告经营额也少得可怜。比如，《新民报》在初创的时候，条件很差，甚至没有印刷设备。1931年，《新民报》每月的广告经营额还只有200元左右。到了1936年，《新民报》的发行量有所增加，大约在1.6万份。这时候，该报的广告经营额占总收入的50%以上。[①] 1938年，《新民报》重庆版创刊，1941年11月《新民报·晚刊》出版，成为该报重要的盈利点。比起日刊，晚刊更能够发挥报纸的娱乐功能，利用报纸的趣味性吸引公众的注意力，为报纸招揽广告打下基础。在《新民报》重庆版的盈利结构中，其广告盈利占比为40%[②]，既保持了盈利的稳定性，又避免了过度依赖广告的局面。

近现代的一些知名民营大报最初为外国人创办，聘请中国人担任主笔或者经理，后来因为各种原因转手国人，著名的《申报》《新闻报》《大公报》等报纸都经历了这样的阶段。1899年，美国人福开森购买了《新闻报》的股权，聘任汪汉溪为该报的总经理。这时候，该报的广告经营额还比较少，"收费岁仅万元"。[③] 到了1923年，《新闻报》的广告版面逐渐增多，广告费年收入为100万左右。而到了1926年，该报的广告收入每月为11万—12万元，《申报》的广告收入则为10万元左右。[④] 到了1935年，《申报》每月的广告收入已经超过15万

[①] 胡太春：《中国报业经营管理史》，山西教育出版社1998年版，第87页。
[②] 新民晚报史编纂委员会：《飞入寻常百姓家：新民报——新民晚报七十年史》，文汇出版社2004年版，第69页。
[③] 《新闻报三十年之事实》，参见《〈新闻报〉馆三十年纪念册》，新闻报馆1923年发行。
[④] 王润泽：《北洋政府时期的新闻业及其现代化（1916—1918）》，中国人民大学出版社2010年版，第291页。

元。① 可见,《新闻报》《申报》的广告经营在民营报纸中占据领先地位,远远好于一般报纸的广告经营绩效。

天津的《大公报》广告经营也相对较好。1927 年,《大公报》的发行量增加到 1.2 万份,在天津产生了较大的影响,广告刊登费用提高到每月 3200 元。一年之后,《大公报》改善了报纸的印刷条件,报纸发行数增加到 2 万份,每月广告经营额达到 6000 元。② 1936 年,汉口的报纸比上海、北平与天津的报纸广告价格要低一些,与南京报纸广告价格相仿。如政党报纸《武汉日报》发行量为 7000 份,广告月收入为 3000 元;具有军方关系的《扫荡报》发行量为 14000 份,每月广告收入达 3000—4000 元;而民营报纸《大光报》发行量为 3000 份,广告收入达 600—700 元。③ 天津《大公报》的广告一般委托广告社负责处理,其他人很难插手。

随着中外企业对于广告功能认识的不断深入,很多企业希望通过刊登广告提高产品的销售量。据说,那个时候,一元钱一瓶的西药,成本大概 2 角钱,广告宣传的费用大概 5 角钱,另外 3 角钱为批发和纯利润。④ 由此可见,报纸广告宣传费成为报馆重要的收入来源。尤其是民营报纸,大量刊登各种类型的医药广告,从中获取利润。

三 民营报纸广告经营的反差

民营报纸主要靠广告盈利,不过各家报纸的广告经营状况存在差异。对于一些民营大报和少数发行量较大的民营小报来说,能够靠发行提升报纸的影响力和竞争力,从而吸引较多的广告,其发行和广告经营能够形成良性互动,这是中国现代民营报纸最为理想的经营模式。

1912 年,史量才接手《申报》的时候,其办报条件极为有限。后来,史量才带领其团队采取多种措施,逐步提高报纸发行量和广告经

---

① 胡太春:《中国报业经营管理史》,山西教育出版社 1998 年版,第 63 页。
② 胡太春:《中国报业经营管理史》,山西教育出版社 1998 年版,第 63 页。
③ 《武汉新闻业近况 沪汉航空线开辟后 武汉报纸渐有起色》,《大公报》1936 年 9 月 23 日第 10 版;《武汉新闻业近况 沪汉航空线开辟后 武汉报纸渐有起色》(续),《大公报》1936 年 9 月 24 日第 10 版。
④ 徐铸成:《报海旧闻》(修订版),生活·读书·新知三联书店 2010 年版,第 250 页。

第五章　中国现代民营报业的经营绩效

营额，并通过多元化经营模式改善报馆的盈利结构。

1925 年，清华学校毕业的学生余湘林和黄元熙共花了 500 小时，对当时影响力较大的《申报》《东方时报》《顺天时报》《天津益世报》《晨报》5 种报纸的广告刊登情况进行测量。5 种报纸中，《申报》《晨报》《东方时报》为民营报纸，《天津益世报》为宗教报纸，《顺天时报》为日本帝国主义为了侵略中国所创办的中文报纸。具体情况参见表 5 - 23 和表 5 - 24：

表 5 - 23　　　　　5 种报纸广告与非广告版面对比

比较项目	晨报		天津益世报		顺天时报		东方时报		申报	
	英方寸	百分比	英方寸	百分比	英方寸	百分比	英方寸	百分比	英方寸	百分比
全报	2907	100%	4827	100%	2183	100%	4602	100%	6159	100%
广告	1174	40%	3025	63%	1111	51%	2002	44%	3307	54%
非广告	1733	60%	1802	37%	1072	49%	2600	56%	2852	46%

资料来源：《五种报纸的广告分析》，《清华学报》1928 年第 2 卷第 2 期，《清华学报》编辑部根据余湘林和黄元熙的测量整理。

表 5 - 24　　　　　5 种报纸刊登广告的分类情况比较

比较项目	晨报		天津益世报		顺天时报		东方时报		申报	
	英方寸	百分比	英方寸	百分比	英方寸	百分比	英方寸	百分比	英方寸	百分比
教育	197	16.8%	132	4.4%	24	2.2%	96	4.8%	376	11.4%
娱乐	153	13.0%	16	0.5%	104	9.4%	98	4.9%	464	14.0%
日用	103	8.8%	320	10.6%	64	5.8%	298	14.9%	175	5.3%
经济	164	14.0%	577	19.1%	245	22.0%	818	40.9%	378	11.4%
奢侈	119	10.1%	891	12.9%	31	2.8%	245	12.2%	417	12.6%
医药	805	26.0%	1350	44.6%	518	46.6%	85	4.2%	908	27.5%
杂项	133	11.3%	239	7.9%	125	11.2%	362	18.1%	589	17.8%
总数	1174	100%	3025	100%	1111	100%	2002	100%	3307	100%

资料来源：《五种报纸的广告分析》，《清华学报》1928 年第 2 卷第 2 期，《清华学报》编辑部根据余湘林和黄元熙的测量整理。

报纸的广告涉及很多行业，民国初期，民营报纸的广告主要有以下四个方面：一是戏剧广告，二是医药广告，三是书籍广告，四是其他杂类广告。20 世纪 30 年代，《申报》《新闻报》的广告刊登数量较多。1935 年，两报所刊登的新闻和广告占报纸总面积的比重基本持平。其中,《申报》新闻所占的比例为 50.7%,广告所占的比例为 49.3%;《新闻报》新闻所占的比例为 49%,广告所占的比例为 51%。在《申报》所刊登的广告中,医药广告最多,所占比例高达 40.8%,文化广告占 23.9%,杂启为 25.3%,衣饰为 10%。如果按照报纸版面定价来计算,每天的广告收入大约为 3400 元,占整个报纸营业收入的三分之二。一般的广告按八折收费,与文化相关的广告按七折收费,这样下来,每天实际广告收入为 1700 元左右。与《申报》类似,《新闻报》所刊登的医药广告也非常多,占全部广告总比例的 50.4%,文化类广告占 18.7%,杂启占 17%,衣饰占 13.9%。[1] 与《申报》相比,《新闻报》的广告价位稍低,但是,后者每天刊登的广告量更大,因此,其广告经营收入并不低,每天在 2700 元左右。

除了《申报》和《新闻报》外,新记《大公报》的广告经营状况也比较好。1935 年,在《大公报》的整个版面中,其新闻所占的比例为 75.5%,广告所占的比例为 24.5%。其广告类型因地区不同而有较大差异,上海的文化广告份额最大,占 66.1%,其余依次为医药、衣饰、杂启等,所占比例分别为 24.4%、5.2% 和 4.4%;天津的杂启广告占 42.5%,其余依次为医药、文化和衣饰,分别占 28.5%、19.2% 和 9.8%。按照广告刊例价格,天津每天的广告收入为 1700 元,上海的广告收入为 1600 元。[2] 而有些民营报纸的广告经营则不甚乐观。比如,《时事新报》的广告量较少,每天版面中,广告所占的面积比例在 26.1% 左右,广告盈利水平一般,基本能够维持报纸的日常运行。

对于绝大多数民营小报来说,其报馆规模小,新闻采写人员少,发行量不大,经营模式不成熟,很难在广告竞争中赢得一线生机。对于民营小报来说,广告是其生命线,没有了广告,就意味着民营小报很难长时间支撑下去。一般来说,那些能够销售七八千份以上的民营小报,在没有广告支撑的情况下,可以维持生存。否则,一般发行量较小的民营小报,需要拉到一百块钱以上的广告费,才能维持运营。

---

[1] 甘家馨:《中国各大报经营实况》,《苏衡》1936 年第 17—18 期。
[2] 甘家馨:《中国各大报经营实况》,《苏衡》1936 年第 17—18 期。

对于小报人来说，"兜揽广告是极不容易的，老牌子的报还好一点。新出版的报，要去兜揽广告，先要预备好一张厚面皮和一副笑脸，一张利嘴，那末才有些希望"。①

20世纪20年代末至30年代末，民营小报在中国各大城市遍地开花，甚至有一二百元支撑就能够创办一份小报。当然，这些民营小报中，真正经营较好，能够获得较大经济收益的报纸不多。"有的挣扎了一年半载，就要寿终正寝，有的苟延残喘，而勉强维持着半生不死的命运。"② 由此可见，民营小报的生存境况很差，多数民营小报的寿命较短，其经营绩效较差。民营小报的广告推广活动难以开展，因为"看小报的，都是中产以下的大众，购买和消费的力量，除了少数外，都是很薄弱的，商家洞见及此，那肯浪费金钱于无用，广告费的来源，于焉杜绝，各项大报恃以为靠山或后援的雄厚资本和津贴和广告费，小型报是无缘过问了，这样小型报能够维持现状已经很难，想要发展，想要改善，岂非缘木求鱼？"③ 以小型报为主的民营报纸，其读者多为中下层民众，其购买力和消费水平有限，商家非常了解这种情况，不太可能将大批广告经费砸到民营小报上面。因此，多数民营小报不可避免地陷入经济困境。

一般来说，民营大报靠广告盈利，而民营小报则主要靠发行维持生存。因为，与民营大报相比，民营小报的"广告不容易兜到，生存主要靠销路，售价因之较大报为昂"。④ 由于绝大多数民营小报广告难以招揽，发行量较小，因此盈利状况不佳是常态。20世纪以来，一些发行量较大的民营小报如《立报》《晶报》《福尔摩斯》《金刚钻》《罗宾汉》等既能靠发行盈利，又能拉到广告，其生存境遇较好。而那些名气不大、发行量较低的民营小报"十之七八是亏本的"。⑤《立报》靠成舍我的"精编主义"和"大众化"办报理念不断扩大影响，

---

① 乒乓生：《办小报的经验》（中），《上海常识》1928年第5期。
② 汤炳正：《小型报的缺点及其改善办法》，《报学季刊》1935年第1卷第4期。
③ 汤炳正：《小型报的缺点及其改善办法》，《报学季刊》1935年第1卷第4期。
④ 《"上海的小型报文化"座谈会记录》，《杂志》1943年第11卷第6期。
⑤ 莲庐：《小报跌销的原因》，《笑报》1929年4月22日。

其发行量一度超过20万份，创造了全国民营小报发行量的纪录。该报属于特殊类型的民营小报，其版面设计和稿件篇幅沿袭了小报特征，其内容与普通的民营大报差异不大。《晶报》《福尔摩斯》《金刚钻》《罗宾汉》等民营小报各具特点，是民营小报中的典范，其盈利渠道主要遵循以下模式：靠内容吸引读者，读者增加带动了报纸的发行，发行量增加使报纸的影响力和广告量不断提升，最终报纸的发行和广告经营步入良性循环的轨道。当然，民营小报盈利的好坏，与报纸的管理水平、经营策略密切相关。被誉为小报"四大金刚"之一的《福尔摩斯》鼎盛时期的发行量达到1万余份，其广告经营绩效明显超过同时期的大多数民营小报，其主要原因在于该报的老板胡雄飞的广告经营策略。胡雄飞在招揽广告方面往往不辞辛苦，他曾经为了拉广告不得不答应客户的要求，找来几名朋友帮忙为广告主写一万个信封，整整忙了4天，才完成任务，从而为报纸挣得相应的广告额。[1] 即便是广告经营效益较好的《福尔摩斯》，在广告兜揽方面也会遇到这样的"刁难"，其他不知名的民营小报更是难以获得稳定的广告收入。

  民营小报的广告收入与其社会地位和发行量直接相关。究其收入来源来讲，"广告是唯一的收入，（外人有疑心报馆能'敲竹杠''拿津贴'者，那只是臆断，谈何容易?）但一个新创的小报销路还不怎样，谁肯花钱去登广告?"[2] 小报要生存，只能采取其他民营大报所不屑的办法去招揽广告。一些小报"如剪取新闻一般，把别报的广告照录下来，先把报纸对敷出来（因无广告之困难，比没有新闻为尤甚故也），出版后再分头向各预拟的广告家接洽，倘邀允许刊登费用所出，亦必甚微，如果不肯承认，则说不得这段广告便算义务白登，若无可以抵补的广告，只得仍借它救济空白的恐慌。因此所谓广告收入，实甚寥寥"。[3]

  报纸的发行与广告之间存在紧密的联系。一份民营报纸经营的好

---

  [1] 寿星：《胡雄飞之一万个信封》，《大福尔摩斯》1928年10月13日。
  [2] 《天津市的新闻纸　大小四十余种晚刊画刊具备　派报者十八处通讯社二十家　四开纸小报刊发状况与报贩生活的素描（续）》，《大公报》1933年12月15日。
  [3] 《天津市的新闻纸　大小四十余种晚刊画刊具备　派报者十八处通讯社二十家　四开纸小报刊发状况与报贩生活的素描（续）》，《大公报》1933年12月15日。

与坏，一般通过广告收入的多少来判断。但是，如果报纸发行量较小，其广告经营额也很难提升。民国之初，部分民营报纸的发行收入还能够维持报纸的印刷成本。到了20世纪20年代以后，一些民营报纸版面不断扩大，报纸的印刷成本也随之提升，发行收入已经不能维持报纸的制作成本了。尽管报纸发行是亏本的，所有的民营报纸依然竭尽所能地扩大报纸的发行量，以期吸引更多读者，提升报纸的影响力和竞争力，从而招徕更多的广告客户。

第三节 民营报业的收支及其改善

发行和广告经营状况能够反映报纸经营绩效的基本状况，但是，报纸发行量大、广告经营额多，并不代表报纸盈利多。因为，部分报纸收入多，其支出更多，报纸的收入与支出情况更能清楚地反映报纸的盈利状况。关于民营报纸收入与支出状况的数据比较缺乏，偶尔散见于部分回忆录、期刊文章以及其他史料中，但并不系统，没有连续性，对于分析民营报业经营绩效的帮助不大。在过去的史料中，发现少量统计中含有部分地区报纸收支状况的数据，为我们分析民营报业收支情况提供一定的参考。

一 民营报纸的收支状况

从报业经营的角度来讲，民营报纸是中国近现代报业发展中最具代表性的报业种群。民营报纸积累了丰富的经营管理经验，对于近现代报业经营管理具有积极的参考意义。有一部分民营报纸通过经营获利，然而，大部分民营报纸处于亏损状态。著名的《申报》《新闻报》《大公报》等民营大报，发行与广告经营做得很出色，往往有较多盈余。比如，民初的《申报》发行方式上不断改进，发行量有所增加，其广告也随之增加，一年盈利1万—2万元，后来每年达到10余万元，最多的时候一年能够盈利30万元。[1]

---

[1] 宋军：《申报的兴衰》，上海社会科学院出版社1996年版，第91页。

我们搜集了1936年北平市40家报纸收入、支出以及盈利状况的数据，包括民营报纸、政党报纸以及外国人创办的报纸。其中，主要为民营报纸。我们通过总体分析，以期以一斑窥全豹，了解当时报纸的收支状况，尤其是民营报纸的收支状况，参见表5-25。由表5-25可以看出，在《冀察调查统计丛刊》所统计的44家报社中，有40家报社的收支数据比较齐全，各家报社每月的支出与收入存在明显的差异。其中，每月能够盈利的报纸只有9家，收支平衡的报纸有9家，这两种情况大多数属于民营报纸。两者合计18家，占总数的45%。也就是说，有55%的报社处于亏损运营状态。在这些报社中，《北平晨报》《世界日报》《实报》等民营报纸的每月收入明显高于其他报纸，其支出也比较多。其中，管翼贤所创办的《实报》经营状况较好，每月可以盈利1000元左右，《北平晨报》每月可以盈利130元左右。这40家报社平均每月收入3255.73元，平均每月支出4838.48元，平均每家报纸每月亏损440.75元。由此可见，这些报纸并不能通过经营获利来维持生存，一些政党报纸、外报等可以通过其他途径获得经费支持。民营报纸则主要靠盈利维持生存，一旦长期亏损，就很难继续办下去。

表5-25　　　　北平市报社每月盈利状况概况一览（1936）　　　　单位：元

序号	报社名称	基金	收入	支出	比较（盈+；亏-）
1	十字日日新闻	0	500	500	0
2	亚洲民报社	0	3820	3420	+400
3	中和报社	0	1400	4432	-3032
4	日知报社	0	500	500	0
5	北平报社	0	900	1070	-170
6	北平商报社	5000	600	1340	-470
7	北平晨报社	100000	29360	29230	+130
8	北平益世报社	50000	6800	6800	0
9	北平新报社	0	1800	1770	+30
10	全民报社	0	5700	5700	0
11	世界日报社	0	20000	20000	0

续表

序号	报社名称	基金	收入	支出	比较（盈+；亏-）
12	民国日报社	0	1837	2408	-571
13	京报社	0	2200	4220	-2020
14	英文北平时事日报社	0	6400	6400	0
15	华北日报社	2200	7500		-5300
16	导报社	0	3200	3700	-500
17	铁道时报社	0	300	380	-80
18	小小日报社	0	900	1150	-250
19	大路报社	5000	610	860	-250
20	中报社	5000	950	1360	-250
21	公民报社	5000	1400	4030	-2630
22	平报社	2000	1000	970	+30
23	北方晚报社	1000	210	380	-170
24	北平晚报社	10000	2180	2180	+250
25	北平白话报社	200	900	900	0
26	立言报社	2000	610	730	-120
27	民声报社	5000	1100	1520	-420
28	东方快报社	0	2135	2135	0
29	星星日报社	5000	350	320	+30
30	时言报社	10000	3115	3380	-265
31	新北平报社	20000	6000	7000	-1000
32	群强报社	10000	3000	2600	+400
33	现代日报社	8000	3000	50000	-2000
34	健报社	2000	1105	1053	+52
35	真报社	3000	700	970	-270
36	时事白话报社	0	1140	1224	-84
37	实报社	50000	11000	10000	+1000
38	实权日报社	0	867	897	-30
39	燕京新闻社	0	40	110	-70
40	燕京时报社	2000	400	400	0

资料来源：根据《北平市报社概况一览》（刊载于《冀察调查统计丛刊》1936年第1卷第2期）的相关数据整理。

《冀察调查统计丛刊》所统计的数据显示，1936年，天津的29家报纸中，盈利的有10家，收支平衡的有6家。也就是说，有55.17%的报纸能够摆脱亏损状态。其中，盈利状况最好的为《大公报》，每月平均盈利2500元。《益世报》《天津正言报》《博陵日报》《新天津报》等盈利状况均比较好。与北京相比，天津的报纸更注重经营，平均每家报纸每月收入5678.56元，支出5600.63元，平均每家报纸每月盈利145.33元。[①] 之所以出现这种情况，主要原因在于天津的民营小报较少，而北京的民营小报明显较多，且大多数处于亏损状态。

上述可见，民营报纸的收支情况表现出两极分化的特点。有的民营报纸能够通过广告经营实现收支平衡，乃至略有盈余，而有一半左右的民营报纸处于亏损状态。这种盈利格局也正好印证了中国近现代民营报纸市场变化状况：在一些大城市，民营报纸的创办数量和倒闭数量均比较多，报纸机构的市场进入和退出比较普遍，报纸的生命周期相对较短。因为报纸盈利状况不太好，一些人创办了报纸，发现难以盈利，随即退出市场，最终导致民营报业市场稳定性较差。中国民营报纸进入报业市场的壁垒不断变化，政策性的壁垒随着管理体制的变化而变化，资金壁垒随着经济环境的变化而变化。总体而言，资金壁垒相对比较低，创办一份民营小报只需要几百元甚至更少的经费，其印刷、发行都可以外包给相应的机构，也无须添置固定资产。因此，报业市场中经常出现大量的民营小报，一旦盈利困难，就随时退出市场，也没有多少沉没成本。20世纪20年代到30年代，中国报业市场上涌现大量的民营小报，不少报纸是亏本运营。这样，报业市场上民营小报进进出出，形成了一种繁荣的景象。但总体来说，能够赚钱的民营报纸不超过一半。

二 民营报纸经营业务链的拓展

尽管民营报纸的主要营业收入是发行和广告，但对于志在谋取

---

① 天津市日报盈利的数据根据《天津市报社概况一览》（刊载于《冀察调查统计丛刊》1936年第1卷第2期）的相关数据整理计算。

更大业绩的民营报人来说，拓展报纸业务链是其改善盈利结构的重要手段。在短时间内，民营报纸业务链的拓展可能不会带来实质性的收益，但是从长远来看，拓展业务链将会带来较大的隐形收入，甚至在无形中构建了报馆的竞争优势。民营报纸的业务链主要集中在出版工作的各个环节，比如出版图书、杂志、年鉴等。也有少数民营报纸利用物价变动经营白报纸，借助报纸的影响力创办学校和其他文化机构等。

早在清朝末年，《申报》就办有较多的附属事业，主要包括申昌书局、点石斋书局、古今图书集成书局、印刷所等。《申报》利用这些附属书局出版了《二十四史》《资治通鉴》《古今图书集成》等大部头的著作，还出版了《民报》以及一些孤本珍版书籍。1911年，《申报》的主权转入国人席子佩手中以后，席氏将申昌书局、点石斋书局、古今图书集成书局等合并在一起，组建了上海集成图书公司。到了20世纪20年代以后，《申报》的业务链不断拓展，其副业越来越多。1932年，《申报》创办了流通图书馆；1933年1月和3月，《申报》创办了申报业余补习学校、申报妇女补习学校和申报新闻函授学校等。业务链的拓展无形中增加了报纸的社会知名度和影响力，对于提高报纸的发行量有一定的促进作用。

《大公报》也经常承印各类图书、杂志等，一方面可以拓展报纸的业务范围，提高报纸的影响力，另一方面也通过这些业务提升报馆盈利空间。《大公报》长期在其报纸上刊登《本馆营业部广告》："本馆专印各种期刊杂志、华洋书籍、支票、股票、仿单、银行账簿、学校讲义、中外名片以及五彩石印等件，均能定期交活，绝不误事。"[①]《新民报》的印刷业务比较多，通过印刷出版业务所获得利润占报馆总收入的30%。[②]《世界日报》除了报纸的发行和广告经营外，还积极拓展其他副业。最开始，《世界日报》主要承印图书并售卖各种印刷材料。随后，《世界日报》又开始经营纸张。1931年"九·一八"事

[①] 《大公报》1925年11月8日。
[②] 新民晚报史编纂委员会：《飞入寻常百姓家：新民报——新民晚报七十年史》，文汇出版社2004年版，第69页。

变之后，中国各地抵制日货。一些用日本白报纸的报馆就要买其他国家的报纸，市场上的纸张供应出现短缺的局面。成舍我在这个时候购进了大批西洋纸张，大赚了一笔。1934年7月，《世界日报》又开始经营高级纸张生意，这类纸张是厚宣纸，并非报社所用，《世界日报》又从经营高级报纸中获得较大利润，参见表5-26。

表5-26　　　　　　　部分民营报纸业务链拓展情况

报纸名称	业务类型	具体业务	资料来源
申报	出版刊物	1922年，出版黄炎培主编的《最近之五十年》；1923年，出版儿童图书；1930年，出版《中华民国新地图》《中国分省地图》；1932年，创办《申报月刊》《申报周刊》，出版《申报月刊丛书》11种；1933年，出版《申报年鉴》《申报丛书》（先后出版国际形势和世界知识40余种）；此外，还出版各种图书14种	胡太春《中国报业经营管理史》，山西教育出版社1998年版，第61—62页
	社会服务	《申报》先后成立了申报流通图书馆（1932年12月1日）、申报新闻函授学校（1933年1月）、申报业余补习学校（1933年3月）、申报服务部（1933年6月）等	
世界日报	经营纸张、铅字等生意	1930年3月，承印外来的图书文件，出售各项铅字、花边、铅条、刻坯等印刷材料；1932年1月，《世界日报》开始经营西洋报纸；1934年7月，开始经营高级纸张；1935年，出售铅字副业；代理各种印务；等等	张友鸾，等《世界日报兴衰史》重庆出版社1982年版，第93、142—143页
	创办新闻教育事业	1933年，《世界日报》社船板新闻专科学校，共办了4年，开办两个初级班，一个高级班	
新民报	承印书刊	先后承印过《全民抗战》周刊、《国讯》旬刊、《文艺月报》、商务印书馆、正中书局发行的教科书等；发行报社出版的丛书，包括张恨水的《八十一梦》《大江东去》《偶像》、赵超构的《延安一月》、张慧剑的《辰子说林》、程大千的《重庆客》《重庆旁观者》等，印刷出版方面的收入占总收入的30%	新民晚报史编纂委员会《飞入寻常百姓家：新民报——新民晚报七十年史》，文汇出版社2004年版，第69页

第五章　中国现代民营报业的经营绩效

上述可见，民营报纸有意识地开展多元化经营，利用报纸的影响力拓展盈利渠道。对于近现代报纸来说，能够主动通过拓展业务链来提升报馆的收入，是很好的尝试。在中国报业发展史上，报纸的盈利渠道一般都比较单一，主要通过广告获取利润。这样，就容易带来经营风险。当经济发展不景气的时候，报业广告经营就陷入困局，最终会导致报馆资金链断裂，甚至报纸停刊。民营报纸在业务链拓展方面还存在明显的不足，主要表现在业务链相对单一，对于主业的支撑作用还比较小。即便如此，这种经营理念对于以后的报业经营起到较大的示范作用。

三　民营大报的盈利结构的改善

民营报纸的主要营业收入是广告和发行。而报馆的主要支出项目包括：一是报务支出，如报馆设备、日常开支等；二是购料支出，如纸张、油墨等；三是薪资及运输支出等。① 以《申报》为例，1935年，《申报》营业收入合计为65万元。其中，广告营业收入为50万元，占76.9%；发行收入为15万元，占23.1%。最大的支出项目是纸张，当年开支30万元②，其余依次为薪工、电讯、公杂和印刷，分别支出10、10、3、3万元，当年合计支出56万元。这样，1935年，《申报》账面上的盈余为9万元，参见表5-27。不过，从实际来看，该报当年的盈余远不止这么多。因为，当年该报所用的白报纸是若干年前合同所订报纸，价格比当年市面上的报纸要便宜许多。因此，《申报》当年的盈利状况比较可观。

1935年，《新闻报》的营业收入合计为120万元。其中，广告收

---

① 姚公鹤：《上海报纸小史》，《小说月报》1917年第8卷第2号。
② 另据俞君发的研究显示，1935年，《申报》每天消费纸张二十筒，每筒二十令，每令4元。这样，该报每天纸张费用为1600元，每年纸张消耗在56.7万元左右。参见俞君发《吾国报业各问题之检讨》，《新商业季刊》1936年第3期。这一数据与甘家馨（1936）提供的数据相差甚远，我们认为后者的数据更为可靠。因为后者以《申报》官方所提供的数据为基础，而前者的数据为报馆员工个人（《申报》馆员工杨载皋）所提供。并且，杨载皋所言每令纸张价格极有可能是零售价，而《申报》的报纸消耗量比较大，往往能够以低于零售价的批发价购买纸张。因此，1935年，《申报》的纸张消费应该低于俞君发所估计的56.7万元，30万元的纸张消费额更接近现实。

入为84万元，占70%；发行收入为36万元，占30%。在报馆支出方面，薪工和纸张各支出36万元，印刷、电讯和公杂分别开支12、6、3.6万元，合计支出93.6万元。最终，《新闻报》当年结余26.4万元，这已经算是很不错的收益了。

表5-27 部分年份《申报》《新闻报》《大公报》等报纸的盈利结构

年份	报纸名称	当年（月）营业收入	当年（月）报馆支出	当年（月）盈余
1935	申报	当年广告50万，发行15万，当年营业收入合计65万元	当年薪工10万，电讯10万，纸张30万，公杂3万，印刷3万，当年支出合计56万元	当年盈余9万元
1935	新闻报	当年广告84万，发行36万，当年营业收入合计120万元	当年薪工36万，电讯6万，纸张36万，公杂3.6万，印刷12万，当年支出合计93.6万元	当年盈余26.4万元
1936	大公报	当年津馆：发行、广告收入合计132万，印刷出版等附属事业6万；当年沪馆：发行、广告收入合计72万，国闻周报等附属事业7.2万；津沪两版当年营业收入合计217.2万元	当年津馆支出130.8万，沪馆支出84万元，合计支出214.8万元	当年盈余2.4万元
1933	大光报	每月营业收入4000元。其中，广告收入2000余元，发行收入1000余元	每月开支约5000元	每月亏损1000余元

资料来源：根据《中国各大报经营实况》相关数据整理计算。《申报》《新闻报》的数据参见甘家馨《中国各大报经营实况》，《苏衡》1936年第17—18期；《大公报》的数据参见《大公报社股份有限公司营业计划书》，《大公报》档案全宗43-1-225。

《申报》《新闻报》两报是中国民营报业的标杆，其盈利水平在中国民营报业市场中属于佼佼者。1935年，新记《大公报》每天营业收入达1700元，每月营业收入为5万多元，每月开支3万元。这样，该报每月结余2万多元，当年结余接近30万元。这个盈利水平已经超过鼎鼎有名的《申报》《新闻报》两报，排在全国第一名。[①] 与上述三家民营报纸相比，《时事新报》《立报》等民营报纸的营业收入和支出基本持平。当然，对于处于起步阶段的《立报》来说，能够达到收支平衡，已经是很

---

① 甘家馨：《中国各大报经营实况》，《苏衡》1936年第17—18期。

好的经营状况了。

20世纪二三十年代，报纸的纸张、广告与发行被认为是报纸的生命基础。有了纸张，新闻纸的印刷问题就得到解决。如果发行技巧得当，报纸的发行量就会激增，报纸的广告收入随之增加。[1]"地方报纸的收入，普通可分为三项：（一）津贴，（二）广告，（三）发行。"[2]接受津贴的报纸，主要是那些官方报纸以及与官方、军方、大商人等有密切联系的报纸。地方报纸的广告并不是依赖商业广告，而是依赖于启事类的广告，包括结婚、离婚类广告、遗失财务类广告和人事纠纷类广告等。这类广告的收费较高，刊登一天的启事类广告，大体上相当于半个月的商业广告费用。一般来说，报纸的盈利点主要体现在两个方面，即发行与广告，尤其是后者。"报馆营业之盈绌，实以广告之多少为衡。"[3]在广告与发行两个盈利点上，各家报纸的思路也不尽相同。如《申报》《新闻报》等报纸"多以广告为本位"，而《立报》则"以发行为本位"。[4]

民营报纸的发展模式一般是靠新闻报道构建报纸的影响力和竞争力，吸引读者，扩大发行，吸引广告客户，从而实现盈利。当民营报纸发行量不断提升，社会影响力越来越大的时候，一些有长远规划的总经理们就会想办法拓展报馆的盈利点，形成多点支撑的盈利格局。按照现代企业的经营理念，盈利渠道多元化有利于降低企业的经营风险。因此，为了降低风险，企业的领导们往往不会将所有的鸡蛋放在一个篮子里。民国之后，《大公报》除了主业外，还学习《申报》的做法，开展相关业务以增加盈利点。如《大公报》专门设立售书处代销图书，并经常在报纸上刊登畅销书的广告，为读者邮寄图书。《大公报》的出版代印业务发展得比较成熟。在20世纪二三十年代，出版社的发展尚不成熟，报馆代理出版业务的现象很常见，《大公报》靠着在读者中建立的影响力经营了不少出版业务，包括小说、诗歌、时事读物等。因此，有

---

[1] 魏九如：《新闻纸发行论》（上），《上海记者》1944年第2卷第5—6期。
[2] 邵鸿达：《地方报纸的广告》，《战时记者》1939年第9期。
[3] 姚公鹤：《上海报纸小史》，《小说月报》1917年第8卷第2号。
[4] 木子：《广告本位与发行本位》，《战时记者》1939年第6期。

人评价:"在天津,报馆印书始终是一种不可忽视的主要出版力量,由此也足以说明专业出版社力量的薄弱。出书最多的是大公报馆。"[①]《大公报》的这一做法具有积极的意义,其"着眼点主要是集约利用报馆资源,不使印刷机器闲置,尽量创造一点经济效益"。[②]

随着报馆盈利水平的迅速增长,报馆也会拿出相当的费用来改善办公条件。1912年,史量才花了12万元购得该报,仅仅过了6年,史量才就花了70万元新建《申报》大厦。1918年10月,《申报》搬到望平街三马路口的5层楼新报馆,这已经是申报馆第三次搬迁馆址。1930年,鉴于申报馆的工作人员不断增多,报社规模日益扩张,史量才再一次对报馆进行扩建,在原报馆的南边又建了一座5层楼的建筑。这样,申报馆的办公条件得到进一步改善。1938年,仅该报的有形资产就达到150万元,其无形资产远远超过这一数额。

第四节 民营报业经营的社会效益

一 民营报纸的公益性

新闻出版事业同一般的企业不一样,因为前者的意识形态属性更为明显,而后者更看重自身的经济属性。民营报纸经营产生两种价值:一是经济效益方面的价值,二是社会效益方面的价值。对于后者,主要指的是民营报纸的经济功能以外的其他社会功能价值,是衡量民营报纸新闻传播活动对社会发展与人们生活的贡献的重要指标。对于党报、机关报和社会团体的报纸而言,均具有明确的传播目的,其主要目标不是盈利,而是发挥其社会效益。不管这种社会效益反映的是社会公众的整体利益,还是当局的利益,抑或某些人、某些集团局部利益,都属于社会效益范畴。而民营报纸则不一样,这些报纸不仅要通过新闻信息的传播来实现其所秉承的传播理念和所坚守的价值观念,

---

[①] 杨大辛、张守谦:《天津出版史概略》,参见《天津文史资料选辑》1987年第42辑,第122页。

[②] 方汉奇:《〈大公报〉百年史》,中国人民大学出版社2004年版,第133页。

还要兼顾报纸的利润。从其长远发展来说，两者不能偏废。如果民营报纸不顾自身盈利，没有了经济来源，办报者最后只能空有抱负无法实现；如果民营报纸仅仅为了经济效益而放弃社会效益，会引起读者的反感以致遭到抛弃，最终也将丧失广大读者，甚至阵地不保。

一些民营报纸，一方面，比较重视经营，通过发行、广告等获得利润；另一方面，很注重报纸的社会公益性，发挥报纸的舆论引导和文化建设等功能。历史上比较著名的民营报纸《文汇报》《大公报》《申报》等，经常报道重大的政治、经济、文化新闻，发挥报纸的引导功能与服务功能，参与社会事务。在中国近现代报刊史上，民营报纸占据着举足轻重的地位，这些报纸不仅仅在经营管理方面取得明显的成效，在政治事务、经济建设、社会生活中也扮演着重要的角色。在抗日战争期间，很多民营报纸通过策划募捐活动、创办文化机构等方式为社会做贡献，充分地发挥了报纸服务公共事务的社会功能。民营报纸的办报方针往往强调不偏不倚、中立、公正、客观等，如新记《大公报》所提出的"不党、不卖、不私、不盲"的办报方针，最能代表民营报纸的主张与原则。1928—1936年，《大公报》积极组织公益性募捐活动20多次，并通过评论、消息等方式号召人民群众捐款，在社会上产生巨大的反响。1935年夏秋两季，长江和黄河洪水泛滥成灾，《大公报》持续宣传救灾将近2个月。在《大公报》的号召下，仅仅从天津汇出去的捐款数额就超过20万元。不少民营报纸都提倡不偏不倚的办报理念，尽管在实际操作中，民营报纸很难践行这一方针，但是将其作为终极目标和行为准则，在一定程度上也是一种进步。因为这些方针和原则或多或少地会影响民营报纸的办报行为，使其注重报纸的公益性和公共性。

当然，民营报纸的基本属性决定了报纸的行为特征，它们会表现出明显的逐利性，这在一定程度上会影响民营报纸的公益性。一些民营报纸的记者为了获得额外的收入，将记者的职业道德丢在一边，有的报馆的记者根本就没有按照记者的行为规范来要求自己，依靠"记者"的头衔欺诈赚钱。这类"记者"的恶劣行迹对整个新闻界声誉的破坏尤为严重。针对这一情况，《世界日报》的总编龚德柏在一次座谈会上不无忧虑地谈道："我常觉得新闻记者这个名词已被滥用……不知有多少新闻记者假借办报之名，实行欺骗、敲诈之实。"① 龚德柏描述了抗战以前的一家报纸的办报活动，其社长是摆地摊的商贩，是一个在社会上混的流氓，连两百字的文章都写不出，却堂而皇之地当起新闻记者，并担任领导职位，对新闻界而言，简直贻害无穷。

一些民营报纸为了提高广告收入，对所刊登的广告不仔细审查，在社会上产生不良影响。如《世界日报》在初创的时候，为了获取更多的利润，以摆脱经济困境，在广告审查方面并不严格，这对报纸的声誉产生一定的影响。"《世界日报》从来不审查广告内容，只要付清广告费，一律照登。"② 这样，报纸上经常会出现卖假药和其他具有欺骗性质的广告，在社会上产生不良影响。

对于民营报纸来说，其经济效益和社会效益是相辅相成的关系。没有经济效益，报纸的业务开展、报馆建设和员工待遇问题都没法解决，其社会效益将是空中楼阁；只讲求经济效益，报纸就丧失引导舆论、服务社会的最基本的功能，报纸也将丧失其作为社会良知的天职，与一般的企业并无二致。民营报纸的营业部门和编辑部门之间做好协调是非常必要的，有些报纸出现偏重营业的倾向，不注重报纸的内容建设，最终只能走向衰落。"营业部的营业方针，必得与编辑部的编辑方针配合这却是毫无异议的。"③ 因此，民营报纸既要通过经营获取利润，为报馆建设奠定经济基础，又要将报纸的社会责任和社会公益作为最基本的要求，以提高报业的社会效益。正如俞君羖所言："经济独立为报纸言论自由之先决条件……报社绝不应接受任何不正当之津贴，应自行策划如何征收广告，如何推进销路，以自裕经济来源，是为报纸生命延长之根本方策。"④

二 民营报纸对文化事业的推动作用

尽管民营报纸比较重视盈利，但是，这并不妨碍民营报纸发挥其

---

① 龚德柏：《"新闻记者"早被滥用》，《报学杂志》1948年创刊号。
② 张友鸾等：《世界日报兴衰史》，重庆出版社1982年版，第139页。
③ 张友鸾：《战时新闻纸》，中山文化教育馆1938年版，第33页。
④ 俞君羖：《吾国报业各问题之检讨》，《新商业季刊》1936年第3期。

社会服务功能，民营报纸依然能够在经营获利的同时对文化事业起到一定的推动作用。国内政治、军事格局动荡不安，文化事业发展受到极大的影响，在关键时刻，民营报纸会表明态度，发挥报纸的舆论引导功能。在众多的民营报纸中，《文汇报》《新民报》《大公报》等报纸常常通过社评、消息和通信等引领文化潮流。民营报纸通过多种途径推动中国文化事业的发展，其中，比较常见的方式有发展出版事业、创办副刊和刊登文化广告等。

第一，大型民营报纸都比较重视图书出版工作，一方面可以帮助民营报纸拓展盈利渠道；另一方面有助于推动文化事业的发展。在众多的民营报纸中，《申报》《大公报》等报纸比较重视发挥报纸的文化功能，经常利用报纸刊登文化信息，策划文化活动，借助报纸的力量创办文化机构，对近现代文化事业的发展起到积极的促进作用。比如，史量才就是一位重视文化建设的民营报人，在他的带领下，申报馆开展了一系列文化建设活动，包括编辑出版《申报年鉴》《申报月刊》《中华民国新地图》，编印申报丛书、创立申报流通图书馆等，对中国文化事业建设起到一定的推动作用。

第二，民营报纸通过创办副刊弘扬民族文化，推动文化事业的发展。在近现代报业发展史上，《大公报》为民营报纸开辟了一条具有特色的发展之路，该报既没有走单一的盈利赚钱之路，也没有走纯粹的政治宣传之路，而是坚持文人论政，将报纸当作事业来做。[1] 新记《大公报》在社评《本报续刊二周年之感想》中提出，"今后惟当就人民之立场"，"同时仍一本社会服务之公诚"。[2] 可见，该报在续刊之初就将社会服务作为报纸的重要工作之一。该报通过创办各类副刊、周刊传承中华文化，该报的《艺林》《铜锣》《家庭与妇女》《电影》《戏剧》《儿童》《文学副刊》等副刊在社会上产生广泛的影响；《艺术周刊》《科学周刊》《市政周刊》《社会研究》《医学周刊》《经济周刊》等，积极引导经济文化的发展，凸显了民营

---

[1] 贾晓慧：《创新：〈大公报〉留给天津文化的记忆》，《理论与现代化》2007年第1期。
[2] 《本报续刊二周年之感想》，《大公报》1928年9月1日。

报纸的社会功能。

　　第三,民营报纸通过刊登广告推动文化事业的发展。广告既能够帮助民营报纸赢得利润,也能够起到推动各类事业发展的功能。文化类的广告在推动文化事业发展方面起到举足轻重的作用。各大民营报纸经常刊登各类图书、期刊发行方面的广告,书店售书、广告公司招揽业务方面的广告也时常见诸报端,学校招生、戏剧、电影、唱片等方面的广告更是屡见不鲜。在文化水平普遍不高的时代,在报纸上刊登广告介绍各类文化现象,有助于提高公众对各种文化现象的知晓度和参与度。无论是民营大报,还是民营小报,都乐于刊登各种文化类的广告,有的民营报纸还开辟专栏、小广告等,满足不同层次的文化事业机构的需求,为推动文化事业的发展做出了一定的贡献。

　　第四,民营报纸通过举办培训班、创办各种学校推动文化事业的发展。近现代以来,一些有文化理想的民营报人不仅通过报纸推动文化事业的发展,还借助民营报纸的影响力举办培训班、创办学校等,直接参与文化事业建设。史量才曾经开办申报业余补习学校、申报新闻函授学校以及妇女补习学校等,积极发展文化教育事业。申报馆、新闻报馆还曾经资助上海报童学校经费,为报童教育提供物质条件。成舍我创办世界日报新闻专科学校,培养了一批业务能力突出的新闻采编队伍。各大民营报纸的知名记者、报人经常与新闻院系保持联系,到新闻院系讲座,担任任课教师,并编辑出版各类新闻实务教材,对培养新闻传播人才起到较大的推动作用。

三　民营报纸对经济发展的推动作用

　　民营报纸所报道的新闻、刊登的广告,不仅仅能够使报纸自身获取社会公信力和经济效益,还会对中国经济的发展起到或多或少的推动作用,这是考察中国现代民营报纸经营绩效的重要因素。20世纪20年代以后,商界人士逐渐认识到报纸广告的功能,一些外国企业和国内民营企业纷纷通过报纸刊登广告,宣传其产品,提高销量。对于广告的经济功能,无论是学术界,还是新闻业界,都有较为深刻的认识。"广告者,不啻商店之推销员也。"①"广告者,乃攻城略地之工兵也……广告精良,犹战具之犀利也,执有利器,则战无不克。"②

辛亥革命之后,众多民营报纸刊登各类企业、银行、无线电台、医院、保险公司、饭店等方面的广告,为国内经济建设提供了很好的信息交流平台。民国初年,民营报纸经常刊登外商广告,比如,汽车、电灯、手表、牙粉、花露水、面巾纸、眼镜、药品、啤酒等洋货广告,在推动国内外经济贸易方面起到了重要的桥梁作用。1913年,《大公报》所刊登的广告中,主、兼营"洋货"及外商广告所占的比例为44.23%。随着国内反对日货情绪的高涨,国货生产商逐渐成为各家民营报纸重要的广告客户。到了1925年,主、兼营"洋货"及外商广告所占的比例下降为18.03%。③

比如,在香烟的销售中,各大烟草公司纷纷通过各类报纸刊登广告,以扩大其香烟品牌的影响力,从而获取更多的经济效益。尤其是民营报纸,更是各大公司最为青睐的媒介。"在卷烟销售过程中,广告宣传是一重要的推销手段,产品问世后若不为消费者所熟知,就有被淘汰的危险。"④ 在中国近现代产业经济发展中,报纸的推广效应尤为明显。历史上著名的五洲药房之所以能够在公众中获得那么高的认同度,与媒体的广泛宣传是分不开的。五洲药房不仅有先进技术条件和生产工艺,还有科研团队以及设计部门。更为重要的是,五洲药房没有关起门来搞建设,而是与各大媒体形成紧密的联系,在当时的主要民营报纸、各大期刊刊登"人造自来血"以及香皂等产品,大大提高了产品的知名度。

民营报纸不仅仅重视盈利,还通过经营报纸推动文化和社会经济

---

① 曼郎:《广告与营业》,《国货月报》1924年第1卷第5期。
② 徐启文:《商业广告之研究》,《商业月报》1934年第14卷第1号,转引自朱英《近代中国广告的产生及其影响》,《近代史研究》2000年第4期。
③ 孙会:《〈大公报〉广告与近代社会(1902—1936)》,中国传媒大学出版社2011年版,第193页。
④ 王菊:《第一次世界大战期间民族卷烟工业发展原因辨析》,载于中国近代经济史丛书编委会《中国近代经济史研究资料》(六),上海社会科学院出版社1987年版,第33页。

的发展，对于当时的政治格局也有较大的影响力。报纸是一种公共品，赚钱只是为了维持报纸的生存发展，如果将赚钱作为最主要的目的，报纸就将失去其自身的特质。20世纪20年代以后，多数民营报纸在盈利的同时兼顾了社会公益性，对于推动社会发展起到了一定的引领作用。

第六章 中国现代民营报业经营的反思与评价

中国现代民营报业经营绩效的好坏，受很多因素的影响。民营报业发展有其内在的规律，包括报业的规模结构、种群结构、市场结构、组织结构等因素都会影响报业经营的方式与竞争过程，进而影响报业经营绩效。民营报业并非独立的运行系统，而是处于庞大的政治、经济、文化等外部环境之中。民营报纸不像政党报纸那样直接为政治服务，但是，民营报纸自始至终无法离开政治，而是时时刻刻受到政治的影响。比如，民营报业组织结构调整与政府的政策导向存在紧密的联系，政府规制的放松，有助于民营报纸开展组织结构调整工作。国内的经济发展、科技力量、战争格局等都对民营报业的经营产生直接或间接的影响。20 世纪初，民营报业经营积累了比较丰富的经验，为当今传媒经营提供了一定的参考。当然，民营报业经营中也存在一些问题，如经营失范、劳资冲突等，这些问题的处理为当今传媒经营提供了一定的经验与教训。

第一节 民营报业的结构、行为和绩效之间的互动关系

在传统的产业组织理论中，市场结构影响着市场行为，市场行为影响着市场绩效。在产业经营实践中，市场结构、市场行为和市场绩效之间并非单向、线性的关系，三者之间存在紧密的互动关系。民营报业的结构、经营行为和经营绩效三者之间也是多向、互动的关系。

结构性因素深刻地影响着民营报业的经营行为，进而影响着经营绩效；反过来民营报业的经营绩效也对报业的经营行为产生较为明显的影响，并在一定程度上促进民营报业的结构调整。

一 民营报业的结构性因素对经营行为的深远影响

报业的种群结构、市场结构、空间布局、组织结构等结构性因素对报业经营行为产生极为重要的影响。如民营报纸的竞争强度、竞争水平和运营效率等会受到这些结构性因素的影响。

1. 民营报业种群结构影响报业的竞争行为

民国初期，报纸种数较小，民营报业种群并不具有较大的竞争力。相比较而言，党政机关报占有一定的比例。除了几家大型民营报纸外，民营小报的市场占有率和影响力均不大。20世纪二三十年代，民营报纸的市场进入壁垒相对较低，整个报业种群结构发生了明显的变化，民营小报的数量明显增多，其报业竞争更为激烈。民营报业种群发展速度明显加快，报纸种数大幅度增加，经营方式也更加成熟，部分民营报纸采取现代的股份制经营方式，提升了报纸的经营活力。相比较而言，那些官方的报纸不注重经营，其广告、发行经营显得没有活力。总体来讲，现代民营报业的发展水平不断提高，报业种群规模越来越大。抗日战争全面爆发之后，随着战火的蔓延，日军侵入内地，对整个报业发展带来极大的打击，加上办报所需物资供应紧张，民营报业种群的数量不断减少。因而，中国现代民营报业种群结构经历了较大的变化，这些变化对报业经营行为产生或多或少的影响。具体来讲，当民营报纸种群在整个报业市场中所占的比例较小的时候，其发展水平较低，竞争力较弱；当民营报业规模越来越大，报纸种数较多的时候，其总体发展水平相对更高，竞争更趋激烈。当然，由于报纸数量太多，利润率也随之下降，报纸之间也更容易出现过度竞争现象。

20世纪20年代以后，报业市场中包含政党报纸、民营报纸、社会团体报纸、外报等多种类型，每个区域有不同类型的报纸，形成了一个个报业群落。在这些报纸中，政党报纸拥有党政机关的扶持，无须办报人筹措资金，外报一般也具有较为充分的办报资金。相比较而言，民营报纸主要靠报人自己筹措办报资金。因此，民营报纸视广告为生命线，不像政党报纸那样"大度"，将绝大部分版面用于刊登新闻。在报业竞争中，民营报纸想尽办法提高发行量，以此吸引广告客户。中国现代报业种群中，政党报纸基本上不用操心经费来源、基础设施等问题，其报纸广告相对较少。而民营报纸则不然，除了少数报纸靠津贴、军政要人、财团暗中支持外，其余的报纸均要靠广告或者发行维持生存。因而，同政党报纸相比，民营报纸非常重视广告经营，很多民营报纸的广告版面占据整个报纸版面的50%以上。当然，由于报纸的影响力大小不同，其广告价位存在明显的差异。

2. 报业市场结构影响竞争态势

报纸的经营行为和竞争策略与报业市场结构之间存在极其密切的关系。民国成立以前，各大城市的报纸数量有限，报业竞争基本上在同城的少数报纸之间展开。读者定位、内容定位、区域定位等方面趋同的报纸之间往往形成二虎相争、三国鼎立乃至七雄争霸的局面。有些报纸之间甚至捉对厮杀，竞争中伴随着垄断。在这种市场结构之下，报纸之间要么达成一种默契，不去消灭对方，形成和平营销之势；要么有一家或者两家报纸暗藏杀机，力图垄断整个报业市场。在近代报业发展史上，上述两种情况都曾经在上海、北平等地方出现过。

从全国市场来看，民国初期，《中华民国临时约法》的颁布在一段时间内激发了人们的办报热情，各地的政党报纸和民营报纸纷纷涌现。这一现象表明，近现代以来，制度方面的约束一旦放松，报纸的数量就会增加，报业市场结构也会因此改变。从产业组织理论来看，报业市场的制度性进入壁垒降低，就会有大量的报纸进入市场。民国初期，民营报纸的大量出现必然遭遇经营上的危机，因为报业市场只有那么大的容量，读者的需求是有限的。当时，人们的识字水平、经济实力并不能承载那么多报纸，最终将导致恶性竞争行为，比如报纸低价营销、打口水战等，最终导致一部分报纸退出市场。当然，民国之初，由政治力量主导的报业灾难冲淡了报业市场竞争行为，使大量报纸直接退出市场。20世纪20年代末到30年代中期，中国报业市场中，民营大报和部分发行量较大的政党报纸在市场中拥有较大的份额，全国报业市场中展现出寡占型市场结构的特点。在全国报业市场中，部分民营大报和民营小报有一定的竞争力，如《申报》《新闻报》《大公报》《新民报》《立报》等，但这些报纸的竞争优势和影响力主要集中于报纸的创办地及其附近的地区。因为，报纸的异地发行受到交通、读者的认可程度等多种因素的影响。

中国现代报业市场呈现出伞状的竞争结构，兼具垄断和竞争性质。在伞状竞争结构中，第一层次主要包括民营大报和大型政党报纸。在大城市中，几家大型民营报纸和政党报纸垄断着区域报业市场，如20世纪二三十年代上海报业市场中，民营大报《申报》《新闻报》的发行量较大，对报业市场的发行和广告具有一定的垄断地位。加上国民党的《民国日报》《中央日报》等，报业市场中的几家大型报纸的市场占有率较高。这部分报纸属于伞状结构的最顶层，决定着整个报业市场的总体结构和竞争行为。第二层次主要包括中国共产党、共青团和工会的报刊，这部分报刊在报业市场中也占据一定的地位。如同一时期中共中央宣传部在上海创办的《上海报》、中共中央机关报《红旗日报》等，这些报纸受到国民党的打压，其发行工作并不算顺利。第三层次是民营小报，这部分报纸规模小，实力弱，发行量不大，盈利能力有限。不过，尽管民营小报的实力弱，单份报纸发行量不大，但由于这类报纸种数较多，传阅率较高，通俗易懂，在普通市民中产生较大的影响力。这部分报纸有较大的经营活力，相互之间竞争激烈，花样翻新。

3. 报业区域结构影响竞争强度

通过分析报业区域布局情况可以看出，民国时期，无论是整个报业市场的竞争强度[①]，还是民营报业市场竞争强度，均与报业的区域结构存在紧密的联系。同一个区域范围内，民营报纸的种数、不同层次报纸的结构、进入壁垒的高低等因素均不同程度地影响报纸之间的竞争。如果同一个区域的报纸数量太多，并且呈同质化竞争的态势，

---

① 竞争强度是产业组织理论中反映市场竞争激烈程度的一个概念，其影响因素包括企业的进入威胁、替代威胁、供应商的谈判能力、客户价格谈判能力以及现有竞争对手的竞争等。参见[美]迈克尔·波特《竞争优势》，陈小悦译，华夏出版社2005年版，第5页。

报业竞争强度就会加大，竞争更趋激烈。

通过前面的分析可以看出，中国现代民营报业存在明显的区域聚集现象。我们可以将报业区域结构分为两种情况，一种是民营报业区域聚集度较高的城市，另一种是区域聚集度较低的城市。上海、北京、天津、南京等中心城市的经济发展水平较高，物质资源和人力资源丰富，交通便捷，为民营报业经营提供了良好的外部条件，其民营报业区域聚集度相对较高。这些地区的文化发展水平、公众受教育程度相对较高，公众有较好的阅读习惯，为民营报业发展奠定了读者基础。因此，只要体制上允许，这些地方就能够在较短的时间内发展好民营报纸。报业区域聚集度高的地区，其民营报业竞争无疑更加激烈。民营报纸之间在发行、广告等方面均存在资源争夺的情况，出现恶性竞争在所难免。与那些经济发达的区域相比，一些经济水平发展缓慢的城市，其民营报业发展往往表现出"三低"的特征：报纸聚集程度低，报业竞争强度低，报业发展水平低。

4. 报业组织结构影响运营效率

按照产业组织理论，市场结构对市场行为产生较大的影响，进而影响市场绩效。不仅仅是市场结构，组织结构对于企业的竞争行为和市场绩效同样产生一定程度的影响。就民营报业发展来说，报馆组织结构的变化对民营报纸的运营效率产生较大的影响。民营报纸的运营效率是指报馆在一定时期内开展工作的数量、质量以及盈利情况等。早期的民营报馆组织结构比较简单，报馆所要完成的工作数量较少，对盈利情况的要求也不太高。一些民营报馆规模越来越大，简单的组织结构难以匹配大规模的报馆，运营效率就出现下降的可能。为了提高民营报纸的运营效率，报馆所有者不断对报馆的组织结构做出调整。

民营报馆组织结构调整的依据主要有以下三个方面。一是参照发达国家报业组织结构，对报馆组织结构进行适当调整。此类报馆的所有者一般都具有一定的开拓性，有过出国考察的经历，或者对在华外报的经营管理情况极为了解，从而有针对性地改善报馆组织结构。成舍我、史量才等民营报人就属于报业改革的先行者，他们对旗下的报馆组织结构进行较大的调整，大大提升了报馆的运营效率。二是根据报馆的实际情况做出决定，包括报馆的工作人员、读者资源、广告客户资源、总体盈利情况等，如果具备相应的条件，报馆所有者就会调整报馆组织结构，以提高报馆运营效率。多数民营报馆的所有者都会考虑自身因素，根据实际情况做出抉择。三是综合考虑当时的外部条件以及其他产业组织结构变革情况，做出最优选择。一般来说，民营报馆的所有者会根据当时的经济、文化、政治条件做出选择，要综合考虑报馆组织结构变革的可行性。同时，也会参照当时其他产业，尤其是文化领域、商业领域企业的组织结构状况，以便使民营报馆组织结构变革有一定的参照系，尽快产生实效。股份制改革大大激发了员工的动力，降低了个人的风险，提高了报馆的经营绩效。

二　民营报业经营行为对经营绩效的直接影响

民营报业经营行为是报馆通过各种策略应对市场竞争的活动。民营报纸在竞争中所采取的定价行为、营销策略、广告经营手段、纵向合作行为、横向收购行为、内部成本控制行为等，都属于民营报纸的经营行为。从传统的产业组织理论来看，企业的经营行为与市场结构之间存在紧密的联系。也就是说，市场结构的状态影响着企业的经营行为。回顾中国现代民营报业经营的历史，可以看出，民营报业的市场结构状况对当时报业经营行为产生了重要的影响。不仅仅市场结构影响着民营报业经营行为，报业种群结构、区域聚集状况和报馆组织结构等结构性因素对民营报业的经营行为都产生了不可忽视的影响。在这些结构性因素的作用下，民营报业表现出特定的经营行为，进而影响民营报业的经营绩效。由此看来，民营报业的经营行为在报业结构和报业经营绩效之间具有一定的纽带作用和传递作用。结构性因素通过报业经营行为来发挥作用，这样才能形成与之相适应的经营绩效。

民营报业经营绩效包含的范围比较广泛，如民营报馆的盈利能力、运营水平、技术创新水平、市场开发与创新等。在第五章中，我们从报纸发行、广告、多元化经营绩效以及民营报纸的社会效益等角度分析了民营报业经营绩效。本章的研究不涉及具体的绩效指标，我们将从民营报业的运营水平、盈利能力以及长远利益等几个角度来分析民营报业经营行为的作用，为我们更清楚地认识民营报业经营行为与经济绩效之间的关系提供一定的参考。

1. 民营报业的经营行为影响着报业的运营水平

民营报业的经营行为是否具有创新性，对报业运营水平产生重要的影响。民国时期，不少民营报馆在经营上不断采取具有创新性的举措，开拓发行和广告市场，从而提高报纸的运营水平。20世纪20年代末到全面抗战爆发前夕，一些民营大报在全国的报业市场中占据着较大的优势，其市场表现出典型的寡头垄断的特征，并且垄断的程度相对较高。正是因为在一些重点区域拥有较高的垄断力量，这些民营大报在发行上取得较好的绩效，报馆的广告收入也明显超出一般的报纸。依靠报纸的广告经营，积累了大量财富，为报馆进一步改善办报条件奠定了坚实的基础。这些民营大报可以拿出较多的经费改善报馆的基本设施、印刷设备和员工待遇，在外埠市场的拓展上也能够给予较大的经济支持。因此，民营大报的经营行为上的创新动力较大，其整个运营水平不断提高。部分民营报馆还开展了具有前瞻性的报业改革，比如《申报》《大公报》《时事新报》等报馆，通过市场兼并或者内生式扩张的方式，扩大报纸的经营范围，力图组建与国际接轨的报业托拉斯，尽管中国近现代报业托拉斯的建设中遇到重重障碍，但是，这些民营报馆的创造性探索行为对报业发展起到了较大的推动作用，大大地提升了中国民营报业的运营水平。从很多产业的发展规律来看，产业的集中程度过高，就会带来高额利润。这些垄断程度较高的企业没有足够的动力拿出经费去开展市场创新或者技术创新，不利于整个市场的开发。如果集中程度太低，就会表现出分散竞争的格局，单位个体的规模较小，很难拿出足够的经费来开展技术创新以及其他市场创新。相比较而言，那些市场集中程度较高的寡占型市场结构是有活力的结构形态，具有较高垄断地位的企业有较为充足的经费开展技术创新和市场创新。同时，这些企业也没有形成足够强大的垄断力量，市场中其他的企业还可能对这些企业构成冲击。因此，这些企业既有创新的动力，又有创新的实力。

当然，大型民营报馆的寡头垄断并没有完全左右全国各大城市的报业市场，因为这种垄断行为并没有达到独占，给各个城市的其他民营报馆的经营发展提供了一定的空间。《申报》《新闻报》《大公报》《新民报》等民营大报分别在上海、天津、南京等城市具有比较大的竞争力和影响力，尽管如此，这些报纸还没有达到完全垄断的地步，给其他民营报纸开展发行与广告业务留下了一定的空间。比如，在报业发达的上海，《申报》《新闻报》并没有完全垄断民营报业的发行市场，上海望平街上还有其他民营报馆在运营，一些民营小报与《申报》《新闻报》等民营大报展开错位竞争，同样也能够维持生存，给民营报业市场增添了不少活力。在天津、南京等城市，除了影响较大的民营大报以外，民营小报也获得了一定的生存空间。尽管这些民营小报不会对民营大报造成致命冲击，但是也能够吸引民营大报的一部分读者和广告客户。因此，民营报业市场既存在垄断的因素，也存在竞争的因素，这是一些报馆努力推进经营创新的动力所在。

由此可见，民营报业的市场结构对其经营行为产生较大的影响，而其创新性的经营行为与当时的报业市场结构状态有着紧密的联系。而经营模式、经营手段、竞争策略等方面的创新，最终会推动民营报馆经营能力和水平的提升。

2. 民营报业的经营行为影响着报业的盈利能力

民营报馆的经营行为与报馆的盈利能力之间存在明显的正相关。从第三章和第四章的相关分析可以看出，不少民营报馆在战略竞争、人才竞争、发行竞争、广告竞争等方面做了大量的工作，这些战略和战术方面的行为直接影响着民营报馆的盈利能力。在民营报业经营史上，一些民营报馆在经营行为方面的调整，大大提升了报馆的盈利能力。比如，申报馆比较重视多元化经营，拓展了报馆的盈利方式，降低了报馆的经营风险，同时也为报馆赢得了人气，对于报纸的推广发行无疑也具有一定的帮助。申报馆注重参与国内重大活动，有助于优化报纸在公众心目中的形象。史量才所主导的申报馆非常重视公益事业，如该报编撰《申报年鉴》，创办申报新闻函授学校以及申报业余补习学校等，在一定程度上提升了申报馆的声誉，为《申报》汇聚了人气，有助于提高报纸的发行量。再比如，申报馆与上海儿童保育会合作创办的报童学校，既是一项公益事业，也为申报馆培养发行人才，最终会给报馆带来经济收益。

历史上著名的民营报人史量才、成舍我等不仅在报业经营方面足智多谋，还通过加强新闻人才的培养来提升报纸的竞争力。史量才和成舍我都创办过新闻培训机构或者专门的新闻学校，为报馆的持续发展提供了人才储备。并且，自己培养的新闻人才，使用起来更得心应手。比起一些老报人，新手的资历尚浅，初期的工资待遇较低，为报馆省去一些经费。民营报业在产业链拓展、技术创新、激励员工等方面所做的努力，都或多或少地反映在报业经营绩效上。

3. 民营报业的经营行为影响着报业的长期利益

经营行为影响着民营报纸的战略目标和发展方向。民营报馆在发行报纸之前，都会对报纸的内容和风格等方面有一定的设计，这属于民营报纸的定位问题。如果民营报纸的定位及其战略发展目标符合当时的政治、经济和文化等外部环境，报纸能够满足读者的需求，其发展前景就比较好，符合报馆的长期利益。反之，其发展就会受到诸多限制。另外，民营报纸的经营行为影响着报纸的获利方式，进而影响报纸的利润率。有的民营报纸采取高投入的方式来获利，这样往往会增加报馆的负担和经营风险；而有的民营报纸则加强产业链的建设，帮助报馆节约了成本，有助于民营报馆的长远发展。

符合民营报纸长远利益的经营行为，往往更有利于民营报纸的长期发展；反之，仅仅着眼于短期利益的经营行为，往往不利于民营报纸的长久发展。一些实力薄弱的民营小报经常模仿其他报纸的做法，开展同质竞争，有的报纸通过报道低俗的内容招徕读者，这些竞争行为往往只能在短期内获得发展。从长远的角度来看，着眼于短期效益的做法对于民营报纸的发展损害性较大，很多民营小报就毁在追求短期利益的经营行为上。一些民营大报，往往采取具有战略性的经营行为，有助于报纸的长远发展，如民营报纸的战略联盟、产业链的建设等经营行为，都符合报纸的长期利益。

三 民营报业经营绩效的反作用

民营报业经营绩效的好坏是整个报业发展状况的风向标。民营报业繁荣昌盛，经营绩效好，整个报业市场就会充满活力，有助于推动报业结构的优化，并形成一种良性循环的态势。相反，如果民营报业濒临凋敝，经营绩效差，整个报业市场就会毫无生机，报业发展也会陷入恶性循环之中。

1. 民营报业经营绩效影响报业总体规划

在民营报馆的经营管理中，经营绩效是民营报馆最看重的因素。经营绩效的好坏直接影响着民营报馆的长远规划，经营效益好的报馆，可以改善报馆的硬软件条件，进行扩大再生产；经营效益差的报馆，往往只能盯着眼前的利益，这样就会裹足不前，限制报馆的发展。《申报》《新闻报》《大公报》《新民报》等民营大报的经营绩效保持不错的状态，报馆不用为眼前的利益发愁，就可以有针对性地进行长期规划，为报馆的升级发展奠定基础。这些报馆有足够的经费改善报馆的设备，其报馆大楼、印刷设备等都属于一流水准。除了这些硬件条件外，这些报馆还在人才的争夺与继续教育等方面走在前面，为报馆储备了大量的一流人才。因为经营绩效较好，这些报馆就有足够的资金去改善员工的福利待遇，并且营造良好的报馆文化，这些因素对于留住优秀人才无疑具有积极的意义。

20世纪30年代初，有一部分民营报馆逐渐迈向现代化经营的道路。史量才、成舍我、胡政之、陈铭德等知名报人具有一定的国际视野和前瞻性，在报业改革上取得一定的进展，这些改革与民营报业的经营绩效密不可分。由于这些民营报纸经营绩效较好，让民营报人对报馆有了更加宏伟的发展规划，尝试用现代企业经营理念指导报业发展。先后有几家民营报馆力图组建民营报业托拉斯，尽管在实践中受到各种因素的制约，但是，这种先进的经营理念和创造性的经营实践为近现代报业改革提供了很好的参考。少数民营大报的改革行为所产生的示范效应非常明显，成为其他民营报馆模仿的目标，对整个民营报业发展具有深远的影响。

2. 民营报业经营绩效影响整个报业的发展活力

民国初期，民间力量对于投资报业有较大的热情，但是，经历了"癸丑报灾"之后，民营报业的发展进入低潮期。"五四"运动之后，民间人士投资报业的信心又一次受到鼓舞，民营报业逐渐进入新的增长期。20世纪20年代中期一直持续到全面抗战爆发，是中国民营报业发展的"黄金十年"，一些民营报纸在发行和广告经营方面取得很好的成效。民营报纸的影响力日益增加，社会各界对于民营报业的认识发生了较大的变化，部分民间人士对于投资报业产生浓厚的兴趣，这其中包含政界人士、商界人士以及文人，有的联合办报，有的独自试水民间报刊，整个民营报业市场呈现出一片繁荣的景象。尤其是上海、天津、北京等地的民营小报的发展，进入高峰期。当然，大多数民营小报的生命周期不长，呈现出表面上繁荣的景象。不过，这种现象至少说明了民营资本对投资民营报纸具有较大的信心，而整个报业市场的经营活力被激发出来。这一时期也成为民营报业最具发展活力的阶段，甚至出现民营报业托拉斯的倾向。

报业经营绩效的好坏，直接影响着民营报业的竞争行为。在报业市场中，经营绩效好的民营报纸往往会延伸报纸的价值链，不断提高报纸的规模效益。这样，报馆往往会节约办报成本，提升利润率。相反，经济绩效较差的民营报纸，经常会采取价格竞争、相互诋毁等竞争手段，不仅仅导致利润率下降，还会使报馆处于非常不利的地位。因此，经营绩效和报业经营行为之间存在紧密的互动关系，处理得好，就能够形成良性循环；处理得不好，就容易形成恶性循环。

3. 民营报业经营绩效影响报业生态结构

从传统的产业组织理论来看，市场结构影响着市场行为，进而影响市场绩效。新产业组织理论则强调产业组织各环节的互动关系，比如，市场绩效反过来对市场结构产生较大的影响。这一点在民营报业领域也有较为突出的表现。《申报》《大公报》《世界日报》《新民报》等民营报纸曾经取得较好的经营绩效，积累了一定的资源和资金，这些报馆并没有满足于所取得的成绩，而是通过内生式扩展或者外延式扩张的方式，不断扩大报馆的规模，甚至按照国外报业发展的方式组建民营报业集团,尽管最终没能如愿,但是,这些做法在一定程度上改变了当时的报业竞争状况,加剧了报业垄断,改变了报馆的组织结构和报业的市场结构。不仅如此,整个报业生态格局都发生了一定的变化,报业的种群结构也出现了变化,民营报业种群的力量进一步得到加强,提升了报业经营水平。

报业经营绩效的改善,会激发民营资本投资报业市场,丰富报业种群结构。从报业发展过程可以看出,但凡报业经营绩效较好的阶段,各种类型的民营报纸会大量涌现,报业种群结构变得更加丰富。比如,20世纪20年代末,几家民营大报的经营绩效明显改善,部分民营小报也取得较好的经营绩效,民间人士投资报纸的热情大大提升。一时间,政治类、经济类、消遣类等各类民营小报不断出现,由于报业进入壁垒较低,民营报纸的新陈代谢表现得尤为突出。尽管民营报纸的平均生命周期较短,但是,报业市场总体比较繁荣,且报业种群结构得到了优化。

第二节 中国现代民营报业经营的力量博弈与因子互动

民营报纸之所以能够形成一个行业,与当时的社会背景有着极为密切的关系。首先,民营报纸的生存与发展要有一定的制度环境,这牵涉民营报纸是否具有合法性的问题。其次,民营报业的生存与发展必须有较为丰富的物质基础,近现代以来的产业经济和商业经济为民营报纸提供了相对可靠的物质基础,这是民营报业得以发展的重要条件。从一定程度上讲,民营报业的发展状况、经营水平与当时的经济发展水平成正比。产业经济和商业经济的发展也会遇到波动,这对民营报业的生存与发展带来较大的冲击。再次,民营报纸发展需要一定的识字人口和文化氛围,这些也是民营报业生存与发展不可或缺的外部条件。

前面的研究表明,民营报业的外部环境对报业的结构、行为和绩效产生较大的影响，这是研究民营报业经营不可忽视的因素。报纸的结构、行为与绩效之间存在紧密的联系。而结构、行为和绩效之间的关系并不是简单的线性关系，民营报业的结构对报业经营行为和绩效产生较大的作用，报业经营行为对报业结构和经营绩效也具有一定的作用，报业的经营绩效反过来也会对报业结构和报业经营行为产生直接的影响。也就是说，报业的结构、行为和绩效之间是相互影响、互为因果的关系。在三者之间的互动关系中，报业结构的变化往往具有较大的导向作用，能够从侧面反映当时报业的发展水平。民营报业经营所遇到的外部力量博弈以及内部因子互动共同推动着民营报业的发展，从图6-1可以看出几大力量和因子之间的关系。

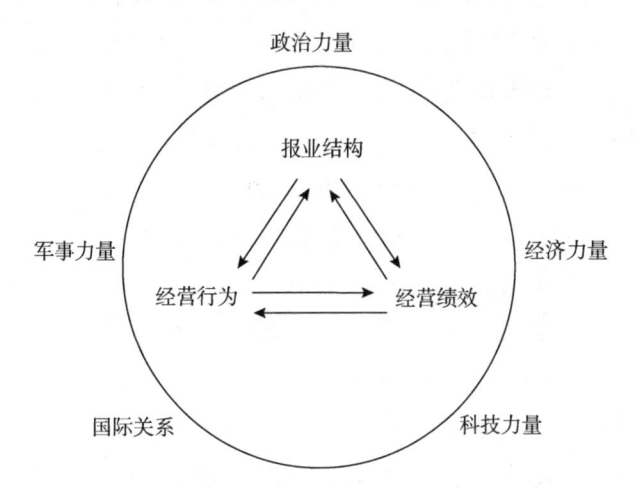

图6-1 民营报业经营的力量博弈与因子互动示意图
图片来源：笔者根据理解绘制。

一 民营报业管制严格，政治力量多方干预

1. 政治力量对民营报业经营改革的干扰

民国初年，报纸大体上可以分为两类，一类为商业性报纸，另一类为政治性报纸。[1] 其中，商业性报纸除了部分外报，大多数为民营

---

[1] 曾虚白：《中国新闻史》（第六版），三民书局1989年版，第287页。

报纸。民营报纸之所以出现起伏荡漾的发展变化,与当时的政治格局有着紧密的联系。20世纪30年代,中国民营报业有迈向报业托拉斯的倾向,然而由于多种原因,民营报业托拉斯刚刚出现萌芽趋势就瓦解了。其中最主要的原因就是政治力量的干预,最终导致民营报人无法继续其报业改革步伐。

孙中山所领导的资产阶级革命曾经通过报刊引导舆论,宣传革命道理,聚集革命力量。革命派受到国外自由与民主思想的影响较大,他们崇尚言论自由,通过报刊舆论传播革命思想。民国成立之初,以孙中山为首的革命派力图将中国建设成为富强、民主、自由的资本主义共和国,极力推行西方的民主原则,倡导言论自由。在各省级革命政权颁布的纲领性法令中,多次将言论出版自由列为重要条款。如《鄂州军政府临时约法》《浙江军政府临时约法》《江西临时约法》等,均载有保障言论出版自由的条款。《中华民国临时约法》更是庄严地宣告:人民有言论著作刊行及集会结社之自由。这些法令,将办报行为合法化,为民营报业的勃兴提供了相对可靠的政治环境。军政各界人士为了聚拢人气,也纷纷表示支持报刊出版工作。老同盟会会员陈其美任都督的沪军都督府,专门批示重视报刊工作,认为"当此民族意识时代,报馆愈多愈好"。[①]

民国成立之初,办报自由并非水到渠成。1912年3月27日,孙中山下令核减新闻邮电费,为报业发展奠定基础。孙中山认为:"报纸代表舆论,监督社会,厥功甚巨。此次民国开创,南北统一,尤赖报界同心协力,竭诚赞助。"[②] 最能体现孙中山保护言论出版自由原则的,是其尊重民意,撤销《民国暂行报律》。清政府曾经制定过《大清报律》《大清印刷物专律》,对办报行为给予严苛的管制。清帝退位,民国成立,报业发展急需专门的法律来管理,南京临时政府颁布了《民国暂行报律》,对于报馆及办报人的注册、发行等有相应的规定,对于散布谣言、失实报道等则给予严厉的处罚。从报业管理的角

---

① 方汉奇:《中国新闻事业通史》(第二卷),中国人民大学出版社1996年版,第1010页。
② 孙中山:《孙中山全集》(第2卷),中华书局1982年版,第245页。

第六章 中国现代民营报业经营的反思与评价

度来看，该报律有其必要性。但是，当时《中华民国临时约法》还没有颁布，多数法规没有制定，先行颁布报律，且报律中对于报人办报违法犯罪的认定界限不明，标准含糊，存在滥用的可能性。因此，报界同人极力反对，认为："今杀人行劫之律尚未定，而先定报律……钳制舆论，报界全体万难承认。"[1] 孙中山得知此事，很快做出回应，认为："该部所布暂行报律，既未经参议院决议，自无法律之效力，不得以暂行二字……民国此后应否设立报律，及如何订立之处，当俟国会会议决议，勿遽亟亟可也。"[2] 很快，这部报律即告撤销。由此可见，孙中山比较尊重舆论，维护言论出版自由。他的这种态度对民国初期其他各级政府也有一定的影响，此后不久，湖南、四川等地的报律也纷纷暂停使用。

不仅仅是革命党人对报业活动表示出支持态度，一些"赞成共和"的立宪党人和旧官僚也在表面上支持办报活动。甚至袁世凯当政的北京政府曾经也在表面上支持言论自由。不管是真是假，这些拥有权势的军政要人能够表示尊重言论自由，为办报办刊提供方便，在一定程度上激发了民营报人的办报热情。在这种政治环境下，报业经营者抓住难得的发展机遇，取得较好的成就。民营大报不断扩张规模，改革组织结构；民营小报此起彼伏，数量可观，形成与民营大报和党报迥异的风格。上述政治环境是民国初期民营报业取得较大发展的重要原因。

同王韬的《循环日报》以及内地其他政党报纸不同，民初的民营报纸不太喜欢刊登政论，其原因是多方面的。一是民初的政治环境比较复杂，一不小心有可能使报纸受损，甚至报馆关门，报馆主人坐牢。有的民营报纸为了寻求庇护，甚至在租界挂上洋旗，聘请洋律师，逃避政府的干预。二是民初政党林立，政见各异，常常争论不休，"表面上听起来，都能言之成理，实际上背景很复杂……报人不慎，会被认为偏袒一方，因而也得罪了另一方。最好的方法，自然是不谈政治，

---

[1] 《中国出版史料》补编，上海杂志出版社1953年版，第185页。
[2] 孙中山：《孙中山全集》（第2卷），中华书局1982年版，第199页。

不刊政论"。① 三是难以找到合适的政论家担当主笔，即便聘到主笔，一旦主笔离职，短时间内很难寻找替补人员，报纸会陷入困境。基于此，以《申报》《新闻报》等为代表的民营报纸，保持一种超然于政治斗争旋涡外的营业性报纸面貌，其目的在于如何盈利。② 这就决定了多数民营报纸的政论平庸保守，以新闻取胜争取更多读者，重视广告经营。

民国时期，租界对中国报业的发展产生多方面的影响。所谓的租界，是指"19世纪中期至20世纪中期帝国主义列强在中国等国的通商口岸开辟、经营的居留、贸易区域"。③ 民国初年，在广州、上海、武汉、平津、长沙等沿海、沿江的大城市，报业尤为发达。这些地方的经济相对发达，工业较为繁荣，人口集中。为报业发展奠定了基础。另外，"由于这些都市都有租界，无论是商办报纸或政党报纸，都可以享受较多的言论自由，自然而然成了报刊的集中地"。④

1845年，英国利用《上海租界章程规定》从中国获得第一块租界。此后，法国、日本、德国、俄国、意大利、比利时等国纷纷在中国的上海、天津、汉口等城市设立租界。租界是帝国主义和殖民主义侵略中国的据点，对中国的经济、政治和文化等各个领域产生极大的影响。一方面，列强通过租界的治外法权加强了对中国的掠夺，进一步压榨中国人民，使中国人民陷入屈辱的半殖民地半封建社会。另一方面，比起中国封建主义政治文化，租界资本主义政治文化具有较高的文明程度，也更具有活力。从客观上讲，租界在传播西方文明、传播西方政治文化方面起到一定的作用，这些因素对于民营报业的发展产生较大的影响。

帝国主义国家选择的租界一般为经济发达、交通便利的城市。各国将资本主义制度文化与经济理念传到中国来，为报纸发展提供了资金与技术准备。民营报刊是中国报纸行业中经营最为活跃、适应能力

---

① 曾虚白：《中国新闻史》（第六版），三民书局1989年版，第287—288页。
② 胡太春：《中国近代新闻思想史》，山西教育出版社1987年版，第222页。
③ 费成康：《中国租界史》，上海社会科学院出版社1991年版，第384页。
④ 曾虚白：《中国新闻史》（第六版），三民书局1989年版，第264页。

最强的报纸种类，能够充分抓住机遇，利用租界的制度环境和文化环境发展自身。因此，租界的存在，为民营报纸的发展提供了物质条件和制度环境，在一定程度上推动了民营报纸的发展。据戈公振的《中国报学史》的统计显示，20世纪20年代，国人自办的知名报刊主要集中于上海、北京、天津、汉口、广州、香港等地，其中，绝大多数报刊集中于上海、天津、汉口等租界范围内。[①] 租界的商业贸易为民营报纸的发行与广告经营奠定了良好的基础。

民营报业经营除了受到当时法律规范的制约外，还受到一些潜规则的影响。这里的潜规则指的是民营报业经营中存在的没有明文规定的、人们私下认可的行为约束，主要包括通过口头方式警告、打招呼等，让报纸经营者采取一定的经营行为；通过发津贴的方式让报业经营者遵守私下约定的"规范"；通过武力、威胁等方式阻碍报业经营者的某些行为；等等。实际上，这些潜规则的存在与制度环境有很大的关系。在两种情况下，潜规则表现得比较突出，一是制度完善，但是，没有贯彻执行，制度环境依旧不好，导致大量的潜规则现象；二是根本就没有完善的制度环境，如果制度环境不成熟，无章可依，无法可循，潜规则现象泛滥在所难免，民营报纸所面临的制度环境主要是后者。

津贴成为政治力量左右民营报刊舆论的重要手段。1925年，北平《晨报》曝光了当时的政府六机关[②]给各家新闻机构的"宣传费"，并将名单及排名公布于报纸上。按照这份名单，新闻机构被分为四个等级：超等6家，每家发放300元；最要者39家，每家发放200元；次要者38家，每家发放100元；普通者42家，每家发放50元。共有125家在列媒体，总金额达15500元。其中，日报有47家，晚报有17家，通讯社有61家。[③] 由此可见，为报纸发津贴成为政治力量控制报纸的重要方式。

---

① 戈公振：《中国报学史》，上海古籍出版社2003年版，第143—149页。
② 政府六机关指的是北洋军阀政府的六个机关，参政院、国宪起草委员会、军事善后委员会、财政善后委员会、国民会议筹备会、国政商榷会等。
③ 《世界日报初创阶段》（一九二四年至一九二七年），《新闻研究资料》1980年第1辑。

中国现代报业兼并所遇到的障碍主要来源于政治力量。1929年，《新闻报》发展处于鼎盛时期，但是，福开森与蒋介石政权的联络不多，加上国民党当局对部分报纸采取"停邮"手段，让福开森嗅到不安因素。因此，福开森拟在《新闻报》具有较大交易价值的前提下将其出售。志在做大做强其报业王国的史量才不失时机地想购买《新闻报》的股份。如果按照市场规律，这场股权交易应该能够比较顺利地完成。但是，史量才的《申报》及其附属事业在上海已经具有很大的势力，其言论的影响力和公信力较大，令国民党当局感到担忧。当时，史量才已经拥有《时事新报》的全部产权，如果再主导《新闻报》的舆论引导权，上海的新闻舆论将为史量才所左右。史量才对蒋介石政府并不随声附和，国民党当局不可能容忍史氏如愿以偿。《新闻报》的主要负责人汪伯奇、汪伯韦极力反对将报纸卖给史量才，国民党当局乘机利用汪氏兄弟。国民党上海特别市党务指导委员会警告《新闻报》不得出售给"反动分子"，并"呈请中央收买福开森所有股份"。① 抨击史量才购买《新闻报》是"不合潮流的举行"，必须"给他一个严厉的制裁"。② 国民党之所以对史量才购买《新闻报》股权如此敏感，主要担心史量才左右舆论。国民党上台之后，极力建构自己的新闻舆论网络，但在上海租界地区，国民党不可能肆意妄为，尤其对于《申报》《新闻报》等民营大报，国民党当局并没有把握完全控制在手中。如果两报均为史量才所控制，国民党当局就更加难以驾驭了。鉴于此，国民党当局散布所谓报纸被"反动分子"购买的谣言，采取恐吓方式，最终导致史量才出让部分股份，减少对《新闻报》股权的控制。并且，史量才在《新闻报》的业务上也做出较大让步，基本不过问报纸的采编业务。从《新闻报》的股权风波可以看出，民营报纸受政治力量的影响很大，不仅仅在言论上要受到政治势力的干预，报纸的经营行为也会因为报道倾向的变化而受到影响。在民营报纸各种权力的制衡中，政治力量起到举足轻重的作用，甚至在很多特殊的

---

① 《临时动议》，《民国日报》1929年1月13日。
② 《临时动议》，《民国日报》1929年1月13日。

时间里，政治力量所起到的作用至关重要。因此，尽管很多民营报纸标榜"不党"、客观、公正等办报理念，但是，在政治格局不断变换的过程中，民营报纸的经营管理最终将受到政治力量的左右。

20世纪30年代初，张竹平以"申时电讯社"、《时事新报》、英文《大陆报》以及《大晚报》为基础组建了"四社"报业组织，尽管"四社"各机构之间的联系并没有呈现一体化趋势，但是，这种松散的运营模式也具有报业托拉斯的雏形。如果没有外部力量的强制性干扰，张竹平的"四社"很有可能发展成为报业集团。遗憾的是，张竹平的民营报业托拉斯最终梦断于当时的政治力量。

成舍我一直想成立自己的民营报业托拉斯。1930年，成舍我赴欧美国家旅游考察，回国后想创办"中国新闻公司"。公司的总部拟设在南京，在全国各大城市分别办一份日报，组成一个实力雄厚、影响力巨大的报业集团。由于战事原因以及政治力量的干预，成舍我的夙愿一直没能实现。

民营报业托拉斯建设是旧中国民营报业集团化改革的尝试，是部分具有进步思想的民营报人学习国外先进的报业经营模式，力图推进中国报业经营现代化的举措。是一种与意识形态关系密切的文化形态，报业经营改革涉及的不仅仅是资本和财产等物化的实体，还涉及深层次的精神层面的敏感问题。一些民营报纸在资本上、物质上依赖于政府和政党，其话语权也交给了所依附的政府和政党；而那些在资本上、物质上相对独立的民营报纸往往坚持其固有主张，其言论或多或少地体现了民营报人的独立精神和批判意识，《申报》《新民报》《文汇报》等民营报纸就是这方面的代表。对于国民党当局来说，《申报》、"四社"等实力增强之后，其独立精神和报人意志体现得更加明显，对于国民党当局开展其反动统治极为不利。民营报业最终没有建设成为真正的报业托拉斯，其原因"不是因为资本的不足，也不是报业之间的倾轧，而是来自国民党的压制"。[①] 因此，民营报业经营模式的改进如果触及当局的政治利益，或者对统治阶级政治理念构成潜在威胁，这种改革

---

① 秦绍德：《上海资产阶级商业报纸的发展道路》，《新闻研究资料》1991年第2辑。

最终将以失败而告终。

(2) 政治力量的干预影响民营报纸的经营活力

尽管民营报纸表面上不属于某一党派，也不属于政府当局，但是其办报主张与言论受当局的政治倾向影响很大，成舍我的办报经历很好地印证了这一点。1926年，南方的革命形势高涨，盘踞北方的奉鲁军阀仍大张旗鼓地制造恐怖，新闻界陷入人人自危的沉闷环境中。邵飘萍和林白水在100天之内先后被害。在林白水被杀的第二天，成舍我被张宗昌派人抓走。《世界日报》同人四处找人营救，曾经担任北洋军阀政府总理的孙宝琦几次向张宗昌求情，张宗昌说："象成某这样人，死有余辜，为了孙的面子，可以暂时不杀。"① 后经孙宝琦的保释，成舍我获得自由。从此之后，成舍我的言论极为慎重，对国内新闻的报道态度也不像以前那样明朗，很少发表社论，《世界画报》主要转向艺术传播，其报业经营活力明显受到较大影响。

1927年，成舍我在南京创办《民生报》，这份报纸很快占领了南京市场，甚至比《中央日报》在南京的销量还要大，比北平《世界日报》的经营绩效更好。成舍我胸怀壮志，一度想将南京作为其报业托拉斯的根据地。但是，成舍我的言论激起政治力量的不满。其实，成舍我与国民党当局的很多要员有一定交情，他还于1929年前后担任过南京政府成立的北平大学区秘书长以及南京司法行政部的秘书。即便如此，《民生报》在几年的成长过程中跌跌撞撞，屡遭处罚。1934年，成舍我因为反对汪精卫的媚日外交和包庇贪污被拘，《民生报》被勒令停刊。成舍我被捕之后，新闻界掀起声势浩大的营救活动，强大的舆论谴责并没有动摇国民党的独裁意志，成舍我最终仍然被非法拘禁40多天。1934年9月1日，国民党当局迫于压力释放了成舍我，并针对成舍我提出了五项命令：第一，《民生报》永远停刊；第二，不准成舍我在南京以其他名义办报；第三，不准以本名或者其他笔名发表批评政府的言论；第四，不得在任何公共集会发表批评政府的演说；

---

① 世界日报史料编写小组：《世界日报初创阶段》（一九二四年至一九二七年），《新闻研究资料》1980年第1期。

第六章 中国现代民营报业经营的反思与评价

第五，如果成舍我离开南京，不管到哪里，均应该向当地最高军警机关报告个人行止。① 从这则措辞强硬、要求苛刻的命令中可以看出，国民党当局对民营报纸的言论导向极为重视，报纸的言论必须限定在当局的容忍范围之内，否则报人的安全、报馆的生存发展就会失去保障。

上述表明，政治力量对民营报业经营产生深远的影响。成舍我曾经提出一个办报口号："资本家出钱，专门家办报，老百姓讲话。"② 这一憧憬有其合理成分：办报需要资金，一般的老百姓没有资金可用，因此由资本家来出钱办报，这是当时民营报纸的重要经济来源；办报需要有一定文化水平和社会活动能力的人来采写新闻，需要有一定经营管理能力的人来维持报馆的运营，因此说，专门家办报也有其合理性。但是，民营报纸要坚持为"老百姓讲话"创造平台，最终报馆的主笔和记者必将遭到当局的冷遇，轻则被批评与斥责，重则人身自由受到限制。

军事力量往往是政治力量的延伸，能够直接限制民营报业的经营与发展。民国后期，成舍我一直努力创造条件，力图打造自己的报业托拉斯。但是，这一梦想始终在政治力量和军事力量的左右下难以实现。早在《世界日报》最为兴盛的20世纪30年代，成舍我围绕该报打造了类似于报业托拉斯的报业组织，1937年7月底，北平沦陷，《世界日报》停刊；1937年11月13日，日寇占领上海，《立报》停刊。成舍我辛勤构筑的报业组织体系在军事行动中显得极为渺小，其经营理念更是难以在现实中得到展现。从表6-1可以看出，民营报纸的言论容易引起当局的不满，最终导致报纸以及报人遭受处罚，报业经营受到显著的影响。

表6-1　　　　　　部分民营报纸、民营报人所受的处罚与迫害

日期	地点	处罚及其原因
1926年4月26日	北平	邵飘萍因发表文章揭露张作霖统治的种种黑暗，而被张作霖杀害

---

① 陈昌凤：《从〈民生报〉停刊看国民党南京政府控制下的民营报业》，《新闻研究资料》1993年第1期。

② 张友鸾等：《世界日报兴衰史》，重庆出版社1982年版，第209页。

续表

日期	地点	处罚及其原因
1926年8月6日	北平	林白水因揭露潘复与张宗昌相互勾结、狼狈为奸的丑闻遭军阀张宗昌杀害
1926年8月7日	北平	成舍我因言论惹怒张宗昌被捕,3天后被孙宝琦保释
1929年12月31日	北平	《世界日报》刊登新闻揭发阎锡山被勒令停刊1个月
1933年5月10日	北平	成舍我在《世界日报》刊发揭穿蓝衣社内幕的消息被刘健群派人逮捕,经人说情获释
1934年5月	南京	《新民报》因揭露汪精卫部下彭学沛贪污舞弊被南京警察厅停刊3天
1934年7月23日	南京	南京宪兵司令借口《新民报》一则消息泄露军事机密秘密逮捕成舍我,后成舍我经营救获释,永久不得在南京办报,《民生报》永远停刊
1934年7月22日	北平	《世界日报》刊登社论认为"平沈通车"有所不当,被停刊3日
1934年9月7日	北平	《晨报》因刊登涉及塘沽协定的新闻,受到停邮处分
1934年11月13日	上海	《申报》总经理史量才因主张抗日、倾向进步被暗杀
1946年5月25日	上海	《文汇报》《联合晚报》《新民晚报》被国民党淞沪警备司令部勒令停刊。原因是这些报纸"连续登载妨害军事之消息及意图颠覆政府、破坏公共秩序至言论与新闻"。《铁报》因透漏蒋介石批准此时被停刊4天
1946年7月5日	长沙	《力报》因刊登国民党国防部特设新闻局消息,被冠以"歪曲事实,淆乱听闻"而停刊3天
1946年7月17日	上海	《文汇报》因"伪造警士名义,挑拨员警感情,扰乱社会治安"被淞沪警备司令宣铁吾停刊一周
1947年2月20日	上海	《新民晚报》副刊"夜光杯"刊登《冥国国歌》于3月4日被停刊1天
1947年5月24日	上海	《文汇报》因反对内战与支持中国共产党被国民政府查封
1947年5月25日	上海	《新民报》上海版因反对内战,报道国民党镇压学生游行被国民政府当局冠以"破坏社会秩序,意图颠覆政府"的名义勒令停刊,一直到1947年7月30日才复刊
1947年6月1日	上海	《联合晚报》因揭露国民党阴暗面引发仇恨,女记者黄冰和姚芳藻被捕
1947年7月8日	南京	《新民报》南京版因"屡次刊载为匪宣传、诋毁政府、散布谣言、煽惑人心动摇士气暨挑拨离间军民及地方团队情感之新闻、通讯及言论……"违反"出版法"被永久停刊

第六章　中国现代民营报业经营的反思与评价

续表

日期	地点	处罚及其原因
1949年7月	重庆	《世界日报》因刊文指责国民党四川省主席王陵基和重庆市长杨森，该报被国民党重庆市党部接收
1949年7月23日	成都	《新民报》成都版因"通匪有据"、"《新民报》迭次违反戒严法令"被国民党武力劫收，并于当年8月5日出刊伪"新民报"
1949年10月19日和20日	重庆	《世界日报》《新民晚报》《巴蜀晚报》因刊登人民解放军解放广西全州触怒国民党，国民党重庆警备司令部勒令三家报纸停刊1天

注：本表根据以下文献整理制作：1. 王文彬：《国民党统治时期报业遭受迫害的资料》，《新闻研究资料》1981年第1期；2. 王文彬：《国民党统治时期报业遭受迫害的资料》（续），《新闻研究资料》1982年第5期；3. 张友鸾等：《世界日报兴衰史》，重庆出版社1982年版；4. 新民晚报史编纂委员会：《飞入寻常百姓家：新民报——新民晚报七十年史》，文汇出版社2004年版。

（3）政治力量对民营报纸经营合法性的剥夺

政治力量不仅仅影响民营报纸的经营改革和经营活力，还会直接剥夺民营报纸的经营合法性。1948年初，南京的民营报纸《新民报》坚持客观、公正的报道理念，对解放军在各地的战绩做了如实报道，国民党当局极为反感。是年6月25日，《新民报》详细地报道了何应钦在立法院秘密会议上所作的关于开封之战的报告，并刊登了邓季惺等立委所提出的"停止轰炸城市"的提案。此事引发立委中CC分子的强烈不满，邓季惺和《新民报》陷入"立法院军事泄密案"，遭到谴责与攻击。此后，《新民报》由于报道开封被炸事件，又被认为是蓄意掀起"反轰炸运动"。部分反动势力想尽一切办法诬陷《新民报》，最终导致蒋介石宣布封闭南京《新民报》。1948年7月8日，一份由陈布雷、李维果、俞济时三人小组直接下达给内政部的公文《内政部（三十七）安肆一〇二五二号代电》送交给南京《新民报》的陈铭德和邓季惺，宣布南京《新民报》从此之后永久停刊。令人疑惑的是，给予《新民报》永久停刊处罚的依据是北洋政府时期留下的单行法。上海《大公报》、南京《大刚报》、重庆《大公报》、北平《世界日报》等民营报纸对该报所受到的不公平处罚极为不满，纷纷发表言论抗议当局的做法。

进入20世纪以后，政治格局不断变化，不管何种政治力量控制时局，均不希望舆论力量对其统治指手画脚。作为中坚力量，民营报纸的新闻报道如果有动摇当局统治秩序之嫌，政治力量就会毫不犹豫地加以干涉。如果民营报纸的言论超出了当局的容忍范围，最终将会被停刊整顿甚至直接取缔，报人也会因此受到严厉的处罚。1945年11月20日，《世界日报》复刊，该报第一号上刊登了成舍我的长文《我们这一时代的报人》，成舍我感慨道："我们真不幸，做了这一时代的报人！……单就我自己说，三十多年的报人生活，本身坐牢不下二十次，报馆封门也不下十余次。"[1] 成舍我的感慨表明，在政治风云变幻的民国时期，民营报纸的言论关系到报纸的生存发展，进而决定报纸能否顺利出版与经营。民营报纸坚持不同的政治倾向会导致不同的政治结局。倾向进步有可能引来杀身之祸，如史量才；稍有不慎则有可能被拘捕，如成舍我；报业实力太强则有可能被劫夺，如张竹平；等等。因此，民营报纸的经营与其言论存在紧密的联系，保持"超然""独立"的报纸难以生存下去，报纸经营更是无从谈起。

二 报业营收维持生存，经济发展提供动力

从经营的角度来看，党政报纸和民营报纸的区别在于，前者并不太重视报纸的经营，后者则主要依靠发行带动广告经营，维持报纸的生存发展。关于报纸的发行，党政报纸可以通过行政力量推动发行，报纸的经济来源相对稳定，没有广告经营方面的压力。而民营报纸没有党政报纸的这些优势，其经济来源主要依靠自身经营。"新闻纸原是一种企业，新闻社的生命是应以其营业收入来维持。政党的新闻纸虽另有其经济来源，但是对于业务方面也绝不肯放松的。"[2]

1. 经济力量是民营报业发展的命脉

纵观中国民营报纸与国民经济发展状况可知，民营报纸发展较好的时期，也是中国经济发展较好的时期。中国报业发展必然遇到来自经济问题和知识问题两方面的制约。第一，当时，全国中产阶级以下

---

[1] 张友鸾等：《世界日报兴衰史》，重庆出版社1982年版，第158页。
[2] 张友鸾：《战时新闻纸》，中山文化教育馆1938年版，第29—30页。

的民众所占的比例在80%以上。这部分人能够靠自己的劳作满足衣食住行已经算是不错了，再让他们省下钱来买报纸，"那是很难办到的"。第二，当时除了少数知识分子外，大多数粗通文字的普通大众很难对新闻有充分的了解或产生兴趣。[1] 上述两个因素限制了民营报业的发展，其中，经济因素的限制是最明显的。当然，中国经济水平的提升也为民营报纸的生存与发展奠定了基础。

报纸的主要功能是报道新闻、传递信息、引导舆论，弘扬正确的社会价值观等，经营与盈利并非报纸最重要的功能，民营报纸概莫能外。在中国报业史上，最能赚钱的民营报纸，但其盈利能力也超不过那些大型企业。"报纸是一种特殊的企业，其影响作用远非一般企业所能比。其他企业提供的产品或服务，只能满足消费者特定的生理和心理需求，而报纸在此之外，还能够影响到整个社会的福祉。"[2] 纵观中国近代报业发展史可以发现，报刊业在人类文明与社会文化的传承中起到了至关重要的作用。在报纸没有普及的封建社会，人类社会文明的传承主要靠书籍、实物以及口口相传等。有了近代报纸以后，人类社会的文明记忆发生了巨大的变化，人们可以摆脱时间、空间的限制，了解一个世纪以前的社会变迁与经济文化发展。如今，各行各业的学者、专家以及普通百姓等通过《申报》《大公报》《新闻报》等民营报纸了解过去的社会变迁。可见，沉寂几十年，乃至上百年的民营报纸依然通过不同的渠道发挥其功能和价值。这些民营报纸为后世所提供的文明记忆方面的功能，远远超过其经营中所获取的经济效益。

民营报纸之所以能够生存发展，与其所获得的经济效益密不可分。大多数民营报纸靠报纸的发行与广告盈利，以维持其生存发展。报纸盈利状况如何，与国内经济发展状况存在紧密的关系。当国内经济萧条、企业生存困难的时候，民营报纸的盈利水平也会明显下降，甚至有的报纸难以支撑，最终退出报业市场。当经济运行稳定，居民收入、

---

[1] 汤炳正：《小型报的缺点及其改善办法》，《报学季刊》1935年第1卷第4期。
[2] 张昆：《大众媒介的政治社会化功能》，武汉大学出版社2003年版，第63页。

企业盈利水平提高的时候,民营报纸的发行量和广告经营额也随之提高,整个盈利水平不断提升。

近代报刊舆论理论家梁启超曾经感慨道:"吾侪从事报业者,其第一难关,则在经济不易独立。"① 机关报、政党报纸、社会团体报纸等具有特定的收入,盈利往往并非其主要目标,经济独立对于这些报纸并不太重要。多数民营报纸在办报之初就声称无党无派、公正报道等,但是,在实践中,如果经济上受制于人,就很难做到不偏不倚。陈铭德认为,有些民营报纸靠自身经营难以维持生存,"遂不得不恃特殊款项以为挹注,因而言论难获健全,而报纸之魂魄全失矣"。② 因此,报纸要以营利为手段,达到"以报养报"的状态,这是报纸保持健全舆论的基础。陈铭德认为,在报业经营中,营利是手段,不是目的。"经营新闻事业者,决不以营利为目的,但不可不以营利为手段。"③ 倘若报纸以盈利为目的,其危害就会明显提升,其收入远比不上纸商和印刷商,并且后者在盈利的同时对社会的危害相对较小。如果报纸不以盈利为手段,就很可能难以达到"以报养报"的状态,最终就会丧失堡垒和阵地。由此可见,陈铭德主张通过适当的盈利来维持报纸生存,在此基础上实现报纸服务社会、引导舆论的目的。

报馆的经理在民营报馆的管理中处于什么样的地位?很多学者和报人对此曾经发表过各自的看法。曾经担任过《申报》协理和《时事新报》总经理的汪英宾认为,报纸要成功,在实行商业化的同时,还要做到三原则:"1.不要钱;2.不要名;3.不要权。"④ 作为报馆的经理,在报馆中所处的地位比较重要。"甲、经理在报业生命循环中执掌三分之二环(报业生命循环为:新闻—读者—广告),经理主要之职责,在取得广告即推广发行(即取得读者),所以他执掌着报业生

---

① 胡太春:《中国近代新闻思想史》,山西教育出版社 1987 年版,第 243 页。
② 陈铭德:《报纸经营与报社管理》,《中国新闻学会年刊》1942 年第 1 期。
③ 陈铭德:《报纸经营与报社管理》,《中国新闻学会年刊》1942 年第 1 期。
④ 汪英宾:《报业管理要义》,《新闻学季刊》1941 年第 2 卷第 1 期。

命循环三环中之二环。"①

所谓报业生命循环，可以这样来理解：报纸的广告要取得成效，需要有较大的读者群；要获得大的销量，就要求有丰富的新闻供读者阅读；而新闻的采集与编辑等费用，大半要取之于广告。发行、广告均由经理负责，这两项工作是民营报馆赖以生存的命脉。因此，报馆的经理占据报业生命循环三环中的二环。一些民营报纸表面上承担着传递消息、引导舆论的功能，但实际上已经变成"一种纯营利的事业，它和普通的商业机关没有分别了，于是经理人的地位便超出编辑人的地位，编辑者手中的笔就要受经理人的指导。"② 按照这种模式，经理人就会片面满足广告客户的要求，刊登一些不良广告，甚至干预报纸的内容，以引起轰动，迎合部分读者的需求，以期短时间内扩大销售量。这些做法往往是权宜之计，很难取得长久的效果。

2. 近代的产业经济和商业经济对民营报业经营的意义

近现代以来的产业经济的发展既为民营报业提供了经济基础，也为民营报业的发展带来了相应的技术条件。中国的产业经济得到一定程度的发展，为民营报业经营与改革奠定了基础。按照许涤新、吴承明的观点，近现代以来的资本体系结构大体如下③：

A 工业资本：主要包括近代化工厂制造业、水电等公用事业，全部矿冶业等；

B 交通运输业资本：主要包括铁路、公路、轮船、民航、邮政、电信等；

C 产业资本 = A + B；

D 商业资本：市场商品一次交易所需资本；

---

① 汪英宾：《报业管理要义》，《新闻学季刊》1941年第2卷第1期。
② 业裕：《上海报纸的批评》，《记者周报》1931年第1期第6号。
③ 许涤新、吴承明：《中国资本主义发展史》，《新民主主义革命时期的中国资本主义》，社会科学文献出版社2007年版，第548页。许涤新、吴承明所论及的资本，是政治经济学领域的资本概念，即生产剩余价值的价值，包括一切用于生产经营的固定资本和流动资本，但不包括闲置的设施。

E 金融业资本：原则上包括所有新式和旧式银钱业，不包括投资公司。

通过表6-2的数据可以看出，在1894—1948年的50多年间，中国产业资本的增长速度较快，1948年的产业资本是1894年的53.9倍，年均增幅为7.81%。① 如果从不同的时间段来看，从1894年到1914年，中国产业资本的年均增幅为15.46%，1914—1920年的年均增幅为5.16%，1920—1936年的年均增幅为8.83%，1936—1948年的年均增幅为-3.61%。② 产业资本可以分为外国资本和本国资本，而本国资本又可以分为官僚资本和民族资本。在细分的统计中，1894—1936年，外国资本和国内的民族资本的生长性要优于官僚资本。1911年以后，外国资本在中国产业资本中所占的比例一直维持在50%以上，而民族资本所占的比例在20%左右。相对于官僚资本来说，外国资本和本国民族资本所投资的产业恰恰是民营报业广告收入的重要来源，这是中国现代民营报业发展的重要经济动力。

表6-2　　　　　　　　　　　产业资本估值　　　　　　　　　　单位：万元

年份	1894	1911/1914*	1920	1936 关内	1936 东北	1947/1948 国统区1936年币值
产业资本总额	12155	178673	257929	554593	444463	654992
工业	7745	66622	106484	324001	176379	370812
交通运输业	4410	112051	151445	230592	268084	284180
外国在华企业资本	5406	102125	133000	195924	375834	73414
工业	2791	37690	50000	145128	108750	62446
交通运输业	2615	64435	83000	50796	267084	10968
官僚资本	4757	47807	66952	198925	23529	420079
工业	3063	8417	11414	34034	23529	159874

---

① 考虑到通货膨胀因素，战后1947/1948年的产业资本是估值，采用战前的不变价格即1936年的币值，这样有助于增加可比性。

② 许涤新、吴承明：《中国资本主义发展史》，《新民主主义革命时期的中国资本主义》，社会科学文献出版社2007年版，第552页。

第六章 中国现代民营报业经营的反思与评价

续表

年份	1894	1911/1914*	1920	1936 关内	1936 东北	1947/1948 国统区 1936 年币值
交通运输业	1694	39390	55538	164891	147060	260205
民族资本	1992	28741	57977	159744	45100	161499
工业	1891	20515	45070	144839	44100	148492
交通运输业	101	8226	12907	14905	1000	13007

＊外国资本为1914年，官僚资本为1911年，民族资本为1913年。
资料来源：许涤新、吴承明：《中国资本主义发展史》，《新民主主义革命时期的中国资本主义》，社会科学文献出版社2007年版，第549页。

中国近代商品经济是在各种经济力量的互动中逐渐发展起来的，其生产形式是被动的。近代商品资本首先由外国资本引入，并伴随着对中国主权的干预，列强们将商品经济作为特权强加于中国，最终形成了外国资本、政府资本和民间资本三重结构。[①] 1840年到甲午战争之前，外资在中国创办的企业有100余家。1894年，在新式产业资本中，本国资本占9519.1万元，占全部资本的63.7％，而外国资本投资额为5433.5万元，占36.3％。[②] 到了1913年，外资在中国新式产业中所占的比例暴增至80.3％，而中国国内资本只占有19.7％。[③] 上述数据表明，在甲午战争之前，中国的商品经济总量较小，且以国内资本为主，政府对商品经济的控制能力较强，外国资本在中国的发展只是处于试探性阶段；鸦片战争之后，中国统治阶级对外资的控制能力基本瘫痪，外资大范围入侵中国各行各业的商品经济，致使中国商品经济经历剧烈的洗牌过程。

中国的商业资本在整个资本市场中占据重要的份额。从表6-3的数据可以看出，商业资本在中国整个资本市场中所占的比例较大。民国初期，商业资本在资本总额中所占的比例为48.40％，此后，这一比例有所下降，到1948年，商业资本在整个资本市场中所占的比重下降到26.84％，且产业资本的比重也不断减少。相比较而言，金融资

---

① 陈庆德：《商品经济与中国近代民族经济进程》，人民出版社2010年版，第120页。
② 吴承明：《中国资本主义与国内市场》，中国社会科学出版社1985年版，第113页。
③ 陈庆德：《商品经济与中国近代民族经济进程》，人民出版社2010年版，第120页。

本在整个资本市场中的比重有所增加，1936年，关内的金融资本在整个资本总额中所占的比重一度达到47.51%。民营报纸经营收入主要为广告，而广告来源并非靠政府和党派组织，广告主主要是中外企业。因此，商业资本和产业资本的市场份额对民营报业经营的意义比较大。从总体上来看，商业资本和产业资本在整个资本市场中所占的比重大体维持在75%左右。在民国成立之后的25年间，商业资本的年均增长率为3.21%，而产业资本在此间的增长率为4.83%。据统计，1933年，关内的22个省中，有商店694928户[①]，主要的商业行业包括棉布、五金、百货商店、西药商业、茶商业、丝商业等，这说明当时的商业发展已经形成较大的规模，一些大型的商业经营单位经常通过民营报纸发布商业广告，这是很多民营报纸能够维持较好的经营绩效的重要保障。

表6-3　　　　　中国商业资本在全部资本中所占的比重　　　　单位：万元

年份	1894	1911/1914	1920	1936 关内	1936 东北	1947/1948 国统区 1936年币值
资本总额	113719	483845	719882	2014543	565844	1424518
C 产业资本额	12155	178673	257929	554593	44443	654992
产业资本所占比重	10.69%	36.93%	35.83%	27.53%	7.85%	45.98%
D 商业资本额	74884	234168	317000	500295	60932	382348
商业资本所占比重	65.85%	48.40%	44.03%	24.83%	10.77%	26.84%
E 金融资本额	26680	71004	144953	957156	38783	387178
金融资本所占比重	23.46%	14.67%	20.14%	47.51%	6.85%	27.18%
其他资本	—	—	—	2499	21666	—
其他资本所占比重	—	—	—	0.12%	3.83%	—

数据来源：笔者根据许涤新、吴承明的相关数据整理。参见许涤新、吴承明《中国资本主义发展史》《新民主主义革命时期的中国资本主义》，社会科学文献出版社2007年版，第556页。

20世纪二三十年代，一些大型民营报纸的广告客户主要为中国产业经济和商业部门的经营者。其中，《申报》《新闻报》《大公报》等

---

① 许涤新、吴承明：《中国资本主义发展史》，《新民主主义革命时期的中国资本主义》，社会科学文献出版社2007年版，第181页。

报纸刊登的广告主要包括。一是洋行与外国公司的广告，如美商公利洋行、美商利达洋行、美商盛昌洋行、美国友华银行、双龙洋行、德法公司等洋行、英美烟公司、华英药房和外国烟草公司、保险公司等刊登的各种类型的广告。有的外国公司为了尽快占领中国市场，甚至设立专门的广告部门，聘请专门的人才制作广告，推广其产品和服务。20世纪二三十年代，英美烟草公司的年度广告预算超过20万元。[①] 二是民族资本主义企业、各种商业机构、医疗机构所刊登的广告，如商务印书馆、宁绍商轮股份有限公司、大陆机器制造厂、中国邮船有限公司、马玉山公司、振泰纺织股份有限公司、冠生园、上海联益贸易公司、各大医院、药房等机构刊登的大量广告。中国的民族资本主义企业面临着官僚资本和外国资本的夹击，在生存中遇到很多困难。为了获得更多的发展空间，新兴的民族商业组织积极采取多种方式提高其商品的知名度，在报纸上刊登广告即为重要的方式之一。同样的商品，通过报纸广告宣传之后，"一经上市便增财"。[②] 三是一些公益性文化机构、社会组织、社会名流刊登的信息和广告，如学术演讲会、群益书社、上海贫儿院、江苏教育会、上海图画美术学校、江苏省立女子师范学校、北京通才商业专门学校、各大戏院等刊登的大量公告、商业信息等。上述分析表明，民营报纸的广告来源渠道较广，主要包括国内外企、事业单位等。

（3）物价上涨制约民营报纸的发展

报业的发展与经济发展水平之间存在紧密的联系。民国时期，政局不稳，时有荒灾，战争不断，各个地区的经济发展受到上述因素的影响较大，出现经济凋敝与经济波动状况在所难免。经济不景气对于民营报业发展的影响是致命的。经济收入下降，大型企业在广告方面的预算就会降低乃至直接取消，民营报纸的生存发展受到直接的冲击。

①物价上涨导致"纸荒"

当时有学者评价说，民国时期，报业之所以不够发达，是因为

---

① 林升栋：《中国近现代经典广告创意评析——〈申报〉七十七年》，东南大学出版社2005年版，第118页。

② 顾炳权：《上海洋场竹枝词》，上海书店1996年版，第181页。

"现在的报纸尚未成营业化,加之机关报的色彩太浓厚,又因有时个人所创办,资本有限,营业不能发达"。① 那时候,除了部分民营报纸拥有丰厚的物质条件外,多数民营报纸的物质条件并不富足,这极大地影响了民营报纸的发展。抗战胜利之前,民营大报的售价在4分钱左右,一个月的售价在1元钱左右。当时,一个普通人的月薪在10—23元之间。订阅一份报纸占了工资的十分之一至二十分之一,将大大影响订阅者生活状况。因而,订阅报纸的钱用于其他生活必需品显然更实际一些。抗战胜利之后,随着物价上涨,人民生活水平不断下降,订阅报纸逐渐成为一部分人的奢望,民营报纸的生存发展受到极大的影响。成都的民营报纸《新新新报》的社长陈斯孝认为,办一份民营报纸遭遇诸多困难,报纸的印刷机器、运输工具、纸张油墨以及其他的设备均需要政府提供切实的方便,否则无法办下去。因而,陈斯孝感慨道,"在这以发行为本位,没有广告收入的成都办地方报,甚感痛苦!"②

民营报纸的纸张大多需要进口,物价波动、纸张供应不足等因素都会影响民营报纸的制作成本。从表6-4可以看出,20世纪30年代初,中国的新闻纸进口主要依赖于国外或中国香港,而当时中国香港的新闻纸也主要来源于国外,这样就会导致纸张贸易受制于国外。其中,中国对日本的新闻纸依赖程度最高,一旦新闻纸涨价,中国报业经营就会受到明显的影响。

表6-4　　　　新闻纸进口数值区域统计表(1930—1932)　　　　单位:海关两

国家或地区		1930年	1931年	1932年
日本	数量	779793	700904	299009
	价值	9222398	9277599	2421225
挪威	数量	133367	43093	161529
	价值	1615196	626176	1865798
中国香港	数量	75450	10623	23581
	价值	799895	961238	302109

---

① 蒋国珍:《中国新闻发达史》,世界书局1928年版,第61页。
② 陈斯孝:《办报二十年　备尝艰苦》,《报学杂志》1948年创刊号。

续表

国家或地区		1930 年	1931 年	1932 年
其他	数量	257987	288606	711268
	价值	3454982	4072271	8175095
共计	数量	1262568	1123226	1197387
	价值	15092471	14927230	12755238

资料来源：《最近三年来新闻纸进口数值国别统计表》，《四十年代》1933年第2卷第3期。
注：本表包括印书纸和印报纸等项。

通货膨胀对民营报业的纸张供应、发行与广告影响极大，甚至是毁灭性打击。1946年7月，全面内战爆发，国民党统治区域遭遇严重的经济危机，一直维持到中华人民共和国成立之前。1946—1947年，国民党政府财政赤字严重，赤字率超过60%。[①] 当时国内白报纸供不应求，民营报业所需白报纸主要依靠国外进口。国内白报纸的总产量在6000吨左右，而进口白报纸为60000吨左右，后者是前者的10倍。[②] 1947年，由于通货膨胀，经济不景气，报馆收入减少，办报所需材料费日益增加，民营报纸遇到前所未有的困境。1947年，全国预期生产各种纸张42000吨，但实际上只生产12000吨，存在巨大的缺口，给报业经营带来严重的危机。

1946年8月，白报纸普遍涨价，南京的白报纸每令涨至38000元，增加了90%，印刷工人要求增加80%的工资，给民营报业带来严重的经济危机。白报纸和印刷工人的工资平均增加85%，已经成为民营报纸成本的主要部分。报纸的价格不能随着外汇的调整而增加，各家民营报馆叫苦连天。[③] 据1947年3月11日《大公报》刊登的消息显示，2—4月份纸张输入数额确定为每月3000吨。其中，1000吨配给上海的各家报纸，550吨预留给国民党中宣部，以备各地党报所用。上海的各家报纸2—4月份的配纸情况参见表6-5。从表6-5可以看出，上海的各家报纸的配纸情况存在较大的差异。其中，民营报纸的配纸数量明显较多，在配纸总量中占76.2%，尤其是《新闻报》《申报》

[①] 朱汉国、杨群：《中华民国史》（第一册），四川人民出版社2006年版，第500页。
[②] 《如何解决纸荒问题》，《报学杂志》1948年第1卷第3期。
[③] 《白报纸涨了价　民营报业叫苦》，《大公报》1946年8月21日。

《大公报》等报纸，发行量较大，配给的纸张更多。当然，当时的配纸量远远不能满足各家报纸的需求，多家报纸不断呼吁国民党当局放宽纸张配给数量，为民营报纸提供更加充裕的白报纸。配纸制度给民营报纸带来的冲击最大，因为国民党党报所需的报纸能够得到保证，即便所配给的纸不够用，也可以破例运用外汇购买。民营报纸《文汇报》的主笔徐铸成曾经在日记里评价配纸制度："中宣部以统制外汇为名，限制各报用纸……此项限制，对象仅为民营报也。"[1]

表6-5　　　　1947年2—4月每月上海各家报纸配纸一览

序号	报纸名称	金额（万元）	吨数（吨）
1	大公	84000	525
2	申报	91200	570
3	新闻	139200	870
4	文汇	14400	90
5	商报	19200	120
6	东南	33600	210
7	正言	19200	120
8	前线	19200	120
9	和平	14400	90
10	益世	19200	120
11	立报	5760	36
12	大陆	2880	18
13	字林西报	2880	18
14	大美晚报	2880	18
15	新民晚报	12000	75
合计		480000	3000

数据来源：《各报配纸　二至四月　数额已决定》，《大公报》1947年3月11日。

在上海，"各民营报馆，因各界购买力之日趋薄弱，报纸销路，每况愈下，广告方面，复因商界情况，益显凋敝不振"[2]。根据1947年2—4月的纸张供应情况来计算，全国民营报纸每季度所分配的纸张

---

[1] 徐铸成：《徐铸成日记》，生活·读书·新知三联书店2013年版，第25页。
[2] 《民营报纸要求低利贷款》，《上海特写》1947年第30期。

第六章　中国现代民营报业经营的反思与评价

只有五百至一千吨，折算下来，全国每432位同胞才能看一份报纸。①据资料显示，除了《新闻报》一家赚钱外，其余的报纸均处于亏损状态。其中，亏损最大的达十亿元，少则三五亿元。②经济凋零对民营报业的发展来说是致命的。1948年，全国通货膨胀，物价飞涨，有的报纸标价极高，但是，实际盈利有限，甚至亏本。有人无奈地讽刺当时报业的状况："以一份申报售十六万元，票面上便足抵纽约一家报馆的资本。"③

白报纸价格上涨，民营报纸只能向读者加价，但是加价的幅度赶不上物价上涨的幅度。所以，很多民营报纸叫苦不迭，以至于有人拿报纸的价格讽刺当时的物价："报纸买了飞机票，转眼腾空，正是豪哉阔也！"④ 1948年，物价上涨，国民经济发展遭遇困难，进而殃及报业发展。国民政府将进口白报纸数量减少了四分之一，各大报纸纷纷减张缩版，一大张以上的报纸均减少半张。如，上海的《大公报》减至一张半，《正言报》《益世报》《和平报》等均减至一张。在西安，多家报纸因纸张供应困难而难以支撑；上海的《大公报》采用七号字以应对纸张困难，上海的部分晚报缩减篇幅应对纸张危机，一向被其他报人羡慕的《新闻报》的职工也因为待遇问题与报社交涉。各民营报纸也纷纷响应号召，节约纸张。另外，在经济困难时期，多数知识分子的收入锐减，"一点微博的收入，支出分配不到订阅报纸上来"。⑤由于通货膨胀，报纸经营受到致命打击，一天的报纸卖完之后，收回来的钱不到成本的四分之一，甚至不到成本的十分之一。以至于有的报馆干脆只印几百份报纸，将剩下的白报纸送给书纸商，反而能够赚更多的钱。有一部分人利用当时管理上的漏洞，每期只出版几份报纸做样子，然后向海宁洋行订购数百吨的白报纸，将这些白报纸卖向黑市，从中谋取利润。因此，有人慨叹："纸商眉开眼笑之日，即报人

---

① 《民营报纸的末路！全国四三二位同胞只读一份民营报纸》，《一四七画报》1947年第10卷第10期。
② 《民营报纸要求低利贷款》，《上海特写》1947年第30期。
③ 梨世芬：《币制改革前后的报业观》，《报学杂志》1948年创刊号。
④ 《民营报纸的报纸压迫》，《一四七画报》1947年第10卷第10期。
⑤ 如陵：《论发行与再发行》，《报学杂志》1948年第1卷第5期。

束手无策之时！"① 从经济角度来讲，"（报纸的）销数失了意义，办报便等于多余的事"。②

经济动荡对于二线城市以及小城市民营报纸的影响极其明显。"金潮声中，给予南昌现有几家报纸的打击，几至不可收拾。"白报纸涨价，员工收入下滑，这些都是无法回避的现实问题。当时的报费已经增加到对开报纸每份每月订阅费9600元，四开报纸每份每月订阅费也要6000元，参见表6-6。除了发行上的困难外，报纸的信息采集工作也遇到经费投入的困难。"新闻电费加价，更给予地方报纸以严重的打击，尤其是民营报纸更吃不消。"③

表6-6　　　　　　南昌市新闻纸调查表（1948年4月8日）

报纸名称	报纸性质	发行人	出版号数	每月报价（元）
民国日报	国民党党报	何人豪	7709	9600
中国新报	民营报纸	熊在渭	509	9600
华光日报	民营报纸	徐喆人	2849	9600
力行日报	民营报纸	庄祖方	588	8000
捷报	协会报纸（黄埔同学会筹办）	暂缺（原发行人甘绍卓调离）	4069	9600
青年报	青年团的机关报	詹纯鉴	1177	9600
新闻日报	参议会的机关报	张任石	371	6000

资料来源：根据《南昌报业概况》整理，参见刘藻《南昌报业概况》，《申报馆内通讯》1947年第1卷第7期。

纸张供应不足容易引发各种纠纷。1948年，中国人民解放战争进入决战阶段，青岛市的《民言报》《青岛公报》《青岛时报》《平民报》《青报》《军民日报》《民报》《青岛晚报》等报纸的负责人拟转移财产，为外逃做好准备，在《平民报》社长张乐古的张罗下，停办各家报纸，联合出版《青联报》，即青岛市的"八报联合"。青岛市的配纸均由联合的八家报纸负责人来操作，这样一来就容易发生纠纷。"凡在报业公会没有地位的报纸大都得不到应得的配纸"，1947年12

---

① 《穷苦读者的报费　向囤纸商人奉献》，《一四七画报》1947年第10卷第10期。
② 黎世芬：《币制改革前后的报业观》，《报学杂志》1948年创刊号。
③ 刘藻：《南昌报业概况》，《申报馆内通讯》1947年第1卷第7期。

第六章 中国现代民营报业经营的反思与评价

月，八家联合报纸将拨配的 160 吨报纸截留，没有从上海运往青岛，而是由《青联报》的负责人杨天毅（《民言报》的主持人）私下派人准备以黑市的价格出售，并用所获得的费用来收购青岛黑市的报纸，这样就会导致其他资本薄弱的 7 家报纸无法印报，而这些报纸基本上都属于民营报纸。由此可见，在经济危机爆发的时候，民营小报所受的冲击最大，随时可能因为各种原因停止办报。后来，这些民营小报联合起来请愿，才讨回 147 吨报纸，另外 13 吨报纸则已经售出。① 当时出现一个怪现象——"各报竞相扯谎，虚报销数来窃取报纸，结果扯谎愈大，拿到的报纸愈多"。② 配纸制度挑战了中国民营报纸的底线，一些民营报纸不顾报业的形象，将公平正义抛在一边，为了赚钱，不顾一切。因此，有人评价当时的配纸制度，认为："配纸制度是中国健全新闻事业之大障碍，配纸制度是中国报人道德所受的大打击，配纸制度造出许多作伪舞弊、无耻之行为。"③

因为纸荒和配纸引发的混乱在不少城市都有所体现。在西安，"除少数仅销售七八百份的报社每月能领到富裕的配给纸，在黑市出售，鬼混日月外，销路较好，没多余的纸可卖的报社，势必要从黑市购买（按：各报配纸，无论大小，数量相同）"。④ 西安的民营报纸《西京日报》⑤ 对配纸制度不满，不仅不配合，还实行扩版，由原来的四开报纸增加到对开，在报界引起波澜。在扩版之前，该报并没有与当地的报业公会协调。西安报业公会召开紧急会议，《西京日报》的代表刘凤五受到各方的责难，甚至有代表与刘凤五发生口角，愤而离会。西安报业公会要求《西京日报》改回原来的四开，但是该报社长胡天册拒不执行。胡天册认为："一、纸张平均分配，实不合理，会

---

① 《青岛报界发生纠纷　为分配报纸起了争执　联合报非联合报互相控告》，《大公报》1948 年 12 月 13 日。
② 杜丁：《配纸的流弊》，《社会评论》1948 年第 60 期。
③ 《配纸制度之废除》，《报学季刊》1948 年创刊号，无刊期。
④ 《西安报界一场风波　西京日报决定增加篇幅　公会反对要开除其会籍》，《大公报》1948 年 3 月 15 日。
⑤ 《西京日报》是西安历史上最悠久的报纸之一，1948 年 3 月 15 日，该报已经发行 5376 号。《西京日报》早期隶属于国民党中宣部，后来改为民营报纸，但是其色彩和立场没有什么变化。

员无人不知，而公会并不设法改善。二、各报缩版在半年以前，因为陇海交通中断，缺乏纸张，现在市间安文纸产量足够报恢复原形式使用，各报不恢复，公会也不管。"① 因此，该报对西安报业工会的处罚表示不满，不予接受，双方陷入僵局。1948 年 4 月 11 日，西安 15 家民营报纸组成了西安报业请愿团，奔赴南京，分别向国民党行政院、中宣部、政院新闻局、全国经委会等机关请愿，"详陈西安十五家民营报纸因为配纸数量太少，不足以维持发行，要求增加配额"。② 1948 年 3 月 23 日，济南报业请愿团向国民党政院中宣部新闻局请愿，认为每月配给 6 吨纸，十几家报馆每家每月分得的数量太少，不得不向黑市购买报纸。而济南黑市的报纸每令已经涨到一千万元，并且难以买到。济南市已经有 5 家报纸停刊，另外 10 家报纸勉强维持生存。③ 在汕头市，由于纸张配给不足，各家民营报纸以报业公会的名义在报纸上刊登大幅广告，声明因白报纸配给不公平，以后将定期拒绝刊登官方文告，以示抗议。④

在战争年代，中国报纸材料供应、发行与广告都受到较大影响。基于此，有人建议：在纸张供应方面，由中央造纸厂加速开工，尽量扩充造纸厂规模，或者在各地设立造纸厂分厂，增加纸张供应；在油墨机器等硬件材料方面，各家报纸减少报纸篇幅，包括新闻和广告都要缩减篇幅，以降低消耗，维持报纸运营。⑤ 1948 年 3 月，上海市社会局召集全市各家报社负责人，传达国民党当局节约纸张的命令，要求从 4 月 1 日起，各报自动缩减篇幅，凡是出版一张半以上的报纸，均减少半张，原来出版一张半或者一张半以下的报纸维持原状。

当然，之所以有人提出统治新闻业，主要是国民党当局试图通过抓住报纸的经济命脉来控制舆论，因而力图通过掌握报纸纸张、材料

---

① 《西安报界一场风波　西京日报决定增加篇幅　公会反对要开除其会籍》，《大公报》1948 年 3 月 15 日。
② 《西安报业请愿　要求增加配纸》，《大公报》1948 年 4 月 12 日。
③ 《济报业代表请愿　要求增加配给纸》，《大公报》1948 年 3 月 24 日。
④ 《报界纠纷》，《大公报》1948 年 1 月 17 日。
⑤ 《国防与新闻事业统治刍议》，《汗血月刊》1936 年第 8 卷第 6 期。

第六章　中国现代民营报业经营的反思与评价

供应以及发行、广告经营等领域，进一步控制报纸舆论。不过，从当时的局势来看，报纸所需要的各种材料确实存在供不应求的情况，极大地制约了报业经营与报业经济的发展。可见，在战争年代，物资短缺，报纸发展受到经济因素的影响更为明显。

②物价上涨使民营报纸办报成本激增

战争之后的政局变动、物价上涨等因素对民营经济的影响尤为严重，民营报刊业的发展受到极大的冲击。抗日战争胜利之后，有人在谈到时局对民营出版业的影响时认为，民营出版业经历了巨大的痛苦，主要包括："（1）成本激增。排印工较战前高涨七八千倍，纸价较战前高涨一万余倍。而目前书价最高涨到二千多倍；（2）运输困难。出版物通邮地区既有限制，航空邮寄又于最近停止；（3）独占威胁。光复区敌伪出版机构的接收也出了毛病，印刷厂、房屋和纸张在某些人有特殊便利，使民营出版业无法发展。"① 这些情况主要说的是民营图书出版所遭遇的危机，其实民营报业同样遇到此类危机，对其发展造成巨大的影响。1946 年底，经济困难导致民营报业出现严重的生存危机，南京的《大刚报》《中国日报》等众多民营报馆爆发了印刷业罢工、工人要求加薪、并且增发一个月的年终奖。由于各报经济拮据，不能完全满足工人的要求。"各报当局同意增加百分之四十。对增发年终奖一个月事，各报以经济情形困难，实难照办。"②

在经济危机的冲击下，除了少数经营较好的民营大报能够维持收支平衡外，多数民营报纸不能维持收支平衡，有的民营报纸每个月亏损七八千万元以上。曾经盛极一时的黄色小报、小型周刊等，所剩无几，渐渐没落下去。《正言报》的副社长王晋琦曾经描述民营小报所遇到的困境：民营小报在遇到资金不足的情况时，很想从国家银行贷款。可是，国家银行放款前需要报馆提供担保品，民营小报的报馆大多是租过来的，报馆的印刷设备银行根本不视为担保品，只有纸张可以配得上担保品。而民营小报没有多余的纸张可以用来作为担保，只

---

① 《民营出版业的痛苦》，《读书与出版》1946 年第 1 期。
② 《京民营各报昨停刊　工人罢工请加薪未果》，《大公报》1946 年 12 月 29 日。

能通过高利贷借款，最终往往越陷越深。除了经济效益不佳外，民营小报还要面临政治、社会等多重困境。因此，尽管20世纪二三十年代民营小报的种类繁多，数量浩瀚，但真正能够长久维持下来的很少。大量的小报稍纵即逝，甚至刚"出生"即夭折，能够维持几年的属于很不错的了，能够经营二十年以上的，全国也不超过20种。地方城市的民营小报的发展更是经不起物价上涨带来的冲击，1948年6月，湖北省沙市的《江汉日报》《工商日报》《力行晚报》都因为物价剧涨，无法维持，于6月2日停刊。

对于一些民营大报来说，外埠消息是其竞争的利器之一。民营大报往往在国内的一线大城市设立有通信员，通过电报往总部传递最新的、重要的消息。这样，读者能够看到外埠前一天的重要新闻。当物价上涨之后，邮电的费用也跟着提升，而报纸的发行价格和广告费用的涨幅明显跟不上物价上涨的速度，给民营报纸的经营管理带来极大的挑战。1946年，邮电费增加，民营报纸的经营更加困难。"邮资与电费突然增到五倍至十倍，私营报纸怎能担负得起？"[①]

物价上涨，报纸盈利状况欠佳，给报社员工的生活带来极大的影响。1947年2月10日，《大公报》刊登文章认为，物价飞涨，新闻事业受到严重的冲击，除了少数大报外，多家报纸处于风雨飘摇之中，《侨声报》《民国日报》《国民午报》《神州日报》《大陆报》以及一些民营小报等纷纷停刊。没有停刊的报纸纷纷减员紧缩，甚至有的报馆员工为了维护报馆的正常运营而主动减薪，但是，这样做也是杯水车薪。各家报纸不能维持运营的原因主要包括："①生活指数飞涨，职工薪金皆以指数支付，而营业收入不能照指数按月调整。②工商业皆不景气，广告收入骤告减低。③纸价高涨。"[②] 1948年3月，陕西的物价疯长，报社员工最高薪金只能买4—5袋面粉，因此，各家报纸都在酝酿调整工资待遇。[③]

---

① 《邮电加价后　成都报纸认为太高》，《大公报》（上海版）1946年11月11日。
② 《报业危机　物价工资高涨难于维持　上海大小报纷纷停刊》，《大公报》1947年2月10日。
③ 《西安报界一场风波　西京日报决定增加篇幅　公会反对要开除其会籍》，《大公报》1948年3月15日。

第六章　中国现代民营报业经营的反思与评价

③物价上涨影响报纸的发行与广告经营

通货膨胀的情况下，报纸的广告低廉，商人也不愿意在报纸上刊登广告，因为商人的兴趣已经集中到囤积居奇这一点上了，没有多少人愿意花钱投入在广告上。① 如此看来，通货膨胀的情况下，报纸的发行与广告均遭遇严重的危机。对于机关报和党报来说，其经费来源相对稳定，而民营报纸的情况就不同了。那些民营大报具有较大的经济实力，能够靠多年的积累维持运营，一些小型的民营报纸则经不起风浪，很快就惨遭淘汰。仅仅是1948年8月，北京的《明报》《益世报》《大众报晚报》《市民日报》5家报纸先后停刊。南昌的十多家报刊印刷工人罢工，导致报纸印刷工作停滞，报馆无奈，出了一期联合版。成都也出现这种情况，报社老板只能拉上工人领班和学徒工一起，印刷特刊应急。民营报馆出现停刊或者员工罢工的情况，主要是经费问题，要么报馆缺乏经费，无法运营下去；要么员工要求加薪，与报馆出现僵持，导致报刊无法付诸印刷。在严重的通货膨胀情况下，"纸张贵，成本高，不能不提高报价和广告费，但是目前的物价，一日数变，报费广告费无论怎样调整，也赶不上物价"。② 一些民营报纸难以维持生存，采取抱团取暖的方式，出版联合版，暂时解决报纸存活问题。

在经济困难的时期，民营报纸比党报和机关报受到的冲击更大，多数报纸的经济绩效明显下滑。物价飞涨，资金困难时期，民营报纸经营犹如雪上加霜。1945年7月，因为物价波动，书报行业难以维持，苦不堪言。"报业方面亦因最近物价工价不断上涨，一部分纸价工价且较三个月前腾贵一倍或二三倍不等，故业务经营至为艰苦云。"③ 在1947年的一次座谈会上，《华美晚报》总编辑胡传枢不无忧虑地说，中国经济不景气对民营报业的影响非常大，尤其到了年终，民营报纸的寒冬也随之到来，"关于民营报纸，还有两个重大的打击：一、销路的普遍低落；二、广告收入的减少。报馆在年底收广告所得的支票，退票占据多数，一张报纸，如果完全真正的'民营'的话，

---

① 黎世芬：《币制改革前后的报业观》，《报学杂志》1948年创刊号。
② 《全国报业面临危机》，《报学杂志》1948年试刊号。
③ 《物价波动中　报业经营艰苦》，《大公报》1945年7月30日。

他的唯一的收入,可以说全部是依赖广告。发行方面的收入,照目前售价计算,仅能维持印刷费用,至于人事、纸张以及一切开支,都得依赖广告收入来维持"。① 一些民营报纸快到了"揭不开锅"的程度。在遇到经济危机的时候,民营小报只能通过借高利贷来缓解,最终,很多小报不但没能重新崛起,甚至走向关门的地步。

三 经营方式持续创新,科技进步助力转型

中国现代民营报纸的发展受到传播科技的影响较大。新科技的发展无疑对民营报纸的发展起到促进作用,但在短期内也会造成较大的冲击。造纸业、印刷术、邮局、电信等科技进步都在一定程度上促进民营报纸的发展。广播、电影和传真的发展,一方面,促进报纸的发展;另一方面,也会冲击报纸的发展。② 如何应对新技术的挑战,是民营报纸发展过程中不得不面对的现实问题。

1. 造纸业的发展对民营报业的影响

中国近代民营报纸的发展,离不开造纸技术的辅助作用。自从两千年前发明造纸术以后,中国的造纸技术基本上停留在手工业阶段。中国近代造纸业发端于19世纪80年代。1884年,上海机器造纸局诞生了,这是中国第一家民族资本经营的造纸厂。此后,广州宏远堂机器造纸公司投入生产,两家造纸厂的年生产能力合计达到1400多吨。随着英国、俄国和日本等国企业的入资,中国的造纸业进入了华资与外资相互竞争的局面,华资企业在造纸业发展中的地位相对较为稳固。1914年,中国共有造纸厂9家,其中,外商投资的有2家,有官方背景的4家;1919年,中国造纸厂增加到13家,但已经停工的有5家,只有8家维持生存。经过连年的战争,中国的新闻纸严重不足,只能靠从外国进口来解决报馆对新闻纸的需求问题。1947年,由于纸张供应不足,黑市上的纸张价格暴涨,国民党中央宣传部为此通令全国报纸节俭用纸,减少篇幅。当时篇幅最

---

① 胡传枢:《民营报纸怎样过年关 渺茫的民营报前途》,《上海文化》1947年第12期。
② 杜少文:《敌呼?友呼?新闻广播与电影传真果有害于报纸吗?》,《战时记者》1939年第8期。

第六章 中国现代民营报业经营的反思与评价

多的报纸是《新闻报》，该报从以前的四大张五大张缩减到每天出版三张。即便如此，该报仍然是全国出版篇幅最多的报纸。1949年，全国共有机器造纸厂64家，全年造纸总量只有10.2万吨，远远不能满足国内图书、报纸和期刊发行所需。

表6-7　　近代中国机器造纸业发展状况（1884—1949）

年份	厂数（家）	资本（元）	纸机台数（台）总数	其中：长网机	生产能力（吨/年）
1884	1	154000	1	1	600
1894	2	294000	2	2	1404
1913	7	2321000	8	5	5817
1919	8	4432600	12	10	9334
1937	32	13400200	47	10	65447
1945	60	币制混乱不计	74	7	44190
1949	64	币制混乱不计	98	17	102120

数据来源：徐新吾、沈剑华、陈承庆：《中国近代造纸工业的历史概况与特点》，载于中国近代经济史丛书编委会《中国近代经济史研究资料》（七），上海社会科学院出版社1987年版，第73页。

由于国内造纸技术和造纸行业发展滞后，中国新闻出版行业不得不依靠进口解决纸张供应不足的问题。与国内的造纸技术相比，西洋纸张具有较大的优势。西方国家向中国出售纸张已经成为可观的盈利渠道，西洋纸张"几供全国之用，故其数甚巨"。[①] 1911年，中国从国外进口纸张为560万两，比10年前增长了一倍以上。到了20世纪30年代，西洋纸张每年进口几千万元，而国内机器造纸的产量只有三五百万元，两者相差巨大。[②] 从表6-8可以看出，西洋纸张在国内纸张销售市场中占据重要的比例，导致中国民族资本主义机器造纸几乎没有什么发展空间。尽管中国近代国内机器造纸技术和造纸产业与市场需求不相匹配，但是，由于国外纸张的积极渗透，弥补了国内纸张供应的不足，为民营报业的发展奠定了技术和物质基础。

[①] 张静庐辑注：《中国的造纸业》，载于《中国出版史料补编》，中华书局1957年版，第576页。

[②] 周策纵：《五四运动：现代中国的思想革命》，江苏人民出版社1996年版，第251页。

表6-8 几个时期三种纸张消费价值比重表

种类	1913年 价值（千元）	比重（%）	1923年 价值（千元）	比重（%）	1933年 价值（千元）	比重（%）
进口洋纸	11112	20.45	25771	30.12	44464	40.50
手工土纸	42000	77.28	54860	64.13	55800	50.83
国产机制纸	1235.6	2.27	4915.1	5.75	9518	8.67
合计	65468.6	100	84646.1	100	109782	100

数据来源：上海社会科学院经济研究所轻工业发展战略研究中心：《中国近代造纸工业史》，上海社会科学院出版社1989年版，第47页。

由于国内造纸技术粗糙，造纸厂较少，一旦用纸量增加，就会造成纸张缺乏的情况，进而直接影响到报纸的印刷与发行。1936年9月份，各地忙于筹备国民大会选举，尽管由于战争爆发当年没有顺利举行，但是，各界因此"耗纸极多，供不应求"。当时国内造纸厂较少，生产能力有限，纸张质量不好，一面光滑，一面粗糙，加上各地纸商前来购买，导致西洋纸价格上涨10%，给报纸经营带来极大的困难。[①]由此可见，中国对国外纸张的依赖程度太高，纸张供应链条稍有变动，就会导致民营报业经营受到巨大冲击。

2. 印刷技术的发展对民营报业的影响

早在11世纪初，中国的毕昇就发明了活字印刷术，比德国古登堡的印刷术早了400多年，但是由于毕昇的印刷术效率低、质量比木板雕印差，不适合大规模的机械化生产，因此，中国古代的印刷术发展缓慢。而西式的先进印刷术契合了当时的社会需求，技术条件也达到了相应的标准，从此印刷术不再束之高阁，成为具有广泛社会需求的技术条件，迅速普及开来。鸦片战争之后，在西学东渐的影响下，中国的印刷与出版技术的更新速度明显加快。中国近代出版技术出现于19世纪初，1815年，英国伦敦布道会委派的传教士马礼逊（Robert Morrion）第一次将西方先进的印刷术传入中国。可以说，传教士在中

---

① 《各地筹办国选忙　津市纸价腾贵　耗纸极多供不应求　济南方面派人在津大批购买》，《大公报》1936年9月29日。

第六章 中国现代民营报业经营的反思与评价

国的出版活动,是推动中国印刷术近代化的第一个要素。[①] 传教士为中国新闻出版业的近代转型带来了两项技术基础,一是研制了中文活字,二是普及了铅印技术。第一次鸦片战争失败之后,西方传教士在不平等条约的庇护下纷纷涌入中国,在19世纪前后的一百余年时间里,仅基督教传教士在中国创办的印刷机构就超过60家。一些知名的印刷机构如墨海书院、美华书馆等,不仅技术先进,规模也比较大。

传教士所创办的印刷机构雇用了大量的中国员工,他们成为近代中国印刷技术的重要传承人。中国的商务印书馆、文明书局、中华书局以及中国图书公司等沿袭了美华书馆的编辑、印刷出版、发行"三位一体"的组织结构。商务印书馆的创办者夏瑞芳、鲍咸昌、鲍咸恩和高凤池等,分别在美华书馆、捷报馆、字林西报馆当过排字工。由于引进了较为成熟的经营模式和设备条件,商务印书馆的业务迅速扩展,该馆在全国设有85个分馆和印刷分厂,甚至在国外设立分馆,全馆职工一度达到3600多人,成为全国规模最大、技术设备最先进的印刷机构。商务印书馆之所以能够取得如此大的成功,在很大程度上得益于传教士的先进技术与理念。在传教士的印刷机构里工作的中国员工,学会了先进的印刷技术,为以后国人自办印刷机构奠定了坚实的基础,为民营报业的兴起与发展提供了技术条件。20世纪30年代,仅上海地区的印刷工人就12000人以上,其中商务印书馆有印刷工人3000多人,所占比例达25%,中华书局有1000多人,还有其他小型出版社超过5000人。国内各种报馆印刷工人500多人,外报印刷工100多人,等等。[②]

随着印刷技术的不断革新,那些经济实力较强、发行量较大的民营报纸纷纷采用新的印刷技术,不断更新印刷设备。1890年,《申报》引进了用煤气作为动力的印刷机,其印刷效率大幅度提高,原来需要18个小时才能印完的报纸,只需要5—6个小时即可印完,印刷工人也减少了十多人。1919年,《申报》从美国订购先进的印报机一台,

---

① 周全:《西方传教士对我国近代印刷术影响的探讨》,《印刷世界》2006年第12期。
② 朱邦兴、胡林阁、徐声:《上海产业与上海职工》,上海人民出版社1984年版,第540页。

每小时可以印刷报纸3万份。1922年，该报向美国再订购两部印报机，大大提高了印报效率。1923年和1926年，《申报》又购进了两部三层美式轮转印刷机。不仅如此，《申报》还更新了制铜版机、浇字机、浇铅版机等基础设备，印刷条件不断改善。与《申报》竞争的《新闻报》更是不惜重金，不断改善印刷条件。早在1914年，《新闻报》就购进两层轮转印报机一部，每小时可以印报7000余份。1916年，该报又连续订购三层轮转印报机一部，四层轮转印报机两部，印报速度大大提升，为其参与市场竞争奠定了良好的基础。民营大报的印刷技术和设备不断进步，成为近现代报业印刷革新的引领者，参见表6-9。

表6-9　　　　　　　　部分民营报纸印刷机更新情况一览

年份	申报印刷机更新情况	年份	新闻报印刷机更新情况	年份	大公报印刷机更新情况
1915	法国新式印刷机	1914	两层巴特式二层轮转机1架	1926	国产"老牛牌"平板机
1916	日本卷筒轮转印刷机	1916	波特式三层轮转机1架 四层高斯式轮转机2架	1928	购入一台美国轮转机
1923	三层美国轮转机1架	1922	两架更先进的轮转印报机	1929	从新闻报购来二手轮转机
1926	三层美国轮转机1架	1928	美国司各特复式轮转机1架	1931	德国高速轮转印刷机
1928	美国司各特直线式轮转机1架	1929	美国司各特复式轮转机1架	1933	德制新式轮转印刷机
1934	美国司各特直线式轮转机1架			1946	在美国购买3台新式印机

资料来源：根据以下著作中的资料整理：方汉奇：《中国新闻事业通史》（第二卷），中国人民大学出版社1996年版；吴廷俊：《新记〈大公报〉史稿》，武汉出版社2002年版；王润泽：《北洋政府时期的新闻业及其现代化（1916—1928）》，中国人民大学出版社2010年版；罗国干：《新记〈大公报〉的经营管理——媒介经营管理研究之三》，《广西大学学报》（哲学社会科学版）2006年第5期。

3. 邮政、电信业的发展对民营报业的影响

邮政和电信业的发展显然推动了民营报业的经营革新。早在1882年，

李鸿章主持的中国电报局就成立了，这是中国自办的第一家电报企业。李鸿章还督办成立了电报总局，在此后十多年的时间里，除了修建了津沪线外，还于1883年修建了苏、浙、闽、粤线、江宁、汉口线，1885年修建了川、鄂、云、贵线，1888年修建了粤、赣线，1889年修建了陕、甘线。除此之外，各省还自建了基本的线路，基本上形成了全国范围的电线网络。1906年，中国就有有线电报线路6万余千米。后来，在北京、上海、天津设立特等电报局，直属交通部管辖，其业务的拓展为后来的报纸改革奠定了基础。在民国初年，电报业仍然以有线电报为主。

中国的无线电通信开始于1905年，早期是为了方便官商交流。1910年，德国西门子公司在上海和南京投资无线电设备，后来被清政府购买下来作为军事指挥之用。民国成立之后，又陆续建立了多处电台，再加上外国人投资设立的众多电台，中国的无线电发展速度明显加快。不过，无线电行业主要操控在外国人手中。到了1927年，有线电报的建设规模已经比较大了，无线通信以及有线电话的发展速度也明显加快。一些民营大报纷纷运用电报业务来提高新闻传播速度，在20世纪二三十年代，这两项业务在民营报业发展中起到了举足轻重的作用。中国的官办电报局成立之后，一直排斥民营电报业的发展。尽管如此，民营电报业在中国也取得一定程度的发展。到了20世纪30年代，中国民营电报业的线路长度达到10万千米左右，机器2000台左右，参见表6-10。为了提高传播效率，1934年，有线电报和无线电台合并，电报局和电话局合并，传播效率明显提高。中国现代民营报纸的快速发展离不开电报和电话两个方面的支持。

表6-10　　　　中国民营电报业的发展情况（1912—1935）

年份	局所（处）	线路长度（千米）	机器（台）
1912	565	62523	787
1915	692	78891	787
1920	883	86779	2121
1925	1027	90005	2292
1926	1017	93972	2311
1927	1132	99543	2535

续表

年份	局所（处）	线路长度（千米）	机器（台）
1928	1140	99797	2526
1929	1147	100967	2549
1930	1120	99104	2538
1931	1127	98880	2550
1932	1094	100003	1914
1933	1103	102161	2069
1934	1239	96969	1855
1935	1346	98865	2443

数据来源：刘克祥、吴太昌：《中国近代经济史（1927—1937）》（中册），人民出版社2010年版，第1371—1372页。

电报和无线电的应用，对于提倡时效性的报纸来说是重大的利好消息。一些有条件的民营报纸为了提高新闻的时效性，往往运用电报或者无线电传送新闻信息，为读者提供及时的报道。20世纪二三十年代，《申报》每天刊载新闻稿100条左右，其中电讯稿约占50%。电讯稿的来源有两条，一是抄收国外通讯社的电讯，二是报馆投入大量资金由全国各地拍发电讯稿。当时，《申报》除了在中国各大城市设有专门的特派记者或特约通讯员外，还在伦敦、巴黎、纽约、柏林、东京等国外大城市聘请专职或者兼职通讯员，构建了较为完善的通讯网络。20世纪20年代的《新闻报》为了提高新闻的时效性，最先设立无线电收报台，设专人接收外国电讯，连夜翻译成中文，第二天能够及时见报。[1] 新闻报馆的通信设备在报界中属于比较先进的，该报于1922年设立了无线电台，配备有新式的收电机4部。其中，内部为短波，专门接收外国新闻信息，两部为长波，专门接收国内新闻信息。[2]

国内外科技进步与科技条件的改善促进了民营报业的改革，民营报纸新闻信息的传播途径更加丰富，速度更快。在这种情况下，民营

---

[1] 乐正：《近代上海人心态：1860—1910》，上海人民出版社1991年版，第177页。
[2] 胡道静：《新闻报四十年史（一八九三——一九三三）》，《报学杂志》1948年第1卷第2期。

报纸逐渐两极分化，那些经济实力雄厚的民营报纸往往通过改善信息传播条件，提高时效性，通过多种途径获取独家新闻，而那些经济条件较差的民营报纸只能在激烈的竞争中败下阵来。

4. 传播科技的新产品——广播电台冲击着民营报业的发展

传播科技的快速发展不仅促进了民营报业的发展，还催生了广播电台，尤其对民营广播事业的发展起到巨大的推动作用，而广播电台的出现对民营报业的发展也带来一定的冲击。

20世纪20年代末，中国民营广播电台得到较大的发展。1928年12月，国民党政府发布了《中华民国广播无线电条例》，1929年8月，又发布了《电信条例》。这两个条例规定，除了政府机关外，公私团体和个人均可以经营广播电台。20世纪20年代末至30年代初，中国民营广播电台的数量急剧上升，主要聚集地在上海，占了将近50%的比重。民营广播电台主要三大类：教育性广播电台、宗教性广播电台和商业性广播电台。其中，商业性广播电台数量最多、分布最广。在上海、天津、北平、杭州、无锡、苏州、芜湖、宁波等经济发达的城市，均设有商业广播电台。据1937年6月的统计数据显示，国统区共有官办民营广播电台78座，其中，商业广播电台45座。据估计，当时全国共有收音机20万台。[①] 从表6-11可以看出，1947年，全国有民营广播电台50座，覆盖了当时比较发达的城市，在信息传播方面起到较大的作用。

表6-11　　　　　　　全国民营广播电台一览

台名	呼号	频率（千周）	波长（公尺）	功率（瓦特）	播音时间
上海 ×西美	XMHA	600	500		—
×天美	XMHC	700	428.5		8—1
天声	XTMC	720	416		
远东	XWYT	740	400.5		8—2

---

① 吴保丰：《十年来的中国广播事业》，转引自方汉奇《中国新闻事业通史》（第二卷），中国人民大学出版社1996年版，第423页。

续表

台名	呼号	频率（千周）	波长（公尺）	功率（瓦特）	播音时间
O 福音	XLAN	760	395	200	7—9 17—21
铁风	XHTF	780	384		8—2
新苏	XGSV	800	374		7—1
O 中华自由	XLAC	820	365.8	400	8—24
O 金都	XLAD	820		250	
O 军友	XJSS	840	356.5		
海声	XQHS	860	348		7.50—24
青光	XMHY	880	340.5		
上海	XORA	900	333		7.45—24
O 亚美麟记	XLAO	940	320	500	8—24
O 大中华 O 大陆	XLAP	940		500	
新运	XNLA	980	306.1		7—24
国民	XGLA	1000	300		8—24
福利	XCRA	1020	294		8—24
军政	XGAP	1030	290.5		8—24
O 东方华美	XLAQ	1060	283	500	8—24
O 元昌鹤鸣	XLAR	1060	200		
复青	XCYA	1080	278		9—24
上海市警察局电台	XSMP	1100	273		9—15 9—10 15—16
O 合众	XLAM	1120	268	250	8—24
鸿声	XMHK	1160	258		8—24
O 亚洲	XLAA	1180	254	320	8—24
O 合作	XLAB	1180		500	8—24
青年文化	XGYM	1220	245.9		8—23.30
O 民声	XLAE	1240	241.8	200	8—24
△九九	XLAE	1240			
胜利	XGNC	1260	238.1		7—2
青年	XCYC	1300	230.7		7—2
O 大中国	XLAJ	1310	229	200	8—24

第六章 中国现代民营报业经营的反思与评价

续表

台名	呼号	频率（千周）	波长（公尺）	功率（瓦特）	播音时间
○ 新声	XLAI	1310		100	
海员	XCSU	1340	224		7：20—0：40
新沪	XLAK	1360	220	250	
○ 大同	XLAL	1360		100	8—24
× 国泰	XCBS	1400	214		10—23
○ 中国文化	XLAH	1420	211.3	500	8—24
○ 建成	XLAG	1420		200	
× 苏联呼声	XRVN	1470	204		9—21：45
（南京）○ 首都	XLAY	850	352.5	100	
△ 空军	XGAS	1000	300		
○ 金陵	XLAW	1030	290.5	200	
○ 建业	XLAX	1170	256	200	
○ 青年	XLAZ	1200	250	100	
○ 益世	XPBK	1270	236	200	
（苏浙区）窖钟	—	890	336	50	
○ 锡青	XLAV	970	309	100	
○ 新中国	—	1050	286	150	

资料来源：《全国民营广播电台一览表》，《无线电世界》1947年第1卷第8期。
注：未加○的均为未经交通部核准之电台。

民营广播与民营报纸之间存在一定的竞争，两者都是为公众提供新闻信息的传播工具，具有一定的可替代性。不过，由于当时广播电台的发展水平受到一定的限制，其接收终端也需要一定的成本，影响了广播电台的普及速度。因此，广播电台对民营报纸的冲击是有限的。针对当时广播电台迅猛的发展趋势，不少人开始讨论广播电台冲击报纸发展的问题，甚至有人认为，广播电台有可能取代报纸。有学者认为，报纸也有其自身优势，被取代的可能性比较小。"报纸有报纸的特征，新闻广播无论如何进步，决不能兼有报纸的机能。"[①]

[①] 林绍文：《中国报人之路》，浙江省战时新闻学会出版社1939年版，第8页。

四　后勤供给限制发展，军事动荡放大危机

战争对民营报业经营的影响是全方位的。和平年代，一般的政府机关人员、教师、企业员工等文化人能够在一个月三四十元的工资中拿出一元钱来订阅报纸，但是战争来临之际，办报材料供应紧张，物价上涨，民众的生活支出也随之发生变化，购买力比平时薄弱，直接影响了民营报业的经营规划。1937年1月，重庆新闻纸的售价大概在14—15元一令，1937年9月，新闻纸的售价涨到了34—35元一令。"纸价涨了，新闻社不能认着赔本，只有取价于读者。本来五角钱可以订阅一个月，如今非得八角以上不可。"① 这时候，本可以采用土产新闻纸代替西洋新闻纸，可以节约不少成本，但是重庆的报纸仍然采用进口新闻纸，没有用本土新闻纸。究其原因，"一则因为面子，谁先用土纸仿佛谁就丢人，一则因为营业关系，大家都怀着鬼胎，我改土纸而他人不改，则发行广告两俱受影响"。②

在战事吃紧、运输不便的情况下，报纸物资供应受到极大的限制。1939年4月，日本对重庆进行惨无人道的大轰炸，导致新闻纸价格飞涨，不少报纸改用土报纸，新闻纸由原来的每令30元涨到60元，翻了一倍。战争影响了物资供应，对民营报业发展带来很大的影响。1944年7月，受战争的影响，上海各家报纸纸张供应减少，不得不缩减篇幅，不少报纸每周有一半时间以上只出半张报纸。

战争对民营报纸的影响还体现在报纸发行方式上。民营报纸的发行主要依赖于自办发行和发行外包，抑或两者兼而有之。发行外包主要是将报纸外包给信局、邮政局、报贩等。本埠报纸主要外包给报贩，外埠报纸的运输业务外包给信局或者邮政局等，而报纸递送工作往往外包给报贩。战争对民营报纸发行工作的影响主要体现在长途运输方面，由于航空、铁路等方面受到军事力量的控制，报纸发行会被耽误，甚至停运报纸，导致外埠报纸无法发行。

---

① 张友鸾：《战时新闻纸》，中山文化教育馆1938年版，第30—31页。
② 张友鸾：《战时新闻纸》，中山文化教育馆1938年版，第31—32页。

第六章 中国现代民营报业经营的反思与评价

民营报业的发展与政治、军事格局之间存在直接的联系。政局动荡必然导致报业发展受到限制。1947年，国内战争导致物价持续上涨，甚至有的地区物价一天上涨二三倍，办报成本持续攀升。新闻纸的限量供应给民营报业经营带来致命的打击，全国每月限量2000吨新闻纸，各派系报纸需要1000—1500吨，民营报纸只能用500—1000吨。在限量之前，民营报纸每天可以印213万份，约合216人订阅一份报纸；新闻纸限量供应之后，全国平均432人合看一份民营报纸。[①]可见，政治、军事格局对民营报纸的发行经营产生致命影响。

受战争的影响，1948年前后，世界报业发展遭遇较大的纸张供应危机。战前世界白报纸的供应量比较充足，出现供过于求的局面，市场上的白报纸比需求量多240万吨。经过战乱之后，市场上的白报纸供应量锐减，从原来的1000多万吨降至七百多万吨，而当时世界白报纸的需要量比战前增加30多万吨。因此，战后世界白报纸呈短缺态势，缺少了130多万吨，参见表6-12。这种供需不平衡的状态，严重地影响了报业发展，制约了报业结构优化。

在中国，战前新式造纸工业大约有二三十万吨的生产能力，而当时的市场需求量为一百万吨以上。也就是说，当时国内的新式白报纸生产能力只能满足四分之一的市场需求，另外四分之三的市场需求则完全靠进口。全面抗战胜利以后，台湾收复了，新式白报纸的生产能力增加到八十万吨左右，但是，由于大陆的纸张生产厂家毁坏较大，整个市场需求量增加了一倍，纸张供应不足的情况显得更加突出。1948年，国内各大报纸因为纸张供应不足，纷纷缩减版面，民营报纸所受到的冲击则更为严峻。

表6-12　　　　　世界白报纸供应情况（1935—1948）　　　　　单位：千吨

年份	机件生产力	开工机件产量	实际市场供应量	市场需要量	缺少数量
战前	10443	—	8030	—	—
1946年	9300	7120	7049	8375	1326

[①]《民营报纸的末路！全国四三二位同胞只读一份民营报纸》，《一四七画报》1947年第10卷第10期。

续表

年份	机件生产力	开工机件产量	实际市场供应量	市场需要量	缺少数量
1947年	9403	7669	7680	8820	1140
1948年	9656	8146	8043	9049	1051

注：战前的数据，是以1935年至1939年的平均数为标准。
数据来源：朱敬炘：《世界白报纸供应的现状》，《申报馆内通讯》1947年第2卷第7期。

第三节　民营报业经营的问题反思

中国民营报业的成长并非一帆风顺的，多数报纸经历了无数困难。有来自政治上的打压，有来自经济上的困境，有来自其他报纸的竞争，不一而足。在遭遇各种困难的时候，民营报纸能否秉承其向社会承诺的办报宗旨就很难说了，因为缺乏相应的衡量标准，也没有固定的监督机构。于是，民营报纸是否坚持公益性这一标准，更多地要靠报纸发挥其自觉性，再加上社会公众的压力。因为民营报纸如果丧失读者，发行量下降，报纸的广告经营也受到影响。这样，凸显公益性是民营报纸争取更多读者的一个重要砝码。但是，在实际办报过程中，不少民营报纸的经营者会放弃其原有的承诺，将公益性放在一边，片面追求经济效益。因此，早在20世纪30年代，就有仁人志士探讨报纸发展前途问题，这可以看作对当时民营报纸发展的反思与展望。"欲言报业之前途，自须推测其将来变化，欲为人类福利、社会进化与乎报业自身之发展着想，更须责望其将来能发生正当适宜之变化……然此势将经过一番变化，并变化至纯粹社会公众福利为前提，不复长保存于私人自由企业状态之下，时被假借为个人工具，或藉以生财，或便利他种私图。"[①] 可见，民营报业经营状况已经引起批评者的关注，他们担心民营报纸被当作个人工具或者生财手段之后，就会影响其为公众服务的功能。

政府的机关报、政党报纸和各种团体报纸均有其出版的政治目的、

---

① 杨季：《报业前途之趋于公营》，《前途》1933年第1卷第11期。

第六章 中国现代民营报业经营的反思与评价

社会目的或者文化发展目的等，这些报纸基本上都有固定的经济来源，赚钱不是其终极目标，也不是编辑们最操心的事情。而民营报纸则不一样，多数民营报纸靠发行与广告盈利，如果发行量提不上去，广告营销打不开局面，报纸将很快走上关门的道路。为此，各家民营报纸往往大显神通，运用各种手段提高报纸发行量，并通过多种渠道吸引广告客户，从而提高报纸的盈利水平。为了达到赚钱的目的，有些报馆不惜牺牲报纸的声誉，不顾民众对报纸的期待，刊登有损社会道德的新闻和广告，进行不正当竞争。有学者认为，资本主义制度下的报纸特色主要表现为："1. 大规模经营化；2. 商业化；3. 诱惑化。所谓大规模经营化，有两层含义：一、尽量的利用机械文明；二、独占。"① 这种批判有一定的道理，尤其在一些民营报纸上面表现得比较明显。报纸为了获取更多的利益，在广告刊登、经营方式等方面存在一些失范行为，对民营报业形象产生了不良影响。

一　不良广告泛滥，降低报纸声誉

很多民营报纸不注意广告的审查，不良广告泛滥。上海曾经对报纸刊登广告有过规定，禁止刊登淫秽广告。但是，后来这些规定简直形同虚设，一些不良广告死灰复燃，堂而皇之地出现在大小报纸上。"不但赌舞广告，尚未绝迹，同时一切使青年堕落的性病广告，以及滑头药品和附邮几元赠送书籍或其他物品的欺骗广告也常有刊出"。② 有的报纸通过刊登低俗、淫秽的广告去"诱惑意志浅薄的读者"，唯利是图，损人利己，降低了报纸的报格。报馆刊登广告应该仔细核实，确保真实，以维护报纸的报格和读者的信仰。③ 1939年，针对当时报纸（主要指民营报纸，尤其是民营小报）刊登广告疏于管理，经常有报纸刊载不良广告，在社会上产生极坏的影响。刘兴汉认为："报纸广告不仅是出卖商品或征求役务的中介，同时对于人事学术，尤以道

---

① 金学：《由上海报潮谈到报托拉斯》，《认识周报》1929年第1卷第4期。
② 宗阆：《净化广告》，《上海记者》1944年第2卷第4期。
③ 淅沥：《广告与报格》，《战时记者》1920年第2卷第9期。

德与法律,有很大的影响"。① 那些不良医药广告,如果不加以审查,很可能会致人死命,而不良的书籍广告有可能毒害青年。因此,这些不良广告,"在道德方面,可以破坏善良风俗,在法律方面,可以妨害公共秩序"。② 学术界对民营报纸所刊登的广告深感忧虑,他们认为,尽管广告是报纸的最大收入来源,但是,为了整个社会的福利,应当剔除不良广告。因此,学者们提倡报馆对广告严加审查,以净化广告。所谓报纸广告的净化,"就是报纸上所刊登的全部广告,皆须令其合法、合理,如有违反公共秩序和善良风俗的,以及其他不良不正当的广告,须一律拒绝登载"。③ 刘兴汉介绍了美国广告管理条例以及英国泰晤士报关于刊登广告的相关规定,为中国净化报纸上的广告提供参考。除此之外,还应该将全国报界联合会扩大,让每家报馆均参会,由全国报界联合会负责监督,并组织成立"广告条例起草委员会",起草报纸广告刊登应守规则,为净化报纸广告提供依据。比起民营大报,民营小报更容易出现经营失范行为。因为很多民营小报发行量小,广告较少,缺乏可靠的经济来源。为了迎合少数读者的兴趣,不惜刊登能够引起轰动、吸引人眼球的不良信息乃至虚假信息。因此,这些小报所呈现出来的"简陋陈腐、卑浅淫秽的状态却又令人不能不嗒然失望。在这种情势之下,倘不急速设法挽救则大众意识受其流毒,人情风化受其影响,为害之烈,殆有令人不忍言者。是小型报虽有易买易读的两个特点,而反被用为'播恶于众'的利器了"。④ 民营报纸刊登那些花柳病、香艳女士等方面的广告,在社会上产生不良影响,"完全是在迎合上海社会的一般心理而已"。⑤ 针对当时不少民营报纸刊登黄色广告的现象,有人痛斥这些报纸:"为了区区的广告费,不惜帮助广告主欺骗读者,散播有毒的种子。这是多么下流的行为品德!"⑥

---

① 刘汉兴:《谈报纸广告的净化》,《新闻学季刊》1939年创刊号。
② 刘汉兴:《谈报纸广告的净化》,《新闻学季刊》1939年创刊号。
③ 刘汉兴:《谈报纸广告的净化》,《新闻学季刊》1939年创刊号。
④ 汤炳正:《小型报的缺点及其改善办法》,《报学季刊》1935年第1卷第4期。
⑤ 《从广告里窥测上海社会 电影戏剧广告最古多数 医院医生广播花柳病菌》,《大公报》(天津版)1931年3月8日。
⑥ 李果:《论黄色广告》,《报学杂志》1948年第1卷第7期。

第六章 中国现代民营报业经营的反思与评价

民营报纸为了获取更多的利润，大量刊登医药广告，不少广告存在严重的虚夸现象，在社会上产生一些不良影响。据统计，1925年，《申报》《晨报》《益世报》刊登的医药广告分别占整个报纸版面的30%、34%、47%。① 社会各界名人也经常出现在荐医广告中，如官场的黎元洪、陈其美、张謇，学界的章太炎、王闿运，文艺界的梅兰芳等，都曾经出现在各种类别的医药广告中，大力举荐医药产品，有些医药广告过分虚夸，甚至存在造假的情况。京剧名角梅兰芳曾经为英国的在华药企韦廉氏大药房做过广告宣传，并亲笔签名，附上照片。梅兰芳在广告中对韦廉氏大药房的红色补丸大加赞赏，认为其可以补血、补脑与健身，功效了得，为世界"药中之王"。② 不过，美国政府化验之后得出的结论是，红色补丸仅仅含有硫酸铁、碳酸钾等成分，在补血、补脑方面并无疗效，更不可能是什么"包治百病""药中之王"。③ 梅兰芳在社会上具有比较大的知名度和影响力，在报纸上公开声明鼓吹药品，引导了公众的药品消费，尤其是一些需要医治的病人长期误服此类无用的药品，不仅不能健身，反而耽误了治疗。

药品广告的泛滥在社会上引起了强烈的反响，各地政府机关注意到这些不良广告，并采取不同的措施加以治理。1930年，上海市政府下发了《上海市取缔报纸违禁广告规则》，规定有伤风化、宣传药物言过其词的欺骗行为，含有淫秽、诱惑、刺激，等等方面的广告，均在禁止之列。"广告一经刊载即由报馆负责"，如果触犯相关规定，处15元以下罚金或者拘留15日以下。如果屡屡违反规定，将勒令歇业。④ 南京市、广东省政府等先后出台文件，禁止报纸刊登迷信广告。对于医药广告涉及淫秽、猥亵、虚构、夸张、招摇等问题，通过罚款、取缔等方式处罚。⑤ 1935年，上海市卫生局专门下发文件，禁止刊登不良医药广告。对于医疗广告，各报馆要严格审查，有疑问，送主管

---

① 龙伟：《民国广告的自律与他律：以医药广告为中心的观察（1927—1949）》，《新闻与传播研究》2010年第5期。
② 《梅兰芳临别赠言》，《申报》1930年3月15日。
③ 贾魁：《照妖镜》，《医学周刊集》第1卷，丙寅医学社编辑，1928年，第246页。
④ 《上海市取缔报纸违禁广告规则》，《卫生月刊》1930年第3卷第10期。
⑤ 《取缔医药广告规则》，《广东省政府公报》1933年第214期。

局检查，医药广告如果出现欺诈或不实之处，将要受到卫生局的处罚。1936年11月27日，上海市进一步颁布法规对报纸、杂志刊登广告进行规范，取缔不良广告行为。对于含有淫秽、有伤风化的广告；含有猥亵、欺诈内容的广告等，将责令停止刊登，依法处罚①。

除了官方出台各种法规外，新闻行业从业者以及学界人士纷纷对不良广告提出批评。当时的知名报人不断地思考报纸商业化发展所带来的问题。比如，成舍我赴欧美考察之后，对报纸功能及其存在的问题有了更深入的认知。他认为，欧美的报纸受到资本主义的严格控制，有很多弊端，国内报纸不能效仿。"我觉得新闻事业，固然要商业化，但是这种商业，决不能和普通商业一样。报纸的主张和言论，应该完全听'民意'的支配，不能由一二资本家，任意操纵。"② 鉴于此，成舍我建议采取"资本与主张分离的办法"来解决报馆组织的权力问题。从理论上讲，这种设想是有价值的，表明了资本主义有识之士对于理想状态民营报纸的一种预设，但是，在实际操作中，这种设想面临诸多挑战与困难。从民营报纸经营的情况来看，多数报纸没有摆脱经济上的困境，更难以坚持资本与主张相分离的原则。

民营报纸商业化所带来的后果是，报纸新闻让位于广告，出现广告挤走新闻版面的现象。有人评价这种现象说："有些报纸，因专靠广告的收入，编排上竟有新闻受制于广告的情形，直接间接浪费读者金钱，有害读者的心身，至深至钜。"③ 唐际清认为："报纸非纯粹商品，报馆也不是纯粹的商业机关……所以新闻事业另有最高的责任，就是社会服务，报纸每天在那里报道新闻，指导民众，发扬正气，本来是替社会服务。"④ 为了获取更多的经济利益，一些大报也难免刊登不良广告，有人对《申报》《新闻报》《大公报》《时事新报》的版面进行了定量分析，并提出了相关批评，认为："对于一切不正当的新

---

① 《上海市取缔报纸杂志登载海淫及不良广告暂行规则》，《上海市政府公报》1936年第175期。
② 成舍我：《世界新闻事业的发达与中国报纸的前途》，《民众周报》1931年第182期。
③ 君宜：《商业的发达与广告的道德》，《战时记者》1939年第6期。
④ 唐际清：《中国新闻纸今后的动向》，《创导》1937年第1卷第1期。

闻广告至少也应当加以相当限制的。"① 针对社会上对小报"淫秽"这一弊端的批评，有人将1936年12月14日的上海小报全部买回去进行比较，得出的结论是："'淫秽'二字果然是大部分小报最确当的批评"。部分小报的编辑们"为要赚钱，却忍心编这样稿件，这批人的心肝，根本不知道什么社会、什么国家。要赚钱的方法多得很，为什么一定要迎合社会上一般人的病态心理来赚钱，以促进中国民族的颓废？"② 有人呼吁，但凡正当的报纸，"对它广告内容的审慎，不应当次于它的新闻或评论"。③ 对于不良广告所带来的破坏性影响，学界普遍认为不能纵容这种现象，应该严加管制，避免这些不道德的广告损害社会的文明。④ 由此可见，当时的学界对报纸失范行为深恶痛绝，已经达到忍无可忍的地步。

二 报纸格调低下，影响媒介形象

民营报纸为了招徕读者，常常刊登不健康的内容。正如当时的批评者所言，打开一份报纸，其社会新闻版上充斥着"偷、盗、杀、绑、奸、淫、诈、毒……为引起读者之兴趣，以推广其销路"。此类新闻，儿童读完，"必在脑海中留一深切的恶影响"；青年人接触后，"不免受他影响，而有促其犯这一类罪的可能"。⑤ 民营小报的新闻报道和经营管理受到很多人的关注。有人认为，民国初期的小报多谈风月，即便谈论政治，也只限于无关大体的轶事。"到了民十四五时，横行小报更多"，由于此类小报"鄙夷之行，粗俚之言，不堪入耳"，因而此时的小报"在社会上可以说一点地位都没有"。1929年，硬报出现，"一洗风月之气习，将小报带上政治之路"，"此时之小报，载大报所不敢载之消息，说大报所不敢说的话，骏骏乎有代表舆论之势，极为政治社会人士所注意"。⑥

---

① 谢小鲁：《我姑各大报纸面构成之分析及其批评》，《新闻学期刊》1934年，无刊期。
② 岚：《海淫的小报》，《女子月刊》1936年第4卷第1期。
③ 杜云：《广告的选择问题》，《战时记者》1939年第6期。
④ 李培恩：《广告上的常识》，《商业杂志》1927年第2卷第12号。
⑤ 吴雄剑：《今日的中国新闻纸》，《新闻学期刊》1934年，无刊期。
⑥ 马儿：《小报漫论》，1931年《社会日报纪念专刊》。

一些学者提出了小型报与小报的区别：前者只是版式小，其内容和编辑方针与大报无异；后者在内容和形式方面均具有传统小报的特点。民营小报所刊登的不良内容主要包括两大部分，即"骂"和"花"。所谓的"骂"就是经常刊登相互对骂的文章，以期吸引读者，扩大发行量；所谓的"花"主要指刊登色情新闻。① 部分民营小报为了迎合少数读者的不良需求，刊登有伤风化、造谣虚假的信息，对社会舆论和社会风气带来极坏的影响。一些学者注意到这种现象，纷纷发表文章批评小报的不良言论，维护报业的声誉。有人认为，那些穿着小型报外衣的不良小报，就是裹着糖衣的毒药，对社会贻害无穷。部分小报登载黄色新闻，美其名曰"软新闻"，在社会上造成极坏的影响，败坏了报纸和记者的名声。② 这种行为在20世纪二三十年代较为普遍，民营小报靠这种短视行为来吸引读者，往往不能持久，只是一种饮鸩止渴的权宜之计。读者大众有自己的辨别能力，最终会抛弃那些不良小报。20世纪二三十年代，很多民营小报追逐低级趣味的新闻信息，以此招徕读者。如小报注重"各学校珍闻秘史，及女学生私生活描述"。③《北洋画报》曾经刊登文章痛骂不良小报，将其比喻为"蝇蛆"，对其追逐"咸肉"的行为表示不耻，认为太倒胃口。④

　　由此可见，民营小报刊登的格调低下的明星绯闻、虚假不实消息等引起广泛的不满，报刊界的同行撰文批判，表明这种风气已经到了比较严重的地步了。报界同行的批判与反思有助于改善民营报业办报行为，但是，所起到的作用往往是有限的。部分民营小报之所以经常刊登不良信息，主要原因在于，民营小报的办报人职业素养良莠不齐，公众的信息需求存在广泛的差异，民营小报可以寻求差异性定位，满足少部分人的不良需求，这样就可以维持小报的短期生存。民营报纸能否改进报道内容，主要取决于两个方面因素：一是民营报馆的自律，二是新闻管理部门的他律。其中，新闻管理部门的他律所起到的作用

---

① 李楠：《晚清民国时期上海小报》，人民文学出版社2006年版，第69页。
② 金声：《糖衣的毒药》，《新闻杂志》1937年创刊号。
③ 啼红：《灯边话堕·杂谈刊物（下）》，《小说日报》1940年12月16日。
④ 天哭：《上海小报记者的嘴》，《北洋画报》1926年第1卷第45期。

更大。由于不同的历史阶段新闻媒体管理上存在较大差异，很多民营小报经常采取"打游击"的办法，今天在一个地方、以一个名称出现，如果受到打击，第二天就在另一个地方、以另外一个名称继续办报，给报业管理带来很大的麻烦。

一些有责任担当的民营大报比较重视报纸的格调，注意报纸编辑和经营管理，尽量规范报纸的经营行为。然而，也有不少民营报纸不顾公益性和广泛的社会影响，为了获取更多的利润，损害了整个报业的社会形象。尤其是部分民营小报，格调低下，将盈利放在第一位，将公共利益放在一边，这种做法往往使人们对报纸产生一种刻板印象。因此，社会各界对民营报纸经营失范行为的批判常常见诸报端，但不可能从根本上杜绝这种现象。

三 报社过度竞争，扰乱市场秩序

过度竞争是产业组织领域的概念，最早是由贝恩（J. Bain）提出来的。贝恩认为，过度竞争是一种低集中度、持续性过度供给或者产能过剩、绩效较差的产业经营与竞争状态。[①] 其普遍的特征是：第一，产品的销售价格长期处于平均成本以下；第二，重复性生产表现得非常突出，存在明显的规模不经济现象；第三，产业内多数企业处于亏损状态；第四，该产业的劳动力和其他生产要素难以转移到其他行业中去；第五，企业之间的竞争激烈，价格战、广告战等是常态，企业竞争表现出"自杀式""毁灭式"的特征。[②] 当然，并非一个产业必须具备以上列出的所有特征才能称为过度竞争。实际上，一个产业具备其中的两条以上，在经验上就可以判断该产业存在过度竞争的现象。报纸产业与一般的产业不尽相同，其媒介产品往往需要经过二次售卖才能够最终实现其经济价值。因此，即便民营报纸在第一次售卖的时候就出现规模不经济或者销售价格低于平均成本等现象，也不能就此判断该产业处于过度竞争状态。因为，要充分考虑民营报纸实现二次

[①] J. Bain, *Industrial Organization*, John Wiley & Sons, Inc. Press, 1968, pp. 469–496, 471–472.
[②] 曹海建：《过度竞争论》，中国人民大学出版社2000年版，第56页。

售卖之后的盈利状况，才能够做出较为科学的判断。从现有的资料来看，20世纪二三十年代，在上海、北京等地的民营报业市场中存在明显的过度竞争状态。在不同的时间段，民营报纸的数量存在较大的差异。整个市场中民营报纸数量较多时，报业竞争就异常激烈，因为整个市场盘子就那么大，读报的人不可能无限增长。在拥挤的市场中，报业竞争有可能走向畸形，过度竞争现象经常出现，尤其在民营小报中表现得比较明显。中国现代民营报业市场中的过度竞争主要体现在以下几个方面。

第一，在一定的时空范围内，一些民营报纸长期处于亏损状态。20世纪20年代，《晶报》《金刚钻》《福尔摩斯》《罗宾汉》等民营小报的兴起给报业竞争增添了活力。一时间，上海、北京等地的民营小报层出不穷，报业竞争更显激烈。报纸的发行属于第一次销售，基本上是不盈利的。换句话说，民营报纸的售价长期处于平均成本以下。不过，民营报纸并非单纯依靠发行生存，因为广告是大多数民营报纸生存发展的支柱。但是，在一个特定的区域范围里，短时间内出现大量民营报纸，最终必将引发各种资源的竞争，包括读者资源、广告客户等。报纸过多，就会导致利润下滑，甚至一些报纸常常入不敷出。

第二，民营报纸的价格战、相互攻击现象比较普遍，扰乱了报业市场秩序。20世纪二三十年代，上海、天津、北平等地的民营小报之间为了争夺新闻、读者和广告客户，往往会发生纷争，过度竞争表现得较为突出。有一次，香港虎标永安堂在上海推广其药品万金油和八卦丹等，各选择了一家民营大报和民营小报。其中，民营大报为《新闻报》，民营小报为《福尔摩斯》。读者可以凭在《新闻报》上刊登的八卦丹图案到该堂换取一小块八卦丹样品，凭在《福尔摩斯》上刊登的万金油图案，到该堂换取一小盒万金油样品。这一活动吸引了众多读者的参与，反响较好。与《福尔摩斯》形成直接竞争的《晶报》没有被选中参与该项活动，包天笑写了几次文章，讥讽虎标永安堂和《福尔摩斯》报。《福尔摩斯》也不甘示弱，由平襟亚发文予以还击，两报为此闹得沸沸扬扬，愈演愈烈，差一点就诉诸公堂。后经两名律

第六章 中国现代民营报业经营的反思与评价

师从中协调，笔战才算消停下来。① 民营小报为了不足挂齿的经济利益，斤斤计较，以牙还牙，将社会公益抛在一边，最终损失的是报纸的社会公信力，对整个报界的形象也产生不利的影响。因此，有人评价，在小报行业中，"不免有接受贿赂，甚至'敲竹杠'等事，这一切是小报末流的丑恶，离开什么风雅十万八千里了"。②

第三，不少城市民营报纸存在明显的同质竞争和重复生产现象，导致报纸内容趋同，售卖困难。20世纪二三十年代，上海、北京等城市民营小报的数量激增，民营小报内容呈现严重的趋同现象，相互模仿的现象屡见不鲜。戈公振先生认为，每家报纸应该有自己的历史和环境，对于报纸来说，可走的路很多，各家报纸应该"各寻出路，使大家都能在最短期间，走上发展的一途"。③ 当时的民营小报由于数量多，种类繁杂，又存在区域集中的现象，因此同质竞争表现得比较突出。戈公振所倡导的"各寻出路"即现在所说的错位竞争，这种竞争模式并非要求报纸只刊登某一方面新闻而抛弃其他新闻，只是要求报纸在"许多平凡的新闻中，有若干特别的新闻而已"。④

重复生产的结果是，各家报纸的市场占有率和利润率下降，竞争强度加大，产生一系列无序竞争的行为。一些人为了自身利益不顾报纸的群体形象，肆意贬低辱骂对手，诬陷诋毁别人。"小报之间缺少一定的行业制度，缺乏应有的行业规范，从而小报竞争处于无序状态，相互倾轧现象十分激烈而普遍……这不仅伤害了报人之间的友谊，也不利于小报的健康发展。"⑤ 历史上著名的民营小报《晶报》的主办人余大雄经常利用其舆论阵地对竞争对手谩骂挑衅，严独鹤、朱大可、施济群等著名报人纷纷"躺枪"，他的这种行为激起了公愤，不少报纸丧失理性，以牙还牙，斯文扫地。

由此可见，民营报纸的市场结构对报业的竞争行为产生极为重要

---

① 姚吉光、俞逸芬：《上海的小报》，《新闻研究资料》1981年第3期。
② 姚吉光、俞逸芬：《上海的小报》，《新闻研究资料》1981年第3期。
③ 公振：《各寻出路》，《记者周报》1931年第1期第7号。
④ 公振：《各寻出路》，《记者周报》1931年第1期第7号。
⑤ 洪煜：《近代上海小报与市民文化研究（1897—1937）》，上海世纪出版集团2007年版，第110—112页。

的影响。当市场中民营报纸数量较少的时候，报纸之间的竞争可能会出现势均力敌或者倚强凌弱的情况，报业无序竞争的可能性明显要低一些，报纸之间达成合意的可能性随之提升。而当市场中民营报纸数量较多，各家报纸都在争夺读者市场、广告市场的时候，竞争的激烈程度骤然提升，报纸之间达成协议的可能性随之降低，过度竞争难以避免。

四 缺乏科学管理，制约报业升级

民营报业管理方面的不足主要体现在两个方面：一是当局对民营报业的管理方面存在不足；二是民营报馆的自身管理方面存在一定的问题。当局对民营小报经常采取运动式管理办法，发现小报新闻言论、经营管理方面出现的问题比较严重时，就出台规定或者采取行动，对小报的行为进行规范。但是，这种管理基本上是疾风骤雨式的，很快小报的行为又恢复原样。民营报纸的自身管理方面存在的问题主要表现为"人治"现象比较突出，难以建立科学的管理体制，影响民营报业的现代化发展。

民营小报在竞争中出现较多不规范、甚至不守法的行为。1934年，国民政府当局出台规定，取缔不良小报，并且暂停办理小报登记工作。"中央执行委员会以近来各地小报言论庞杂，时逾正轨，亟应加以取缔。"[1] 国民政府中央第四届第九十二次常会上，专门讨论小报事宜，并通过决议，关于小报登记案件"一律缓办……凡新闻纸之呈请登记，如审查确系小报，应即予以缓办"。[2]

民营小报在竞争中经常受到民营大报和政党报纸的夹击，在报道新闻时采用炒作的方式，也会招惹一些麻烦。因此，民营小报经常通过各种途径与政府官员、社会名流乃至帮会建立联系，以确保在经营中出现问题可以找到靠山。"小报到了后期，差不多都和帮会发生了关系。"[3] 比如，吴微雨、施济群、胡憨珠等小报人与黄金荣的关系非

---

[1]《取缔不良小报谈代》，《现代警察》1934年第1卷第3期。
[2]《小报登记缓办》，《现代警察》1934年第1卷第3期。
[3] 姚吉光、逾逸芬：《上海的小报》，《新闻研究资料》1981年第3期。

第六章 中国现代民营报业经营的反思与评价

同一般，姚吉光与曹幼珊过从甚密，逾逸芬同袁寒云交往颇多，黄转陶与张啸林关系密切，毛子佩找到杜月笙为其撑腰……由此可见，很多民营小报在复杂的社会关系和报业竞争中已经丧失了新闻专业理想和职业精神，席卷入社会洪流之中。

针对当时报纸所刊登的不良广告较多这一现象，各地也相继出台各种规定，对报纸刊登广告行为进行规范。1936年11月27日，《上海市政府公报》刊登了《上海市取缔报纸杂志登载诲淫及不良广告暂行规则》（上海市政府令第三八六号），规定不得刊登以下广告："一、宣传诲淫书画有伤风化者；二、刊用猥亵图画者；三、违反本市戏曲唱片审查规则者；四、诱惑欺骗希图诈取财物者；五、其他经主管官署通知禁登者。"[1] 对于违反上述规定，刊登不良广告的报馆及个人，按规定移送法院依法惩办。从当局颁布的一些管理规定可以看出，民营报纸经营中暴露出很多问题，有些问题反复出现，表明当局的规定在执行中并没有起到根本性作用。

另外，民营报纸的管理存在诸多的"人治"现象，有的报纸表现出家族式企业的一些特征，在一定程度上制约民营报纸向更高层次发展。在众多的民营报纸中，成舍我的世界报系比较强调科学管理，即便如此，也存在一些管理上的漏洞。1935年，《世界日报》实行新式管理办法，预估总资产为10万元，建立了资产总册。按照规定，会计处的存款到达一定的数额，就直接划归"社长提存"账户，"也就等于划入成舍我私人存款户内，成可自由利用，不用归还"。1935—1937年间，平均每月大概划入"社长提存"账户的经费为5000元，总金额达到20万元。[2] 不仅仅是《世界日报》，其他的民营小报更是谈不上科学管理，报馆中的"人治"现象表现得更加明显，严重地制约了民营报纸的发展。由此可见，民营报业的经费管理存在一些漏洞，不利于推进民营报业现代化发展。当然，随着公司制的引进，民营报业的管理更加高效，在一定程度上提高了

---

[1] 上海市政府令第三八六号：《兹制定上海市取缔报纸杂志登载诲淫及不良广告暂行规则》，《上海市政府公报》1936年第175期。

[2] 张友鸾等：《世界日报兴衰史》，重庆出版社1982年版，第28页。

管理的科学性。

五 劳资冲突凸显，激化内部矛盾

民营报纸经营受社会各界的影响很大，其创办者和经营者的经济实力大多算不上强大，因而在经营中经常出现报纸利润下降的情况，直接影响报社员工的待遇。如果处理不好，就会激发矛盾，引起劳资冲突问题。与民营报纸存在劳资冲突的人群主要有三类：一是印刷工人；二是报贩群体；三是记者编辑。其中，印刷工人罢工最为常见，其次是报贩群体的罢工，这两类劳资冲突往往会演变为暴力行为，而记者编辑与报馆的劳资冲突往往能够通过更为巧妙的方式得以化解。

印刷工人与报馆的劳资冲突表现得尤为突出，双方的矛盾对立通过多种形式表现出来。这种冲突又分为两种情况，第一种情况是一些具有印刷厂的民营大报，报馆与印刷工人之间存在直接的雇佣关系，其劳资冲突是直接冲突。1946年2月，上海一些民营报纸与工人之间因为加薪方案的矛盾引发冲突，工人要求加薪，认为应该保持同工同酬。但是各家报纸则认为，同工同酬不合理，应该按照技术的高低来核定工资，保持一定的差异。同时，因为每家报馆的情况不同，经济实力存在差异，各家报馆主张，应该根据实际情况将工人工资分为不同层次。而工人则认为应该同工同酬，并按照1937年《新闻报》的平均工资为基数，各家报馆难以接受。由于双方僵持不下，社会局的调解也没有成效，最终导致《新闻报》《申报》《立报》等多家民营报纸的工人参与罢工。① 上海报业罢工潮持续到3月5日，《新闻报》和《申报》最终承认各类员工工资的基数为50元，不分等级。部分报纸坚持45元工资基数，但是，工人仍然无法接受。《时事新报》《文汇报》与工人的谈判没能达成一致，几家报纸未能出版。第二种情况是印刷工人与印刷厂之间的劳资冲突，这种冲突并非印刷工人与报馆之

---

① 《上海各报工潮 社会局调解未获结果 各报不允工人同工同资要求 昨晚申新等数报工人已罢工》，《大公报》（天津版）1946年2月20日。

间的直接冲突,但是,由于印刷厂是报馆委托印刷的机构,两者有合作关系,其工人与厂方的冲突最终会殃及报馆,导致报纸不能按时印刷,影响报纸的发行。

除了印刷工人与报馆之间的劳资冲突外,报贩与报馆之间的劳资冲突,报馆记者、编辑等与报馆之间的劳资冲突也不时会爆发出来,在一定程度上影响了报馆的经营。即便待遇相对较好的申报馆,也难免会陷入劳资冲突之中。申报馆很注重处理报馆与员工之间的关系,并通过多种渠道增加员工的福利,但是也曾经卷入报贩、印刷工人罢工的纠纷之中。不仅如此,《新闻报》《大公报》《立报》等众多报纸都曾经与员工就待遇问题展开过博弈。究其原因,主要表现在两个方面:一是因为部分报馆或者印刷厂提供的待遇较低,不能满足员工的需求;二是物价上涨,但是,报馆或者印刷厂不能及时提高员工待遇,从而引发结构性矛盾,最终激化双方的关系。

民营报馆与员工之间的劳资冲突,是民营报业经营中经常遇到的问题,其本质上反映了当时资产阶级对工人的剥削。与报业相关的劳资冲突表现得最突出的是印刷工人罢工。当时的印刷工人待遇很低,20 世纪 20 年代,报纸印刷工人的待遇每月在 15 元钱左右,其工作任务繁重,时间长。久而久之,工人与雇佣者之间形成尖锐的对立关系,一旦矛盾升级,容易产生对峙、罢工等激烈的行为。报馆的记者、编辑等员工的文化程度较高,能够靠着自己的知识和能力获得生存机会。相比较而言,印刷工人、报贩等往往处于社会底层,文化程度较低,他们主要从属于印刷厂、派报社等,其工资待遇明显更低,所受到的剥削也更加严重。另外,在特定情况下,印刷工人和报贩罢工的原因并不能完全归咎于报馆。比如,在物价飞涨或者战争等因素的影响下,报馆很难盈利,其本身也是受害者。

六 牺牲报纸公益,罔顾社会责任

与政党报纸、社会团体报纸相比,民营报纸将盈利放在重要的位置上。从一定程度上讲,比起其他类型的报纸,民营报纸在处理经济效益和社会效益之间的关系方面，受到来自各界的批评明显要多一些。潘公弼认为，自民国以来，一些报纸不愿牵涉到政治旋涡中，于是这些报纸趋向于营业。按照常理而言，这些报纸能够经济独立，有助于进行"公而无私"的报道，但实际上，此类商业化报纸大多"毫无生气，其指导舆论之精神殆浸失矣"。[①] 有不少民营报纸大量刊登广告，以至于广告在报纸中所占的面积已经超过新闻的面积，这样做"自非健全之办法……有时自不免损及报纸之地位与美观"。[②] 业裕认为，这些靠盈利维持生存的报纸"已变成了一种纯粹营利的事业，它和普通商业的机关没有分别了"。[③] 业裕所评述的情况在民营报纸中广泛存在，其实当时的政党报纸和社会团体报纸并不缺乏经费，这些报纸有相对稳定的津贴收入，而民营报纸绝大多数依靠广告盈利来维持生存。在这种运作模式之下，出现了不少不良广告，经理人的主要出发点不是引导读者，而是如何扩大发行量，如何争取更多的广告而达到盈利的目的。为了在短期内获得更多的利益，经理人往往会将报馆的长期发展战略放在一边，为了迎合读者的心理，而刊登危害社会的广告。

　　部分民营报纸过度重视报业经济，为了追逐利润不惜牺牲报纸的公益性，这种做法偏离了报纸的公共品属性。比如，全面抗战爆发之后，重庆、成都等大后方的公众对于广告的需求持续增加，有些报纸仍然按照和平时期的方法来处理广告，没有将公众最需要的广告信息刊登出去，这就是部分民营报纸太注重经济利益的表现。当时，很多高校、工厂开展内迁工作，学校的招生、人事的变迁、政府机关的公告等都需要刊登广告，但一些民营报纸照样刊登花柳病之类的医药广告。"此时新闻纸的经营者不能只讲赚钱，在商言商，不该赚钱的时候还须放松一手。"[④] 为了扩大销售量，一些民营报纸刊登玄奇、暴力、色情等方面的信息以迎合部分读者的兴趣。这样的做法，可以在

---

① 潘公弼：《六十年来之中国日报事业》，《申报月刊》1932年第1卷第1号。
② 周钦岳：《广告与发行》，《中国新闻学会年刊》1942年第1期。
③ 业裕：《上海报纸的批评》，《记者周报》1931年第1期第六号。
④ 张友鸾：《战时新闻纸》，中山文化教育馆1938年版，第32页。

第六章 中国现代民营报业经营的反思与评价

短时间内吊起读者的胃口，引起轰动，提高发行量。但是，如果报纸充斥着这种负面信息，其社会功能就会明显地弱化和单一化，报纸的社会效益也因此降低。有人批评道，打开一张报纸的社会新闻版，看到的尽是"偷、盗、杀、绑、奸、淫、诈、毒……偏重在趣味一方面的新闻是尽量的在刊载着"。①

无论是政党报纸、政府报纸，还是民营报纸，主要集中于少数经济发达的大城市，尤其是集中于沿海经济水平较高的大城市。因此，有人评价："目前中国报纸的销路，多在沿海的大城市内，京、沪、粤、平、津五处报纸的销售量，差不多占全国总数的三分之二。这五个地方的人口，约八九百万，占全人口百分之二。"② 剩余的三分之一的报纸在全国98%的地区发行，而广大的乡村地区，很少有报纸进入，甚至平均每千人一份报纸，报纸的分布存在严重的区域不平衡特征。从报业经济发展的角度来看，报纸的区域集中有其显著的经济效益。因为，经济发展水平较高的地区，能够为民营报纸发展提供充足的广告。经济发展水平与公众受教育水平往往呈正相关，公众受教育水平高，其读报率也相对较高。因此，报业聚集于经济发达的城市，其发行、广告等主要经营项目均能够得到满足。另外，由于民营报纸聚集于发达的区域，其相关配套设施较好，如印刷设备、纸张供应、电信设备、交通条件等，这些条件无形中为民营报纸节约了一定的成本，报社容易获得规模经济效益。

民营报纸报道方式的选择并非报纸经营范畴，但是，报道方式与报纸经营理念之间存在极其紧密的联系。部分民营报纸之所以选择玄奇、耸人听闻的方式报道新闻，主要是报纸的经营理念所致。这些民营报纸为了吸引其目标读者，往往对报道内容进行技术处理，以期扩大发行量。孝庵认为，报纸上的新闻，有两种主义，"一种是趣味主义，一种便是实益主义"。③ 在当时的世界报业中，美国报纸奉行趣味主义，而日本则坚持实益主义。不过，中国多数报纸"都很注意趣味主义，但

---

① 吴雄剑：《今日的中国新闻纸》，《新闻学期刊》1934年，无刊期。
② 《中国报业前进的阻力》，《报人世界》1936年第6期。
③ 孝庵：《报纸的实益主义》，《记者周报》1931年第8号。

对于实益主义，未免太疏忽了"。① 很多民营小报坚持趣味主义，对现实缺乏应有的观照，导致民营小报社会声誉受到影响。一些民营小报经常刊登不负责任的文字，"此类小报转一日潜力，当局苦之，颇有大者易与小者难驯之慨"。② 民营小报的数量众多，在社会上有广泛的影响，而看此类报纸的人，"知识都很浅薄，没有评判的能力，把报纸上所说底话简直当'金科玉律'……若是编报底人不知道顾全风俗底善良，随他底高兴，信口开河，引人入魔，社会上受底危险那可是不小！"③ 因而，当局屡屡想对小报加强管理，但是，总有很多违规者，因而在1929年6月要求各家小报按照规定参加登记，以便加强管理。

但是，报业毕竟不算纯粹的商业，赚钱不是唯一的目的。如果从社会效益的角度来考察，民营报纸所呈现出来的过度聚集现象，显然不能满足公众对其的预期，报纸的社会公益作用并不能得到最大限度的发挥。1943年，成舍我曾经考察广西和江西的两个大城市和3个人口在两万以上的县级城市。在经济相对落后的县级城市，只有极少数政府官员和大商人才能看到报纸，一般老百姓根本买不起报纸。不看报纸，不接触新闻，就不了解国情。因此，民营报纸的社会效益在广大偏远农村地区根本得不到体现。成舍我感慨，中国的报纸因为各种原因主要集中于大都市，"'报纸下乡'，仍只被视为一种空泛的理想"。④ 鉴于此，成舍我恳请中央采取措施在全国范围内普及简报，提出了发行"平价报纸"的建议。其具体做法是，政府给报纸定价，尽量降低报纸售价，政府为报馆提供纸张。这样，报馆不必为纸张发愁，其发行量不断增大，广告收入也会随之增加。如果能够实现这一举措，那些两万人以上的县级城市，五千人以上的市镇，则不会出现见不到一份报纸的缺憾。⑤ 尽管成舍我和当时的一些有识之士大声疾呼"报纸大众化"、广泛推广"平价报"，并在办报实践中，极力推动报纸大众化，但由

---

① 孝庵：《报纸的实益主义》，《记者周报》1931年第8号。
② 《上海举办小报登记　大者易与小者难驯》，《大公报》1929年6月26日。
③ 陈顾远：《北京城里底小新闻纸》，《评论之评论》1921年第1卷第1期。
④ 成舍我：《我们需要"平价报"》，《东方杂志》1943年第9期。
⑤ 成舍我：《我们需要"平价报"》，《东方杂志》1943年第9期。

于多种因素的综合作用，报纸大众化的推行工作所取得的成绩并不理想。

尽管绝大多数民营报纸都力图平衡经济利益和社会效益之间的关系，并有意识地开展各种活动提高报纸的社会效益，但对经济利益的追求，或多或少地损害了其社会效益。传播媒介产生之后，经常受到资本的控制，甚至成为其奴仆。[①] 当然，应当看到，不同的民营报纸在处理两者关系上所持的立场和态度不一样，其结果也存在明显的差异。那些将社会公益放在重要地位上的民营报纸，所取得的社会效益明显更高一些，这方面的典范如新记《大公报》、《文汇报》、《新民报》等。

相对于民营大报来说，民营小报的生存更为困难，社会影响力较差。清末民初，人们对小报的评价不高，民营小报的社会地位自然比较低，小报的记者被视为"文氓"和"文丐"。但是，如果能够很好地平衡社会效益和经济效益，民营小报一样能够赢得社会的认可与尊重。这方面的典范如《立报》《社会日报》等，在人们心目中的地位不断提高。在人们眼里，小报往往能够"畅所欲言，能道大报所不能道，能记大报所不敢记"。[②] 1931年，民营小报《社会日报》发行一千号纪念专刊，社会各界知名人士、报界名人孙科、唐有壬、邵力子、林语堂、曹聚仁、潘公展、张竹平等纷纷题词、撰文对《社会日报》以及小报予以充分肯定。由此可见，小报靠着不懈的努力，在当时的报界已经赢得一定的声誉和地位。但是，另外一些民营小报则抛弃社会效益，仅仅顾及报纸的经济效益，为了赢得竞争，不惜捕风捉影，迎合少数人的兴趣，通过造谣的方式编造稿件，这种行为引发了社会各界的不满。1930年，国立交通大学在其《交大月刊》上刊登文章《小报恶作剧》，批评小报"颠倒是非，淆混皂白"，认为无聊小报经常编造有辱该校女同学的新闻，其目的"即借以消闲之资也"，"恶作剧哉！小报之造谣也"。[③] 实际上，这种经营方式往往是饮鸩止渴，根本不是持久的经营之道，最终往往是经济效益和社会效益都丧失殆尽。

[①] 胡正强：《中国媒介批评的历史考察》，世界图书出版公司2015年版，第280页。
[②] 胡憨珠：《社会尊视小报》，1931年《社会日报纪念专刊》。
[③] 《小报恶作剧》，《交大月刊》1930年第2卷第2期。

第四节　中国现代民营报业经营对当今传媒经营的启示

进入20世纪，一些民营报人投身报业实践，取得丰富的办报经验，部分报人放眼世界报业，对发达国家的新闻事业进行考察学习，并将其先进理念用于中国的办报实践。一些民营大报按照发达国家的做法，实施报业改革，在办报理念、组织结构、经营策略等方面积极探索，取得了突出的成绩，为以后传媒经营提供了参考。当前，中国传统媒体发展面临前所未有的严峻挑战，互联网以及各种移动媒体给报业、广播电视等传统媒体带来了巨大的冲击，传统媒体的发展进入了瓶颈期。如何突破这一"瓶颈"，找到新的发展机遇，是传媒领域共同关注的问题。民营报业的发展及其在经营方面的探索，不可能为现代传媒业突围提供答案。但是，民营报业的办报思路以及面临困局时所采取的突破方法等，对当今传媒经营与改革均有一定的启示。

一　双重镜鉴：结构调整成效显著，报业活力提升迅速

20世纪20年代以后，民营报业是整个报业市场中最具经营活力的报业种群。与政党报纸、政府报纸和社会团体报纸等类型的报纸相比，民营报纸的经营方式能够最大限度地释放其经营活力。民营报纸能够积极地吸取当时发达国家报业经营理念，走在报业发展的最前沿。中国报业发展经历了古代和近代的探索，到了现代，已经有了一定的发展经验。《申报》《新闻报》等民营报纸开始均为外国人所创办，后来这些报纸易手国人，成为名副其实的民营报纸。不可否认的是，这些报纸延续了外报的一些先进理念，并将其创造性地运用到中国报业经营实践中。王韬、成舍我等报人还积极到发达国家学习办报经验，这些报人吸取当时世界最先进的办报理念，改革民营报纸经营模式，这是中国民营报纸提高经营水平的重要因素。与党报、政府报纸相比，民营报纸的经营方式灵活，报纸改革走在最前沿。中国现代民营报业的经营活力还来自报馆的激励机制。一些民营报纸经营绩效较好，采

取了当时国际流行的股份制有限公司的组织结构，报馆的部分员工拥有一定数量的股份。这样，大大提高了报馆员工工作的积极性。比起党报和其他类型的报纸，民营报纸更注重发行与广告，这两项业务的市场化程度较高。《申报》《新闻报》《大公报》等民营报纸为报馆员工提供了较高的薪酬和福利待遇，有利于激发报纸员工的工作积极性。党报和其他类型的报纸的主要功能在于引导舆论或者为少数部门服务，经营绩效的好坏并不是衡量报纸价值的主要指标。这类报纸也无须完成一定量的经济指标，因此，这些报纸并没有将报纸经营放在重要的地位上。

中国现代民营报纸在组织结构、市场结构等方面的调整取得一定的进展。民营报馆在组织结构的调整方面有较大的积极性，主要是因为当时国内的其他行业采取了较为先进的组织结构，给民营报馆的发展提供了一定的参考。同时，西方发达国家报纸组织结构也为民营报业发展提供了借鉴。一些民营大报通过组织结构调整打通了资金筹措途径，激发了投资者的热情，同时也在一定程度上放大了部分报馆的内生式扩展效果，改变了报业的市场结构。尤其是一些民营大报力图组建报业集团，使报业趋于集中，在客观上提高了民营报业的集中程度。民营报业市场结构的变化趋势是市场集中度不断提升，民营大报的市场控制力和竞争力不断提高。这种结构形态的好处是，大型民营报馆具备开展科技创新的条件。

民营报业在组织结构和市场结构等方面的调整取得一定的成效，尽管这些做法还不够成熟，但是也给我们带来一定的启示。中国当代传媒产业中存在市场集中度低的问题，这一点在报纸、期刊、电视、网络视频等领域都有突出的表现，表明传媒产业存在明显的分散竞争状况，传媒集团缺乏较强的市场控制力。要改变这种现状，必须调整传媒产业市场结构。在任何市场中，过于集中或者过于分散的市场结构都不利于产业竞争力的提升，而大、中、小规模适宜的经营个体的合理分布，有助于提升竞争活力和经营绩效。在企业规模的演化中，小企业有其自身优势：小而精、小而快、小而专；大企业便于提升规模经济效益和创新能力，其多元化经营有助于降低经营风险；等等。

但是，一个产业中，企业的规模不可能整齐划一，多元化的规模分布往往能够产生更好的经济效益。尽管这种设想并非针对传媒产业组织结构，但是，在经历了几十年产业化发展之后，中国传媒产业的市场组织形式与其他产业之间存在许多相似之处。优化传媒产业市场结构是改善传媒经营和竞争状况的重要手段，为了提高传媒产业经营的效率，需要适度提高传媒产业的市场集中度，改变分散竞争的格局，通过政策性的激励措施，为传媒集团做大做强提供外部条件，打造具有竞争优势的传媒集团。这样，这些传媒集团拥有足够的力量参与国际竞争，也有足够的财力进行传播技术改革，从而引领整个传媒产业发展。

从当前中国传媒产业发展的情况来看，国家的研发投入较少，数据显示，2006—2015年，中国新闻出版业研发费用年均支出1154.60万元。[①] 相对于中国传媒产业这个巨大的盘子，这些投入显然还存在较大缺口。而大多数新闻出版机构在研发投入上更是捉襟见肘，极大地影响了传媒产业的升级与发展。究其原因，市场中的竞争主体实力不强，盈利能力有限，很难拿出大笔资金开展研发和市场创新。即便这些传媒经营单位拿出资金从事研发，也会导致重复建设和资源浪费。因此，适度提高传媒产业市场集中度，改善传媒产业市场结构，对于整个传媒产业的经营创新和市场创新都有积极意义。另外，在全媒体背景下，要积极探索新的传媒组织结构。中国当前的传媒组织结构存在不少弊端，尤其是传统媒体的组织结构相对落后，限制了传媒集团的发展活力。为了提高传媒集团的经营活力，必须改革传媒组织结构，建立新型的、适应全媒体发展的组织结构，提高传媒集团的运营效率。

二　双重经验：报业集团初具雏形，大众倾向成为先声

不少民营报纸在经营管理方面积累了丰富的经验，其创造性的经营行为对于当今传媒经营改革不乏借鉴意义。用现在的经营理念来看，

[①] 根据历年《中国科技统计年鉴》中《按服务的国民经济行业分研究与开发机构R&D经费内部支出统计》的相关数据整理计算。

第六章　中国现代民营报业经营的反思与评价

一些民营报纸的经营行为显得不够成熟，甚至有些做法还很幼稚，但是，如果结合其时代背景，就会发现一些民营报馆的经营行为具有较大的创造性。

20世纪20年代以后，一些有实力的民营大报实行企业化经营，按照发达国家的报业发展思路来调整报业经营行为，取得一定的成效。中国报业企业化经营开始于20世纪初期，这是中国报业迈向现代化发展的重要标志之一。所谓报纸的企业化经营，指的是"按照市场经济规律经营报纸，以取得更大利润为主要出发点，使报业规模不断扩大，成为有相当资本的现代化企业"。[①] 成舍我、史量才、张竹平和陈铭德等力图通过组建报业托拉斯提升报业竞争力和影响力，这些设想与发达国家的做法如出一辙。有些报人到发达国家考察了报业集团化建设的方法与基本情况，力图按照国外的做法来组建中国的报业托拉斯。其经营思想符合当时的国际潮流，经营行为在国内具有一定的创造性，为民营报业乃至其他类型报馆的发展提供了新的视野。尽管国内报业托拉斯建设行为并没有成功，但是，这些有益的尝试为中国报业发展提供了一定的经验和教训。

20世纪20年代以后，一些民营报纸采用大众化的办报方针，产生了较大的影响，对于当今报业发展以及其他媒体的运营也有一定的参考价值。成舍我及其同人有一个宏伟的目标，就是将《立报》的日发行量扩大到一百万份。成舍我对其报纸大众化有明确的定位，其目标是超越西方资本主义报业的大众化。他不想使自己的大众化报纸成为"一个私人牟利的机关，而我们的大众化，却要准备为大众福利而奋斗"。[②] 由此可见，成舍我的大众化办报理念有质和量两个维度。从报纸的质方面来说，大众化报纸要维护大众利益，应该超越个人利益。从量的方面来说，大众化报纸不能成为少数人谋福利的机构，而应该为广大民众鼓与呼，因此要有一定的市场占有率。成舍我所倡导的大众化办报理念具有一定的前瞻性，他所推崇的价格低廉、通俗易懂、

---

① 马光仁：《上海新闻史（1850—1949）》，复旦大学出版社1996年版，第548页。
② 《我们的宣言》，《立报》1935年9月20日。

信息量大的报纸广受普通民众的欢迎。在政党报纸着眼于时政新闻，其他民营报纸着眼于少数读者时，《立报》将读者范围进一步扩大，实行大众化办报，既满足了普通大众获取新闻信息的需要，又大大扩展了读者范围，提高了报纸的发行量。

　　当今的很多媒体喜欢跟风模仿，不愿意开展创新性经营，如报纸的读者定位、版面设计、内容导向、编辑风格等方面存在亦步亦趋的情况；电视节目类型、风格、主题等方面表现出明显的趋同情况；网络媒体的内容安排、传播方式等方面存在同质化竞争的倾向。之所以出现这些情况，主要在于创新往往需要付诸成本。实行创新性的经营行为，有可能承担失败带来的风险。纵观中国现代民营报纸的经营历程，可以看出，当时一些民营报馆具有一定的开创精神。比如报馆实行股份制管理，开展报业托拉斯建设，将报纸的相关经营业务外包给报馆之外的部门，等等，这些做法在现在看来并不是什么新鲜事，但是，在当时确实具有一定的创造性，使民营报馆的经营水平大大提高，超出了同时期政党报纸的经营水平。

　　中国现代民营报纸所采取的多元化经营策略，对当今媒介发展也有较大的启示。民营报业的多元化主要可以分为三种情况，一是系列化经营，主要是创办系列化的报纸，扩大经营规模；二是拓展上下游业务链，提升报业经营绩效；三是开展相关多元化经营，主要是拓展不同类型的业务，并且发挥报馆的业务优势，在图书、期刊、年鉴出版、印刷服务等方面有较大进展。尤其是《申报》《新闻报》《大公报》等民营大报在这方面做得比较出色。从中国现代民营报业的多元化经营情况来看，当时的一些大报馆主要开展的是相关多元化活动，其好处在于能够充分发挥报馆的长处，对报馆经营有一定的促进作用。在中国当代报纸的发展中，一些报纸实行多元化经营，在一定程度上拓展了报社的盈利渠道。但是，总体来看，报纸的盈利模式非常单一，主要依赖广告，存在巨大的经营风险。有不少报社实行了非相关多元化经营手段，如在游戏、房地产、酒店等方面投资，这些做法未尝不可，但是，脱离传媒领域开展经营活动，就相当于离开自身的长处，另外找一块领域去投资。尽管可以获利，帮助报纸渡过暂时的难关，但是，从长远的角度来看，媒体终归是媒体，开展多元化经营最好还是发挥媒体资源优势，在相关领域拓展产业价值链，而不是盲目地扩展业务，进入很多不熟悉的领域。

不少民营报纸在激励机制上做了较多的尝试，如报馆改善员工待遇，以劳力入股等方式能够在一定程度上提升报馆员工的积极性。另外，一些报馆在人才培养上也做出很多尝试，如成舍我、史量才等所创办的新闻院校，或者开展新闻技能方面的培训等，有助于提升新闻工作者的业务水平。当今，多数市场化的媒体在激励机制建设上存在一定的问题，导致优秀员工流失，尤其是面对新媒体的冲击，传统媒体遭遇较大的生存危机，在这种情况下，如何帮助员工实现转型，如何建立有效的激励机制，都是传媒组织机构需要处理的问题，民营报馆在应对经营危机方面的经验教训对当今报业经营起到一定的参考作用。

三　双重属性：公益性为立报之基，盈利性为生存之源

报纸是引导舆论的重要载体。将报纸的主要目标放在盈利上，就是本末倒置了。业裕认为，如果报纸能够"指出一个人人能走得通的路线，领导人民去走，我以为这是主持舆论机关的真正的责任"。[①] 业裕对于当时民营报纸的批评有一定的道理，依靠报纸进行思想宣传，引导舆论是正确的，民营报纸概莫能外。

在中国报业发展史上，中国现代民营报纸的企业化运作是最典型的、最具有代表性的。一些民营报人认为报馆就是商业化的组织机构，报馆就类似于企业；当然，也有一些人认为，报馆的性质不同于一般的企业，因为报馆具有公益性。综合来看，中国现代的民营报馆大多比较重视报纸的经营，在报纸发行方面不遗余力，在广告招揽方面想尽办法。同时期的政党报纸无须在这方面做太多的努力，其发行主要靠政府机构推动，广告招揽也没有硬性的指标，即便是没有广告，报纸的运转也不会受到太大的影响。因而，政党报纸的主要工作就是做好舆论宣传。而民营报纸则不然，一方面要做好新闻信息的传播工作，另一方面

---

① 业裕：《上海报纸的批评》，《记者周报》1931年第1期第6号。

要做好报纸的发行和广告经营工作，两者一定要兼顾。

20世纪20年代到中华人民共和国成立前，政府对民营报业管理的尺度不一，加上战乱的影响，民营报业经营中存在一些不规范的行为。如前述的不良广告、不正当竞争等行为，在一定程度上影响了报馆的声誉，对整个报界都产生一定的消极影响，报界以及其他人士的批评之声经常见诸报端。由此可见，一些民营报纸为了获得更多的经济效益，没有将报纸的社会效益放在第一位。这种做法能够在短期内帮助报纸获得较多的收益，但是，从长远的角度来看，无异于饮鸩止渴。毕竟报纸是一种公益性很强的文化产品，广告商之所以在报纸上刊登广告，主要原因在于报纸在读者中具有社会影响力。一旦报纸将经济利益放在首位，不考虑其社会效益，就容易被读者抛弃，这样，报纸的广告商最终也会随之离去。部分民营报纸将报纸作为赚钱的工具，大量刊登广告，广告的版面远远多于新闻的版面，最终降低了报纸的可读性。有不少学者批评当时的报纸热衷于刊登广告，已经不是"新闻纸"。这种做法会影响到读者的阅读体验，不愿意购买报纸，导致报纸的发行量下降，进而影响报纸的广告经营。

当然，也有一些民营报纸能够很好地平衡经济效益与社会效益之间的关系。如新记《大公报》《文汇报》《新民报》等报纸，始终将新闻信息的呈现作为报纸的第一要务，尽管这些报纸的政治倾向不尽一致，但报纸在舆论引导、宣传抗战等重要工作方面没有放松。当然，这些报纸也比较重视经营工作，在报纸发行、广告等业务方面下了很大的功夫，在报纸经营管理的改革方面有一些探索。相对而言，这些报纸能够较好地处理新闻信息呈现与报纸经营绩效提升之间的关系，为当今的媒介市场化发展提供了一定的参考。

当前，有一些媒体过于重视广告商的利益，尤其是一些在市场中具有垄断地位的媒体，为了获得更多的经济收益，过分地包容广告商，将受众的切身利益放在一边。从短期来看，可能会获得较多的收益，但是，媒体不顾受众的利益，会引发受众的不满，最终会影响媒体的经营效益。如何平衡媒体的社会效益与经济效益之间的关系，是媒介经营管理者必须直面的问题，也是学术界热议的话题。民营报馆在处理此类矛盾的过程中,既有经验,也有教训。综合来看,首先,要把社会效益放在第一位,通过生产符合社会主流价值观的媒介产品来引导舆论,扩大媒体的社会影响力和竞争力,从而吸引受众的关注,这是媒体成功的关键。其次,刊登广告要讲究品位和导向,如果不顾社会影响,盲目刊登,就容易损坏已经建立起来的公信力和影响力。再次,要主动建立纠偏机制,平衡媒体的社会效益与经济效益之间的关系。一些具有垄断地位的媒体往往会忽略受众的利益,将媒体的经济效益摆在不适当的位置上,可能会引发严重的后果。因此,即便是具有垄断地位的媒体,依然要具有社会担当,讲究社会责任,处理好社会效益与经济效益之间的关系,这是媒介经营立足的根基。

附 录

附表1 1935年全国各省市报纸发行一览

序号	地名	报社数（种）	百分比（%）
1	苏	339	19.3
2	浙	157	8.9
3	沪	143	8.1
4	冀	129	7.3
5	京	122	6.9
6	湘	122	6.9
7	青岛	117	6.5
8	鄂	102	5.8
9	鲁	68	3.9
10	皖	66	3.7
11	川	60	3.4
12	豫	54	3.1
13	粤	49	2.8
14	闽	47	2.7
15	赣	30	1.7
16	晋	28	1.6
17	绥	24	1.4
18	平	23	1.3

续表

序号	地名	报社数（种）	百分比（%）
19	滇	19	1.1
20	察	14	0.8
21	桂	12	0.7
22	秦	12	0.7
23	陇	10	0.6
25	黔	5	0.3
26	威海卫	3	0.2
27	哈尔滨	3	0.2
28	宁夏	2	0.1
	总计	1760	100.0

资料来源：根据国民党内政部统计全国登记报社数量（除去已经注销的报纸，不包括东三省），参见甘家馨《中国各大报经营实况》，《苏衡》1936年第17—18期。

附表2　1935年全国各省市报纸发行总量所占比例

序号	地名	销行数百分比（%）
1	苏	35.09
2	冀	16.05
3	香港	8.53
4	粤	8.05
5	鲁	3.78
6	大连	3.70
7	东三省	3.65
8	鄂	3.53
9	浙	3.18
10	川	3.01
11	滇	2.53
12	湘	1.61
13	闽	1.55

续表

序号	地名	销行数百分比（%）
14	赣	1.14
15	豫	1.01
16	秦	0.86
17	皖	0.75
18	晋	0.71
19	桂	0.44
20	澳门	0.35
21	绥	0.18
22	黔	0.10
23	甘	0.09
	共计	99.89

资料来源：甘家馨《中国各大报经营实况》，《苏衡》1936年第17—18期。

注：该统计数据来源于Loewentkol出版的英文著作，原表中"销行数百分比"的总计为100%，我们通过计算发现其实际数值应该为99.89%，误差0.11%，由于没有各省原始的报纸发行总数，无法查找到误差出在哪里，本书将百分比更正为99.89%。

附表3 1947年全国各省市报纸、杂志出版概况

单位：种

序号	地名	报纸	通信	杂志
1	上海	80	37	369
2	大连	1	0	0
3	天津	44	11	56
4	北平	49	22	105
5	青岛	22	10	28
6	南京	57	37	105
7	重庆	45	9	84
8	山西	8	6	12
9	山东	9	5	10
10	四川	49	16	37

续表

序号	地名	报纸	通信	杂志
11	甘肃	40	1	9
12	江西	56	31	33
13	吉林	5	0	2
14	西康	3	3	4
15	安徽	30	10	2
16	江苏	78	18	20
17	台湾	28	30	32
18	河北	2	0	1
19	河南	42	18	16
20	青海	2	0	0
21	陕西	15	1	11
22	浙江	69	68	26
23	贵州	12	1	25
24	湖北	63	13	29
25	湖南	60	37	37
26	福建	77	14	36
27	云南	17	0	39
28	绥远	2	0	2
29	新疆	1	0	0
30	广西	58	1	12
31	广东	104	71	90
32	宁夏	0	0	1
33	热河	1	0	0
34	辽宁	3	0	0
35	军办	15	0	15
	总计	1147	470	1248

资料来源：王钟琴：《本署成立以来我国新闻纸杂志出版概况》，《警政导报》1947年第6期。

附表4 《大公报》广告刊登情况（1927—1937）

日期	版数	配图（张）	广告数量	广告版占报纸版的比例（%）	最大幅广告占整版的比例（%）	广告类别	广告主
1927.04.04	8	11	70	45	13	工业（律师事务所/房地产/书店/银行/汽车等）；日常（布匹/食品/药品/日化/香烟等）	民营（银行/布匹/药品较突出）；政府国有企业（银行）；国外（银行/汽车和洋布等）
1927.04.18	8	9	77	40	10	工业（银行/律师事务所/房地产/广告公司/书局/饭店/医院）；日常（丝绸羊绒/食品/香烟/面粉/金店/药品）	民营、政府等国有企业；国外企业（日本铁道株式会社和国外医院）
1927.08.08	8	4	73	45	25	工业（银行/律师事务所/汽车/广告公司/饭店/医院）；日常（丝绸/食品/香烟/金店/药品）；文娱（招生/戏剧/电影票/美容）	民营（银行/饭店等）；政府国有企业；国外（日本铁道株式会社/三井洋行/三菱汽车公司/中西食品公司）
1927.08.22	8	6	46	35	23	工业（银行/律师事务所/汽车/广告公司/饭店/医院）；日常（丝绸/食品/香烟/金店/药品）；文娱（大学/戏院/电影票/美容美发）	民营（银行/饭店等/贸易公司）；政府国有企业；国外（日本铁道株式会社/三井洋行/三菱汽车公司/中西食品公司/美国女子打字部）

续表

日期	版数	配图（张）	广告数量	广告版占报纸版的比例（%）	最大幅广告占整版的比例（%）	广告类别	广告主
1927.12.05	8	10	93	65	15	工业（银行/律师事务所/汽车/广告公司/饭店/煤炭）；日常（丝绸/食品/香烟/金店/药品/眼镜店）；商业（邮券/银行/地皮/招租）；文娱（招生/戏院/电影票/美容/旅行社）	民营（银行/饭店等/贸易公司）；私营（招租/地皮等）；政府国有企业；国外（日本铁道株式会社/三菱汽车公司/中西食品公司）
1927.12.19	8	14	94	55	13	工业（银行/律师事务所/汽车/广告公司/饭店/无线电）；日常（丝绸/食品/香烟/金店/药品/眼镜店/香烟）；商业（邮券/银行/地皮/招租）；文娱（招生/戏院/电影票/美容/旅行社/古玩/男女会友）	民营（银行/饭店等/贸易公司）；私营（招租/地皮等）；政府国有企业；国外（日本铁道株式会社/三菱汽车公司/英国汽车公司/中法储蓄）
1928.04.02	10	8	102	45	18	工业（银行/律师事务所/汽车/广告公司/饭店/无线电/铁路）；日常（丝绸/食品/儿童奶粉/香烟/金店/药品/眼镜店）；商业（邮券/银行/地皮/招租）；文娱（大学招生/戏院/电影票/书），剧院和电影广告开始上升	民营（银行/饭店等/贸易公司）；私营（招租/地皮等）；政府国有企业（中国银行）；国外（日本铁道株式会社/洋行/美国汽车/拖车美国公司/德国医院等）

续表

日期	版数	配图（张）	广告数量	广告版占报纸版的比例（%）	最大幅广告占整版的比例（%）	广告类别	广告主
1928.04.16	10	12	124	40	25	工业（银行/律师事务所/汽车/广告公司/饭店/无线电）；日常（丝绸布匹/食品/儿童奶粉零食/香烟/金店/药品/眼镜店/啤酒广告咖啡广告出现）；商业（邮券/银行/地皮/招租）；文娱（招生/戏院/电影票/书局）	民营（银行/饭店等/贸易公司）；私营（招租/地皮等）；政府国有企业（中国银行/平安银行等）；国外（日本铁道株式会社/洋行/美国汽车轮胎公司/美国洋行/烟草公司等）
1928.08.06	10	10	139	46.30	25	工业（银行/律师事务所/汽车/军用车/铁路/风扇/饭店/无线电/医院）；日常（丝绸布匹/食品/女性香烟/金店/药品/啤酒）；商业（邮券/银行/地皮/招租）；文娱（招生/戏院/电影票/书局/报社/出版社/红十字会）；招生和医院广告超过60%，出现英文配图广告	民营（银行/饭店等/贸易公司）；私营（招租/地皮等）；政府国有企业（中国银行/平安银行/红十字会等）；国外（日本铁道株式会社/洋行/美国烟草公司/法租界医院和汽车公司等）
1928.08.20	10	11	135	48	25	工业（银行/律师事务所/铁路/风扇/饭店/无线电/医院）；日常（丝绸布匹/食品/女性香烟/金店/药品/啤酒）；商业（银行/地皮/招租）；文娱（大学招生/戏院/电影票/书局/报社）；招生和医院广告依然占多数，出现一条土匪招兵广告	民营（银行/饭店等/贸易公司/报纸/书局等）；私营（招租/地皮等）；政府国有企业；国外（洋行/美国汽车公司等）

续表

日期	版数	配图（张）	广告数量	广告版占报纸版的比例（%）	最大幅广告占整版的比例（%）	广告类别	广告主
1928.12.03	12	14	158	48	50（汽车）	工业（银行/律师事务所/饭店/无线电/医院）；日常（丝绸布匹/食品/零食/女性香烟/金店/药品/眼镜）；商业（放款公司银行/地皮/招租）；文娱（大学招生/戏院/电影票/书局/报社）；商行竞争激烈（具体表现为喊话/致歉信等）（出现英文配图广告）	民营（银行/饭店等/贸易公司/报纸/书局等）；私营（招租/地皮等）；政府国有企业；国外（洋行/美国汽车公司等）
1928.12.17	12	11	156	60	30	工业（银行/律师事务所/饭店/无线电/医院/煤炭/汽车）；日常（丝绸布匹/食品/儿童零食/啤酒/金店/药品/眼镜/牙膏/香烟）；商业（银行地皮/招租）；文娱（招生/戏院/电影票/书局/报社/唱片），出现整版都是电影和剧院的广告，开始出现多个大幅广告	民营（银行/饭店等/贸易公司/报纸/书局等）；私营（招租/地皮等）；政府国有企业；政府公告；国外（洋行/美国汽车公司轮胎公司等）
1929.04.08	16	32（配图广告增多）	188	40	25	工业（银行/律师事务所/饭店/无线电台/电车公司/铁路/医院/煤炭/汽车/船）；日常（丝绸布匹/食品/雀巢/啤酒/金店/药品/眼镜/牙膏）；商业（银行地皮/招租）；文娱（大学招生/戏院/电影票/书局/报社/美容）	民营（银行/饭店等/贸易公司/报纸/书局等）；私营（招租/地皮等）；政府国有企业；政府公告；国外（洋行/美国汽车公司公司/瑞士企业/中法银行/中法储蓄会/法国商场/德国公司等）

· 413 ·

续表

日期	版数	配图（张）	广告数量	广告版占报纸版的比例（%）	最大幅广告占整版的比例（%）	广告类别	广告主
1929.04.22	16	34	172	46	25	工业（银行/律师事务所/饭店/无线电台/电车电灯公司/医院/煤炭/汽车/船/工业机械）；日常（丝绸布匹/食品/雀巢/金店/药品/眼镜）；商业（银行地皮/招租）；文娱（招生/戏院/电影票/书局/报社/美容）	民营（银行/饭店等/贸易公司/报纸/书局等）；私营（招租/地皮等）；政府国有企业；国外（洋行/美国汽车公司公司/英国工业器械公司如电熨斗/美国机械公司）
1929.08.05	16	37	208	49	25	工业（银行/律师事务所/饭店/无线电台/电车电灯公司/医院/煤炭/汽车/船/工业机械）；日常（丝绸布匹/食品/面巾纸/茶叶/雀巢/金店/药品/眼镜/香烟）；商业（银行/地皮/招租）；文娱（招生/戏院/电影票/书局/报社/教科书）招生广告上升	民营（银行/饭店等/贸易公司/报纸/书局等）；私营（招租/地皮等）；政府国有企业（中华国货贸易公司）；国外（洋行/美国汽车公司公司/英国工业器械公司如电熨斗/印度绸缎等）
1929.08.19	16	33	203	55	25（大幅广告基本都为国外企业广告）	工业（银行/律师事务所/饭店/无线电台/医院/煤炭/汽车/船/工业机械）；日常（丝绸布匹/食品/面巾纸/茶叶/雀巢/金店/药品/眼镜/香烟）；商业（银行/地皮/招租）；文娱（招生/戏院/电影票/书局/报社/教科书/旅游）	民营（银行/饭店等/贸易公司/报纸/书局等）；私营（招租/地皮等）；政府国有企业（银行）；国外（洋行/美国汽车公司公司/德国医药/印度绸缎/中日学校等）

· 414 ·

续表

日期	版数	配图（张）	广告数量	广告版占报纸版的比例（%）	最大幅广告占整版的比例（%）	广告类别	广告主
1929.12.02	16	36	222	58	25	工业（银行/律师事务所/饭店/医院/煤炭/汽车/工业机械/广告社/汽车燃料）；日常（丝绸布匹/食品/茶叶/雀巢/金店/药品/眼镜）；商业（银行/地皮/招租）；文娱（招生/戏院/电影票/书局/报社/教科书/旅行社/美容）	民营（银行/饭店等/贸易公司/报纸/书局等）；私营（招租/地皮等）；政府国有企业（银行）；国外（洋行/美国汽车公司/印度绸缎等）
1929.12.16	16	39	213	53	50	工业（银行/律师事务所/饭店/医院/煤炭/汽车/汽车油/工业机械/广告位）；日常（丝绸布匹/食品/茶叶/地毯/金店/药品/眼镜）；商业（银行/地皮/招租/保险）；文娱（招生/戏院/电影票/书局/报社/教科书/旅行社）	民营（银行/饭店等/贸易公司/报纸/书局等）；私营（招租/地皮等）；政府国有企业（银行）；国外（洋行/美国汽车公司/印度绸缎等）
1930.04.07	16	20	220（创意广告，后附）	51	25	工业（银行/律师事务所/饭店/医院/煤炭/汽车/汽车油/工业机械/摄影机/油漆）；日常（丝绸布匹/食品/金店/药品/眼镜/纸品/蜂）；商业（银行/地皮/招租/保险）；文娱（招生/戏院/电影票/书局/报社/化妆品/画报/西装旗袍）	民营（银行/饭店等/贸易公司/报纸/书局等）；私营（招租/地皮等）；政府国有企业（银行）；国外（洋行/美国汽车公司/美国打字学校/英国公司/法国化妆品/新加坡公司等）

续表

日期	版数	配图（张）	广告数量	广告版占报纸版的比例（%）	最大幅广告占整版的比例（%）	广告类别	广告主
1930.04.21	16	34	205	49	25	工业（银行/律师事务所/饭店/医院/煤炭/汽车/电车公司/电风扇/广告公司）；日常（丝绸布匹/食品/金店/药品/眼镜/纸品等生活用品/服装）；商业（银行/地皮/招租）；文娱（招生/戏院/电影票/书局/报社/化妆品）悬赏通缉	民营（银行/饭店等/贸易公司/报纸/书局等）；私营（招租/地皮等）；政府国有企业（银行）；国外［洋行/美国公司3家（通用汽车公司）/法国化妆品］
1930.08.04	12	25	206	60（小广告开始增多）	20	工业（银行/律师事务所/诊所/煤炭/汽车/广告社/油漆）；日常（丝绸布匹/食品冠生园/金店/香烟/药品/眼镜/生活用品/服装）；商业（银行/地皮/招租/保险/钞票兑现）；文娱（教科书/招生/戏院/电影票/书局/报社/化妆品/英语速成班）	民营（银行/饭店等/贸易公司/报纸/书局等）；私营（招租/地皮等）；政府国有企业（银行）；国外（洋行/美国汽车/中日学校/大英工部局）
1930.08.18	12	25	217	60（药和电影为主）	23	工业（银行/律师事务所/诊所/煤炭/汽车/广告公司/轮胎/铁路）；日常（丝绸布匹/食品/金店/药品/红酒/生活用品/地毯）；商业（银行/地皮/招租/保险/储蓄会）；文娱（教科书/招生/戏院/电影票/书局/报社）	民营（银行/饭店等/贸易公司/报纸/书局等）；私营（招租/地皮等）；政府国有企业（银行）；国外（洋行/美国汽车/中日学校/中法储蓄会）

续表

日期	版数	配图（张）	广告数量	广告版占报纸版的比例（%）	最大幅广告占整版的比例（%）	广告类别	广告主
1930.12.08	12	42	191	60（银行广告所占比例上升）	25	工业（律师事务所/诊所/煤炭/汽车/广告公司/轮胎/铁路/蒸汽机/电池/手电筒/橡皮公司/油漆公司）；日常（丝绸布匹/食品/金店/药品/生活用品/地毯/服饰）；商业（银行/地皮/招租/保险/储蓄会/贷款/彩票/票行/银号）；文娱（招生/戏院/电影票/书局/报社/化妆品）	民营（银行/饭店等）贸易公司/报纸/书局等）；私营（招租/地皮等）；政府国有企业（银行）；国外（洋行/美国汽车/美国打字学校/西洋化妆品）
1930.12.22	12	37	194	70（银行广告比例上升）	23	工业（律师事务所/诊所/煤炭/汽车/广告公司/铁路/手电筒/油漆公司/电器公司/照相工具）；日常（丝绸布匹/食品/可口可乐/金店/药品/生活用品/地毯/服饰/香烟/家具）；商业（银行/地皮/招租/保险/储蓄会/银号）；文娱（招生/戏院/电影票/书局/报社）	民营（银行/饭店等）贸易公司/报纸/书局等）；私营（招租/地皮等）；政府国有企业（银行）；国外（洋行/美国油漆）
1931.04.06	12	25	152	38	18	工业（律师事务所/诊所/煤炭/汽车/广告公司/铁路/手电筒电池/铅油/望远镜/电器公司）；日常（丝绸布匹/食品/奶粉/金店/药品/生活用品）；商业（银行/地皮/招租/保险/大楼拍卖十元所得）；文娱（电影票/书局/报社/赛马）	民营（银行/饭店等）贸易公司/报纸/书局等）；私营（招租/地皮等）；政府国有企业（银行）；国外（洋行）

续表

日期	版数	配图（张）	广告数量	广告版占报纸版的比例（%）	最大幅广告占整版的比例（%）	广告类别	广告主
1931.04.20	12	20	138	36	23	工业（律师事务所/诊所/煤炭/汽车/广告公司/铁路/手电筒电池/机械公司/无线电）；日常（丝绸布匹/食品奶粉/金店/药品）；商业（银行/地皮/招租/保险/大楼拍卖十元所得）；文娱（电影票/书局/报社/赛马）	民营（银行/饭店等/贸易公司/报纸/书局等）；私营（招租/地皮等）；政府国有企业（银行）；国外（洋行）
1931.08.03	12	25	180	43	35	工业（律师事务所/诊所/煤炭/汽车/广告公司/铁路/电池/无线电/铅油/自来水公司/印字机）；日常（丝绸布匹/食品奶粉/金店/药品/茶叶/生活用品）；商业（银行/地皮/招租/保险银号/票行/招标）；文娱（招生广告上升电影票/书局/报社）	民营（银行/饭店等/贸易公司/报纸/书局等）；私营（招租/地皮等）；政府国有企业（银行）；国外（洋行/美国打字学校/德国洋行/英国票行）
1931.08.17	12	24	150	42	25	工业（律师事务所/诊所/煤炭/汽车/广告公司/铁路/电池）；日常（丝绸布匹/食品奶粉/金店/药品/生活用品）；商业（饭店/银行/地皮/招租/贷款/招标）；文娱（招生广告上升书局/报社）	民营（银行/饭店等/贸易公司/报纸/书局等）；私营（招租/地皮等）；政府国有企业（银行）；国外（洋行/美国打字学校）

续表

日期	版数	配图（张）	广告数量	广告版占报纸版的比例（%）	最大幅广告占整版的比例（%）	广告类别	广告主
1931.12.07	8	24	113	55	25	工业（律师事务所/诊所/煤炭/汽车/广告公司/铁路/无线电/电灯公司/印字机）；日常（丝绸布匹/食品奶粉/金店/药品/生活用品/服饰/眼镜店/毛毯）；商业（饭店/银行/地皮/招租/招标）；文娱（招生广告/书局/报社）	民营（银行/饭店等/贸易公司/报纸/书局等）；私营（招租/地皮等）；政府国有企业（银行）；国外（洋行/美国打字学校/德国电灯公司/西洋化妆品）
1931.12.21	8	29	126	57	25（国货盛行）	工业（律师事务所/诊所/煤炭/汽车/广告公司/铁路/无线电/电灯公司/工业材料如石棉油漆等/家电）；日常（丝绸布匹/食品奶粉/金店/香烟/药品/生活用品/服饰）；商业（饭店/银行/地皮/招租/招标/票行）；文娱（招生广告上升/书局/报社/贺年片）	民营（银行/饭店等/贸易公司/报纸/书局等）；私营（招租/地皮等）；政府国有企业（银行）；国外（洋行/美国打字学校/德国电灯公司/西洋化妆品/伦敦票行）
1932.04.04	10	27	154	44	20	工业（律师事务所/诊所/汽车/广告公司/铁路/无线电/工业材料如石棉硫酸等）；日常（丝绸布匹/食品/香烟红酒/金店/药品/生活用品/服饰/）；商业（饭店/银行/地皮/招租/招标/票行）；文娱（电影剧院/书局/报社/体育用品/赛马/美容/南开大学化学研究所）；公益（抗日捐款）	民营（银行/饭店等/贸易公司/报纸/书局等）；私营（招租/地皮等）；政府国有企业（银行）；国外（洋行/美国打字学校/德国药品/西洋化妆品/伦敦票行）

续表

日期	版数	配图（张）	广告数量	广告版占报纸版的比例（%）	最大幅广告占整版的比例（%）	广告类别	广告主
1932.04.18	10	32	167	20	49	工业（律师事务所/诊所/汽车/广告公司/铁路/工业材料如石棉/工厂等）；日常（丝绸布匹/食品红酒/茶/金店/药品/生活用品/服饰）；商业（饭店/银行/地皮/招租/商店）；文娱（招生/电影剧院/书局/报社/英文图书/赛马/美容）；公益（抗日捐款/基督教）	民营（银行/饭店等/贸易公司/报纸/书局等）；私营（招租/地皮等）；政府国有企业（银行）；国外（洋行/美国打字学校/英国工部局/西洋化妆品）
1932.08.08	12	28	218	54	28	工业（律师事务所/诊所/广告公司/铁路/工业材料如石棉油漆颜料等）；日常（丝绸布匹/食品红酒/茶/金店/药品/生活用品/服饰）；商业（饭店/银行/地皮/招租）；文娱（教科书/招生上升/电影剧院/书局/报社）；公益（抗日捐款/救国运动集会/救国书籍）	民营（银行/饭店等/贸易公司/报纸/书局/等）；私营（招租/地皮等）；政府国有企业（银行）；国外（洋行/美国打字学校/中法银行）
1932.08.22	12	27	210	55	50（英国工部局）	工业（律师事务所/诊所/广告公司/铁路）；日常（丝绸布匹/食品/金店/药品/生活用品/服饰）；商业（饭店/银行/地皮/招租/招标/拍卖）；文娱（教科书/招生/电影剧院/舞厅/书局/报社）；公益（抗日捐款）	民营（银行/饭店等/贸易公司/报纸/书局/等）；私营（招租/地皮等）；政府国有企业（银行）；国外（洋行/美国打字学校/英国工部局）

续表

日期	版数	配图（张）	广告数量	广告版占报纸版的比例（%）	最大幅广告占整版的比例（%）	广告类别	广告主
1932.12.05	12	43	200	57	30	工业（律师事务所/诊所/汽车/广告公司/铁路/印字机）；日常（丝绸布匹/食品茶/金店/药品/生活用品/服饰/保健品）；商业（饭店/银行/地皮/招租）；文娱（教科书/电影剧院/舞厅/书局/报社/文化用品/体育用品/基督教/体育赛事/美容）	民营（银行/饭店等/贸易公司/报纸/书局/等）；私营（招租/地皮等）；政府国有企业（银行/国货公司盛行）
1932.12.19	12	42	188	60	20	工业（律师事务所/诊所/广告公司/铁路/工业用品硫酸/租车公司）；日常（丝绸布匹/纺织品/食品茶奶粉稻米等/金店/药品/香烟/生活用品/服饰/珠宝/保健品）；商业（饭店/银行/地皮/招租/债券）；文娱（电影剧院/舞厅/书局/报社/文化用品/各国政治书籍/美容/招生）；其他（日本经济研究所）	民营（银行/饭店等/贸易公司/报纸/书局/等）；私营（招租/地皮等）；政府国有企业（银行/国货公司盛行）；国外（日本经济研究所）
1933.04.03	14	43	180	45	30	工业（律师事务所/诊所/广告公司/汽车/铁路/轮船/印刷局/生活用品刀片太阳灯唱片眼镜等/煤炭/工业用品硫酸/租车公司）；日常（丝绸布匹/纺织品/食品茶奶粉面粉/金店/药品/生活用品/服饰/香烟/保健品）；商业（饭店/银行/地皮/招租/爱国券）；文娱（电影剧院/舞厅/书局/报社/赛马/基督教美容/招生）；其他（国货运动）	民营（银行/饭店等/贸易公司/报纸/书局/等）；私营（招租/地皮等）；政府国有企业（银行/国货公司盛行）；国外（中法银行/法国商业公司/美国打字学校/英国工部局）

续表

日期	版数	配图（张）	广告数量	广告版占报纸版的比例（%）	最大幅广告占整版的比例（%）	广告类别	广告主
1933.04.17	14	25	174	42	35	工业（律师事务所/诊所/广告公司/汽车/铁路/轮船/印刷局/生活用品，如刀片、太阳灯、唱片、眼镜等/煤炭/工业用品硫酸/租车公司）；日常（丝绸布匹/纺织品/食品茶奶粉/金店/药品/日化/服饰/香烟/保健品/钟表、眼镜）；商业（饭店/银行/地皮/招租/储蓄会/爱国券/招标）；文娱（电影剧院/书局/书籍/报社/赛马/基督教美容/招生）	民营（银行/饭店等/贸易公司/报纸/书局/等）；私营（招租/地皮等）；政府国有企业（银行/国货公司盛行）；国外（中法储蓄会/美国打字学校/英国工部局）
1933.08.07	14	25	231	47	25	工业（律师事务所/诊所/广告公司/铁路/钟表厂）；日常（丝绸布匹/纺织品/食品茶/金店/药品/日化/服饰/香烟/保健品）；商业（饭店/银行/地皮/招租/储蓄会/爱国券/招标/股票）；文娱（电影剧院/书局/书籍/报社/招生上升/留学生/入伍/外语培训班/文化用品/教科书）	民营（银行/饭店等/贸易公司/报纸/书局/等）；私营（招租/地皮等）；政府国有企业（银行/国货公司盛行）；国外（美国洋行）
1933.08.21	14	24	238	50	28	工业（律师事务所/诊所/广告公司/铁路/轮船/钟表厂/煤炭/建材/自来水）；日常（百货公司/丝绸布匹/纺织品/食品茶点心等/金店/药品/日化/服饰/香烟/保健品/篮球鞋）；商业（饭店/银行/地皮/招租/爱国券）；文娱（电影剧院/书局/书籍/报社/招生上升/文化用品/教科书）	民营（银行/饭店等/贸易公司/报纸/书局/等）；私营（招租/地皮等）；政府国有企业（银行/国货公司盛行）；国外（无）

续表

日期	版数	配图（张）	广告数量	广告版占报纸版的比例（％）	最大幅广告占整版的比例（％）	广告类别	广告主
1933.12.04	14	30	168	47	30	工业（律师事务所/诊所/广告公司/铁路/轮船/钟表厂/自动制片机/出版社）；日常（百货公司/丝绸布匹/纺织品/食品葡萄酒/金店/药品/日化/服饰/香烟/保健品/珠宝）；商业（饭店/银行/地皮/招租/爱国券/招商/地产/慈善会）；文娱（电影剧院/书局/书籍/报社/招生/外语学校/名片贺年卡/招聘/美容）	民营（银行/饭店等/贸易公司/报纸/书局/等）；私营（招租/地皮等）；政府国有企业（银行/国货公司盛行）；国外（美国打字公司/美国慈善会）
1933.12.18	14	19	164	41	40	工业（律师事务所/诊所/广告公司/铁路/太阳灯/出版社/煤炭）；日常（百货公司/丝绸布匹/纺织品/食品/金店/药品/日化/服饰/香烟/保健品/床上用具毛毯/礼品）；商业（饭店/银行/地皮/招租/爱国券/地产/慈善会/公墓）；文娱（电影剧院/书局/书籍/报社/招生/文化用品/招聘/美容）	民营（银行/饭店等/贸易公司/报纸/书局/等）；私营（招租/地皮等）；政府国有企业（银行/国货公司盛行）；国外（美国打字公司/美国慈善会/德国太阳灯公司）
1934.04.02	14	30	179	45	30	工业（律师事务所/诊所/广告公司/铁路/太阳灯/出版社/煤炭/汽车/电器厂/油漆）；日常（丝绸布匹/纺织品/食品/金店/药品/日化/服饰日常用品/眼镜/香烟/保健品）；商业（饭店/银行/地皮/招租/爱国券/招标/保险/公路券）；文娱（电影剧院/书局/书籍字典/旅行社/报社/招生/文化用品/外语学校/名片/招聘/美容）	民营（银行/饭店等/贸易公司/报纸/书局/实业公司/商场）；私营（招租/地皮等）；政府国有企业（银行）；国外（美国油漆公司/德国太阳灯公司/英国汽车公司）

· 423 ·

续表

日期	版数	配图（张）	广告数量	广告版占报纸版的比例（%）	最大幅广告占整版的比例（%）	广告类别	广告主
1934.04.16	14	27	175	48	25	工业（律师事务所/诊所/广告公司/铁路/太阳灯/出版社/机械厂/油漆）；日常（丝绸布匹/纺织品/食品冠生园、麦片等/金店/药品/服饰/日常用品/眼镜/香烟/保健品）；商业（饭店/银行/地皮/招租/爱国券/招标/债券）；文娱（电影剧院/书局/书籍报社/招生/文化用品/外语学校/招聘）	民营（银行/饭店等/贸易公司/报纸/书局/实业公司/商场）；私营（招租/地皮等）；政府国有企业（银行）；国外（美国油漆公司/英国伦敦航空债券）
1934.08.06	14	23	221	48	25	工业（律师事务所/诊所/广告公司/铁路/太阳灯/出版社/自来水/建材/家具席梦思床）；日常（丝绸布匹/纺织品/食品茶叶羊奶冰刨等/金店/药品/日化/服饰/日常用品/香烟/保健品）；商业（饭店/银行/地皮/招租/爱国券/招标/债券）；文娱（电影剧院/书局/书籍英文书等/报社/招生上升/文化用品/招聘/疗养院）	民营（银行/饭店等/贸易公司/报纸/书局/实业公司/商场）；私营（招租/地皮等）；政府国有企业（银行）；国外（美国建材公司/英国伦敦航空债券）
1934.08.20	14	21	205	51	20	工业（律师事务所/诊所/广告公司/铁路/出版社/建材/家具席梦思床/航空公司/医院）；日常（丝绸布匹/纺织品/食品/金店/药品/服饰/日常用品/香烟/保健品/眼镜）；商业（饭店/银行/地皮/招租/爱国券/债券）；文娱（电影剧院/书局/书籍/报社/招生上升/外语班/教科书/美术公司）	民营（银行/饭店等/贸易公司/报纸/书局/实业公司/商场）；私营（招租/地皮等）；政府国有企业（银行）；国外（美国建材公司/英国伦敦航空债券/英国洋行）

续表

日期	版数	配图（张）	广告数量	广告版占报纸版的比例（%）	最大幅广告占整版的比例（%）	广告类别	广告主
1934.12.03	14	32	176	46	23	工业（律师事务所/诊所医院/广告公司/铁路/汽车/造纸厂/轮船/电器公司/油漆）；日常（丝绸布匹/纺织品/食品点心冠生园、麦片/金店/药品/保健品/眼镜/日常用品）；商业（饭店/银行/地皮/招租/债券/招标/保险储蓄会）；文娱（电影剧院舞场/书籍/报社/招生/招聘/外语班/美容/唱片公司/球赛/照相馆/美术公司）	民营（银行/饭店等/贸易公司/报纸/书局/实业公司/商场）；私营（招租/地皮等）；政府国有企业（银行）；国外（美国商业公司/中法储蓄会/美国油漆公司）
1934.12.17	16	42	193	57	35	工业（律师事务所/诊所医院/广告公司/铁路/汽车/五金用品/轮船/电器公司/油漆）；日常（丝绸布匹/纺织品/食品麦片稻米/香烟/服饰鞋等日化香皂等/金店/药品/保健品/家居品/日常用品/礼品）；商业（饭店/银行/地皮/招租/票行/广告位出租/保险/储蓄会）；文娱（电影剧院舞场/书籍/报社/招生/招聘/外语班/美容/日语教科书/球赛/贺年片/基督教/出版局/美术公司）	民营（银行/饭店等/贸易公司/报纸/书局/实业公司/商场）；私营（招租/地皮等）；政府国有企业（银行）；国外（英国工部局/中法储蓄会/美国油漆公司）

续表

日期	版数	配图（张）	广告数量	广告版占报纸版的比例（%）	最大幅广告占整版的比例（%）	广告类别	广告主
1935.04.08	16	32	200	47	28	工业（律师事务所/诊所医院/广告公司/铁路/煤炭/家具沙发席梦思柯达电影箱/家电/五金工业材料烟草公司）；日常（丝绸布匹/纺织品/食品奶粉/香烟/服饰鞋帽等/日化/金店/药品/保健品/钟表眼镜/食用调料）；商业（饭店/银行/地皮/招租/票行/招商/保险/招标）；文娱（电影剧院/书籍/报社/招生/招聘/日语班日语学校/球赛/中学生杂志/唱片）	民营（银行/饭店等/贸易公司/报纸/书局/实业公司/商场）；私营（招租/地皮等）；政府国有企业（银行/工业公司或委员会）；国外（英国工部局/美国打字公司）
1935.04.22	16	37	194	46	50（药品）	工业（律师事务所/广告公司/铁路/汽油/家具沙发席梦思/柯达公司/铅字印刷/太阳灯/纺织皮革公司）；日常（丝绸布匹/纺织品/服饰/日化/金店/药品/保健品/钟表眼镜/食用调料）；商业（饭店/银行/地皮/招租/保险/招标/债券）；文娱（电影剧院/书籍/报社/招生/招聘/球赛/印书馆/美容/招聘）	民营（银行/饭店等/贸易公司/报纸/书局/实业公司/商场）；私营（招租/地皮等）；政府国有企业（银行/工业公司或委员会）；国外（德国太阳灯公司）

续表

日期	版数	配图（张）	广告数量	广告版占报纸版的比例（%）	最大幅广告占整版的比例（%）	广告类别	广告主
1935.08.05	14	27	192	46	50（香烟）	工业（律师事务所/广告公司/铁路/煤炭/无线电公司/电器/收音机）；日常（丝绸布匹/纺织品/香烟/服饰布料/日化牙膏/食品月饼点心等/金店/药品/保健品/钟表眼镜）；商业（饭店/银行/地皮/招租/保险/招标/债券）；文娱（电影院/书籍/报社/招生上升/招聘/球赛/招聘）	民营（银行/饭店等/贸易公司/报纸/书局/实业公司/商场）；私营（招租/地皮等）；政府国有企业（银行/工业公司或委员会）；国外（美国洋行/英国伦敦航空公司债券）
1935.08.19	14	21	188	45	50（香烟）	工业（律师事务所/广告公司/铁路/自来水公司/打字机）；日常（丝绸布匹/香烟/服饰布料/金店/药品/保健品/眼镜）；商业（饭店/银行/地皮/招租/招标/债券）；文娱（电影院/书籍/报社/招生上升/招聘/球赛/美容/书局/日语班）	民营（银行/饭店等/贸易公司/报纸/书局/实业公司/商场）；私营（招租/地皮等）；政府国有企业（银行/工业公司或委员会）；国外（英国伦敦航空公司债券）
1935.12.02	12	32	148	40	20	工业（律师事务所/广告公司/铁路）；日常（丝绸布匹/香烟/服饰布料/金店/药品/日化/百货/保健品/食品麦片）；商业（饭店/银行/地皮/招租/债券/保险）；文娱（电影院/书籍/报社/招生/招聘/球赛/美容/书局/颜料/胶片）	民营（银行/饭店等/贸易公司/报纸/书局/实业公司/商场）；私营（招租/地皮等）；政府国有企业（银行/工业公司或委员会）；国外（英国伦敦航空公司债券/英国工部局/美国打字学校）

续表

日期	版数	配图（张）	广告数量	广告版占报纸版的比例（％）	最大幅广告占整版的比例（％）	广告类别	广告主
1935.12.16	12	36	136	52	40（灯泡）	工业（律师事务所/广告公司/铁路/工业材料/煤/医院/灯泡/发电机）；日常（丝绸布匹/纺织品/香烟/服饰布料/金店/药品/眼镜/家居/保健品/食品麦片）；商业（饭店/银行/地皮/招租/债券/保险/国债基金）；文娱（电影剧院/书籍/报社/招生/招聘/球赛/美容/书局/日语班/胶片）	民营（银行/饭店等/贸易公司/报纸/书局/实业公司/商场）；私营（招租/地皮等）；政府国有企业（银行/工业公司或委员会）；国外（美国工业材料公司/英美债券）
1936.04.06	14	29	178	49.50	35	工业（律师事务所/广告公司/铁路/工业材料机械/医院/打字机/电器公司/电灯公司/烟草公司/西药）；日常（丝绸布匹/纺织品/香烟/服饰布料/金店/药品/钟表眼镜/保健品/食品米麦片奶制品/日化牙米）；商业（饭店/银行/招标/招租/保险/票行/彩票/货运招商）；文娱（电影剧院/书籍/报社/招生/球赛/美容/外语班/教科书）	民营（银行/饭店等/贸易公司/报纸/书局/实业公司/商场）；私营（招租/地皮等）；政府国有企业（银行/工业公司或委员会）；国外（英国工部局/美国英国票行）
1936.04.20	14	28	161	51.50	100（滴眼液）	工业（律师事务所/广告公司/铁路/工业机械/医院枪炮军需品）；日常（服饰布料旗袍/药品/眼镜/保健品/食品麦芽饼/日化香皂漱口水/香烟）；商业（饭店/银行/招标/招租/赈济券/奖券/商店）；文娱（电影剧院/书籍/报社/招生/球赛/美容/外语书/俱乐部/胶片）	民营（银行/饭店等/贸易公司/报纸/书局/实业公司/商场）；私营（招租/地皮等）；政府国有企业（银行/工业公司或委员会）；国外（美国打字学校/法国航空奖券/美国航空赈济券）

续表

日期	版数	配图（张）	广告数量	广告版占报纸版的比例（%）	最大幅广告占整版的比例（%）	广告类别	广告主
1936.08.03	14	31	178	45	50（药品）	工业（律师事务所/铁路/医院/面粉厂/冰箱）；日常（服饰绸缎/药品/保健品/食品啤酒白酒/香烟/金店/寿衣）；商业（饭店/银行/招标/招租/奖券/保险）；文娱（电影剧院/书籍/报社/招生上升/球赛/美容/外语班/留学/童子军/教科书/招聘）	民营（银行/饭店等/贸易公司/报纸/书局/实业公司/商场）；私营（招租/地皮等）；政府国有企业（银行/工业公司或委员会）；国外（法国洋行/美国航空赈济券）
1936.08.17	16	31	186	45	30	工业（律师事务所/铁路/医院/喷漆/打字机/收音机/电池/航空公司/电池）；日常（服饰/药品/保健品/食品啤酒麦片/香烟/金店/花圈/日化牙膏花露水/日用品/眼镜）；商业（饭店/银行/招租/奖券）；文娱（电影剧院/书籍/报社/招生上升/球赛/美容/画展/招聘/酒吧/教科书）	民营（银行/饭店等/贸易公司/报纸/书局/实业公司/商场）；私营（招租/地皮等）；政府国有企业（银行/工业公司或委员会）；国外（英商服饰公司/欧亚航空公司/洋行）
1936.12.07	14	35	164	51	50（战前捐款）	工业（铁路/医院/航空公司）；日常（服饰/药品/保健品/食品啤酒麦片奶制品/钟表眼镜/香烟/日化牙膏/针灸）；商业（饭店/银行/招租/奖券/储蓄会/保险/军事捐款）；文娱（电影剧院/书籍/报社/招生/旅行社/文具/夜总会/球赛/赛马会/外语班）	书局/实业公司/商场）；私营（招租/地皮等）；政府国有企业（银行/工业公司或委员会）；国外（欧亚航空公司/美国洋行）

续表

日期	版数	配图（张）	广告数量	广告版占报纸版的比例（%）	最大幅广告占整版的比例（%）	广告类别	广告主
1936.12.21	14	30	169	52	50（报纸）	工业（铁路/医院/钢管/打字机/自来水公司）；日常（服饰/药品/保健品/食品啤酒麦片点心糖果/香烟/日化牙膏/礼品）；商业（饭店/银行/招租/奖券/军事捐款）；文娱（电影剧院/书籍/报社/招生/文具/夜总会/球赛/美容）	书局/实业公司/商场）；私营（招租/地皮等）；政府国有企业（银行/工业公司或委员会）；国外（美国洋行/德国工业）
1937.04.05	14	26	186	52	50（美容产品）	工业（铁路/码头/电器公司/医院）；日常（绸缎服饰/纺织品/药品/保健品/食品奶粉/香烟/日化牙膏/日常用品/金店）；商业（饭店/银行/招租/奖券/招标/招商/保险）；文娱（电影剧院/书籍/报社/招生/文具/夜总会/球赛/外语班/赛马/基督教/美容）	书局（实业公司/商场）；私营（招租/地皮等）；政府国有企业（银行/工业公司或委员会）；国外（美国打字学校/英国工部局）
1937.04.19	14	37	168	54	50（药品）	工业（铁路/码头/电器公司/医院）；日常（绸缎服饰/药品/保健品/食品糖果奶制品/香烟/日化牙膏/眼镜）；商业（饭店/银行/招租/奖券/招标/广告位招租/保险/捐款/商行）；文娱（电影剧院/书籍/报社/招生/夜总会/球赛/诗社/书法/赛马/基督教/美容）	书局（实业公司/商场）；私营（招租/地皮等）；政府国有企业（银行/工业公司或委员会）；国外（美国打字学校/欧亚航空公司/英国药业公司）

资料来源：课题组抽样统计所得，采取等距离抽样的方法，抽取1927—1937年第4、8、12月的报纸，每种报纸抽这几个月第二周周一，第四周周一的报纸，合计抽取62份报纸的数据。

附表5 《新闻报》广告刊登情况（1927—1937）

日期	版数	配图（张）	广告数量	广告版占报纸版的比例（%）	最大幅广告占正版的比例（%）	广告类别	广告主
1927.4.4	16	17	267	54	35（日用）	医药/教育/日用/经济/个人/公告/奢侈/其他	英国/法国/德国，国企/民营/个体
1927.4.18	16	31	271	55	98（娱乐）	医药/教育/日用/经济/个人/公告/奢侈/其他	法国/德国，国企/民营/个体
1927.8.16	16	23	251	55	25（烟草）	医药/教育/日用/经济/个人/公告/奢侈/其他	法国/德国，国企/民营/个体
1927.8.22	16	27	263	60	25（烟草）	医药/教育/日用/经济/个人/公告/奢侈/其他	美国/英国/法国/德国，国企/民营/个体
1927.12.5	18	24	253	56	55（文化教育）	医药/教育/日用/经济/个人/公告/奢侈/其他	英国/法国，国企/民营/个体
1927.12.19	16	33	236	54	25（医疗保健）	医药/教育/日用/经济/个人/公告/奢侈/其他	德国/法国/越南，国企/民营/个体
1928.4.2	18	30	354	60	100（烟草）	医药/教育/日用/经济/个人/公告/奢侈/其他	英国/法国/美国，国企/民营/个体

续表

日期	版数	配图(张)	广告数量	广告版占报纸版的比例(%)	最大幅广告占正版的比例(%)	广告类别	广告主
1928.4.16	18	44	340	60	40（烟草）	医药/教育/日用/经济/个人/公告/奢侈/其他	英国/法国/德国、国企/民营/个体
1928.8.6	22	53	285	70	50（文化教育）	医药/教育/日用/经济/个人/公告/奢侈/其他	法国/德国、国企/民营/个体
1928.8.20	22	53	315	57	100（文化教育）	医药/教育/日用/经济/个人/公告/奢侈/其他	英国/法国/德国/美国、国企/民营/个体
1928.12.3	22	60	308	56	48（启事公告）	医药/教育/日用/经济/个人/公告/奢侈/其他	法国/德国、国企/民营/个体
1928.12.17	22	52	282	58	100（娱乐）	医药/教育/日用/经济/个人/公告/奢侈/其他	英国/德国、国企/民营/个体
1929.4.8	22	53	307	68	100（娱乐）	医药/教育/日用/经济/个人/公告/奢侈/其他	英国/美国、国企/民营/个体
1929.4.22	20	47	347	61	100（医疗保健）	医药/教育/日用/经济/个人/公告/奢侈/其他	美国/英国、国企/民营/个体
1929.8.5	20	64	306	62	100（文化教育）	医药/教育/日用/经济/个人/公告/奢侈/其他	美国/法国/德国、国企/民营/个体

续表

日期	版数	配图（张）	广告数量	广告版占报纸版的比例（%）	最大幅广告占正版的比例（%）	广告类别	广告主
1929.8.19	20	60	297	59	98（文化教育）	医药/教育/日用经济/个人/公告/奢侈/其他	法国/德国/英国/美国，国企/民营/个体
1929.12.2	28	60	340	78	100（餐饮娱乐）注：4个整版面的舞台剧院广告，还有两版几乎占据整版，娱乐活动丰富	医药/教育/日用经济/个人/公告/奢侈/其他	英国/法国/德国，国企/民营/个体
1929.12.16	32	82	581	65	100（医疗保健）	医药/教育/日用经济/个人/公告/奢侈/其他	美国，国企/民营/个体
1930.4.7	24	65	372	63	98（文化教育）	医药/教育/日用经济/个人/公告/奢侈/其他	美国，国企/民营/个体
1930.4.21	26	51	380	65	90（医疗保健）	医药/教育/日用经济/个人/公告/奢侈/其他	法国/德国，国企/民营/个体
1930.8.4	24	59	359	64	90（烟草）	医药/教育/日用经济/个人/公告/奢侈/其他	法国，国企/民营/个体
1930.8.18	24	62	325	60	100（文化教育）	医药/教育/日用经济/个人/公告/奢侈/其他	英国/法国，国企/民营/个体

续表

日期	版数	配图（张）	广告数量	广告版占报纸版的比例（%）	最大幅广告占正版的比例（%）	广告类别	广告主
1930.12.8	24	64	333	60	98（烟草）	医药/教育/日用/经济/个人/公告/奢侈/其他	英国，国企/民营/个体
1930.12.22	24	44	323	64	100（文化教育）	医药/教育/日用/经济/个人/公告/奢侈/其他	美国/法国，国企，民营/个体
1931.4.6	24	68	217	80	100（娱乐）注：15、16、19、20、21、22、23、24版都是整版的舞台剧院广告	医药/教育/日用/经济/个人/公告/奢侈/其他	美国/德国，国企民营/个体
1931.4.20	24	60	221	73	100（娱乐）注：15、16、19、20、22、23、24版都是整版的舞台剧院广告	医药/教育/日用/经济/个人/公告/奢侈/其他	英国/法国，国企民营/个体
1931.8.3	20	48	162	76	100（娱乐）	医药/教育/日用/经济/个人/公告/奢侈/其他	英国，国企/民营/个体
1931.8.17	16	41	193	45	90（文化教育）	医药/教育/日用/经济/个人/公告/奢侈/其他	法国，国企/民营/个体
1931.12.7	16	34	173	40	100（医疗保健）	医药/教育/日用/经济/个人/公告/奢侈/其他	法国/德国，国企民营/个体

续表

日期	版数	配图（张）	广告数量	广告版占报纸版的比例（%）	最大幅广告占正版的比例（%）	广告类别	广告主
1931.12.21	16	37	157	41	98（文化教育）	医药/教育/日用/经济/个人/公告/奢侈/其他	美国，国企/民营/个体
1932.4.4	12	21	289	67	100（4版全是广告，其中有两版全是娱乐类广告）	教育/娱乐/日用/经济/奢侈/医药/其他	印度/德国，医馆/报馆/轮船公司/工会/医院/学校/银行/药房/戏院/书局/央行/管理局/电力公司
1932.4.18	16	35	344	73	100（9版全是广告）	教育/娱乐/日用/经济/奢侈/医药/其他	法国/英国/德国/美国，公司/药店/银行/个人/报纸/学校/中华书局/储蓄部/戏院/拍卖行
1932.8.8	16	26	262	62	100（3版全是广告，其中一整版为教育类广告）	教育/娱乐/日用/经济/奢侈/医药/其他	美国/德国/法国/英国，日报/文化局/药行/学校/工会/个人/银行
1932.8.22	16	18	404	64	100（5版全是广告，其中两整版为奢侈类广告，一版为教育类广告）	教育/娱乐/日用/经济/奢侈/医药/其他	法国/美国/英国/德国，烟草公司/招商局/个人/书局/学校/政府机构
1932.12.5	16	40	219	60	100（3版全是广告）	教育/娱乐/日用/经济/奢侈/医药/其他	法国/美国/英国，教育局/书局/洋行/戏院/药房

续表

日期	版数	配图（张）	广告数量	广告版占报纸版的比例（%）	最大幅广告占正版的比例（%）	广告类别	广告主
1932.12.19	16	35	338	60	100（4版全是广告，其中一版是日用类广告，一版是教育类广告）	教育/娱乐/日用/经济/奢侈/医药/其他	美国法国，个人/书局/财政部/洋行/外企
1933.4.3	16	32	230	61	100（4版全是广告，其中一版为奢侈类广告）	教育/娱乐/日用/经济/奢侈/医药/其他	美国法国，个人/药房/书局/戏院/洋行/烟草公司
1933.4.17	14	32	221	57	100（2版全是广告）	教育/娱乐/日用/经济/奢侈/医药/其他	德国法国，银行/政府机构/军方/个人/民学校/戏院
1933.8.7	16	22	308	64	100（6版全是广告，其中一整版为教育类广告，一整版为娱乐类广告）	教育/娱乐/日用/经济/奢侈/医药/其他	法国，政府机构/个人/民企/外企/国企
1933.8.21	18	32	265	62	100（6版全是广告，其中一整版为教育类广告）	教育/娱乐/日用/经济/奢侈/医药/其他	英国美国/俄国，政府机构/个人/民企/外企
1933.12.4	16	29	172	56	100（2版全是广告）	教育/娱乐/日用/经济/奢侈/医药/其他	法国美国/意大利，民企/外企/国企/个人

续表

日期	版数	配图（张）	广告数量	广告版占报纸版的比例（%）	最大幅广告占正版的比例（%）	广告类别	广告主
1933.12.18	16	27	196	58	100（4版全是广告，其中一整版为娱乐类广告）	教育/娱乐/日用/经济/奢侈/医药/其他	美国/意大利/法国/德国，政府机构/个人/国民企/外企/个人
1934.4.2	16	21	219	57	100（4版全是广告）	教育/娱乐/日用/经济/奢侈/医药/其他	法国/英国/德国，民企/国企/个人
1934.4.16	18	33	228	67	100（6版全是广告，其中一整版是教育类广告）	教育/娱乐/日用/经济/奢侈/医药/其他	英国/美国/德国，政府机构/民企/外企/国企/外企
1934.8.6	16	25	288	60	100（3版全是广告，其中两整版是奢侈品类广告）	教育/娱乐/日用/经济/奢侈/医药/其他	美国/德国/法国，民企/外企/政府机构/国企/个人
1934.8.20	18	28	249	62	100（6版中两整版是广告，一整版为奢侈品类广告）	教育/娱乐/日用/经济/奢侈/医药/其他	法国/英国/德国，学校/民企/国企/外企/个人
1934.12.3	18	26	210	60	100（4版中一整版是日用品广告，一整版为教育类广告）	教育/娱乐/日用/经济/奢侈/医药/其他	英国/法国/美国/德国/挪威，民企/外企/国企/个人

续表

日期	版数	配图（张）	广告数量	广告版占报纸版的比例（%）	最大幅广告占正版的比例（%）	广告类别	广告主
1934.12.17	14	20	169	53	100（2版全是广告，其中一整版为奢侈品类广告）	教育/娱乐/日用/经济/奢侈/医药/其他	英国/美国/法国/德国，政府机构/民企/国企/外企/个人
1935.4.8	18	29	199	60	100（3版全是广告，其中一整版为教育类广告）	教育/娱乐/日用/经济/奢侈/医药/其他	荷兰/法国/美国/德国，民企/外企/国企/个人
1935.4.22	16	32	194	63	100（3版全是广告）	教育/娱乐/日用/经济/奢侈/医药/其他	英国/美国/德国/法国，民企/外企/国企/个人
1935.8.5	16	23	246	58	100（3版全是广告，其中一整版为教育类广告）	教育/娱乐/日用/经济/奢侈/医药/其他	法国/美国/德国，民企/外企/国企/个人
1935.8.19	16	18	224	58	100（2版全是广告）	教育/娱乐/日用/经济/奢侈/医药/其他	法国/德国/美国，政府机构/民企/国企/外企/个人/寺庙
1935.12.2	16	21	183	51	100（2版全是广告，其中一整版为医药类广告）	教育/娱乐/日用/经济/奢侈/医药/其他	俄国/法国/美国/英国，民企/国企/外企/个人

续表

日期	版数	配图（张）	广告数量	广告版占报纸版的比例（%）	最大幅广告占正版的比例（%）	广告类别	广告主
1935.12.16	16	22	153	53	100（4版全是广告，其中一整版为医药类广告，一整版为教育类广告）	教育/娱乐/日用/经济/奢侈/医药/其他	德国/英国/美国，政府机构/个人/民企/国企/外企
1936.4.6	16	25	161	55	100（3版全是广告，其中一整版为医药类广告，一整版为娱乐类广告）	教育/娱乐/日用/经济/奢侈/医药/其他	美国/德国/法国，民企/国企/外企/政府机构/个人
1936.4.20	14	24	168	49	100（2版全是广告）	教育/娱乐/日用/经济/奢侈/医药/其他	美国/德国，政府机构/国企/民企/外企/个人
1936.8.3	16	23	232	59	100（5版全是广告，其中一整版为医药类广告）	教育/娱乐/日用/经济/奢侈/医药/其他	美国/法国/日本/俄国，学校/政府机构/民企/国企/外企/个人
1936.8.17	18	24	212	58	100（4版全是广告，其中一整版为医药类广告，一整版为教育类广告）	教育/娱乐/日用/经济/奢侈/医药/其他	德国/法国/美国，政府机构/民企/外企/国企/个人
1936.12.7	14	18	147	40	100（1版全是广告）	教育/娱乐/日用/经济/奢侈/医药/其他	英国/法国/美国/日本，政府机构/个人/民企/国企/外企

续表

日期	版数	配图（张）	广告数量	广告版占报纸版的比例（%）	最大幅广告占正版的比例（%）	广告类别	广告主
1936.12.21	14	23	161	54	100（2版全是广告，其中一整版为奢侈品类广告）	教育/娱乐/日用/经济/奢侈/医药/其他	德国/美国，民企/外企/个人
1937.4.5	14	22	179	59	100（2版全是广告）	教育/娱乐/日用/经济/奢侈/医药/其他	德国法国，政府机构/军方/个人/国企/民企/外企
1937.4.19	14	24	192	58	100（3版全是广告，其中一整版为娱乐类广告）	教育/娱乐/日用/经济/奢侈/医药/其他	德国/法国/美国，国企/民企/外企/个人/政府机构
1937.8.2	16	21	170	65	100（4版全是广告）	教育/娱乐/日用/经济/奢侈/医药/其他	法国/德国/美国，个人/国企/外企/民企
1837.8.16	4	2	68	61	100（2版全是广告）	教育/经济/奢侈/医药/其他	个人/国企
1937.12.6	6	2	218	57	80	教育/娱乐/日用/经济/奢侈/医药/其他	法国，个人/民企/外企/国企

资料来源：课题组抽样统计所得，采取等距离抽样的方法，抽取1927—1937年第4、8、12月的报纸，每种报纸抽这几个周周一、第二周周一的报纸，合计抽取65份报纸的数据。

附表6 《申报》广告刊登情况（1927—1937）

日期	版数	配图(%)	广告数量	广告版占报纸版的比例(%)	最大幅广告占整版的比例(%)	娱乐(则)	日用(则)	经济(则)	奢侈(则)	医药(则)	教育(则)	其他(则)	民营(则)	国有(则)	美(则)	英(则)	法(则)	德(则)	加拿大(则)	意大利(则)
1927.04.11	18	21	198	35	50	5	8	6	4	71	16	88	188	10						
1927.04.25	18	27	211	35	50	6	6	5	3	61	33	97	205	1	2	1	2	0		
1927.08.08	16	33	251	43	40	7	7	9	7	65	61	95	238	11	1		1			
1927.08.22	14	28	210	46	30	6	15	4	6	44	67	67	209				1			
1927.12.12	14	21	196	45	30	5	14	6	6	72	17	76	194	2						
1927.12.26	20	49	352	58	50	55	21	25	10	107	26	108	350	2						
1928.04.09	16	40	225	57	45	0	9	12	8	82	11	103	220	5						
1928.04.23	20	45	364	59	50	80	13	14	5	87	30	135	350	13		1	1	1		
1928.08.06	19	45	287	47	45	3	6	16	4	116	60	82	269	17			1			
1928.08.20	25	61	445	58	100	14	21	15	7	148	153	87	432	9	3					
1928.12.10	21	61	286	60	50	9	10	6	16	111	40	94	259	20	2		4	1		
1928.12.24	28	89	396	62	100	108	12	5	13	110	31	117	389	5	1		2			
1929.04.08	26	67	364	61	50	76	7	10	7	158	21	85	346	18						
1929.04.22	18	36	235	61	50	4	6	20	5	99	29	72	217	15	2			1		

续表

日期	版数	配图(%)	广告数量	广告版占报纸版的比例(%)	最大幅广告占整版的比例(%)	娱乐(则)	日用(则)	经济(则)	奢侈(则)	医药(则)	教育(则)	其他(则)	民营(则)	国有(则)	美(则)	英(则)	法(则)	德(则)	加拿大(则)	意大利(则)
1929.08.12	26	71	352	61	95	62	11	12	5	95	75	92	338	12	2					
1929.08.26	30	93	428	61	50	54	21	12	10	142	92	97	414	11	3					
1929.12.09	24	69	382	73	50	102	24	14	7	98	23	114	374	7	1					
1929.12.23	26	63	385	70	50	105	21	6	12	98	33	110	374	7	4					
1930.04.07	24	77	356	68	50	125	14	7	6	92	30	82	344	12						
1930.04.21	26	53	331	63	50	103	12	12	20	66	49	69	323	5	2		1			
1930.08.11	22	60	359	68	50	88	8	8	5	95	77	78	350	9						
1930.08.25	28	58	387	72	100	96	17	5	3	100	100	66	379	7	1		1			
1930.12.06	28	72	395	71	45	141	23	12	8	99	26	86	390	4	3					
1930.12.20	30	77	404	71	50	128	32	8	17	66	43	110	387	14			2			
1931.04.06	24	51	309	70	95	80	8	7	2	96	20	95	297	10	2					
1931.04.20	22	64	309	72	60	77	20	8	3	51	35	116	301	8						
1931.08.10	26	73	389	73	95	77	15	7	9	72	94	114	384	3	2					
1931.08.24	28	65	396	71	90	116	21	8	4	63	85	97	392	4	2					
1931.12.14	24	69	309	71	100	72	21	10	5	51	32	118	293	12	1					
1931.12.28	20	41	272	65	80	70	10	5	5	70	23	89	266	5				1	1	
1932.04.11	10	27	147	55	95	7	8	7	3	37	16	69	143	4						
1932.04.25	8	21	115	49	20	3	4	7	2	38	10	51	109	5						1

· 442 ·

续表

日期	版数	配图(%)	广告数量	广告版占报纸版的比例(%)	最大幅广告占整版的比例(%)	娱乐(则)	日用(则)	经济(则)	奢侈(则)	医药(则)	教育(则)	其他(则)	民营(则)	国有(则)	美(则)	英(则)	法(则)	德(则)	加拿大(则)	意大利(则)
1932.08.08	16	33	253	59	95	46	15	10	4	49	68	61	247	6						
1932.08.22	16	24	258	64	50	0	14	7	5	54	76	102	250	8						
1932.12.12	16	40	195	55	100	8	12	8	1	55	23	88	190	5						
1932.12.26	16	35	185	42	50	1	6	4	2	68	24	80	180	5						
1933.04.10	20	48	175	39	50	7	3	8	2	71	15	69	172	3						
1933.04.24	16	40	150	47	95	15	5	6	2	47	23	52	143	7						
1933.08.14	18	38	219	56	90	1	3	9	1	48	100	57	217	2						
1933.08.28	18	37	216	56	45	4	6	11	4	43	87	61	210	6						
1933.12.11	16	50	155	42	30	4	8	4	5	48	20	66	153	2		1				
1933.12.25	18	41	142	46	50	5	11	3	5	48	9	61	137	4						
1934.04.09	18	37	169	51	90	10	6	7	4	54	20	68	160	9						
1934.04.23	26	51	277	58	100	31	18	11	7	64	29	117	274	2	1					
1934.08.13	20	55	249	58	95	10	6	5	2	61	95	70	244	4			1			
1934.08.27	20	38	221	57	100	6	5	11	2	53	96	48	218	3						
1934.12.10	18	58	190	51	95	22	11	6	2	52	12	85	184	6						
1934.12.24	18	41	191	53	95	15	9	13	3	38	30	83	184	6				1		
1935.04.08	20	40	165	51	90	0	6	10	4	42	28	75	160	5						
1935.04.22	16	38	130	46	50	0	2	8	3	46	19	52	124	6						

续表

日期	版数	配图(%)	广告数量	广告版占报纸版的比例(%)	最大幅广告占整版的比例(%)	娱乐(则)	日用(则)	经济(则)	奢侈(则)	医药(则)	教育(则)	其他(则)	民营(则)	国有(则)	美(则)	英(则)	法(则)	德(则)	加拿大(则)	意大利(则)
1935.08.12	18	43	215	56	45	1	4	10	5	47	83	65	205	10						
1935.08.26	18	33	210	55	95	2	5	4	4	46	93	56	205	5						
1935.12.09	16	33	138	50	60	8	5	6	5	41	21	52	130	7				1		
1935.12.23	16	36	134	50	45	0	7	8	2	49	24	44	125	9						
1936.04.13	14	33	103	47	95	0	3	0	1	44	12	43	101	1	1					
1936.04.27	14	40	109	45	45	18	1	6	1	31	20	32	107	2						
1936.08.10	18	40	198	57	100	7	3	0	5	38	77	68	187	11						
1936.08.24	16	31	159	50	45	0	0	1	3	25	77	53	152	7						
1936.12.14	16	25	147	54	50	8	5	5	5	29	14	81	144	3						
1936.12.28	14	32	122	47	45	0	0	0	2	25	18	71	116	6						
1937.04.12	14	37	140	56	45	0	6	4	6	39	14	77	133	6	1					
1937.04.26	14	45	154	60	45	1	2	6	5	39	25	72	147	6	1					
1937.08.09	12	14	151	60	45	12	9	9	2	13	54	59	145	6						
1937.08.23	4	2	77	45	10	0	1	2	0	2	14	59	77							
1937.12.13	6	16	89	43	20	19	1	1	1	9	9	49	89							

资料来源：课题组抽样统计所得，采取等距离抽样的方法，抽取1927—1937年第4、8、12月的报纸，每种报纸抽这几个月第二周周一、第四周周一的报纸，合计抽取65份报纸的数据。

附表7 天津市报社经营概况一览（1936）

序号	报社名称	成立时间	基金	每月收支（元） 收入	支出	比较（盈+；亏-）	职员人数 编辑	记者	每日出报份数	销行地域
1	大中时报社	1928年11月	2000	900	1400	-500	3	3	2500	国内
2	天津大公报社	1902年6月	100000	73000	70500	+2500	9	4	70000	国内外
3	天津益世报社	1915年10月	—	22750	21750	+1000	13	28	15050	国内
4	东亚晚报社	1936年4月	3000	2300	2500	-200	5	24	4000	国内
5	庸报社	1926年6月	100000	10000	10000	0	8	5	24000	国内
6	商报社	1928年8月	50000	7000	7600	-600	4	5	7000	华北
7	德华日报社	1930年10月	—	—	—	—	5	—	1000	国内
8	人报社	1936年3月	3000	—	—	—	2	9	5000	平津
9	三津报社	1936年4月	1350	500	580	-80	2	2	7000	本市
10	天津平报社	1922年3月	20000	1200	955	+245	7	2	15000	国内
11	天津晶报社	1929年4月	—	2100	2150	-50	4	—	4000	本市
12	天津时报社	1935年7月	1500	1000	897	+103	7	2	16000	河北省
13	天津晨午晚报社	1912年10月	25000	7000	7500	-500	13	28	30000	国内

续表

序号	报社名称	成立时间	基金	每月收支（元） 收入	每月收支（元） 支出	比较（盈+；亏-）	职员人数 编辑	职员人数 记者	每日出报份数	销行地域
14	天风报社	1930年2月	6000	1200	1200	—	2	—	5000	河北省
15	天津时事报社	1935年7月	1500	600	700	-100	3	5	7000	国内
16	天津新报	1935年9月	5000	600	650	-50	3	4	4000	国内
17	天津正言报社	1936年2月	500	700	1610	-910	2	8	2000	本市
18	亢报社	1935年9月	—	650	650	—	3	1	5000	河北省
19	快报社	1927年1月	2000	960	960	—	—	2	6000	冀豫
20	沽新日报社	1931年10月	2000	290	330	-40	3	1	4000	河北省
21	国强报社	1919年2月	3000	600	560	+40	2	2	8000	国内
22	无线电日报社	1936年2月	3000	460	460	—	3	1	3000	华北
23	博陵日报社	1935年9月	10000	3180	2300	+880	8	4	12000	国内外
24	新天津报社	1924年9月	—	11181	10672	+509	9	18	20000	国内
25	新天津晚报社	1924年9月	—	2750	2583	+167	6	2	14000	本市
26	广播日报社	1935年9月	—	1200	1200	—	4	—	14000	本市
27	乐报社	1936年2月	2000	580	575	+5	3	5	8000	华北
28	晓报社	1934年9月	200	350	340	+10	2	2	3000	本市
29	钢报社	1935年11月	4500	270	595	-325	5	26	4000	华北

资料来源：根据《天津市报社概况一览》（刊载于《冀察调查统计丛刊》1936年第1卷第2期）的相关数据整理。

附录 8　北平市报社概况一览（1936）

序号	报社名称	成立时间	基金	每月收支（元） 收入	支出	比较（盈+；亏-）	职员人数 编辑	记者	每日出报份数	销行地域
1	十字日日新闻	1928年2月	0	500	500	—	3	5	600	各地红十字会
2	亚洲民报社	1925年1月	0	3820	3420	+400	10	6	1000	全国
3	中和报社	1923年10月	0	1400	4432	-3032	9	2	5000	国内外
4	日知报社	1914年9月	0	500	500	—	3	2	1000	华北各省市
5	北平报社	1919年1月	0	900	1070	-170	2	3	2000	本市及河北省
6	北平商报社	1928年8月	5000	600	1340	-740	2	9	3500	平津京汉
7	北平晨报社	1930年12月	100000	29360	29230	+130	14	4	27200	国内外
8	北平益世报社	1916年2月	50000	6800	6800	—	9	7	10000	国内外
9	北平新报社	1931年4月	0	1800	1770	+30	5	1	7000	国内
10	全民报社	1928年8月	0	5700	5700	—	6	18	6200	华北及京汉
11	世界日报社	1925年2月	0	20000	20000	—	18	202	17000	华北、华南及国外
12	民国日报社	1928年6月	0	1837	2408	-571	5	2	3500	国内
13	京报社	—	0	2200	4220	-2020	7	3	3000	国内

续表

序号	报社名称	成立时间	基金	每月收支（元） 收入	支出	比较（盈+ 亏-）	职员人数 编辑	记者	每日出报份数	销行地域
14	英文北平时事日报社	1932年6月	0	6400	6400	—	4	1	3500	国内外
15	法文北京报社	1909年	1000	—	—	—	—	—	900	国内外
16	法文天津报社	1912年	0	—	—	—	—	—	—	国内外
17	华北日报社	1929年1月	0	2200	7500	-5300	10	10	6000	国内外
18	导报社	1929年7月	0	3200	3700	-500	5	3	4500	国内
19	铁道时报社	1920年10月	0	300	380	-80	3	5	1000	各道路及交通机关
20	小小日报社	1925年1月	0	900	1150	-250	4	—	8000	平津张保
21	大路报社	1936年1月	5000	610	860	-250	4	1	6000	平北
22	中报社	1935年12月	5000	951	1360	-409	4	1	13000	本市山东冀察
23	公民报社	1933年4月	5000	1400	4030	-2630	2	1	20000	华北
24	平报社	1928年10月	2000	1000	970	+30	3	5	5000	平津
25	北方晚报社	1934年7月	1000	210	380	-170	3	2	830	本市
26	北平晚报社	1921年1月	10000	2180	1930	+250	6	9	6500	平津
27	北平白话报社	1919年4月	200	900	900	—	4	2	10000	平冀
28	立言报社	1934年10月	2000	610	730	-120	2	7	9000	平津京汉
29	民声报社	1934年9月	5000	1100	1520	-420	4	2	12000	国内

续表

序号	报社名称	成立时间	基金	每月收支（元） 收入	每月收支（元） 支出	比较（盈+；亏-）	职员人数 编辑	职员人数 记者	每日出报份数	销行地域
30	世界晚报社	—	—	—	—	—	—	—	17000	—
31	东方快报社	1932年12月	0	2135	2135	—	4	2	9000	国内外
32	星星日报社	1935年5月	5000	350	320	+30	5	7	1200	冀省
33	时言报社	1930年12月	10000	3115	3380	-265	—	—	28000	各省市
34	新兴报社	1935年11月	—	—	—	—	—	—	6000	平津及日本
35	新北平报社	1931年10月	20000	6000	7000	-1000	5	13	37000	华北
36	群强报社	1911年11月	10000	3000	2600	+400	3	3	17000	平津保
37	现代日报社	1932年11月	8000	3000	5000	-2000	3	1	10000	国内、本市
38	健报社	1931年5月	2000	1105	1053	+52	4	3	7000	本市
39	真报社	1933年7月	3000	700	970	-270	5	2	6500	本市
40	时事白话报社	1918年8月	0	1140	1224	-84	2	—	8000	平津通保
41	实报社	1928年10月	50000	11000	10000	+1000	7	30	80000	国内及日本
42	实权日报社	1930年5月	0	867	897	-30	4	6	5000	国内
43	燕京新闻社	1934年9月	0	40	110	-70	—	—	300	燕大校内
44	燕京时报社	1936年2月	2000	400	400	—	5	10	2000	国内

资料来源：根据《北平市报社概况一览》（刊载于《冀察调查统计丛刊》1936年第1卷第2期）的相关数据整理。

· 449 ·

参考文献

一 学术著作

白润生:《中国少数民族新闻传播通史》(上册、下册),中央民族大学出版社2008年版。

包天笑:《钏影楼回忆录》,香港:大华出版社1971年版。

蔡铭泽:《中国国民党党报历史研究》,团结出版社1998年版。

曹海建:《过度竞争论》,中国人民大学出版社2000年版。

崔波:《清末民初媒介空间演化论》,北京大学出版社2012年版。

陈钢:《晚清媒介技术发展与传媒制度变迁》,上海交通大学出版社2001年版。

陈铭德等:《〈新民报〉春秋》,重庆出版社1987年版。

陈庆德:《商品经济与中国近代民族经济进程》,人民出版社2010年版。

陈雯:《空间均衡的经济学分析》,商务印书馆2008年版。

陈志强:《胡政之新闻职业观及其实践研究》,江西人民出版社2011年版。

程丽红:《清代报人研究》,社会科学文献出版社2008年版。

储玉坤:《现代新闻学概论》(第2版),世界书局1945年版。

大生企业编写组:《大生系统企业史》,江苏古籍出版社1990年版。

邓穆卿:《〈新新新闻〉二十年》,载于成都晚报报刊志《成都报刊史料》第5辑,成都晚报1986年版。

丁淦林:《中国新闻事业史》,高等教育出版社2002年版。

杜绍文:《中国报人之路》,浙江省战时新闻学会1939年版。

樊亚平:《中国新闻从业者职业认同研究(1815—1927)》,人民出版社 2011 年版。

方汉奇：《中国新闻事业通史》（第一卷），中国人民大学出版社 1992 年版。

方汉奇：《中国新闻事业通史》（第二卷），中国人民大学出版社 1996 年版。

方汉奇：《中国新闻事业通史》（第三卷），中国人民大学出版社 1999 年版。

方汉奇：《〈大公报〉百年史》，中国人民大学出版社 2004 年版。

方汉奇：《中国近代报刊史》，山西人民出版社 1982 年版。

方平：《晚清上海的公共领域（1895—1911）》，上海人民出版社 2007 年版。

费成康：《中国租界史》，上海社会科学院出版社 1991 年版。

戈公振：《中国报学史》，岳麓书社 2011 年版。

顾炳权：《上海洋场竹枝词》，上海书店 1996 年版。

关永强：《近代中国的收入分配：一个定量的研究》，人民出版社 2012 年版。

郭恩强：《重构新闻社群：新记〈大公报〉与中国新闻业》，上海人民出版社 2013 年版。

韩志辉：《创造附加值》，北京大学出版社 2007 年版。

胡全章：《清末民初白话报刊研究》，中国社会科学出版社 2011 年版。

胡太春：《中国报业经营管理史》，山西教育出版社 1998 年版。

胡太春：《中国近代新闻思想史》，山西教育出版社 1987 年版。

胡正强：《中国媒介批评的历史考察》，世界图书出版公司 2015 年版。

洪煜：《近代上海小报与市民文化研究（1897—1937）》，上海书店出版社 2007 年版。

黄升民：《广告观》，中国三峡出版社 1996 年版。

黄天鹏：《新闻学演讲录》，上海现代书店 1931 年版。

黄天鹏：《中国新闻事业》，上海联合书店 1930 年版。

黄欣荣：《产业生态论》，经济科学出版社 2010 年版。

黄玉涛：《民国时期商业广告研究》，厦门大学出版社 2009 年版。

黄志伟、黄莹:《为世纪代言——中国近代广告》,学林出版社 2004 年版。

贾晓慧:《〈大公报〉新论:20 世纪 30 年代〈大公报〉与中国现代化》,天津人民出版社 2002 年版。

蒋国珍:《中国新闻发达史》,世界书局 1928 年版。

蒋文涛:《德盛信局点滴》,中国银行泉州分行行史编委会:《闽南侨批史纪述》,厦门大学出版社 1996 年版。

匡导球:《中国出版技术的历史变迁》,湖南人民出版社 2009 年版。

隗瀛涛:《中国近代不同类型城市综合研究》,四川大学出版社 1998 年版。

李春燕:《唯物史观视域下社会形象理论建构研究》,人民出版社 2023 年版。

李磊:《报人成舍我研究》,中国传媒大学出版社 2011 年版。

李楠:《晚清民国时期上海小报》,人民文学出版社 2006 年版。

李时新:《上海〈立报〉史研究(1935—1937)》,暨南大学出版社 2012 年版。

李勇、张仲田:《蒋介石年谱》,中共党史出版社 1995 年版。

林升栋:《中国近现代经典广告创意评析——〈申报〉七十七年》,东南大学出版社 2005 年版。

林玉凤:《中国近代报业的起点——澳门新闻出版史(1557—1840)》,澳门特别行政区政府文化局,社会科学文献出版社 2015 年版。

林育真、付荣恕:《生态学》(第二版),科学出版社 2011 年版。

刘佛丁、王玉茹:《中国近代的市场发育与经济增长》,高等教育出版社 1996 年版。

刘家林:《中国新闻史》,武汉大学出版社 2012 年版。

刘哲民:《近现代出版新闻法规汇编》,学林出版社 1992 年版。

楼祖治:《中国邮驿史料》,人民邮电出版社 1958 年版。

栾轶玫:《媒介形象学导论》,中国人民大学出版社 2007 年版。

吕明元:《技术创新与产业成长》,经济管理出版社 2009 年版。

马光仁:《上海新闻史(1850—1949)》,复旦大学出版社 1996 年版。

马艺：《天津新闻传播史纲要》，新华出版社 2005 年版。

孟兆臣：《中国近代小报史》，社会科学文献出版社 2005 年版。

倪延年：《中国报刊法制发展史》（现代卷），南京师范大学出版社 2006 年版。

倪延年：《中国报刊法制发展史》（第四卷），南京师范大学出版社 2006 年版。

倪延年：《中国古代报刊发展史》，东南大学出版社 2001 年版。

荣孟源：《中国国民党历次代表大会及中央全会资料》（下），光明日报出版社 1985 年版。

宋军：《申报的兴衰》，上海社会科学院出版社 1996 年版。

苏东水：《产业经济学》（第三版），高等教育出版社 2010 年版。

孙会：《〈大公报〉广告与近代社会（1902—1936）》，中国传媒大学出版社 2011 年版。

孙旭培：《新闻学新论》，当代中国出版社 1994 年版。

孙中山：《孙中山全集》（第二卷），中华书局 1982 年版。

邵金菊、姜丽花、刘冬林：《服务外包：经济效应和影响因素研究》，浙江大学出版社 2011 年版。

邵志择：《近代中国报刊思想的起源与转折》，浙江大学出版社 2011 年版。

上海社会科学院历史研究所：《五四运动在上海史料选辑》，上海人民出版社 1980 年版。

上海社会科学院经济研究所：《荣家企业史料》（上册），上海人民出版社 1980 年版。

上海市文史馆：《上海地方史资料》，上海社会科学院出版社 1984 年版。

施仲华、章大鸿：《报童之歌——上海市报童学校师生回忆文集（1948—1953）》，上海教育出版社 2004 年版。

史和、姚福申、叶翠娣：《中国近代报刊名录》，福建人民出版社 1991 年版。

陶菊隐：《记者生活三十年——亲历民国重大事件》，中华书局 2005 年版。

陶喜红：《中国传媒产业市场结构演变研究》，中国社会科学出版社2013年版。

唐惠虎、朱英：《武汉近代新闻史》，武汉出版社2012年版。

唐绪军：《报业经济与报业经营》，新华出版社1999年版。

王定九、丁燮生：《上海顾问》（下册），中央书店1934年版。

王敏：《上海报人社会生活（1872—1949）》，上海辞书出版社2008年版。

汪前军：《〈大公报〉（1902—1916）与中国广告近代化》，中国社会科学出版社2014年版。

王儒年：《欲望的想象：1920—1930年代〈申报〉广告的文化史研究》，上海人民出版社2007年版。

王润泽：《北洋政府时期的新闻业及其现代化（1916—1928）》，中国人民大学出版社2010年版。

王天根：《清末民初报刊与革命舆论的媒介建构》，合肥工业大学出版社2010年版。

王文科、张扣林：《浙江新闻史》，浙江大学出版社2010年版。

王伊洛：《〈新新新闻〉报史研究》，四川出版集团巴蜀书社2008年版。

文昊：《民国的报业巨头》，中国文史出版社2013年版。

巫宝三等：《中国国民所得，一九三三年》（上册），商务印书馆1947年版。

吴成：《非常时期之报纸》，中华书局1937年版。

吴承明：《中国资本主义与国内市场》，中国社会科学出版社1985年版。

吴廷俊：《新记〈大公报〉史稿》，武汉出版社2002年版。

吴廷俊：《中国新闻史新修》，复旦大学出版社2008年版。

肖东发、邓绍根编：《邵飘萍新闻学论集》，北京大学出版社2008年版。

谢本书、温贤美：《抗战时期的西南大后方》，北京出版社1997年版。

新民晚报史编纂委员会：《飞入寻常百姓家：新民报——新民晚报七十年史》，文汇出版社2004年版。

忻平：《在上海发现历史——现代化进程中的上海人及其社会生活（1927—1937）》，上海人民出版社1996年版。

许涤新、吴永明：《中国资本主义发展史》（第二卷），人民出版社2003

年版。

许涤新、吴承明：《中国资本主义发展史·新民主主义革命时期的中国资本主义》，社会科学文献出版社2007年版。

徐敦楷：《民国时期企业经营管理思想史》，武汉大学出版社2014年版。

徐建生：《民国时期经济政策的沿袭与变异（1912—1937）》，福建人民出版社2006年版。

徐小群：《民国时期的国家与社会——自由职业团体在上海的兴起（1912—1937）》，新星出版社2007年版。

徐载平、徐瑞芳：《清末四十年申报史料》，新华出版社1988年版。

徐铸成：《报海旧闻》（修订版），生活·读书·新知三联书店2010年版。

徐铸成：《徐铸成日记》，生活·读书·新知三联书店2013年版。

严中平：《中国近代经济史（1840—1894）》（第一卷—第三卷），人民出版社2012年版。

杨雪梅：《陈铭德、邓季惺与〈新民报〉》，中华书局2008年版。

杨朕宇：《〈新闻报〉广告与近代上海休闲生活（1927—1937）》，复旦大学出版社2011年版。

姚福申：《中国编辑史》（修订本），复旦大学出版社2004年版。

叶再生：《中国近现代出版通史》（第一卷—第四卷），华文出版社2002年版。

乐正：《近代上海人心态：1860—1910》，上海人民出版社1991年版。

喻国明：《变革传媒：解析中国传媒转型问题》，华夏出版社2005年版。

袁光中：《大公报的经营管理》，载于周雨《大公报人忆旧》，中国文史出版社1991年版。

臧旭恒、徐向艺、杨蕙馨：《产业经济学》（第二版），经济科学出版社2004年版。

曾宪明：《中国近现代报人与报业》，武汉出版社2008年版。

曾虚白：《中国新闻史》（第六版），三民书局1989年版。

自龙伟等编：《民国新闻教育史料选辑》，北京大学出版社2010年版。

赵德馨：《中国近现代经济史》，河南人民出版社2003年版。

赵德馨：《中国近现代经济史（1842—1991）》（上册），厦门大学出版社2013年版。

赵泓、陆欣：《民国广东出版管理资料汇编》（上册、下册），贵州出版集团、贵州人民出版社2015年版。

赵建国：《分解与重构：清季民初的报界团体》，生活·读书·新知三联书店2008年版。

张继木：《张季鸾抗战言论研究》，华中师范大学出版社2014年版。

张静庐辑注：《中国现代出版史料》（丙编），中华书局1957年版。

张静庐辑注：《中国的造纸业》，载《中国出版史料补编》，中华书局1957年版。

张昆：《大众媒介的政治社会化功能》，武汉大学出版社2003年版。

张昆：《中外新闻传播思想史导论》，复旦大学出版社2006年版。

张立勤：《1927—1937年民营报业经营研究——以〈申报〉〈新闻报〉为考察中心》，浙江工商大学出版社2014年版。

张梁任：《中国邮政》，民国丛书：第二卷，上海书店1990年版。

张宪文等：《中华民国史》（第一—四卷），南京大学出版社2013年版。

张玉法：《中华民国史稿》，联经出版事业公司（台湾）1998年版。

张友鸾等：《世界日报兴衰史》，重庆出版社1982年版。

张友鸾：《战时新闻纸》，中山文化教育馆1938年版。

张忠：《民国时期成都出版业研究》，四川出版集团巴蜀书社2011年版。

张仲礼：《近代上海城市研究》，上海人民出版社1990年版。

周策纵：《五四运动：现代中国的思想革命》，江苏人民出版社1996年版。

周德孚、殷建平、蔡桂其：《学习型组织》，上海财经大学出版社1998年版。

周立华：《"孤岛"时期的〈文汇报〉研究》，江西人民出版社2009年版。

周新生等：《产业分析与产业策划：方法与应用》，经济管理出版社2005年版。

周雨：《大公报史》，江苏古籍出版社1993年版。

朱邦兴、胡林阁、徐声：《上海产业与上海职工》，上海人民出版社1984年版。

朱汉国、杨群：《中华民国史》（第一册），四川人民出版社2006年版。
朱荫贵：《中国近代股份制企业研究》，上海财经大学出版社2008年版。
中国第二历史档案馆编：《中华民国史档案资料汇编》第5辑第2编"政治"（1），江苏古籍出版社1998年版。
中国近代经济史丛书编委会：《中国近代经济史研究资料》（第六卷），上海社会科学院出版社1987年版。
中国近代经济史资料丛刊编辑委员会：《中国海关与邮政》，中华书局1983年版。
［英］阿尔弗雷德·马歇尔：《经济学原理》，文思编译，北京联合出版有限责任公司2015年版。
［美］爱迪思：《企业生命周期》，赵睿、何燕生译，中国社会科学出版社1997年版。
［美］本杰明·M.康佩恩、道格拉斯·戈梅里：《谁拥有媒体？大众传媒业的竞争与集中》（第三版），詹正茂、张小梅、胡燕等译，中国人民大学出版社2006年版。
［美］罗伯特·皮卡特：《传媒管理学导论》，韩骏伟、常永新等译，人民邮电出版社2006年版。
［美］迈克尔·波特：《竞争优势》，陈小悦译，华夏出版社2005年版。
［美］芮哲非（Christopher A. Reed）：《谷腾堡在上海：中国印刷资本业的发展（1876—1937）》，张志强等译，商务印书馆2014年版。

二　期刊论文

《办理小规模报纸之内幕》，《常识》1927年2月19日。
《本报安东分社招聘派报员卖报童子启示》，《大公报》1931年1月14日。
《抄上海日报公会至市卫生局函》，《卫生月刊》1930年第3卷第10期。
陈昌凤：《从〈民生报〉停刊看国民党南京政府控制下的民营报业》，《新闻研究资料》1993年第1期。
陈涤群：《新闻纸联合版汇志》，《报学杂志》1948年第1卷第3期。
陈顾远：《北京城里底小新闻纸》，《评论之评论》1921年第1卷第1期。
陈铭德：《报纸经营与报社管理》，《中国新闻学会年刊》1942年第1期。

陈明远：《历史上银圆的购买力》，《社会科学论坛》2010年第24期。

陈斯孝：《办报二十年　备尝艰苦》，《报学杂志》1948年创刊号。

陈寿：《成舍我及其事业》（中），《人人周报》1947年第4期。

陈廷湘：《1928—1937年〈大公报〉等报刊对中苏关系认识的演变》，《近代史研究》2006年第3期。

成舍我：《世界新闻事业的发达与中国报纸的前途》，《民众周报》1931年第182期。

成舍我：《我们需要"平价报"》，《东方杂志》1943年第9期。

成舍我：《中国报纸之将来》，《文化》（合订本）1934年第1卷第1—6期。

《重庆市各报纸定期分别出版》，《新闻学季刊》1939年创刊号。

《出版琐闻：全国最近报刊统计》，《图书展望》1947年第5期。

D. T.：《上海小报之大组合》，《北洋画报》1930年第9卷第419期。

杜少文：《敌呼？友呼？新闻广播与电影传真果有害于报纸吗？》，《战时记者》1939年第8期。

杜云：《广告的选择问题》，《战时记者》1939年第6期。

樊迪民：《关于报纸的种种》，《杭州新闻记者公会月刊》1932年创刊号。

范渭：《报贩自传》，《新上海》1946年第14期。

方汉奇：《为〈大公报〉辨诬——应该摘掉〈大公报〉"小骂大帮忙"的帽子》，《新闻大学》2002年第3期。

《分销利益　要解决生活问题！请分销大公报！销一百份报能供给十五个人的生活》，《大公报》（天津版）1933年9月17日。

费彝民：《从大公报谈报纸的管理与经营》，《周末观察》1948年第4卷第5期。

高山冰：《妥协的自由：民国南京临时政府新闻事业管理体制研究》，《现代传播》2016年第5期。

高雪汀：《关于新闻界经济协作的几项建议》，《报学季刊》1934年创刊号。

葛思恩：《报纸的销路》，《新闻学季刊》1947年第3卷第2期。

《工财内三部审核免征国货广告税办法》，《工商半月刊》1929年第1

卷第 20 期。

龚德柏：《"新闻记者"早被滥用》，《报学杂志》1948 年创刊号。

龚会莲：《民国时期工业发展绩效刍议（1912—1936）》，《社会科学辑刊》2010 年第 2 期。

功士：《平市的报贩生活》，《市政评论》1935 年第 3 卷第 21 期。

戈公振：《各寻出路》，《记者周报》1931 年第 1 期。

《国防与新闻事业统治刍议》，《汗血月刊》1936 年第 8 卷第 6 期。

《国际劳工通讯》1940 年第 7 卷第 11 期，国际劳动局中国分局出版。

洪煜：《近代上海报贩职业群体研究》，《史学月刊》2008 年第 12 期。

侯宜杰：《清末的言论结社集会自由》，《史学集刊》2009 年第 5 期。

胡传枢：《民营报纸怎样过年关 渺茫的民营报前途》，《上海文化》1947 年第 12 期。

胡道静：《新闻报四十年史（一八九三——一九三三）》，《报学杂志》1948 年第 1 卷第 2 期。

胡憨珠：《社会尊视小报》，1931 年《社会日报纪念专刊》。

胡雄飞：《本报三年来的总报告》，1931 年《社会日报纪念专刊》。

黄觉：《谈小型报的危机》，《上海小报》1941 年 2 月 25 日。

黄天鹏：《重庆各报发行联合版之经过》，《新闻学季刊》1940 年第 1 卷第 2 期。

黄天鹏：《新闻记者之教育》，《新学生》1931 年第 15 卷。

黄天鹏：《中国新闻事业》，上海联合书店 1930 年版。

黄鑫宇：《中国近现代报业组织结构变迁的历史轨迹及其基本规律》，《中国出版》2013 年第 5 期。

贾魁：《照妖镜》，丙寅医学社编辑：《医学周刊集》1928 年第 1 卷。

贾晓慧：《创新：〈大公报〉留给天津文化的记忆》，《理论与现代化》2007 年第 1 期。

金瑞本：《申报与史量才》，《浙江青年》1934 年第 1 卷第 2 期。

金声：《糖衣的毒药》，《新闻杂志》1937 年创刊号。

金学：《由上海报潮谈到报托拉斯》，《认识周报》1929 年第 1 卷第 4 期。

《京民营各报昨停刊 工人罢工请加薪未果》，《大公报》1946 年 12 月

· 459 ·

29 日。

九公:《小型报内幕》,《杂志》1944 年第 14 卷第 5 期。

君宜:《商业的发达与广告的道德》,《战时记者》1939 年第 6 期。

老唐:《中国报馆应否托拉斯化》,《新闻学期刊》1934 年创刊号。

岚:《诲淫的小报》,《女子月刊》1936 年第 4 卷第 1 期。

乐正:《民国时期广州大众传播业的发展（1912—1938）》,《学术研究》1995 年第 6 期。

廖声武、罗以澄:《中国新闻学教育中课程设置的历史考察》,《现代传播》2016 年第 10 期。

李果:《论黄色广告》,《报学杂志》1948 年第 1 卷第 7 期。

李靖华、郭耀煌:《国外产业生命周期理论的演变》,《人文杂志》2001 年第 6 期。

李楠:《迥然相异的面目　京海格局中的北京（平）小报》,《中国现代文学研究丛刊》2000 年第 6 期。

李培恩:《广告上的常识》,《商业杂志》1927 年第 2 卷第 12 号。

李书华:《论小型报纸》,《实报半月刊》1936 年第 1 期。

黎世芬:《币制改革前后的报业观》,《报学杂志》1948 年创刊号。

梁磊:《中外组织生态学研究的比较分析》,《管理评论》2004 年第 3 期。

林华:《上海小报概论》,《福报》1930 年 6 月 17 日。

刘汉兴:《各国报纸广告的比较》,《新闻学季刊》1940 年第 2 期。

刘汉兴:《谈报纸广告的净化》,《新闻学季刊》1939 年创刊号。

刘小燕:《中国民营报业托拉斯道路的破灭》,《新闻大学》2003 年第 4 期。

龙伟:《民国广告的自律与他律：以医药广告为中心的观察（1927—1949）》,《新闻与传播研究》2010 年第 5 期。

陆梅僧:《中国报纸的广告》,《报学季刊》1934 年创刊号。

陆诒:《我所接触的史量才》,《新闻研究资料》1982 年第 6 期。

罗百祥:《过渡的民间报纸》,《文化通讯》1948 年第 89 期。

马儿:《小报漫论》,《社会日报纪念专刊》1931 年创刊号。

马光仁:《抗战时期的〈申报〉抗日战争研究》,《抗日战争研究》1995

年第 2 期。

马光仁：《民初〈申报〉反对袁世凯政府的策略》，《新闻大学》1996 年第 2 期。

马星野：《近代报纸内部组织之研究》，《中山文化教育馆季刊》1935 年第 2 卷第 4 期。

曼郎：《广告与营业》，《国货月报》1924 年第 1 卷第 5 期。

毛树清：《报社组织之检讨》，《新闻学季刊》1939 年创刊号。

《民营出版业的痛苦》，《读书与出版》1946 年第 1 期。

《民营报纸筹组联谊会》，《新闻报》1946 年 12 月 19 日。

《民营报纸要求低利贷款》，《上海特写》1947 年第 30 期。

木子：《广告本位与发行本位》，《战时记者》1939 年第 6 期。

《南京报贩》，《市政评论》1936 年第 4 卷第 3 期。

潘公弼：《六十年来之中国日报事业》，《申报月刊》1932 年第 1 卷第 1 号。

潘贤模：《清初的舆论与钞报——近代中国报史初篇（续）》，《新闻研究资料》1981 年第 3 期。

《配纸制度之废除》，《报学季刊》1948 年创刊号，无刊期。

彭瑞夫：《论企业的国营与民营问题》，《财政评论》1944 年第 12 卷第 4 期。

乒乓生：《办小报的经验》（上册），《上海常识》1928 年第 4 期。

乒乓生：《办小报的经验》（中册），《上海常识》1928 年第 5 期。

乒乓生：《办小报的经验》，《上海常识》1928 年 6 月 11 日。

秦绍德：《上海〈新闻报〉股权风波》，《新闻大学》1988 年第 1 期。

秦绍德：《上海资产阶级商业报纸的发展道路》，《新闻研究资料》1991 年第 2 期。

青风：《派报公会之稽查员》，《大报》1931 年 3 月 15 日。

《取缔不良小报谈代》，《现代警察》1934 年第 1 卷第 3 期。

《全国报业面临危机》，《报学杂志》1948 年试刊号。

《全国各级教育统计》，《教育杂志》1936 年第 26 卷第 3 期。

《全国广告业调查》，《报学季刊》1935 年第 1 卷第 4 期。

《确定派报业组织工会问题》,《中央周刊》1931年第168期(总)。

任桐:《论〈大公报〉和平裁兵言论的民本主义倾向》,《史学月刊》
　　2002年第6期。

《如何解决纸荒问题》,《报学杂志》1948年第1卷第3期。

汝津:《工厂调查:上海申报馆参观记》,《经济汇报》1923年第2卷
　　第2期。

如陵:《论发行与再发行》,《报学杂志》1948年第1卷第5期。

芮明杰、方统法:《相关多角化发展战略的另一种诠释——兼评两种
　　相关多角化战略理论》,《财经研究》2000年第3期。

单东:《民营经济不是一个模糊概念》,《经济学家》2005年第1期。

桑兵:《清末民初传播业的民间化与社会变迁》,《近代史研究》1991
　　年第6期。

森禹:《国营与民营》,《中国建设月刊》1945年第1卷第5期。

宋原放:《中国近代出版大事记》,《出版史料》1990年第2期。

邵鸿达:《地方报纸的广告》,《战时记者》1939年第9期。

邵鸿达:《普建地方报纸声中的人力问题》,《战时记者》1939年第11期。

邵鸣九:《报童教育与报童学校》,《国民杂志》1942年第1期。

《上海儿童保育会 申报馆合办报童学校第一期工作总报告》,上海儿童
　　保育会印,1939年4月。

《上海儿童保育会创设报童学校记详》,《国际劳工通讯》1938年第12期。

《"上海的小型报文化"座谈会记录》,《杂志》1943年第11卷第6期。

社丁:《配纸的流弊》,《社会评论》1948年第60期。

《申报同人统计之一斑》,《申报二万号特刊》,参见《申报》1928年
　　11月19日。

沈锜:《战时报业改进刍议》,《新闻学季刊》1940年第1卷第2期。

沈毅:《74年前〈申报〉国货质量讨论评析》,《中国社会科学院研究
　　生院学报》2007年第6期。

《世界新闻记者的年俸》,《新闻学期刊》1934年,无刊期。

《世界日报初创阶段(一九二四年至一九二七年)》,《新闻研究资料》
　　1980年第1期。

世界日报史料编写小组：《世界日报初创阶段（一九二四年至一九二七年）》，《新闻研究资料》1980 年第 1 期。

尸载：《我的编辑经验与最近平市新闻界趋势》，《报学季刊》1935 年第 1 卷第 2 期。

塔布衣夫人无恙：《报业集中趋势益显，美法四大报近分别合并》，《报学杂志》1948 年第 1 卷第 2 期。

陶然：《上海报贩的特殊势力》，《华文大阪每日》1940 年第 5 卷第 10 期。

陶喜红：《媒介产品附加值的特性及意义》，《新闻界》2008 年第 2 期。

汤炳正：《小型报的缺点及其改善办法》，《报学季刊》1935 年第 1 卷第 4 期。

唐海江：《晚清报业中民间资本的若干问题》，《新闻大学》2002 年第 4 期。

唐际清：《中国新闻纸今后的动向》，《创导》1937 年第 1 卷第 1 期。

唐忍安：《地方报纸》，《报学季刊》1934 年创刊号。

唐小兵：《公共舆论与权力网络——以 1930 年代前期〈大公报〉、〈申报〉为例的考察》，《浙江学刊》2010 年第 1 期。

王德正：《揭开南京报业公会的黑暗面　南京报业公会批判》，《大地》（周报）1948 年第 133 期。

汪汉溪：《新闻事业困难之原因》，新闻报馆编印：《新闻报馆三十年纪念册》，1923 年。

王晋琦：《报业界的大鱼吃小鱼》，《上海文化》1947 年第 12 期。

王润泽、孟鹏：《中国报纸定价涨跌的历史轨迹》，《新闻与写作》2009 年第 2 期。

王万钟：《全国识字人数百分比之估计》，《教育通讯月刊》1946 年第 1 卷第 5 期。

王维江：《"清流"与〈申报〉》，《近代史研究》2007 年第 6 期。

王翔：《近代中国资本主义发展的两难抉择》，《中州学刊》1990 年第 4 期。

汪熙：《关于买办和买办制度》，《近代史研究》1980 年第 2 期。

汪英宾：《报业管理要义》，《新闻学季刊》1941 年第 2 卷第 1 期。

汪仲韦：《又竞争又联合的"新"、"申"两报》，《新闻研究资料》1982年第5期。

汪仲韦（徐耻痕整理）：《我与〈新闻报〉的关系》，《新闻研究资料》1982年第2期。

魏九如：《新闻纸发行论》（上册），《上海记者》1944年第2卷第5—6期。

《五三五四轰炸后 渝各报出联合版》，《新闻学季刊》1939年创刊号。

吴廷俊：《〈报人张季鸾先生传〉史实考订》，《华中理工大学学报》（社会科学版）1994年第3期。

吴廷俊：《评重庆谈判期间〈大公报〉的立场》，《华中理工大学学报》（社会科学版）1996年第4期。

吴廷俊、范龙：《〈大公报〉"敢言"传统的思想基础与文化底蕴》，《新闻与传播研究》2002年第3期。

吴廷俊：《开报纸社会服务版先河的〈大公报·摩登〉周刊》，《新闻研究资料》1993年第1期。

吴廷俊：《民报主流发展与职业报业启程：北洋政府时期新闻史重考》，《国际新闻界》2012年第8期。

吴雄剑：《今日的中国新闻纸》，《新闻学期刊》1934年创刊号。

淅沥：《广告与报格》，《战时记者》1920年第2卷第9期。

孝庵：《报纸的实益主义》，《记者周报》1931年第8号。

《小报登记缓办》，《现代警察》1934年第1卷第3期。

《小报恶作剧》，《交大月刊》1930年第2卷第2期。

小记者：《小型报纸之将来》，《绸缪月刊》1935年第2卷第2期。

谢小鲁：《我国各大报纸面构成之分析及其批评》，《新闻学期刊》1934年，无刊期。

谢国明：《汪氏兄弟反对报业托拉斯事件》，《新闻研究资料》1986年第2期。

《新闻报乎？广告报乎？》，《大光明》1946年第8期。

《新闻报三十年之事实》，参见《〈新闻报〉馆三十年纪念册》，新闻报馆1923年发行。

《新闻报与早报联合发行纠纷》,《苏州民声》1936年3月22日。

熊月之:《〈点石斋画报案〉与"苏报案"——台北访档之一》,《档案与史学》2000年第5期。

徐迟、丁乐静:《清末民初邮政近代化中的官民之争——以镇江民信局与国家邮政的关系为中心的历史考查》,《江苏科技大学学报》(社会科学版)2014年第4期。

徐耻痕:《文汇报创刊初期史料》,《新闻研究资料》1981年第3期。

许纪霖、王儒年:《近代上海消费主义意识形态之建构——20世纪20—30年代〈申报〉广告研究》,《学术月刊》2005年第4期。

徐旭:《上海小报摊之调查》,《教育与民众》1934年第5卷第7期。

徐有威、吴乐杨:《民国社会舆论对匪患之反应——以〈申报〉和〈大公报〉为例(1912—1934)》,《江海学刊》2012年第5期。

徐铸成:《我参与创办〈大光报〉的经历》,《武汉文史资料》1996年第3期。

薛飞:《旧中国的租界与报纸》,《新闻与传播研究》1999年第4期。

《燕大新闻系力谋革新》,《记者周报》1931年第1期。

姚福申:《"四社"——旧中国报业集团化经营的一次尝试》,《新闻大学》1997年第4期。

姚福申:《解放前〈新闻报〉经营策略研究》,《新闻大学》1994年春季刊。

姚公鹤:《上海报纸小史》,《小说月报》1917年第8卷第2号。

姚吉光、俞逸芬:《上海的小报》,《新闻研究资料》1981年第3辑。

杨大辛、张守谦:《天津出版史概略》,参见《天津文史资料选辑》1987年第42辑。

杨季:《报业前途之趋于公营》,《前途》1933年第1卷第11期。

仰荈:《平民生活之一:报贩生活》,《机联会刊》1931年第26期。

叶俊、何村:《抗战时期统一战线策略下〈新华日报〉与重庆〈新民报〉的交往与合作》,《新闻大学》2015年第6期。

业裕:《上海报纸的批评》,《记者周报》1931年第1期第六号。

俞君弨:《吾国报业各问题之检讨》,《新商业季刊》1936年第3期。

俞志厚：《一九二七年至抗战前天津新闻界概况》，《新闻研究资料》1982年第4期。

张炳钧：《一年来华北新闻纸的鸟瞰及其改进》，《众志月刊》1935年第3卷第1期。

张曼玲、肖东发：《近代出版发展脉络之比较研究》，《北京印刷学院学报》2006年第1期。

张一苇：《华北新闻界》，《报学月刊》1929年第2期。

张忠：《民国自由报人的社会角色探析》，《云南社会科学》2010年第2期。

曾建雄：《〈循环日报〉的言论特色——读部分原报（缩微胶卷）札记》，《新闻大学》1994年第2期。

曾来海：《晚清民国时期传媒经济（管理）学研究的历史考察》，《国际新闻界》2013年第3期。

曾宪明：《旧中国民营报人同途殊归现象分析》，《新闻与传播研究》2003年第2期。

曾宪明：《论伪民营报纸》，《新闻与传播研究》2005年第4期。

曾宪明：《解放初期大陆私营报业消亡过程的历史考察》，《新闻与传播研究》2002年第2期。

曾虚白：《记者与报人有别》，《报学杂志》1948年创刊号。

宗阑：《净化广告》，《上海记者》1944年第2卷第4期。

赵建国：《清末民初的上海日报公会》，《探求》2006年第4期。

张继木、曾宪明：《租界对中国民营报业影响论析》，《当代传播》2008年第3期。

郑瑞梅：《报纸营业之方针》，《新闻学期刊》1934年创刊号。

《中国报业前进的阻力》，《报人世界》1936年第6期。

周天籁：《一张小报出版的经验》，《上海生活》1930年第4卷第2期。

周钦岳：《广告与发行》，《中国新闻学会年刊》1942年第1期。

周全：《西方传教士对我国近代印刷术影响的探讨》，《印刷世界》2006年第12期。

朱春阳：《关于史量才与〈申报〉三个问题之思考与追问》，《国际新闻界》2008年第9期。

祝均宙：《上海小报的历史沿革》（中册），《新闻研究资料》1988年第3期。

祝均宙：《上海小报三题》，《新闻大学》1998年第4期。

朱英：《近代中国广告的产生及其影响》，《近代史研究》2000年第4期。

三　法规、报道、评论、统计资料等

巴八：《报余话报》，《福尔摩斯》1936年8月13日。

《白报纸涨了价　民营报业叫苦》，《大公报》1946年8月21日。

《报界纠纷》，《大公报》1948年1月17日。

《报童拦车　概予取缔》，《大公报》1947年8月9日。

《报童学校　今日开学》，《大公报》1948年3月1日。

《报童学校鸟瞰》，《战时记者》1921年第2卷第8期。

《报童学校举行新年同乐大会》，《申报》1939年1月3日。

《报业危机　物价工资高涨难于维持　上海大小报纷纷停刊》，《大公报》1947年2月10日。

《报纸条例》，《大公报》1914年4月5日。

《北京印刷工人大罢工详情　昨天有十二家报停刊　风潮汹涌尚未解决》，《大公报》1925年3月25日。

《本报续刊二周年之感想》，《大公报》1928年9月1日。

《本馆十年来职工人数比较》，《申报馆内通讯》1947年第1卷第1期。

《本报准备协助国内地方报纸》，《申报馆内通讯》1947年第1卷第11期。

《部咨报纸附在别报发行及长期无代价赠阅者应准援用中央第六二次决议办理》，《福建省政府公报》1934年第396期。

《从广告里窥测上海社会　电影戏剧广告最古多数　医院医生广播花柳病菌》，《大公报》（天津版）1931年3月8日。

丛永枢：《南通分馆在做些什么》，《申报馆内通讯》1948年第2卷第12期。

陈征帆：《上海慈幼事业概况》，《申报》1939年4月3日。

《大众日报　销行日广》，《大公报》（天津版）1933年9月9日。

二云：《小报论》，《力报》1930年5月16日。

冯梦云：《大团结》，《战时日报》1937年10月10日。

甘家馨：《中国各大报经营实况》，《苏衡》1936年第17—18期。

《各报童学校组织报童团》，《新闻报》1939年4月16日。

《各地筹办国选忙　津市纸价腾贵　耗纸极多供不应求　济南方面派人在津大批购买》，《大公报》1936年9月29日。

《核减日报公会车上售报利益费》，《京沪沪杭甬铁路日刊》1934年第1069期。

黄河清：《报童上学》（附图），《儿童知识》1948年第20期。

《济报业代表请愿　要求增加配给纸》，《大公报》1948年3月24日。

《交通部令各省邮政局减轻报界邮费文》，《时报》1912年4月1日。

《京沪路沿线本报的发行网》，《申报馆内通讯》1947年第1卷第1期。

《京民营各报昨停刊　工人罢工请加薪未果》，《大公报》1946年12月29日。

菁如：《社会一角：生活中的斗争：卖报童生活之一斑》，《大公报》（天津版）1933年4月14日第13版。

菁如：《北平妇女职业的又一调查　女店员的生活》，《大公报》（天津版）1933年3月9日第13版。

莲庐：《小报跌销的原因》，《笑报》1929年4月22日。

刘藻：《南昌报业概况》，《申报馆内通讯》1947年第1卷第7期。

《MYM250000000，联合大增赠送，中国报纸创举，同业纷起效尤》，《申报馆内通讯》1947年第1卷第1期。

《梅兰芳临别赠言》，《申报》1930年3月15日。

《民营报纸的报纸压迫》，《一四七画报》1947年第10卷第10期。

《民营报纸的末路！全国四三二位同胞只读一份民营报纸》，《一四七画报》1947年第10卷第10期。

《民营报纸要求低利贷款》，《上海特写》1947年第30期。

《派报公会拟定报贩营业规则　协助取缔荒淫书报　报摊禁售无发行人的书刊　设摊以不妨碍交通为原则　营业地点尚待划分》，《大公报》（上海版）1949年6月28日。

勤春：《从此小报无噍类》，《金刚钻》1927 年 5 月 28 日。

《请阅有趣味有价值的上海小报》，《大公报》（天津版）1931 年 3 月 16 日。

《请订阅上海新闻报馆出版之晨刊新闻报及晚刊新闻夜报》，《新闻报》1935 年 6 月 23 日。

《青岛报界发生纠纷　为分配报纸起了争执　联合报非联合报互相控告》，《大公报》1948 年 12 月 13 日。

《穷苦读者的报费　向囤纸商人奉献》，《一四七画报》1947 年第 10 卷第 10 期。

《取缔报童，不准胡喊，希图多卖》，《益世报》1929 年 11 月 1 日第 12 版。

《取缔医药广告规则》，《广东省政府公报》1933 年第 214 期。

《日报公会续办京沪线客车售报》，《京沪沪杭甬铁路日刊》1934 年第 942 期。

邵鸣九：《社会教育的新开展：报童学校》，《教育建设》1940 年第 1 期。

《上海各报工潮　社会局调解未获结果　各报不允工人同工同资要求　昨晚申新等数报工人已罢工》，《大公报》（天津版）1946 年 2 月 20 日。

上海市档案馆馆藏档案 Q430－1－171《新闻报》与外地同业纠纷卷。

《上海市取缔报纸违禁广告规则》，《卫生月刊》1930 年第 3 卷第 10 期。

《上海市取缔报纸杂志登载诲淫及不良广告暂行规则》，《上海市政府公报》1936 年第 175 期。

上海市政府令第三八六号：《兹制定上海市取缔报纸杂志登载诲淫及不良广告暂行规则》，《上海市政府公报》1936 年第 175 期。

《上海的新闻教育　复旦大学文学院新闻学系》，《大公报》（上海版）1936 年 7 月 22 日。

社会部训令：《社会部解释派销报纸为业之报贩应另组商业公会》，《工商法规》1948 年第 1 卷第 10 期。

《申报二十四小时：一张报纸的诞生史》，《申报馆内通讯》1947 年第 1 卷第 2 期。

寿星:《胡雄飞之一万个信封》,《大福尔摩斯》1928年10月13日。
啼红:《小型报痛言》,《铁报》1940年11月16日。
啼红:《灯边话堕·杂谈刊物(下)》,《小说日报》1940年12月16日。
《天津市大小报每日出报份数及张数之百分比》,《冀察调查统计丛刊》1936年第1卷第1期。
《天津市的新闻纸 大小四十余种晚刊画刊具备 派报者十八处通讯社二十家 四开纸小报刊发状况与报贩生活的素描》,《大公报》1933年12月14日。
《天津市的新闻纸 大小四十余种晚刊画刊具备 派报者十八处通讯社二十家 四开纸小报刊发状况与报贩生活的素描(续)》,《大公报》1933年12月15日。
《天津市的新闻纸 大小四十余种晚刊画刊具备 派报者十八处通讯社二十家 四开纸小报刊发状况与报贩生活的素描》,《大公报》1933年12月14日。
天津市日报发行数据根据《天津市报社概况一览》(刊载于《冀察调查统计丛刊》1936年第1卷第2期)的相关数据整理计算。
天哭:《上海小报记者的嘴》,《北洋画报》1926年第1卷第45期。
《我们的发刊词》,《战时日报》1937年10月5日。
《我们的宣言》,《立报》1935年9月20日。
《武汉新闻业近况 沪汉航空线开辟后 武汉报纸渐有起色》,《大公报》1936年9月23日第10版。
《武汉新闻业近况 沪汉航空线开辟后 武汉报纸渐有起色》(续),《大公报》1936年9月24日第10版。
《物价波动中 报业经营艰苦》,《大公报》1945年7月30日。
《西安报界一场风波 西京日报决定增加篇幅 公会反对要开除其会籍》,《大公报》1948年3月15日。
《西安报业请愿 要求增加配纸》,《大公报》1948年4月12日。
《小报登记暂行办法草案》,《社会行政月刊》1946年创刊号。
萧湘:《天津市:报童生活的一斑——由报童想到了中国的教育》,《益世报》1933年7月15日第12版。

《信局安妥银货流通》,《申报》1897年4月1日。

《徐州报贩罢工 反对沪报加价》,《大公报》1931年4月8日。

《血火中的奋斗》,《大公报》1939年5月4日。

循环日报馆:《本馆略历》,《循环日报》六十周年纪念特刊,1932年。

袁良:《命令:训令公安局:据报本市售报纸童子沿街怪声喊嚷并出危词秽语有伤风化各节令仰饬属严予取缔由(训令第一八九六号)》,《北平市市政公报》1935年第306期。

《邮传部减收新闻电费章程》,《申报》1912年4月17日。

《邮电加价后 成都报纸认为太高》,《大公报》(上海版)1946年11月11日。

《邮运航空之推广——新闻纸类运售合同之订立》,《政治成绩统计》1934年第7期。

《阅本报信局拉杂论之》,《申报》1896年7月20日。

张季鸾:《本社同人旨趣》,《大公报》1926年9月1日。

《赠阅上海小小报》,《大公报》(天津版)1936年4月2日。

《浙赣铁路运输报纸试行办法》,《浙赣铁路月刊》1936年第2卷第10期。

《中西报纸销数之比较》,《神州画报》1909年第11期。

《中央关于所谓"民营"、"民办"问题的指示》,《宣教工作通讯》1949年第3期。

四 外文文献

Bain, Joe S., *Industrial Organization*, John Wiley and Sons, Inc., 7, 1959.

Chamberlin, Edward H., *The theory of Monopolistition*, Cambridge: Harvard University Press, 1933.

Ed. Benjam Higgins and Donald J. Savioie, *Regional Econnmic Development*, London, 1988.

Gort, Michael and Klepper, Steven, *Time Paths in the Diffusion of Product Innovations*, The Economic Journal, 1982, 92: 630 – 653.

J. S. Bain, *Industrial Organization*, John Wiley and Sons, Inc. Press, 1968: 469 – 496, 471 – 472.

Porter, M. E., *Clusters and New Economics of Competition*, Harvard Business Review, 1998 (11).

Raymond Vernon, *InternationalInvestment and International Trade in the Product Cycle*, Quarterly Journal of Economics, 1966, (5): 190–207.

Robinson, Joan, *The economics of Imperfect Competition*, London: Macmillan Porter, 1933.

Scherer, F. M. and Ross David, *Industrial Market Structure and Economic Performance*, Houghton Mifftin, 5, 1990.

Teece, *Competition, Cooperation and Innovation*, Journal of Economic Behavior and Organization, 1992.